From

VOTING

从投票
到暴力

Jack Snyder

[美] 杰克·斯奈德 – 著

吴强 – 译

民主化和民族主义冲突

中央编译出版社
Central Compilation & Translation Press

to

VIOLENCE

图书在版编目 (CIP) 数据

从投票到暴力：民主化和民族主义冲突／（美）杰克·斯奈德著；
吴强译 . － 北京：中央编译出版社，2017.1

书名原文：From Voting to Violence: Democratization and Nationalist Conflict

ISBN 978－7－5117－3094－7

Ⅰ．①从… Ⅱ．①杰… ②吴… Ⅲ．①民主－关系－民族主义－研究

Ⅳ．① D082 ② D091.5

中国版本图书馆 CIP 数据核字 (2016) 第 210029 号

从投票到暴力：民主化和民族主义冲突

出 版 人：葛海彦
出版统筹：贾宇琰
责任编辑：赵 灿 朱瑞雪
特约编辑：潘梦琦
责任印制：尹 珺
出版发行：中央编译出版社
地 址：北京西城区车公庄大街乙 5 号鸿儒大厦 B 座（100044）
电 话：(010) 52612345（总编室） (010) 52612341（编辑室）
(010) 52612316（发行部） (010) 52612317（网络销售）
(010) 52612346（馆配部） (010) 55626985（读者服务部）
传 真：(010) 66515838
经 销：全国新华书店
印 刷：山东临沂新华印刷物流集团
开 本：880 毫米 ×1240 毫米 1/32
字 数：298 千字
印 张：14.25
版 次：2018 年 1 月第 1 版第 3 次印刷
定 价：65.00 元

网 址：www.cctphome.com 邮 箱：cctp@cctphome.com
新浪微博：@ 中央编译出版社 微 信：中央编译出版社（ID: cctphome）
淘宝店铺：中央编译出版社直销店（http://shop108367160.taobao.com）(010) 55626985

凡有印装质量问题，本社负责调换。电话：(010) 55626985

目录

致　谢

下面我要感谢的许多人都把我的民主化和民族主义观点概括为相
当"挑衅性的"。我怀疑那意味着他们要和对本书饶具贡献的任何可
能暗示保持距离。但我还是要感谢他们。

有关民族主义的论点，是我在对民主化和国际战争风险升高两
者联系的平行研究中发展而出的。爱德华·曼斯菲尔德（Edward
Mansfield）是我有关此主题一系列文章的合作者，他让这项研究成为
充满乐趣的学习经验。曼斯菲尔德精心设计的统计检验也有助于我看
到，欧洲民主强权的倡导行为也是一个更普遍模式的一部分，对民族
主义研究具广泛意义。

卡伦·巴伦坦（Karen Ballentine）是我另一篇文章《民族主义和
观念市场》（《国际安全》，1996 年秋）的合作者，这篇文章已经展示
了本书所采用的许多基本论点。那些论点，从我们相互间无数次的平
等对话和修正中发展而来，在本书几乎每一个章节都留下了印记。巴

伦坦也是一位犀利的批评者，她对本书缺陷的质疑如同她对本书的贡献，分量皆重。我也从她其他有关族群联邦主义的著作中获益良多。

哈伊姆·考夫曼（Chaim Kaufmann），在我努力完成前两章的初稿后，以他的扼要评论对本书的全盘研究施加了巨大影响："我还不觉得好玩。"因为考夫曼读过的那些章节，读者现在不必再读了。所以现在很快就会好玩了，但愿如此。

在那些为各章节进展的不同阶段提供了极为有用的评论的人中，有迈克尔·布朗（Michael Brown）、罗杰斯·布鲁贝克（Rogers Brubaker）、瓦勒力·布恩斯（Valerie Bunce）、詹姆斯·费隆（James Fearon）、萨米特·甘古力（Sumit Ganguly）、约翰·霍尔（John Hall）、斯图尔特·考夫曼（Stuart Kaufmann）、简·库比克（Jan Kubik）、卡伦·匹柏迪·欧伯良（Karen Peabody O'Brien）、巴里·波森（Barry Posen）、斯蒂芬·赛德曼（Stephen Saideman）、谢里尔·斯托玄（Sherrill Stroschein）、阿舒托什·瓦什尼（Ashutosh Varshney）和另外三位匿名审稿人。菲奥娜·亚当森（Fiona Adamson）、罗伯特·杰维斯（Robert Jervis）、罗纳德·罗格斯基（Ronald Rogowski）和莱斯利·维亚姆日（Leslie Vinjamuri）对"观念市场"一节提出了颇具建设性的意见。罗宾·巴蒂（Robin Bhatty）、奇普·伽农（Chip Gagnon）和安妮·内尔森（Anne Nelson）都特别慷慨地与我分享了信息、参考文献、文件和思想，允许我近乎无耻地掠夺他们的专长。哈伊姆·考夫曼、罗伊·里克利德（Roy Licklider）、芭芭拉·沃尔特（Barbara Walter）和泰德·古尔（TedGurr）的风险少数族群（Minorities at Risk）项目的安妮·皮奇（Anne Pitsch）帮助我设计了族群冲突的清单。伊恩·布雷默（Ian Bremner）慷慨地许可我引用他尚未出版的著作，对后共产主义国家的民族主义进行分类。

与哥伦比亚大学从事民族主义和相关课题研究的、富有创造力的各位学者们进行的对话，更让我受惠无尽。特别是与同事卡伦·巴克（Karen Barkey）和亚历山大·莫蒂（Alexander Motyl）一起参与的东欧民族主义系列工作坊，与安东尼·马克斯（Anthony Marx）共同教授的战争与种族课程，使我从中习得良多。一个同样激发了许多影响这本书的灵感的源泉，是麻省理工资助的第21讨论课（Seminar XXI）上，与斯蒂芬·范·埃维纳（Stephen Van Evera）进行的每年一度的争论。

特丽莎·劳森（Teresa Lawson），如她常做的，设计了无缝的逻辑路径，重新组织了一些极不像样的章节，并且把我从无数次逻辑失误中拯救出来。克莱尔·埃勒斯（Claire Ehlers）在对我的论点本质保持着敏锐评论的同时，提醒我那些大二学生还未学过的所有历史事实和术语。在诺顿出版社，莎拉·卡德维尔（Sarah Caldwell）展现出一连串令人咂舌的技巧，在编辑阶段如劳森一般高超，在最后选择美术、地图和表格时，则富有韧性，品味上佳。凯茜·塔拉勒（Kathy Talaley），我的文字编辑，不仅对每一处格式错误都很警觉，而且也善于及时更新与巴尔干最新发展有关的文字。诺顿的罗比·哈林顿（Roby Harrington）则肩负责任，努力让我相信接下写作这本近乎不可能的书是可能的。我还从未遇到过比他更直率的、有说服力的家伙。

在写作这本书的时候，我从几个紧密相关的项目中得到研究资助：哈里·弗兰克的古根海姆基金会及美国和平研究所对民主化与战争研究的支持，皮尤基金会赞助的民族主义历程工作坊，福特基金会对内战书籍的资助，以及卡内基公司评估非政府组织对促进民主化和防止

11

族群冲突的一个项目。

这一研究进行中颇为娱乐的一面是从我的那些富有创造性的朋友处征求可能书名的意见。卡特琳·罗玛诺（Catherine Romano）带来"生机民主：不得不爱，战争和一切"。兰达尔·斯维勒（Randall Schweller）的建议最简洁："跑！这就是民主。"但是我的妻子尼娜（Nina）提出的书名最终胜出，也是这本书最后的书名。这本书正是献给她的。

杰克·斯耐德
纽约城
1999 年 6 月

第一章
民主转型和民族主义冲突的兴起

20世纪90年代美国外交政策的中心点是主张促进民主的传播就会促进和平。基于从未有两个民主国家间相互发生战争，比尔·克林顿总统所宣称的对民主化的支持就不啻国际战争和国家内乱的解毒剂。[1] 只是，吊诡得很，整个90年代，最终却是民主化和民族主义冲突持续并存的十年。

当所有国家都转变为成熟的民主，世界也就太平了，克林顿的传统智慧在到处可见的危险面前失灵了。火箭般的民主转型常常引致好战的民族主义和暴力的族群冲突。从法国大革命开始，最早的民主化进程，就曾触发世界上最为惨烈的民族主义斗争。

在世界范围的民主传播当然是一个可贵的长期目标。但是，此战略

---

1 见其在1994年国情咨文的演说。"Transcript of Clinton's Address," *New York Times*, January 26, 1994，A17. 对民主国家间少有战争的问题，see Michael Doyle, "Liberalism and World Politics," *American Political Science Review* 80 : 4（December 1986），1151–1169。

的完成必须由对转型政治的现实主义理解来引导。天真地向族群分裂的
威权国家施压，要求立刻举行大选，只会造成灾难性后果。例如，1993
年，国际财政援助者强压中非小国布隆迪的领导者举行自由、公正的选
举，结果一年内，5 万胡图人和图西人在种族冲突中丧生。当然还有许
多其他国家成功民主转型后并没有引发民族主义冲突。思考这些成功转
型的前提条件应该是设计朝向民主道路的第一步。为此目的，本书意在
解释为什么民主化常常会导致民族主义冲突，以及为什么冲突有时候并
没有发生。在此分析基础上，我将描述一些让民主转型不太危险的方法。

当自由乐观主义遭遇 90 年代民族主义复苏

当 1989 年柏林墙倒塌，一幅欣快图景很快出现在美国人民的想象
中。自由主义已经在 20 世纪的两种意识形态竞争中战胜了共产主义和
法西斯民族主义，目之所及再没有新挑战者了。帝国和独裁者垮台了。
民主化席卷拉美、南欧和东欧的前威权国家，连东亚也上道了。几乎所
有国家都接受了市场经济。全球的经济相互依赖，继续深化。自由的美
式大众媒体和通俗文化也触及全球各个角落。这个被宣称为自由主义的
胜利，将迎来"历史的终结"。[1]

自由主义的评论家们，他们相信所有的好事都会一起到来，认为战
争已经变得过时，至少，自由国家正在建立一个主导性的全球趋势。[2]1990

1　Francis Fukuyama, "The End of History," *The National Interest* 16（Summer 1989）, 3–18.
2　John Mueller, *Retreat from Doomsday：The Obsolescence of Major War*（New York: Basic Books, 1989）.

年出版的一本恢弘大作，总结说，民族主义这种通常被定义为每个文化集团都应拥有自己国家的学说，正在被迅速扫进历史的垃圾堆，因为由单一民族组织起来的国家再难应对相互依赖的全球化世界。[1]

胜券在握的自由主义大路上剩余的几个绊脚石，可以借助一整套生机勃勃的国际制度来克服——有联合国部队维和，有国际货币基金组织的专家们诱引各国就自由主义之范，然后强加财政纪律。为力保如此愿景，克林顿总统解释说，促进民主化将是美国外交政策的暗号，因为民主国家间从未相互开战，他们贸易自由，尊重各自国家公民的人权。[2]

克林顿的愿景很快就被玷污了。柏林墙倒塌后战火延烧。不止大小战争在国际秩序边缘爆发，世界的原油供应在 1991 年的海湾战争中面临极大风险；1991 年 6 月，南斯拉夫军队对斯洛文尼亚分离主义者的战斗离维也纳不过 100 英里；北约空军在 1999 年科索沃冲突中进行的持续轰炸遍及塞尔维亚全境。民族主义的修辞，不顾曾经的臭名昭著，又流行起来。而在 1993 年俄罗斯蹒跚学步的大选中，大约四分之一的选民把选票投给了反犹主义的新法西斯党候选人弗拉基米尔·日里诺夫斯基（Vladimir Zhirinovsky，希特勒在 1932 年不过赢得三分之一的选票）。从索马里到波斯尼亚的内战，自由国际社会的武装力量被骚扰、攻击，被地方武装分子劫持。1994 年的卢旺达爆发针对图西族少数族群的大屠杀，第一天就有比利时维和部队士兵阵亡，在其后的种族骚乱中有超过 50 万人死亡。

其结果是，传统智慧很快到头了：《大西洋月刊》重新为后共产主

17

---

1 E. J. Hobsbawm, *Nations and Nationalism since 1780*（Cambridge: Cambridge University Press, 1990），Chapter 6.

2 除了 1994 年的国情咨文，还可以参见：克林顿的国家安全顾问 Anthony Lake，"The Reach of Democracy," *New York Times*, September 23, 1994, A35.

义世界贴上"即将到来的无政府"标签，著名哈佛政治学家塞缪尔·亨廷顿则宣称未来将充满"文明的冲突"。[1]在这些权威人士看来，文明冲突，无论沿着整个文明的断层线还是简单地介于不同族群之间，都可构成当下国际关系中明确的分裂。新闻媒体和政治领袖们通常将这些严峻发展归为敌意文化间的"古老仇恨"，暗伏了数个世纪，一旦冷战的锅盖被揭开就开始沸腾。这种解释太简单、直观，并且被种族屠杀的始作俑者的说辞日日强化。对那些为尽力避免卷入不体面冲突而寻找借口的西方政治家来说，古老仇恨的故事对于粉饰那些无望解决的棘手争论颇有好处。但即使那些保有愿景将自由民主传播到全球角落的人也认为，古老的种族偏见或为自由主义的最大敌人。克林顿总统在 1993 年的就职演讲中提到："在冷战阴影中成长的一代，肩负被自由阳光所温暖同时又被古老仇恨所威胁的世界的新责任。"[2]

18 　　好消息是，这种观点基本不正确。最近全球大部分纷争都不是因为古老的文化仇恨。在一些案例中，直到晚近，交战团体间并未过发生武装冲突。比如塞尔维亚和克罗地亚，直到 20 世纪前从未兵戎相见，大体上只是因为德国纳粹在萨格勒布扶植了一个杀人凶手组成的、不具代表性的政权。[3]另外一些案例中，所谓文化或族群群体间的偶然冲突，

1　Robert D. Kaplan, "The Coming Anarchy," *The Atlantic Monthly* 273: 2（February 1994）, 44–76; Samuel Huntington, "The Clash of Civilizations," *Foreign Affairs* 72:3（Summer 1993）, 22–49.

2　Quoted in Susanne Hoeber Rudolph and Lloyd I. Rudolph, "Modern Hate," *The New Republic* 208:12（March 22, 1993）, 24. 克林顿后来提到他的"古老仇恨"的评论是个错误。see Katharine Seelye, "Clinton Blames Milosevic, Not Fate, for Bloodshed," *New York Times*, May 14, 1999, A12。

3　塞尔维亚第一次陷入与克罗地亚的武装冲突发生在第一次世界大战，其中入侵塞尔维亚的奥匈帝国军队半数都是克罗地亚人。然而，这次入侵军队的四分之一是从克罗地亚区边界那边来的塞族人。由于塞族人同时两边作战，"一战"很难算是一个古老族群冲突的例子。Dimitrije Djordjevic, "The Yugoslav Phenomenon," in Joseph Held, *The Columbia History of Eastern Europe in the Twentieth Century*（New York: Columbia University Press, 1992）, 310.

不过是穿插在他们和睦关系中的长期插曲罢了，所谓文化差异根本不能作为近来战事的一个充足理由。几乎没有学者将民族主义和族群冲突归因于古老的文化仇恨。[1]

坏消息，无论如何，相当反讽：自由派看来的历史终结之趋势已经在许多地方助长了民族主义的复兴。威权的苏联帝国的终结刺激了它的许多混合民族中有野心的领导人，建立起他们自己的国家，而且他们有关主权和领土的冲突性诉求常常引发争议。[2] 选举常常加剧这些族群和民族的差异。在一些新兴民主国家，民族主义煽动者利用增加的出版自由绑架自由主义的公共讨论。[3] 朝向市场经济和国际依赖的痛苦调整也给民族主义政客们提供了更多机会，他们会许诺只有更强的国家才能提高保护，或者按照族群界限来分配萎缩的经济收益。同时，全球化的媒体和文化，常常压迫而不是吸引那些试图依靠融入西方世界取得繁荣却失败的国家。[4] 更有甚者，就像一些批评家说的，国际组织有时也引发更多冲突，而不是避免无能的维和战略或者经济改革的严格哲学。[5]

自由乐观主义者大概会觉得惊奇，这些 20 世纪 90 年代的发展的确回应了民族主义历史中的一些长期模式，我会在后面章节中展开。民族

19

---

1 虽然族群冲突是战后景观的一个压倒性特征，但它们在所有冲突中的比例并没有增加。Myron Weiner，"Bad Neighbors, Bad Neighborhoods: An Inquiry into the Causes of Refugee Flows," *International Security* 21:1（Summer 1996），21–22，指出 1969—1992 年非族群难民引发的冲突比例增加。

2 Karen Barkey and Mark Von Hagen, eds., *After Empire: Multiethnic Societies and Nation-Building*（Boulder, CO: Westview, 1997）将苏联崩溃置于比较视野内。

3 Jack Snyder and Karen Ballentine, "Nationalism and the Marketplace of Ideas," *International Security* 21:2（Fall 1996），5–40.

4 Huntington, "The Clash of Civilizations," 25–62; Mark Juergensmeyer, *The New Cold War? Religious Nationalism Confronts the Secular State*（Berkeley: University of California Press, 1993）.

5 Richard K. Betts, "The Delusion of Impartial Intervention," *Foreign Affairs* 73:6（November/December 1994），20–33; Susan Woodward, *Balkan Tragedy*（Washington, DC: Brookings, 1995），Chapter 3.

主义，并非某种过时的返祖现象，而大致可谓对现时代社会变化的一种反应。西欧在法国大革命和"二战"之间，一个见证了现代民族主义和人民战争兴起的时代，经历了这些变化。其间，民主化、经济发展和传播方式的革命都在助燃民族主义，而且常常以好战的形式出现。被社会变化拖向民主转型的国家，更倾向于参加战争，或者比那些没有发生变化的国家更倾向发动战争。[1] 冷战的结束在后共产主义国家释放了向民主和市场社会转型的危险，增进了民族主义的流行。

尽管民主化提高了一个国家的战争风险，却有历史证据表明在开始民主化之后的头十年，每四个民主转型国家中就有三个最后避免了战争。而且，一旦自由民主巩固下来，再没有成熟的民主政权会相互开战了。在 90 年代那些民主转型已经充分巩固的国家中，少数族群的权利趋向改善，族群冲突也相当罕见。[2]

结果，这本书的主旨就构成一个悖论。一方面，成功展开一场全球的、自由民主的革命会夯实一个和平时代的全球政治基础。另一方面，民主政治的转型同时也在培育民族和族群冲突的肥沃土壤，不仅可能增大转型成本，而且导引人民走向一条漫长的反民主的曲折道路。比如三个通过发动侵略差一点就成功扭转全球平衡力量的先例：1803—1815 年的拿破仑法国，1914—1918 年的威廉皇帝德国，以及 1939—1945 年的希特勒德国，都是

1　Edward D. Mansfield and Jack Snyder, "Democratization and the Danger of War," *International Security* 20:1（Summer 1995）, 5–38; Mansfeld and Snyder, "Democratization and War," *Foreign Affairs* 74:3（May/June 1995）, 79–97.

2　Ted Robert Gurr, *Peoples versus States: Ethnopolitical Conflict and Accommodation at the End of the 20th Century*（Washington, DC: US Institute of Peace, 2000）; see also Ted Robert Gurr and Will H. Moore, "Ethnopolitical Rebellion: A Cross-Sectional Analysis of the 1980s with Risk Assessments for the 1990s," *American Journal of Political Science* 41:4（October 1997）, 1079–1103.

在民主努力失败之后接踵而至。民粹的民族主义能量，通过民主改革的流产而释放、倒错，创造出牌条件，图谋全球霸权。民主化过程可能是民主本身最坏的敌人之一，有关和平的承诺笼罩着战争的阴云。

企图不冒这些风险而促进民主化，更像自我安慰的理想主义。然而试图遏止可能刺激民族主义的全球社会进程，包括日益增长的大众政治参与的需求、陈腐帝国的崩溃、经济和传播的全球化等，也同样不够现实。相反，国际社会的一个关键任务就是区分两种情况：是否有助于向自由民主安全转型，还是会引发反弹、民族主义或者战争。到目前为止，精明的政策选择能够帮助创造出更适宜的条件，理解民主化的陷阱是避开它们的第一步。这是我们这个时代每一位从事民主化工作的人的分析任务，这些人包括：先进民主国家和转型国家的政治家们、新闻记者、人权活动者、学者、公民，甚至民族主义者，只要他们在追求他们的民族目标时试图避免付出高昂成本。

在导论章节中，我要首先定义我所说的民族主义和民主化；第二，概述那些与早期民主化相关的民族主义冲突；第三，挑战所谓古老的民族间对抗可能解释这种相关性的观点；第四，简述我的另类解释，其中特别强调民族主义精英对大众的说服角色；第五，讨论这种理论的政策选择含义；最后，提供一个路线图，有关历史和当代的案例研究，也就是这本书的主体。

什么是民族主义和民主化

民族主义

在日常用法里，民族主义的表现可以指代一系列差异巨大的现象，包括族群骚乱、法西斯国家的侵略政策、民主社会的爱国主义、某些文化群体以和平手段谋求特别权利等。为避免混乱，社会科学家对术语的界定通常比日常讨论中的用法更狭窄。

学界使用得最为广泛的民族主义定义源自厄内斯特·盖尔纳（Ernest Gellner），他将民族主义定义为政治单元（国家）和文化单元（民族）必须合一的政治原则。[1] 据此观点，国家——即在特定领土内行使主权的主权当局——应当代表一个特定的民族，而后者是由他们认为彼此共享一种共同文化的人群所定义的。这一构想在学术意义上很清晰，在历史意义上也似乎有理。很多自我主张的民族主义运动，其中心都意在建立一个国家，经由文化分裂的人群（就像 1991 年的克罗地亚民族主义者所做的），或由一个已有国家的文化兄弟（如 20 世纪 30 年代的匈牙利民族主义者），或者通过已有国家内一个单一文化群体的掌握（90 年代的爱沙尼亚民族主义者）。的确，在当下诸多冲突都可溯及族裔民族主义的时代，人们的关注点，都会自然而然地从民族主义的定义出发而强调文化差异（cultural distinctions）的重要性。

这个定义，似乎略去了一些通常用法，比如自我描绘的民族主义者，通常叫作民族主义。例如，严格按共享文化的术语定义的民族主义，也似乎排除了对一个国家政治制度的军事效忠，或者其他不是基于文化的原则，比如美国宪法里体现的普世原则。同样，将民族主义目标定义为取得一个主权国家，也排除了某些文化群体寻求所在主权国家欠缺的政治权利，比如在加拿大联邦范围内谋求某种自治形式的魁北克民族主义者。此外，民族主义者通常不达成独立建国目标绝不停止。他们常尽力

1　Ernest Gellner, *Nations and Nationalism* （Ithaca: Cornell University Press, 1983）, 1–7.

将独特的文化价值供奉起来，在边界内将同族群的生活区别开来，努力融合族群兄弟和守护历史上的民族疆界，并且对民族的历史敌人的侵占进行军事防御。[1] 某些事例中，民族国家采取了"民族主义的"邻国观，视邻国为劣等的、敌意的和可操控的。[2] 人们日常所指称的民族主义都被假定包含了这些宽泛含义。我将表明与这些现象相联系的通常说法并非因为被混淆了，而是因为它们有着相关因素、动态性和因果性，需要民族主义和民族冲突的理论来摄取。为此，盖尔纳的定义，尽管是个很有用的起点，却需要扩展。

因而，我定义民族主义是一种学说，即自视有着独特文化、历史和制度，或原则的人民，应当在一个政治体制内统治他们自己以表达和保护那些独特的特性。[3] 因此一个民族就是一群视自身有着如此特质并立志自我统治的民众。民族主义冲突便可定义为由民族主义学说所激励或评判的、有组织的大规模暴力。

按此定义，并非所有族群都是民族，也不是所有的民族都等同于族群。有许多民族认为他们有着文化或历史的独特性，比如美国路易斯安娜的卡津人（Cajuns）——在他们身上找不到民族主义的原则——主张族群的自治权利。在广泛的历史研究基础上，安东尼·史密斯（Anthony Smith）区分了族群和民族：族群 [an ethnic group 或 ethnie（法语）]，乃基于共同语言或文化，或共同祖先的神话，或共同的历史经验而具有

23

1　Rogers Brubaker, *Nationalism Reframed* （Cambridge: Cambridge University Press, 1996）, Chapters 3 and 4.

2　John Mearsheimer, "Back to the Future," *International Security* 15:1（Summer 1990）, 5–56, 称之为"极端民族主义"（Hypernationalism）。

3　Snyder and Ballentine, "Nationalism and the Marketplace of Ideas," 9–10.

独特意识；民族（*a nation*），寻求自治的群体。[1]族群冲突只有当该冲突是特定族群为建立或保护自治时才会卷入民族主义。[2]

24

虽然民族主义学说从具独特性的人民的自治权原则派生出政治权威，但是民族主义者"并无必要支持"改为"并不会必然认定"合法的政治过程有赖于民主投票。而且，自治权意味着民族团体不应当被外人或外部机构所统治。它也意味着，不管民族主义执政者是怎么被选择出来的，都应当用福利、安全、主权人民民族目标的满足程度等术语来评估其政策。这种在人民统治和以人民的名义进行统治之间的矛盾，一直是民族主义学说对精英的一种吸引力，尤其是当他们在大众的政治角色不断上升的年代寻求非民主统治的时候。

民族则不仅能帮助他们在不同的文化传统基础上相互区分，而且能够在政治传统、政治制度和政治原则等基础上进行更好的区分。[3]于是，以人们诉求的"集体品"改为"公共产品"的性质和吸纳团体成员的标准，学者们通常将民族主义划分为两种：族裔民族主义和公民民族主义。[4]族裔民族主义，就像德国人和塞尔维亚人的民族主义，将他们的合法性建立在共同的文化、语言、宗教、分享的历史经验和/或共同亲人的神话上，

1　Anthony D. Smith, *The Ethnic Origins of Nations*（Oxford: Blackwell, 1986）, Chapters 1 and 2.

2　对自治需求最有野心的表达是获得国家主权，借此国家建立起在它所统治的疆界内垄断合法使用暴力的官僚机器（Gellner, *Nations*, 3-5）。一些民族主义运动，却寻求更为有限的自治形式，包括在一些狭窄领域如教育和语言政策上的自治权威、一个单独的法典、税收或者对警察力量的控制。例如，魁北克政治运动试图扩展或者保护独特魁北克民族的范围，即使仍然保留在加拿大主权内，按我的定义仍然是民族主义的。

3　实际上，盖尔纳特别宽泛地将文化定义为"一个行止和交流的观念、符号、团体和方式的系统"，这样一个民族的政治观念和习惯都会被他解释为文化 （Gellner, *Nations*, 7）。

4　Liah Greenfeld, *Nationalism: Five Roads to Modernity*（Cambridge: Harvard University Press, 1992）; Rogers Brubaker, *Citizenship and Nationhood in France and Germany*（Cambridge: Harvard University Press, 1992）.

并将这些标准用于吸纳或排斥谁应当属于民族成员。[1] 例如，德国法律允许给予祖先是德国人、现在居住在俄罗斯的人以德国公民权，却拒绝授予许多终生生活在德国的土耳其人以公民权。公民民族主义，如英国和美国的民族主义，还有大部分法国人的民族主义，是把他们的诉求建立在对一整套相信代表着正义和有效的政治信念与制度的忠诚上。而其归化则基本取决于在民族领土内的出生或长期居住，尽管掌握该民族的语言和制度的知识以便参与其公民生活，仍然是外人归化的标准之一。

在公民民族主义和族裔民族主义之间的这一划分，对一些国家——比如现代乌克兰——非常关键，乌克兰至今仍然是俄罗斯人和乌克兰人混合杂处，基于文化或者语言差异的政治效忠有可能分化强烈。其结果是，乌克兰的政治领袖通常会谨慎地促进一种公民—疆界形式的民族忠诚。

这些分类是理想类型的：实际上没有哪一个民族是纯粹公民的或纯粹族裔的。追求政治目标的族群会正常地建立行政制度，并至少部分地依法而行，而不会只有文化规范。公民国家反而会常常建设一些可识别的族群内核，并且一段时间后，会生成他们自己的公民文化和共享的历史传说。[2] 无论如何，所谓民族可以放在一个介于公民和族裔两种理想类型的民族主义连续体内，端赖成员效忠以及民族内部融合时依据制度还是文化。民族主义的定义，只有当较宽泛且足以鉴别族裔和公民民族主义之间的各种变形时，方可深入研究两种民族主义类型的起因和后果。[3]

1　Smith, *Ethnic Origins*, 22–31.

2　Ibid., 153–154.

3　虽然这一民族主义定义很宽，但并不把所有的政治效忠类型都归入其中。有很多为划分联盟和敌人所基于的其他标准而建立起来的最高政治效忠学说，而不止是民族——例如，社会阶级；小规模亲属团体如部族；基于面对面关系的个人的地方共同体；跨国宗教；贵族的身份团体；职业组织如行会和骑士团；世袭王朝，帝国，支援及个人互惠网络；或者支持普世道德原则的组织。

简言之，这种民族主义的定义强调了人民自治作为民族主义者的普世目标，避免往其中塞入民主的私货。而且，允许进一步探究政治效忠的文化基础，同时避免了将民族主义等于族群的错误。这样，就能得出民族主义的一些要素，对于我们理解民族主义的起因以及如何关联暴力冲突不可或缺。

民主化

民主化这个术语区别了成熟民主和民主转型国家。在成熟民主里，政府政策，包括对外和军事政策等，系民选官员制定，他们经大多数成年公民都能参加投票的自由、公平和周期性的选举产生；并且，这些官员的活动受到宪法规定和公民自由承诺的约束；政府官员候选人有时也会因为输掉选举而下台。言论自由，组织团体进行选战的自由，媒体上各种观点被合理、平等地代表等，都被设定为自由公开选举的前提条件。如果一些国家新近具备了上述一点或多点特征，即便仍然保留着非民主特质，我也将这些国家定义为民主转型国家。[1]

26民主转型国家的分类非常广泛，既包括20世纪90年代早期的捷克，捷克刚刚从完全的专制国家转型为几乎完全的民主国家；也适用1991

---

1 Snyder and Ballentine, "Nationalism and the Marketplace of Ideas," 6（fn.5）. 定量化研究民主化和战争之间关系的目的，也是在这本书中我偶尔会援引的发现，爱德华·曼斯菲尔德和我区分了从专制到一个混合体制以及从一个混合体制到民主的几种制度变迁类型的具体标准。我们将跨越以上任何一个标准的国家都称为民主化。see Edward D. Mansfield and Jack Snyder, "Democratization and the Danger of War," 8–10. 我们以泰德·古尔的政体 II 与 III 的数据库为分类号案例录入基础。然而，在此书的案例讨论叙述中，我不只依靠这些专门的定量化标准，而对那些保证民主化称号的制度或公民自由的具体变迁采取定性的描述。

年解体前的前南斯拉夫，当时前南斯拉夫在言论自由的环境中举行了第一次选战，虽然选举的公平性和法治几乎还没有建立起来。[1]

那么，一个成功的转型国家什么时候才变为成熟民主呢？何时才能称其民主已经巩固了？一些学者会用"两次轮换规则"（two turn over rule）来定义民主的巩固：只有通过自由公平的选举后权力交替两次，民主才算业已巩固。另有人则坚持民主变成"唯一的选择"之后民主才告巩固，即当不再有政党或团体试图通过自由公平选举之外的手段谋求权力的时候。[2] 最后，有人以一个国家在何种程度上达到了成熟民主的制度与法律特征来衡量，比如竞争性政治、常规性选举、广泛参与、对行政裁量权的约束、言论自由、包括少数族裔权利在内的公民自由等指标。当一个国家在几乎所有这些维度上获得高分后，就可以说它的民主巩固了。[3] 越过这条线的国家便可以称得上成熟民主，不再是转型国家了。[4]

1　尽管民主化是一个宽泛的术语，学者们有时还用一个更宽泛的术语——增量的政治参与。政治参与可以采取民主形式，如投票或者参加政党，但也可以采取非民主形式，例如暴乱、表达政治需求的罢工或者形成大众的准军事运动。see Samuel Huntington, *Political Order in Changing Societies*（New Haven: Yale University Press, 1968）。在后面几种政治参与形式占主导的地方，民主选举就不是"唯一的选择"，可能甚至还不是主要的选择。从历史上来看，一种增量的大众政治参与是民族主义社会和压力集团的形成，他们的剧本经常采取游行、游说、恐吓和其他非选举手段。这些行动可见于民主中，如魏玛共和期间的纳粹；在新兴民主中，如"一战"前的德国海军团；在与民主化切割的国家，如蒋介石领导的民族主义的中国国民党运动。

2　See Juan Linz and Alfred Stepan, *Problems of Democratic Transition and Consolidation*（Baltimore: Johns Hopkins University Press, 1996）, Chapter 1.

3　古尔和"自由之家"（Freedom House）都以这种方式、多个维度来打分。see Mansfield and Snyder, "Democratization and the Danger of War" and "Democratic Transitions, Institutional Strength, and War"（manuscript, 1999）用于区分混合政权和成熟民主的一个简明断点的讨论。

4　所以，为预测巩固民主的国际行为，人们应当寻找成熟民主间民主和平的理论，而不是提出本书中包含的战争倾向的新兴民主国家的假说。

民主化和民族冲突的关联：一些证据

有多方证据指向民主化和民族主义所点燃的冲突之间的一个联系。当越来越多的人开始在政治中扮演更大的角色，一个国家内部的族群冲突就越可能发生，就像用民族主义观念来衡量国际侵略一样。

大部分经历了血腥的族群冲突的国家，在20世纪90年代一度充斥媒体报道，这些国家都曾在冲突爆发当年或之前进行了政治或公民自由的改善。这些冲突大部分都发生在这些国家开始民主转型的最初阶段，比如举行竞争性选举、允许不同的政治团体批评政府或相互批评等。"自由之家"，一个独立的研究和倡导组织，每年出版各国民主和包括出版自由在内的公民自由程度的报告，这些报告被广泛引用。通过"自由之家"提供的测度，前南斯拉夫地区在爆发族群冲突前、苏联的亚美尼亚和阿塞拜疆之间的战斗升级以前、俄罗斯在对车臣的分裂主义势力发动战争之前，这些地区都已经开始了部分民主化，出版自由也有一定增加。在布隆迪，属于少数族群图西族的军人政府同意举行1993年的大选并接受与长期被压迫、占多数的胡图族分享权力。不可避免地，当新当选的胡图族总统试图在军事机构内安插同族时，冲突爆发了，相互恐惧和报复的结果导致五万人死亡。虽然邻国卢旺达没有举行选举，胡图族主导的政府却在1994年针对图西族的种族屠杀前夕开放了部分出版（新闻）自由。[1]

对1990到1998年每一桩族群冲突的系统研究都注意到，在1989—1991年苏联解体后的民主转型浪潮期间，与族群有关的政治诉

1　Freedom House, *Freedom in the World*（New York: Greenwood Press, annual yearbooks for 1989–1994）.

求达到高峰。[1] 到 20 世纪 90 年代中期，这一民主转型已现疲态，在一些国家甚至开始回潮，相应的族群冲突的爆发数量也下降了。[2] 在民主成功巩固的地区，比如南非和东欧的北部，少数族群的权益保障则借由和平方式得到持续加强。同时，越来越少的国家被归入危险的半民主国家，后者的少数族群权利更趋向恶化而不是改善。也就是说，民主巩固减少了族群冲突，但在民主转型崎岖道路上的最初阶段却可能增加冲突，尤其在那些新（独立的）国家。[3]

在过去两个世纪里，民主的转型也和卷入国际的战争相重合。就战争机会而言，对一个普通国家来说每十年陷入战争的可能是六分之一，而民主化之后的十年间，转型国家的战争风险则高达四分之一。在这些战争中，转型国家更可能是进攻者而不是侵略行动的目标。最好战的国家就是那些正处于民主化转型开始阶段的国家，而不是那些接近完成民主巩固的国家。对新兴转型国家来说，战争风险尤高，这些国家缺乏一个强大的中央政权来推行稳固规则以规范人民的政治参与并增强国家权威。[4]同样，民主化初期总是伴随着反对自由贸易的国内反对派的兴起，

1　Gurr, *Peoples versus States*.

2　Larry Diamond, "Is the Third Wave Over?" *Journal of Democracy* 7:3（July 1996），96.

3　Gurr, *Peoples versus States*.

4　参见曼斯菲尔德和施奈德的三项研究 "Democratization and the Danger of War", "Democratization and War", "Democratic Transitions, Institutional Strength, and War"。虽然这些研究的数据库没有直接衡量民族主义，但我们以逻辑论点和历史叙事的证据表明，民族主义至少是导致这一关联的原因之一。

关于民主巩固的失败和升高的战争风险，see Alexander Kozhemiakin, *Expanding the Zone of Peace? Democratization and International Security*（New York: St.Martin's, 1998），Chapter 5. 对民主化和战争之间联系不同力度的研究，see William Thompson and Richard Tucker, "A Tale of Two Democratic Peace Critiques," *Journal of Conflict Resolution* 41:3（June 1997），428–454; 和这期杂志的其他文章；John Oneal and Bruce Russett, "Exploring the Liberal Peace," 本文发表于 1996 年 4 月国际研究协会会议，后缩写和修改为 "The Classical Liberals Were Right," *International Studies Quarterly* 41（1997），267–294。

而在成功巩固转型的地方倾向于国家的自由贸易。从而，民族主义的兴起和非合作的想法能够影响经济关系，就像军事也能影响经济关系。[1]

这种民主化早期的好战模式几乎可见诸每个强权的历史。法国、英国、德国和日本都挑起过侵略战争，民粹民族主义在其中煽风点火，而且随民主化初始阶段接踵而至。

30　　以今天的标准论，1789 年大革命之后几年的法国并不是个完全成熟的民主：它没有稳定的法治，选举尚未常规化，而且只有部分法国人能够投票。尽管如此，选举产生的国民公会仍然是国家政治的焦点，而至少在一段时间里，媒体是自由和活跃的。在此自由道路上，由记者出身的雅克－皮埃尔·布里索（Jacques-Pierre Brissot）领导的一个革命派（吉伦特派），发现赢得大众和权力的最佳途径就是臆造一个外敌。通过指控奥地利王室与法国国王及贵族之间的一个阴谋，布里索赢取了权力。很快，国民公会和巴黎的政治俱乐部（也就是今天所谓的"市民社会"）求战声起。法国的革命军，很快以自由、平等和兄弟的名义，如同保卫民族，开到前线。[2]

相形之下，英国在 1832 年第一个改革法案出台后的十年所进行的部分民主化就没有那么浮躁。尽管在英国，新生中产阶级的公共舆论也被民族主义的报章点燃，推动着并不情愿的英国内阁介入了 1853 年对沙俄的克里米亚战争。[3]

第一次和第二次世界大战同样可以部分归因于德国和日本并不完美的民主化启动。1914 之前，德国已经有了普选，选出一个能够控制

1　Edward D.Mansfield, "Democratization and Commercial Liberalization". 本文发表于 1996 年美国政治科学协会年度会议。

2　T.C.W. Blanning, *The Origins of the French Revolutionary Wars* (London: Longman, 1986).

3　Norman Rich, *Why the Crimean War?* (Hanover, NH: University Press of New England, 1985).

国家财政的民选议会，而且投票率通常超过 90%。当然，它并非一个完全的民主，因为是世袭的君主而非选民在挑选负责政府各部门的部长们。其中，超过一百万选民都是民族主义组织的成员，包括海军团这样的组织，后者追求帝国扩张的侵略政策最后导致德国与欧洲其他强权的对立。尽管输掉了"一战"，德国的中产阶级选民在 1932 年纷纷投票给纳粹，在不稳定的魏玛共和国最后的岁月里，他们仍然扶持了一个好战的民族主义政府。日本亦在 20 世纪 20 年代经历了一段选举民主。日本的公共舆论，受相对自由的媒体鼓舞，在 1929 年经济萧条和日本 1931 年挑起侵略中国东北的行动后，迅速转向支持强力的帝国扩张。[1] 可以说，德、日两国汹涌澎湃的民主化早期阶段都跟两次大战的起源有着紧密联系。

虽然这些插曲听起来像古代历史，但是阿根廷 1982 年对福克兰群岛失败的入侵就是被同样的动力所驱动。后者本来归属大不列颠，由于民众支持渐衰，阿根廷军政权刚刚放开新闻自由，结果很快被民族主义的声音有效利用、鼓噪，要求夺回群岛。寄希望于一次成功的军事行动可能加强它的民众支持、加强它在未来越来越不可避免的民主选举中的地位，阿根廷的军人独裁政府孤注一掷，向拥有核武装的强权，又是北约成员国的主权领土发动攻击。[2]

1　Jack Snyder, *Myths of Empire* (Ithaca: Cornell University Press, 1991), Chapters 3–4; Louise Young, "War Fever: Imperial Jingoism and the Mass Media," in *Japan's Total Empire: Manchuria and the Culture of Wartime Imperialism* (Berkeley: University of California, 1998).

2　Richard Ned Lebow, "Miscalculation in the South Atlantic," in Robert Jervis, et al., *Psychology and Deterrence* (Baltimore: Johns Hopkins University Press, 1985), 98–99; Jack Levy and Lily Vakili, "Diversionary Action by Authoritarian Regimes," in Manus Midlarsky, ed., *The Internationalization of Communal Strife* (London: Routledge, 1992), 118–146.

显然，有强烈迹象表明，新近的民主化和它的表兄弟——新闻自由化——升高了我们这个时代的民族主义的族群冲突的风险，就像历史上曾经发生过的一样。如何解释这种关联呢？

为什么民主化增加了民族冲突的风险

两个针锋相对的观点，我分别标之以"民众—对立"和"精英—说服"，提供了两种关于民主化和民族冲突的相反解释。前者意味着长期存在、大众乐见的民族对抗先于民主化，民主化则使已有民族可能表达这种根深蒂固的民众愿望，这种与其他民族并不兼容的愿望。"古老仇恨"观就是这种"民众—对立"解释的一个形式。

32 我持相反立场。在民主化开始前，民族主义通常较弱或者于多数人口中杳然无踪。典型的大众民族主义发端于民主化的最早期，彼时精英们争相吁请大众的支持。[1]当民族内的权势集团不仅需要利用民众热情完成战争目标和经济发展，而且试图避免权力当局向中间市民让步之时，民主化便制造了民族主义。对那些精英来说，民族主义实在是个方便的学说，可以满足一部分民主的形式，其中精英们以民族的名义实行统治却无需为人民负责。在部分民主化的条件下，精英经常能够通过他们对政府、经济和大众媒体等层面的控制来推广民族主义观念，从而设

1　相关的争论see V. P. Gagnon, "Ethnic Nationalism and International Conflict: The Case of Serbia," *International Security* 19:3（Winter 1994/95）, 130–166; V.P. Gagnon, "Ethnic Conflict as Demoblizer: The Case of Serbia"（Cornell University, Institute for European Studies Working Paper No.96.1, May 1996）; Paul Brass, *Language, Religion and Politics in North India*（Cambridge: Cambridge University Press, 1974）。

置争论的议程。精英努力说服人民接受其分裂的民族主义观念，民族主义冲突正是以这种副产品形式出现的。

上述两种观点哪一种才正确？这关乎我们可为避免民族主义冲突开出何种药方。如果"民众—对立"的观点是对的，那么优先的解决方案应当是实行分区民主化，族群则应纳入分隔的国家，即使这意味着迁徙人口。[1] 在 20 世纪，大部分东欧已经经历了"非混居人民"，大部分都是两次大战期间或战后作为种族灭绝和强迫移民的结果。[2] 按这种观点，为什么不早在战事爆发前而非战后才迁徙呢？如果在一个多族群国家实行分区不够实际的话，那么至少可以采取一个最接近的替代方案：在大部分自治的民族间分享权力。这种图式，有时也称"协和式民主"（consociational democracy），人民不只拥有个人权利而且具有作为一个民族或族群成员的权利，以管理其内部事务并在官僚和立法机构拥有团体的比例代表权。[3] 当然，如果"精英—说服"的观点是对的，这种分隔措施只能锁定分裂的民族认同，毫无必要地抬升了族群间的互不信任。这个时候，更好的解决之道是在民主化的形成阶段利用民族认同的流动性来促进包容的公民认同和跨族群的政治联盟。

我会首先概括并评估"民众—对立"的观点，部分因为对于多数美国读者而言，它看上去相当可疑。接着，我会简述自己的"精英—说服"论，并在第二章进行更充分的说明。

---

1 对有必要实行区隔制的条件的讨论，see Chaim Kaufmann, "Possible and Impossible Solutions to Ethnic Civil Wars," *International Security* 20:4（Spring 1996），136–175。

2 Rogers Brubaker, *Nationalism Reframed*, Chapter 6.

3 Arend Lijphart, *Democracy in Plural Societies*（New Haven: Yale University Press, 1977）.

前民主的民众对立：一个简单但是错误的解释

关于民主化和民族冲突两者关系的一个很简单的解释，即将民族主义看作深植于远早于民主化的民众态度。如果属于不同文化的人民都想拥有他们自己的国家，而且，如果他们恰巧都生活在同一个疆域，那么，投票只能不可避免地把他们变成一群糊涂虫。原则上，这些相互冲突的目标就会引发冲突，即使对立集体之间在前民主的历史中并没有过暴力相向。然而，如果文化相异的人民已经从长期对抗中互相憎恨或者不信任，那么这种文化对立只能更糟糕：民主过程将表达出根深蒂固的民众仇恨。[1]

以"民众—对立"的观点，当民主化让有真正民族主义偏好的普通选民发出声音后，那里的民族斗争就会招致帝国和威权政权的镇压。选举变成一个共识而非审议的过程。民主化将产生多数的暴政，或者在各自追求竞争性国家建设目标的对立民族之间爆发激战。如果一个新民主化的民族国家谋求夺取它的族群兄弟所居住的外国领土，据此观点，民主化就会演化成国际冲突。

34

很多美国人，沉浸于伍德罗·威尔逊的民族自决教条中，想当然地认为人类被划分为不同的人民，他们各自都有天然的愿望按照自己的方式统治自己。[2]例如，当苏联崩溃后，很多有着威尔逊主义本能的美国

1　Hurst Hannum, *Autonomy, Sovereignty, and Self-Determination* （Philadelphia: University of Pennsylvania,1996）：讨论引致族群自决需求的问题；Daniel Byman and Stephen Van Evera, "Hypotheses on the Causes of Contemporary Deadly Conflict," *Security Studies* 7:3 （Spring 1998）, esp.33–35：讨论新兴民主多族群社会内"多数暴政"的冲突性后果和"硬化群体"在多民族的民主转型社会中的历史怨恨。
2　对此观点的批评，see David Laitin, *Identity in Formation* （Ithaca: Cornell University Press, 1998）, 12.

人都觉得很自然，苏联的 15 个民族加盟共和国理当享有自决的民主权利。这看上去再合适不过了，因为对那些被美国冷战卫士所称的"俘虏民族"而言，有着长期被苏联镇压的历史：对分布在西伯利亚到中亚的非俄罗斯民族实行大规模迁徙，对其他非俄罗斯民族施加系统恐怖或大饥荒，莫斯科对所有帝国边缘地区的主体民族的专制统治。出于这段历史，那些之前被俘虏的民族有充分理由追求自治而不是莫斯科的统治。

但是，当不同族群在城镇和地区比邻而居，一个族群想要在自己的国家实行自治的愿望肯定跟其他族群无法兼容。[1] 除了亚美尼亚，每个苏联的继承国家境内都有可观的少数族群，包括在各个非俄罗斯民族的加盟共和国的城市和工业企业里人口众多的俄罗斯人。[2] 这种境况下，如果每个族群都想建立一个单一公民权的国家，其中语言和经济政策服务于优势族群，那么，族群的民主自决权就会变成导致冲突的一张配方。因为很少有国家，无论前苏联帝国还是发展中世界，是族群同质的，威尔逊主义者不必对许多新兴民主国家同时也是动荡之地感到惊讶。[3]

且不管这种"民众—对立"观点背后的清晰逻辑，我认为在大部分案例中，事实恰好相反。民主化之前，大众民族主义鲜有良好发育的。更普遍地，它是在民主化的最初阶段崛起的。在大多数人口得以成为政

35

---

1 Hurst Hannum, "Rethinking Self-Determination," *Virginia Journal of International Law* 43:1（Fall 1993），1–69: 指出自决学说在自决单位边界问题上的难以捉摸。

2 Robert Kaiser, *The Geography of Nationalism in Russia and the USSR*（Princeton: Princeton University Press, 1994）。亚美尼亚，甚至在苏联时代也属于少数族裔人数最少的国家，在独立前驱逐了大部分阿塞拜疆少数族裔。

3 Clifford Geertz, "Primordial Sentiments and Civil Politics in the New States," in Geertz, ed., *Old Societies and New States*（New York: Free Press of Glencoe, 1963），123. 根据一项调查，只有不到 10% 的国家，人口几乎完全由单一民族成员构成。Walker Connor, *Ethnonationalism*（Princeton: Princeton University Press, 1994），96。

治生活中一个积极部分之前，人们的民族归属感通常较弱。典型的是，尽管他们意识到各族群在文化、语言、宗教和地区的差异，但是他们只是间断性地将这些差异附上政治含义。在这一社会发展的阶段，政治是精英们的事。如果说在威权主义政权中基于民族的文化遗产或者行政安排有利于后来的民族主义的某种形式，倒也不错，因为有更多人变得政治活跃起来。即使这样，大多数例子中，只有当人们按民族划分公开谈论或者形成政治组织时，这种意识才会开始结晶。

比如说，19 世纪初为从奥斯曼帝国统治下争取自治的塞尔维亚战争，若当作古老的大众民族主义感情的表现，就大错特错了。就像我将要在第四章展示的，那场战争实际上更接近由一条多民族的生猪贸易链发动的商业冒险而不是一场民族主义战争。塞尔维亚的民族意识是在 19 世纪 60 年代到 1914 年期间逐渐形成的，让人惊讶的是，当时塞尔维亚有一个民主却失序的政治体制，包括近乎普选的选举、竞争性政党，还有一家自由媒体。倒是那段时间的战争和仇恨对民族意识产生了持久的影响，部分源于公众已经在政治生活中扮演了某种角色。而对大部分欧洲国家来说，根据历史学家米罗斯拉夫·罗赫（Miroslav Hroch）的研究，"只有当民族主义运动获得大众支持后，民族形成过程才具备了不可逆转的特征"。[1]

简言之，民族并非简单地被民主化所释放或唤醒，它们是民主化过程中被其亲身经验所塑造的。民主化最初阶段占优势的政治经验类型、制度和领导人才是民族认同形成的关键。人民怎么被吸收到他们国家的

---

[1] Miroslav Hroch, "Real and Constructed: The Nature of The Nation," in John Hall, ed., *The State of the Nation: Ernest Gellner and the Theory of Nationalism* (Cambridge: Cambridge University Press, 1998).

政治生活中决定了他们将生发出何种民族意识，以及民主化带来何种程度的民族冲突。这一点具有巨大的实际重要性和学术价值，可探究究竟是何种力量塑造了从民主化坩埚里产生的民族主义。而可能的族群冲突解决方案却假定前民主化的认同是固定的，比如分区制度、民族联邦主义、族群的权力分享、给予集体权利等，都会不必要地固化族群间的相互排斥和敌意性民族认同。相反，为民主化所设定的不那么强调族群的制度，倒可能把这些认同转为更内化的公民的自我构想。

精英一说服：在民主化国家推销民族主义

民主化催生民族主义，因为它服务于一个民族内部权势集团的利益，后者寻求利用人民的热情进行战争和经济发展而无需让政治当局向普通选民低头。在前民主化社会，军事的、经济的、文化的精英的统治倾向于避开唤起大众的民族主义感情而引发的风险。但是，在18、19世纪，当国民军、商业资本主义和廉价印刷兴起之后，能够吸引人民的活跃支持的统治者，会得到与其他国家或者本国内部精英对手相抗衡的有价值的竞争优势。在越来越多的国家，老一代精英们放开了一些改革，或者在新精英们的压力下开始这些改革。除了民主化压力，老一代和新一代的精英们都很不情愿允诺全部民主权利，因为这可能威胁到他们狭隘的经济利益和他们在社会中的权力地位。民族主义，以人民名义进行统治但并非必然民治的原则，为精英们提供了一条受欢迎的且无需彻底民主的道路。

运用民族主义教义是一个遏止大众民主化压力的有效工具，可将所谓民族的敌人排除在享有民主权利之外。民族主义精英们通常说少数族群、工人阶级、对立精英，或者其他政治反对派们都应该被排除在政治参与之外，经常指控这些群体缺乏适当的民族资格且和外部势力勾结。这种策略不仅有助于限制那些"内部敌人"的民主权利，其重要性还在于，对所有公民的表达自由有着喝倒彩的效果。[1]

精英努力进行民族主义说服的前景则部分依赖于民主化进程，这一进程与这个国家的经济和政治制度的发展有关。如果民主化国家太穷，当它的公民缺乏成功进行民主政治参与所需的技巧时，当它的代表制度、政党和新闻专业主义等在民主化早期尚在襁褓之中，排外的民族主义多半会占上风。这些条件下，民族主义精英更能够绑架公共讨论。甚而，在这样一个荒凉无信的政治景观里，一个充分民主的政权能否在他们让渡权力后可靠地保证他们的利益，惊恐的精英们对此实在缺乏自信。而相反，如此情形下，在民族主义浪潮正值波峰且权柄在握的时刻赌一把，看上去颇有吸引力。反之，排外性民族主义不太可能在一些国家——比如 19 世纪的英国或者现代南非——兴旺起来，在那些地方，有了必需的经济资源、公民素质或者政治制度之后，民主化才开始启动。

上述结果取决于精英们推广民族主义学说的动机和机会。而精英的动机强度则决定于其利益如何因应更民主的设定而调整。对全盘民主的到来越恐慌，精英的激励就越强，要使用民族主义煽动来预防此结果。精英推销其排外民族主义的机会则很大程度上依民主转型国家政治制度的特质而定。例如，如果国家官僚过强，而民主参与和公共争论的制度太弱的话，那么国家精英就会在民主化早期利用行政杠杆推进民族主

---

1 Gagnon, "Ethnic Conflict as Demobilizer"；对种族排外的角色，see Anthony Marx, *Making Race and Nation* (Cambridge: Cambridge University Press, 1998)。

义。相反，如果代表制和新闻制度在民主化早期已经充分发展起来了，民族主义观点就可能经由开放的公共讨论进行有效的审议。

精英利益的调整和这个国家在早期民主化期间政治制度的力量这 *38*
两个因素，决定了民主转型国家的民族主义的强度以及这一民族主义将可能采取何种排外方式。若用简化图式代表可能结果，可有四种民族主义：反革命的、革命的、族群的和公民的（参见表1.1）。其中三种严重排外的民族主义都有可能导致激烈的民族主义冲突。

表1.1　早期民主化阶段政治制度和精英利益与民族主义类型的关系

民族主义 精英利益	民族政治制度的强度	
	强	弱
可调适	公民的：强代表制度（英国）	革命的（革命时期的法国）
不可调适	反革命的：强行政体制 （"一战"前的德国）	族裔的（"一战"前的塞尔维亚）

当精英利益不可调适的时候，更可能出现反革命的民族主义，尤其是行政体制强而代表制度弱的时候。那种情况下，我的理论预测得出，民族主义说服的努力将是强化而有效的。受到威胁的统治精英将把政治反对派们形容为民族的革命敌人而完全排除在权力之外。就像"一战"前的德国，民族主义所采取的反革命形式。

反之，革命民族主义是在国家制度已然崩塌之后出现的，即善于适应的机会主义精英为了重掌大权而力图建立民众基础。那种情况下，我预言民族主义说服会被善用以争取支持，反对那些境内外的敌人。如同法国大革命中，民族主义就充作一个激烈排外的革命形式。

而当民主化开始之际，政治或行政制度的基本建设还远未落实，族裔民族主义便可能出现。在如此制度沙漠中，精英们很自然地受限于诉诸唯一的选择：传统大众文化。例如 19 世纪的塞尔维亚，强烈排外的民族主义就采取了族群模式。

这三种排外性的民族主义——反革命的、革命的和族裔的——都会制造暴力的民族冲突，或者与一个国家内部被排斥的群体，或者与任何被指控为外国势力同盟的集团。而第四种民族主义，公民民族主义，则更温和、更包容。

39

当精英们不对民主化感到特别害怕、当大众获得政治权力之前已有现成的代表制度和新闻机构，民族主义才会采取公民的形式。就像 18 和 19 世纪的英国，那种情形下，民族主义者既缺乏动机也缺乏机会来提供分裂的民族主义教义。如果公民民族主义不被看作是和平主义的，那么实在没有多少可能来避免成为其他三种民族主义所特有的轻率的、意识形态驱动的冲突的牺牲品。

在今天的世界做出选择

这些关于民主化和民族主义关系的解释对于设计战略以管理当代民族主义极有意义。20 世纪 90 年代的族群冲突在政治家、记者和学者之间激发了一系列尖锐的政策辩论。理解民主化如何导致民族主义冲突可令我们重新理解那些辩论。

最通常的争论围绕着新纪元的性质，关于它是否将被族群冲突毁灭，或者是否将迎来一个包容性的民主和平。这本书所推进的分析表明这两种角度可能都是对的。民主和平将在民主化快速且成功巩固的国家内部和之间取得。同时，民族主义将在许多刚刚展开民主化的国家生发，横亘在专制和民主之间，承受着失败的民主化的后果，或者只是简单地期望民主化的未定效果。到目前为止，强权国家如俄罗斯面临着这些危险，它们如何应对可能引发民族冲突的民主化应当摆在国际社会的急迫议程之上。

更具体地说，对民主转型的管理引发观点的尖锐分歧。有人说国际组织、非政府人权团体和强大的民主国家等应当向所有独裁者施压要求立刻民主化。《纽约时报》社论就经常坚持诸如刚果和马来西亚之类的威权领袖应当立即实行多党选举。我的理论对此建议持怀疑立场。在这些国家政治庇护和政治联盟的后殖民模式下，民主化期间的政治派系经常按族群界限划分。[1] 以此为起点，在民主化之前需要充分发展克服社会分裂的有效制度可能是部分解决之道，而非问题本身的一部分。

也有人认为国际社会应当施压要求多族群之间分享权力，也就是按族群而非个人来享受权利。[2] 我的理论则倾向于，这应当作为最后的手段，因为它有风险，可能不必要地将相互敌意的文化分裂政治化、固定化。如果可能，民主转型国家应当努力促进公民认同并保障个人权利。同样，族群基础上的联邦主义和地方自治应当避免，因为这些制度将产生以族群差异为中心的政治组织和媒体市场。

还有人说，有着相互冲突历史的多族群国家应当在冲突再发前实行分隔，即使这意味着将人民迁徙到新的家园。[3] 我的理论建议，当民主发展的成型期，在族群冲突已经基于令人反感的族群差异而制造了根深

---

[1] Mahmoud Mamdani, *Citizen and Subject: Contemporary Africa and the Legacy of Late Colonialism* （Princeton： Princeton University Press, 1996）, 300.

[2] Arend Lijphart, "The Power-Sharing Approach," in Joseph V. Montville, ed., *Conflict and Peacemaking in Multiethnic Societies* （New York: Lexington, 1991）, 491–510.

[3] Chaim Kaufmann, "Possible and Impossible Solutions to Ethnic Civil Wars," *International Security* 20:4 （Spring 1996）, 136–175.

蒂固的制度、思想和利益的地方，分隔也许是必要的。但是，如果这些国家还没有展开真正意义上的民主化，且政治领袖们愿意在着手民主化之前采纳公民的制度建设，如此族群分隔就毫无必要。法治的渐进发展、一个不偏不倚的官僚体系、公民权利和专业媒体等，在自由选举之后出现，就应该能够创造一个克服"古老仇恨"的公民的民族认同。

41　　很多人权组织主张，在式微的威权体制下，侵犯人权应当由个人负责，特别是这些国家的领导者，应当为他们的反人道罪行接受惩罚。但是我的理论强调那些仍然掌权的精英们的激励，就是为了预防落入如此命运而苟延残喘地打出族群牌。确实，但凡民主化进展最顺利的的地方，威权精英们都能得到"黄金降落伞"而平安退休，就像南美和东欧的北部国家。而在那些当地精英们深感恐惧的地方，比如臭名昭著的卢旺达，人权灾难只会加剧。所以，只有当人权侵犯者太弱而不能够造成类似的人道主义浩劫时，惩罚才是一个审慎的策略。

　　最后，倡议团体如"人权观察"，建议更多的言论自由和一个活跃的"公民社会"，充当会酝酿族群冲突的操控政府的解毒剂。[1]在很多刚刚起步的民主国家里，新发育的媒体变成了民族主义的传声筒。孱弱的民主制度常常使社会并不那么市民化。[2]只有当条件具备的时候，不受约束的言论和生机盎然的公民社会才是和平力量，即媒体受众老练而世故，新闻记者们足够专业。培养如此前提条件的计划需要在一个自由媒

1　Human Rights Watch, *Slaughter among Neighbors*（New Haven: Yale University Press, 1995）.

2　Sheri Berman, "Civil Society and the Collapse of the Weimar Republic," *World Politics* 49:3（April 1997）, 401–429; Margaret Levi, "Social and Unsocial Capital," *Politics and Society* 24（March 1996）, 45–56; Sidney Tarrow, "Making Social Science Work across Time and Space," *American Political Science Review* 90:2（June 1996）, 389–398.

体环境中进行大力讨论之前就先行展开。

这些争论与国际人权社会的传统智慧相左，也与美国公众的许多本能性反应不一样。无论如何，我相信后续章节所展现的理论逻辑和案例研究可以让即使是对推进民主和人权最为狂热的人仔细考虑追求这些目标的审慎路径和手段。

本书计划

下一章将要把我的精英—说服解释和盘托出，说明民主化和民族主义的相关性，当然也会讨论其他的可能解释。为探求这些论点的合理性，我会检视历史的和现代的民主化案例。主要使用两种方法：追寻案例内部的因果过程和进行案例比较。

第三、四章展示四种民族主义的历史案例研究：两次世界大战前德国的反革命民族主义、18 世纪和 19 世纪英国的公民民族主义、法国的革命民族主义和 1914 年之前一个世纪的塞尔维亚的族裔民族主义。这四个例子也是大多数民族主义理论和历史文献中的焦点，自有其道理。英国和法国，这两个最早的民族主义实例，创造了一种其他国家不得不模仿的政治效忠样式。法国和德国曾经在大陆范围内挑起过民族主义的侵略。塞尔维亚则倾其两个世纪，成就为一个分裂族群冲突的典型例子。任何民族主义理论都必须与这些经典案例过招。我把整个第三章都用来阐述德国的例子，这是一个格外丰富的实验室，展示了民主化如何引发民族主义和民族主义冲突的多种机制。第四章概述其他几个案例，比较四种民族主义并初步得出结论。这些范式性案例所例证的模式有助于评估后续章节中的现代案例研究。

42

第五章研究在后共产主义国家中民主化对民族主义和族群冲突的影响。这些案例之所以重要，因为它们所固有的当代意义，并且对我的理论构成艰巨挑战。很多后共产主义国家都民主化了，但并非所有的国家都有激烈的民族冲突。因而，这些案例代表了一个挑战，即如何解释每个国家不同的民主化模式所对应的民族主义程度的差异。

第六章讨论当代发展中世界的民主化和民族主义。先从广泛回顾在一些民主化国家引发激烈民族和族群冲突的条件开始，与那些和平转型的国家的条件做对照。随后，我会以若干例子的细节来展现理论中的几个关键问题。比如，两个紧密平行的案例——斯里兰卡和马来西亚，前者显示了在无控的民主化环境中族群冲突如何启动，而相同环境中，后者的威权统治者所施行的方案却避免了族群冲突。卢旺达和布隆迪的例子表明缺乏充分制度基础的国家的自由化是多么危险，同时，印度则例证了当此基础开始萎缩的时候尽力确保将带来怎样的结果。

第七章得出这些分析的实际意义，评估避免民族冲突的不同方案。总之，我主张国际社会应当寻求一个耐心的，有时甚至是间接的战略，促进良好制度化的公民民主的传播。通向"民主和平"的捷径往往以通向反革命的民族主义反击或者族群对抗的伪民主式的迂回道路而收场。[1]

---

1 相关讨论，see Fareed Zakaria, "The Rise of Illiberal Democracy," *Foreign Affairs* 76:6（Novermber/December 1997），22–43。

第二章
民主化国家的民族主义精英说服

当一国之内的权势精英需要利用大众热情进行战争和发展经济，但 也希望避免实际政治威权向普通公民屈服的时候，民主化便产生民族主义。对那些精英来说，民族主义是肯定一个部分民主形式的便利工具：精英们以民族的名义统治但并不对人民充分负责。从民主化过程中产生的民族主义形式，和它所释放的冲突强度，都大部依赖于民族主义精英的利益，他们的统治制度的优势或者缺陷，以及他们对媒体的控制力量。

在陈述完我的观点后，我会讨论如何针对其他解释验证我的关于民主化和民族冲突的理论，其中包括民众—对立说。

精英说服：增进大众的民族忠诚

并非所有的现代国家都是民主的，但现代国家都找到了吸引多数人民 积极效忠的办法，只有少数例外。在 18 世纪下半叶之前，王朝和帝国都能够成功统治政治上消极被动的人口，从他们身上汲取足够的经济剩余以维持雇佣军或者贵族统治。统治者很少号称为了人民利益而统治。君主和国民们经常说着不同语言，也缺乏一个共同的民族认同，这些都不成问题。[1]

这一切都随着商业资本主义、国民军、廉价印刷的来临而改变了。[2]当财富先从贸易、后从产业中获得并更快地广布于社会，最成功的国家就是那些商业人口愿意缴税或者愿意借款给国家的。这给了国家必要资金，可以挑起更大规模的战争，并且促进商业。赢得人民爱国主义支持的国家因此获得极有意义的优势，可以支持大规模陆军并为海军注入资金。这时民族主义、国家利益和人民的利益被统一起来的原则，第一次成为观念（思想）市场上的宝贵商品。廉价商业出版物的同时发展也成为推销这一思想的完美中介。

受惠于人民积极效忠的国家，像 18 世纪中叶的英国和 1789 年大革命后的法国，都显出强权，威胁要征服那些在吸引民族主义追随方面大大滞后的国家。那时和现在，即使考虑到这些国家间的规模和财富差异，也总是更民主的国家较可能赢得战争。[3]因此，统治者不是利用民族主义情绪，就是冒着被那些竞争精英替换的风险，后者不懈地培植可能吸

1　Ernest Gellner, *Nations and Nationalism*（Ithaca: Cornell University Press, 1983），Chapter 2.

2　Charles Tilly, ed., *The Formation of National States in Western Europe*（Princeton: Princeton University Press, 1975）; Tilly, *Coercion, Capital, and European States, AD 990-1990*（Cambridge: Basil Blackwell, 1990）; Barry Posen, "Nationalism, the Mass Army and Military Power," *International Security* 18:2（Fall 1993），80–124; Benedict Anderson, *Imagined Commnties: Reflections on the Origins and Spread of Nationalism*（London: Verso, 1983）; Michael Mann, "The Emergence of Modern European Nationalism," in John A. Hall and Ian Jarvie, eds., *Transition to Modernity*（Cambirdge: Cambridge University Press, 1992），137–166.

3　David Lake, "Powerful Pacifists: Democratic States and War," *American Political Science Review* 86:1（Spring 1992），24–37.

纳民族主义热情的民粹国家。通过模仿这种西方强权发明的神奇模式，民族主义思想和运动甚至在那些商业资本主义、工业和文学都大大落后的中东欧地区都兴起了。民族主义作为一种意识形态传播到像德国、塞尔维亚这样的国家，就变成主张只有一个强大的、现代化国家才能保护它的人民利益免受外国势力的侵犯，只要政府表面上为人民所享就并无必要真的由人民来统治的理念。[1]

国家所需的大众支持却对领袖和潜在领袖带来双重挑战：如何在约束大众需求的同时促进他们的效忠。问题在于，让一大群人为了一个共同目的——也就是所谓集体行动的问题——已经成为现代社会科学的当务之急。在小型的、面对面的群体内，人们合作进行集体任务相对容易些，因为他们知道无论给予什么帮助都可能另有机会得到回报。人们明白他们在共同沉没或游泳，规避只会弄巧成拙。当然，在一个大群体比如民族中，集体行动就面临严重障碍。人们未必理解他们的共同命运。他们倒会感觉到这个群体内的一些成员比群体外的更让人害怕，或者这些成员可能无意为集体的善做出贡献。人们会担心合作，谨慎地选择节约他们自己的资源，避免与可能会利用他们的人共享资源。即使面对外部威胁，为了土地耕作以及保护乡村而把儿子留在家中，也比派孩子去保卫国家要更明智一些。

克服这些民族集体行动的障碍也许很困难，即使对今日一部分世界来说也是如此。比如，伊拉克北部的库尔德部族，他们有着共同的民族性，最近他们却发现不太可能和其他部落进行合作，即使面对他们主要

1　Hans Kohn, *Prelude to Nation-States: The French and German Experince, 1789-1815*（Princeton: D.Van Nostrand, 1967）; Liah Greenfeld, *Nationalism: Five Roads to Modernity* （Cambridge: Harvard University Press, 1992）; Alexander Gerschenkron, *Economic Backwardness in Historical Perspective* （Cambridge: Belknap, 1962）.

敌人——萨达姆·侯赛因——的军事威胁也是如此。随着权力平衡在各部族间的移动，每个部族都发现最大的威胁是来自其他部族而非萨达姆。结果，没有哪个部族愿意冒着风险共享资源、协调战略，或者允许其他部族在确保民族自治的联合行动中捞到更大的好处。[1]

在一个大群体比如民族内部，为克服集体行动的障碍，精英需要两种工具：有效的制度（养成为共同目标一起工作的习惯）和统一的思想（使人民确信他们有着共同的目标和共同的命运）。

建设民族制度

制度是行为的重复模式，据此，人们的期望得以汇聚。[2] 当行为被制度化后，人们就能根据常规活动的过往模式来预测其他人怎么行动。这种可预测的常规性塑造着环境，人们可以据此计算他们自己行为的成本和收益。在大型的复杂团体的内部，比如民族内部，保证集体行动需要专门、正式的制度分别完成不同的任务：立法机构建立起群体规范，执政首脑提出政策建议使集体努力能够形成合力，移民部门证实团体成员资格，官僚监控着对团体的贡献并提供信息和标准，法院作为第三方保障群体成员的交易，警察则维持对团体规范的服从。库尔德人无法团结他们自己的民族，大致是因为他们缺乏这种强有力的制度。

1　关于库尔德人派系的背景，see Michael Gunter, *The Kurds of Iraq* （New York: St. Martin's, 1992）, Chapter 3。

2　Walter Powell and Paul DiMaggio, eds., *The New Institutionalism in Organizational Analysis* （Chicago: University of Chicago Press, 1991）; Andrew Schotter, *The Economic Theory of Social Institutions*（Cambridge: Cambridge University Press, 1981）, 9.

在更简单或不够组织化的群体内部，同样的任务可能由较不专业、非正式的制度来承担，因此完成效率不同，比如去中心化的文化习惯和实践。例如，当警察和法院势弱，大众文化就会发展出一套非正式规则，由部族成员控制对伤害部族成员的外人所进行的报复。尽管这些争斗看上去似乎无法无天，但事实上部族长老们订立规矩并监督着，这么一来有时能提供比正式制度更有效率的非正式制度。[1]因为这种分享的文化实践能够作为民族制度结晶的催化剂，可以说，族群纽带利于一个民族的形成。当然，就像库尔德人已经学到的教训，一个互享的文化并不会保证有效的民族制度横空出世。

促进民族观念

观念，也扮演着促进集体行动的中心角色：包括影响人们如何想象并加入该群体，对集体行动进行成本收益的评估，以及他们有关道德义务的感受。谁是我们这个群体的部分？哪个外部势力是最大的威胁？一个特定集团过去是如何行事的？他们现在的特性如何，未来计划是怎样的？谁将会是对付他们的有效、可靠的盟友？这些问题的答案部分存乎所谓事实，但是在社会领域，事实几乎不会自己诉说。事实需要解释，并应用道德判断。民族主义政客所宣示的观念，给了人民一个作为解释和判断依据的简单指南。

---

1 Christopher Bloehm, *Blood Revenge: The Anthropology of Feuding in Montenegro and Other Tribal Societies* （Lawrence: University Press of Kansas, 1984）；关于群体内部的自我监控作为一个关键因素来解释为什么族群冲突并不是那么普遍，see James Fearon and David Laitin, "Explaining Interethnic Cooperation," *American Political Science Review* 90:4 （December 1996）, 715–735。

所有民族主义精英都受到某种激励去提出观念，以夸大敌对民族的威胁以及团结遏制这种威胁的好处。这类观念如果具有说服效果，将在某种程度上有利于共同体成员的集体行动。很自然地，这些夸大其辞增加了民族间爆发冲突的风险。如果双方都秉持这些偏见，就会认为对方比实际上更危险，然而也会更容易被联合的反对派所打败，尽管实际上这种概率并不大。那么，侵略就更显必要，也比实际上似乎更可能成功。而这些引发冲突的偏见相互间差异巨大，部分乃因被民族主义精英视作必须依靠的社会群体的不同所致。

自利精英集团作为民族制度和观念的核心

有效制度和统一的观念，是一个大型群体——比如一个民族的集体行动——所必不可少的，但是都非易事，且成本高昂。为克服这些困难，民族主义者需要一个制度基础以建设一个支持基础。这些民族主义者需要的是从一个已经有互助习惯的小型团体开始，以充当扩展集体行动的核心。研究具有高风险和高成本设定（如革命、反叛、抵抗运动等）的集体行动的人发现，经由互相信任的小规模人际网络所动员常常得以克服人们的逃避倾向。他们的信任是基于在其他活动中重复互动的历史。[1]

1　Sidney Tarrow, *Power in Movement: Social Movements, Collective Action and Politics* （Cambridge: Cambridge University Press, 1994）, 22; Pierre Birnbaum, *States and Collective Action* （Cambridge: Cambridge University Press, 1988）, 58, citing Charles Tilly, *La Vendée* （Paris: Fayard, 1970）; Samuel Popkin, "Political Entrepreneurs and Peasant Movements in Vietnam," in Michael Taylor, *Rationality and Revolution* （Cambridge: Cambridge University Press, 1988）, 9–62; Ian Lustick, "Writing the Intifada," *World Politics* 45:4 （July 1993）, 560–594; Roger Petersen, *Resistance and Rebellion: Lesseons from Eastern Europes* （Cambridge: Cambridge University Press, 2001）.

而历史显示，小团体为核心的民族主义集体行动可能源于任何类型的团体：前民族主义政权的统治王朝，一个地区的优势派阀，一个紧密、特权的经济团体，一个宗教或文化精英团体，军官团的一部分，有共同教育背景或前瞻的知识分子群体，一个族群团体中的著名人物，或者一个强力部族的领袖们。

那些为促成集体行动而付出成本的人这么做通常是因为他们期望从中得到私人收益。[1] 即使某些民族主义者可能完全被他们自己理想的力量所驱动，激励那些为了民族制度建设和说服行动而提供资源和干部的小团体则意味着要满足他们的某些选择性激励：不相称的权力、特权，为他们的经济活动提供补贴或保护，以及保留他们的习惯方式。引领民族思想和制度形成的特权集团努力通过定义反映他们狭隘利益和惯常实践的民族认同来锁定他们的特殊地位。一个国家的民族认同的竞争性愿景实际上反映了不同集团间为争夺民众民族感情的利益或期望上的差异——例如，两种对立的美国民族主义者：蓄奴主义的南方邦联与工资—劳动的工业化北方。同样，在 1914 年前的德国，普鲁士的土地贵族（容克）和军官团以前工业化传统为中心的德国民族主义愿景吁请德国农人们支持，他们的筹码还包括对农产品进口征收高关税、征服中欧土地等；而重工业商人和德国海军则寻求城市中产阶级的支持，向他们提供商业的、高技术的和海外扩张的民族主义版本。[2]

51

1　Michale Hechter, "The Emergence of Cooperative Social Institutions," in Michael Hechter, Dieter Opp, and Reinhard Wippler, eds., *Social Institutions: Their Emergence, Maintenance, and Effects*（New York: Aldine de Gruyter, 1990），20; Russell Hardin, *Collective Action*（Baltimore: Johns Hopkins University Press, 1982），31; Jack Knight, *Institutions and Social Conflict*（Cambridge: Cambridge University Press, 1992），5–9.

2　Woodruff Smith, *The Ideological Origins of Nazi Imperialism*（New York: Oxford University Press, 1986）.

简言之，民族主义精英面临的第一个问题就是如何在全国范围内创造有效集体行动的可能性。解决方案是制度建设，以及从一个业已习惯共同工作的小团体开始扩散观念，将狭隘利益转为全国范围内的集体行动。如我下面要解释的，民族主义动员可能产生与其他国家冲突的可能性，部分取决于这些利益创建的性质。一旦大众的民族主义能量被动员起来，第二个问题就来了：怎样遏制大众参与政治的需求。

成功说服的危险：用排外遏制大众需求

有时候，民族主义精英在煽动人民热情参与到国家政治生活方面都做得太成功了。一旦本民族多数人确信合法的权威产生于民族自治，很快就能发现必须由普通选民决定国家的政策。这看起来会和建国集团的利益相冲突，他们希望能够持续保证最初在民族集体行动时投入的私人收益。为了特权团体的利益，民族自治的意识形态旨在促进国民对这些特权团体所控制的国家的忠诚，但现实中民主政府不会如此。结果，这会激励民族主义者建立制度，屏蔽全面民主责任，鼓励各种为侵犯公民自由而辩护的思想。

达到这一目的的典型战略是抗衡要求更多民主自由的反对派，后者在被削弱其共同阵线后沦为民族公敌。塞尔维亚总统米洛舍维奇（Slobodan Milosevic）就是一长串民族主义煽动者中最新的一位，他曾经尽力诋毁自由派反对者，为他们贴上外国敌人的标签。用这种方法，自利的民族主义者便将其民族自治的民粹目标与寻求个人公民权利的民主目标之间的差异区分开来。[1] 被冠之以叛徒、支持对手的族群或者社会阶级就可能被剥夺公民权利。甚至掌权者一方的成员若选择为被排斥群体申张权利的话，也会发现他们自己的权利将受到伤害。遇到真相难以证实的情况，为被指控叛国罪者做辩护最有效的方式就是比煽动性批评变得更民族主义。结果是，从法国大革命到今天的塞尔维亚，民主转型国家经常沦为民族主义者军事冒险的牺牲品，其中，即使是自由主义者也必须证明他们是国家的军事捍卫者。

简言之，民族主义的推动者面临双重问题：既要考虑如何鼓舞民族主义热情，又要降低人民认为以人民之名统治意味着由人民来统治的期望。民族主义精英在这个双刃计划中如何成功取决于他们的民族主义说服工具。

何时及为什么民族主义精英有说服力

民族主义对民主转型国家的精英来说，是个有吸引力的学说，但是它看上去却难以向公众推销。大多数实例中，在民主化发端之时，多数民众并没有很强的军国主义倾向。如我此前提到的，民族主义诉求常常是在虚假或夸大的基础上，被自利集团提出，旨在从公众合作的果实中攫取私人利益。民族主义的计划也常常对于公民权利的充分赋权有着公开敌意。而且，对他们来说，采取军国主义计划可能产生代价不菲的与邻国的冲突，并非秘密。在很多民族主义冲突中，斗争结果之一是各方

53

1　V. P. Gagnon, "Ethnic Conflict as Demobilizer: The Case of Serbia" （Ithaca: Cornell Univesity, Institute for European Studies Working Paper No. 96.1, May 1996）.

均铩羽而归，甚至煽动者也不得不承受大量死亡、严重经济崩溃以及偏离政治目标的后果。卢旺达的胡图族凶手在扎伊尔肮脏的难民营里备受煎熬。在前南斯拉夫地区，塞族已经因为他们挑起的"种族清洗"战争而尝到苦果；经济被战争和制裁完全毁掉，塞尔维亚人的领袖被定为战犯。类似还有，纳粹德国和日本帝国——激起一边倒的国际反对势力，迫使他们最终停战，人民大众承受了沉重负担，而他们曾经为民族荣耀或种族优越而奋斗。

为什么军国主义在整个 20 世纪里都臭名昭著，但仍然保持着吸引力？人们如何确信以至于冒着巨大的风险、承担沉重的成本为所谓的民族福祉做出贡献，特别是当民族主义诉求以及好战的民族主义团体的利益都极有问题的时候？为什么民主转型国家的公众不会更多支持自由民主、社会福利运动或者温和的公民民族主义？谁的计划会为普通公民带来更大的利益？

当然，答案是有时候这些温和力量在民主转型国家中确占主流。为了平衡，民主化的早期阶段会产生特别适合民族主义宣传战的条件。这是因为，从民族主义得益的精英们常常还保持着对权势政府、经济和媒体资源的部分控制，尽管大众政治已经崛起。如此设定下包括管制公共讨论制度在内的民主制度常常太弱，以至于难以抑制民族主义迷思制造者的影响。典型的民主化为精英向公众推销民族主义观念创造了动机和机会。

一个威权体制的坍塌对权势集团是个威胁，常包括军事官僚以及源于战争和帝国的狭隘利益。为保护他们的地位，这些受威胁的利益团体为努力获取大众支持，通常会求助于民族主义诉求，这样使他们看上去很受欢迎却无需真正实现民主。依靠他们所维系的影响力，他们会成功地建立所谓政治同化，迫使反对派接受以民族主义作为公共讨论的中介性概念。旧政权野心勃勃的反对者，包括少数族裔，以及脱离多数文化集团的上升阶级，也会发现民族主义这个平台很有吸引力。如果他们开创了一个成功的民族主义运动，他们就会成为一个民族国家的领袖。

这种围绕精英利益进行的拉拢大众支持的竞争是在民主制度高度不完善的地方发生的。在一个完美民主的内部，有可能被鲁莽的民族主义政策牵连的普通选民，应该能够得到政策风险的准确信息，也有权力通过投票箱惩罚那些鲁莽的民族主义政客。这有助于解释为什么成熟民主从未相互挑起战争。在良好运转的民主内，人们甚至发展出讨价还价和冲突解决的规范。[1] 他们可以利用法律渠道和其他制度来增进人民认同他们的可能性。这些习惯和制度都可用来避免国内的冲突或者缓和与其他民主国家的利益冲突。成熟民主也从一个规制良好的观念市场受益，其中，危险思想只是例行地被公共批评以及受到专业激励进行客观评估的专家认真审议。[2]

然而，在典型意义上，只有长期而论才会出现这样的欢乐结局。有 *55* 效的民主制度需要花费相当时间来自我完善。当权势集团觉察受到民主的威胁，他们会有意维持国家制度的衰弱和可操纵。随之，很多新兴民主化国家的实践只是大体接近成熟民主。限制性普选、对选举竞争的不公平约束、组织不良的政党、腐败官僚或者部分垄断的媒体等，都令新

1　Dan Reiter and Allan C. Stam III, "Democracy, War Initiation, and Victory," *American Political Science Review* 92:2（June 1998），377–390.

2　Bruce Russett, *Grasping the Democratic Peace*（Princeton: Princeton University Press, 1993）；Anne-Marie Burley, "Law among Liberal States: The Act of State Doctrine," *Columbia Law Review* 92: 8（1992），1907–1996; Jack Snyder, "Democratization, War, and Nationalism in the Post-Communist States," in Celeste Wallander, ed., *The Sources of Russian Conduct after the Cold War*（Boulder, CO: Westview, 1996），24–28.

兴民主国家的政治产出愈加偏离成熟民主应当具有的模式。尽管这些新兴民主国家的精英需要获得大众支持，但是民主制度的缺陷允许他们避免向公众负起全责。民族主义观念有助于延续半民主状态，因为媒体的半垄断限制了有关证据和观点的充分传播，而很难被公共讨论所驳斥。类似地，民族主义力量很难通过民主过程被反对，因为权势精英们常常往对他们有利的方向操纵民主游戏。结果，在成熟民主间产生的民主和平的机制，却无法在新兴民主国家发挥作用。实际上，其中大部分都南辕北辙。

尽管是不同民主制度的弱点导致这一结果，但在许多新兴民主国家，大众传播媒体的缺陷由于能为民族主义成功劝说创造机会而显得特别重要。民族主义是一种观念，只有当它在公共讨论的竞技场盛行之后，才能赢得胜利。接下来的这一节将会展示这个竞技场的结构如何决定民族主义迷思的成功。[1]

在观念市场上制造民族主义迷思

民主转型国家的精英受到强烈激励，用民族主义的术语来定义政治。但是，为做到这一点，他们必须首先创造一个民族主义思想的市场。民主化之初，大多数情况下公众并没有被民族主义主题所动员。何种条

---

1 迷思，我定义为其事实或逻辑基础如果被曝于严格、不偏不倚的公共评估后就会丧失信誉的主张。在这种意义上，主张大屠杀从未发生过就是这么一个迷思的例子。那么，民族主义迷思制造，便是运用可疑观点来动员对民族主义学说的支持或者质疑反对者的努力。同样，John Zaller, *The Nature and Origins of Mass Opinion*（Cambridge: Cambridge University Press, 1992），313，将舆论的"精英控制"（elite domination）定义为"一种精英们诱导公民持有当他们享有最佳信息和分析就不会持有的观点的情形"。

件才允许精英们劝说公众接受这些观念呢？

就像精英能够在民主转型初期利用民主制度的弱点，他们也能够借公共论坛不成熟之机推广民族主义观念。新兴民主内部，精英们经常绑架大众媒体，一如他们操纵选举、捉弄法院、腐化国家官员。然而，如此行为，其能力有赖以下三点：他们控制信息来源的能力，是否容易将大众分隔为若干部分充当民族主义信息的目标，以及新闻记者的独立程度和专业水平。

民主化早期一般都伴随着新闻自由的增长。传统智慧倾向于这种言论自由的增加应该会降低统治精英推销其民族主义想法的能力，因为批评能够更好地破解和拒绝不正确的危险思想。[1] 基于一个竞争性经济市场的类比，这种经典自由主义的观点可以追溯到约翰·穆勒，他认为真理更可能出现在不设障碍的自由争论中。[2] 而事实上，这种传统智慧在新兴民主国家常常失灵。新闻自由的增加常常导致民族主义迷思制造的爆发，因为民主转型国家的政治市场更可能极不完善，导致民族主义迷思被助燃而不是被拒绝。[3]

1　Human Rights Watch, *Slaughter among Neighbors*（New Haven: Yale University Press, 1995）.

2　有关观念自由市场所带来的利益，see John Stuart Mill, *On Liberty*（Cambridge: Cambridge University Press, 1989）, part 2. 穆勒说，只有不受限制的辩论才是那些超级思想永远不会被压制的保证；甚至他并不主张竞争的看不见的手会自动导致最优观念的胜利，更不用说真理。有关批评，see Robert Weissberg, "The Real Marketplace of Ideas," *Critical Review* 10:1（Winter 1996）, 107–121. 将政治看作更一般性的市场竞争，see Gary Becker, "A Theory of Competition among Pressure Groups for Political Influence," *Quarterly Journal of Economics* 98:3（August 1983）, 371–400。论公共领域的争论，see Jürgen Habermas, *The Structural Transformation of the Public Sphere*（Cambridge: MIT Press, 1989）。

3　接下来的分析节选自：Jack Snyder and Karen Ballentine, "Nationalism and the Marketplace of Ideas," *International Security* 21:2（Fall 1996）, 5–40。在这篇更完整的市场类比讨论中，观念是政治领袖和他们政策的广告。大部分情况下，这都更有益于我们把政客们而不是观念本身，看作市场所提供的商品。

57 　　民族主义迷思能否成功地推销出去，很大程度上依赖于观念市场的结构，也就是思想能如何发展。在标准的经济学分析中，观念市场的结构包括供给的集中度、需求的分隔（细分）度，以及规制市场互动的制度强度，比如那些提供信息或规制广告的制度。在观念市场"完全竞争"的情形下，没有信息或者媒体的垄断。通过那些主张竞争观念者之间的直接讨论，所有公民都暴露在全方位的思想下。对事实的诉求让位于知识专家的公开审议和评论。如此条件下，不受约束的讨论终究会拆穿拙劣的民族主义迷思，比如曝光他们在事实上的不准确、逻辑的矛盾或者政策的隐含成本等。[1] 无论如何，当式微的威权势力被新兴的大众政治的力量所挑战，那么政治市场的竞争固然很不完全，民族主义迷思制造的机会也是有限的。

　　接着与经济市场做类比，不完全竞争存在以下几种情形：卖家很少、潜在卖家面临高的市场准入障碍以及分隔市场上销售产品的差异化等。市场分隔之可能，是因为消费者已经固定了品味的差异，也因为投放广告人工创造了差异化的偏好。当卖家太少而市场却已经分隔，就会出现市场竞争，但事实上，这些卖家能够在特定分隔市场上建立起近乎垄断的地位。在这种环境下，卖家会进行竞争性广告或共谋来瓜分市场份额，或者两者结合。[2] 只有在准入壁垒失效，或者在一个"年轻产业"——其中，

1　对自由辩论在民主和平中的角色，see: Stephen Van Evera, "Primed for Peace: Europe after Cold War," *International Security* 15:3（Winter 1990/91）, 27; Dan Reiter and Allan C. Stam III, "Democracy, War Initiation, and Victory," *American Political Science Review* 92:2（June 1998）, 377–390。

2　Paul Samuelson, *Economics*, 15th ed.（New York: McGraw–Hill, 1995）, Chapters 9–10, esp.152; Edwin Mansfield, *Microeconomics*, 4th ed.（New York: W.W. Norton, 1982）, Chapters 11–12, esp.323, 344–346, 353–355; James W. Friedman, *Oligopoly Theory*（Cambridge: Cambridge University Press, 1983）, 138–145; Robert Kuenne, *The Economics of Oligopolistic Competition*（Oxford: Blackwell, 1992）, 469–476。

"卖家还不知道出现什么样的对手"，或者"争先恐后地确保自身的产业地位，不慎开始一场无法逆转的价格战"的时候——竞争对手才可能出现。[1] 非完全竞争下为取得社会效益，我们需要打破部分垄断、制止串谋、保证广告真实的规则。

新兴民主国家的政治市场，通常就可以看作一个年轻且缺少规制的产业的镜像，其中的准入壁垒正在落下。精英们经常保持着对媒体的部分垄断，市场则被民族认同分隔为不同部分。这种不完全竞争市场，无论在经济的还是政治世界，都可能带来最坏的结果。一方面，精英们别无选择，只能为动员大众支持而激励竞争；另一方面，针对特定族群或者民族市场的分隔，他们可避开被竞争者和专家们所公开、严格审议的公共论坛上的争论。这意味着，早期民主化国家的市场条件，经常能同时创造出民族主义广告的激励及其取得成功的条件。

供给的部分垄断

传统智慧最担心的是新闻被政府完全垄断。如此情形下，政府能够宣传任何民族主义迷思而无需面对反制性言论。当完全垄断几乎不可得，这就不是民族主义迷思制造的唯一——也许不算最——危险的条件了。完全垄断条件下，受众常常很可疑。在其他威权国家，比如说，人们会巧妙地忽视宣传，因为他们知道消息源是被垄断的，人们会转向非

58

59

1　Richard Leftwich and Ross Eckert, *The Price System and Resource Allocation*, 9th ed.（Chicago: Dryden, 1985），407. 同样的不确定性在"年轻产业"引发对立行为是民主化时期的典型特征，共有规范或有效执行机制的缺失也常常造成同样结果。see Adam Przeworski, *Democracy and the Market*（Cambridge: Cambridge University Press, 1991）。

正式网络以及从官方话语的字里行间解读的策略。[1]甚至，完全垄断者常缺乏动机去动员他们人民的民族主义。没有活跃的反对派，统治无需大众同意，他们几乎没有必要为了掩盖合法性而尽力掀起民众的热情。实际上，煽动大众的民族主义只会妨碍他们对国内政治去政治化的目标，也会为他们的对外关系管理引入不必要的复杂性。[2]因此，独裁者只有在他们的权力处在动荡漂移之中才会打民族主义的牌，形势所迫之下拿民众诉求做赌博。

比完全垄断更危险的，特别易于制造民族主义迷思的是部分的媒体垄断的情形，这常常发生在民主化的最早期阶段。在这些条件下，政府和其他精英很享受剩余的市场权力，如同威权主义垄断控制的遗产：受威胁的执政圈子里的国家或经济精英们可能仍然控制着大众媒体的关键部分，或者有资源塑造其内容。军国主义者便可能唤起他们所垄断的专业能力来夸大外部威胁；政府便可有意识地以所谓"公共利益"之名管制广播媒体；私人经济游说集团也许会收买记者、表面中立的专家和媒体渠道。如此一来，公共讨论的竞技场也许看上去开放、有竞争性，但事实上，信息被严重控制并有倾向性。这便经常造成两个现实世界中最坏的结果：精英们有很强的动机开展竞争性的公共游说，并且他们控制了歪曲公共讨论内容的手段。

1　Ellen Mickiewicz, *Split Signals: Television and Politics in the Soviet Union*（New York: Oxford University Press, 1988）; Bruce Allyn and Steven Wilkinson, *Guidelines for Journalists Covering Ethnic Conflict*（Cambridge: Conflict Management Working Paper, January 1994）, 17–18; Ithiel de Sola Pool, "Communication in Totalitarian Societies," in Pool, Willburt Schramm, et al., *Handbook of Communication*（Chicago: Rand McNally, 1973）, 462–511.

2　Stanislav Andreski, "On the Peaceful Disposition of Military Dictatorships," *Journal of Strategic Studies* 3:3（December 1980）, 3–10.

一个德国的例子就很有启发性。在德国"一战"战败后建立的魏玛共和国期间，权势的产业利益集团利用他们的资源，向德国小城镇的读者固定喂养民族主义新闻，作为培养一个捍卫资本主义秩序、反对工人阶级的大量中产阶级选民计划的一部分。例如，阿尔弗雷德·胡根伯格（Alfred Hugenberg），"一战"时期克虏伯钢铁董事会主席、魏玛共和国时期德国全国人民党主席，创建了电报联盟的有线电报服务，结果控制了德国半数以上的媒体。[1] 通过提供贷款和低价新闻纸、给通胀缠身的报纸提供会计服务等手段，胡根伯格取得对许多媒体的实质控制，虽然这些媒体表面上仍然保持独立。尽管一些小城市还经常保有多家报纸，但是胡根伯格却给他们同样的民族主义倾向的新闻稿。

当政治市场被瓜分为若干分隔市场时，这种信息供给的部分垄断的效应还会加倍。

需求的分隔化

一个组织良好的观念市场不仅依赖社会不同团体不同观点的表达，也赖于接触到不同思想的个体。一个高度分隔的市场或有前者，但未必有后者。在一个分隔的观念市场上，一个分隔市场内的个体缺乏与其他分隔市场的接触，或者只能接触被来源过滤后的扭曲的思想。

新兴民主国家的观念市场的需求特别接近分隔市场。有时候这种分隔化反映了传统社会的文化区隔，或者威权主义的分而治之政策的遗产。传统国家的政治家经常通过说服杠杆来利用这种潜在区隔，为其排

1　Modris Eksteins, *The Limits of Reason: The German Democratic Press and the Collapse of Weimar Democracy* (London: Oxford University Press, 1975).

外民族主义策略服务。这些分隔努力常常在新兴民主国家取得成功，他们往往缺乏良好的综合性媒体机构将社会不同部分联结到一个共同的公共讨论中。

如果没有一个联合的非政党的媒体，狭隘的市场分隔很容易被单一迷思提供者所掌握。例如，在进入民主体制不久的魏玛共和国，包括那些由重工业卡特尔背后支持的民族主义集团，针对工党和自由派的竞争，为了赢得大众支持，他们不仅努力争取对手的支持者，而且利用在魏玛共和国期间对媒体市场的部分宣传垄断，进行他们自身的动员。胡根伯格只控制了魏玛全部媒体市场的 50%，但他几乎垄断着德国小城镇的报纸的新闻流，这些地方后来成为希特勒的票仓。[1] 利用胡根伯格所引爆的中产阶级观点，希特勒不仅成功地在公开辩论中超过了自由派、社会党人和无党派人士等，而且通过熟练渗透草根性志愿组织，如退伍军人团体和啤酒协会等，将民族主义的分隔市场形成关联而取得成功。[2] 在帝国议会选举中希特勒仅以三分之一的选票获得优势，并以此为平台进一步攫取了媒体和国家权力：在一个分裂政体内，垄断一个分隔市场就足以取得决定性结果。[3]

1　Modris Eksteins, *The Limits of Reason: The German Democratic Press and the Collapse of Weimar Democracy* （London: Oxford University Press, 1975）, 80–81; Thomas Childers, *The Nazi Voter* （Chapel Hill: University of North Carolina Press, 1983）, 157–159.

2　Richard Bessel, "The Formation and Dissolution of a German National Electorate," in Larry Eugene Jones and James Retallack, eds., *Elections, Mass Politics, and Social Change in Modern Germany* （Cambridge: Cambridge University Press, 1992）, 404, 412–413; Peter Fritzsche, "Weimar Populism and National Socialism in Local Perspective," in Jones and Retallack, *Elections*, 301–304; Wolfgang Mommsen, "Government without Parties," in Jones and Retallack, eds., *Between Reform, Reaction, and Resistance: Studies in the History of German Conservatism from 1789 to 1945* （Providence: Berg, 1993）, 359, 372.

3　E.J. Feuchtwanger, *From Weimar to Hitler* （London: Macmillan, 1993）, 298, 313–314.

兜售公共舆论之理性的学者有两个关键性证据，一个在供给而另一个在需求方：有限信息和给定倾向条件下，公众对事件的反应是理性的，也会理性分析他们得到的信息。[1]比如，约翰·查勒（John Zaller）说，美国投票者信赖那些和自己价值观一致的专家的观点。[2]按这种观点，专家并不告诉人们应该关注什么，而是塑造人们对成本和追求符合其价值观的目的之可行性的估计。结果，需求不仅反映消费者偏好，而且反映有着相同倾向的消费者被不同分隔市场所隔离的程度，每一个分隔市场分别被单一供应者所控制。

族群的分隔市场通常并非语言或者传统社会组织的自发映射，而是精英们分而治之策略的现代作品。例如，殖民统治者，如约瑟夫·斯大林对中亚的做法或者比利时人在卢旺达的做法，即经常性地渲染或者干脆创造出族裔裂痕，只为了分化地方人口、确保土著公职人员对殖民统治者的依赖。[3]类似地，德国首相奥托·冯·俾斯麦和他的继任者在19世纪后期借助民族主义的选举宣传分割了德国观念市场，把新教中产阶级从社会党的工人和天主教徒中另分出来，后者被俾斯麦称之为"帝国的敌人"。保持好战调门的资产阶级媒体、中产阶级压力团体和协会，比如海军团，以及国家自由政党等，都被民族主义议题所左右，选战也为之展开。军国主义观念——包括领土征服的必要性，德国成为强权环

62

1　Benjamin Page and Robert Shapiro, *The Rational Public* （Chicago: Univesity of Chicago Press, 1992）. 消费者的教育水平，想必会影响宣传的老练程度，二者之间似乎有着混合效应。Page and Shapiro, 178,203–205,313–330。

2　Zaller, *The Nature and Origins of Mass Opinion*.

3　Gérard Prunier, *The Rwanda Crisis: History of a Genocide* （New York: Columbia University Press, 1995）, Chapter 1; Rogers Brubaker, *Nationalism Reframed* （Cambridge: Cambridge University Press, 1996）, Chapters 3 and 4.

伺的受害者，德国新教文化的至高无上以及战争的精神利益——便成了右翼、中产阶级新教徒思想的标准口粮。如此一来，选举战术的运用在德国社会各分隔区间树起了高墙，并且继续左右选战中的公共议程，直到 20 世纪 20 年代的魏玛时期。[1]

有时为迎合民族主义观念，精英的市场分隔之道形同开始一场政治赌局。铁托始于 20 世纪 60 年代的去中心化改革把南斯拉夫的媒体划归地方领导控制，而到了 80 年代，最终落入民族主义者比如米洛舍维奇之手。结果便是，努力推动自由化改革进程以维系南斯拉夫统一的安特·马尔科维奇（Ante Markovic）总理，几乎无缘露面塞尔维亚和克罗地亚的电视节目，这些地区的电视市场都被地方牢牢控制。

简言之，需求的分隔化可能为若干因素所影响：具有共同愿景的团体的既定偏好或者经验；由精细广告引致的差异性偏好；按语言或宗教划分的媒体市场；由政治边界加之的分隔，就像联邦制内部。如果经由具广泛基础的政党或非政党性媒体机构开辟一个更宽泛的政治讨论，这些因素都可能会被推翻。当然，这些制度需要假以时日才能发展，在新兴民主内部却常常欠缺。

媒体制度和规范

当市场不完善，言论自由的增加将会加速民族主义的迷思生成，除非市场的制度和规范能够矫正市场的缺陷。一个制度化良好的观念市场

1　Dirk Stegmann, "Between Economic Interests and Radical Nationalism," in Jones and Retallack, *Between Reform*, 170; Brett Fairbairn, "Interpreting Wilhelmine Elections: National Issues, Fairness Issues, and Electoral Mobilization," in Jones and Retallack, *Elections*, 22–23.

应具备：反垄断的规制以确保媒体进入，培训新闻记者如何核实新闻来源并将事实与观点分开，以及专家评估制度，其特权源自专家们保持客观性的声望。没有这些规制性制度，言论自由自身并不会保证不同声音被有效听闻，竞争观点会被迫面对面，讨论者会为他们陈述的准确性负责，有关事实的主张会被认真审视，专家的可信经过验证。偏见的隐含来源被曝光，公平讨论的逾规者会被提诸公众审查等。[1]

规制意味着滥用的风险，其严肃性部分赖于如何执行。就规制的集中形式而言，一位国家官员或者政府部门就能决定谁能进入媒体以及使用媒体的基础性规则。相反，去中心化规制则通过制度内专业行为的例行化而取得，比如专业媒体、大学、智库和立法监督机构。这两种形式的规制都是不完善市场的解毒剂，而且可以联合运用。去中心化的规制一般更佳，因为中心化的规制导致国家可能利用其规制权力建立媒体垄断的风险。当然，当去中心化规制太弱或者缺乏相应专业规范，中心化的规制，特别是当它被民主控制或者按国际标准承担责任，就会比不完善、未规制的市场少许多危险。

同样，对言论内容的规制，比如禁止仇恨性言论，更多的是为防止被滥用而不是基于建立辩论规则。后者指的是为人们期望如何表达其主张而设立标准，包括专业新闻记者避免混淆事实与观点的规范，学者们关于敏感事实的引证来源的规范，以及妇女投票联盟的期望候选人在公共论坛上面对著名专家小组提问时，进行辩论的规范等等。建立辩论的有效规范一般来说会比规制言论内容好得多，后者很容易变成政府自行

64

1　关于言论和媒体规制的不同进路，see Judith Lichtenberg, ed., *Democracy and the Mass Media*（Cambridge: Cambridge University Press, 1990），esp. 52, 127–128, 144–145, 186–201。

采取新闻审查的借口。

规制并非一味灵丹妙药。实际上，即使在最成熟的民主国家内，怀疑者对媒体机构如何影响公共讨论的结构争论从未停止。无论如何，这有实质性证据，有效的评估制度确实对公共观点有影响。研究也表明，不同于一个所谓平民总统的影响，美国公共舆论受媒体上那些被认为可信的、不偏不倚的专家证言的影响而强烈摇摆。[1]

即使在一个成熟的民主制度内，如果观念市场仍是不完善的，那么它的缺陷在新兴民主制度会变得更为严重。一个经过整合的公共领域，每一个观念在其中与另一个面对面交锋，并不会在一夜之间就被创造出来。若没有功能相近的媒体机构比如《纽约时报》、公共电视的《新闻一小时》、布鲁金斯研究所、国会的预算办公室等，讨论可能会开放，但在公共观众面前对意见相左的观点进行交换和评估的情况则可能不会发生。在很多民主转型社会，媒体法往往充斥成见、随意执行。[2]市场的中间人——新闻记者、公共知识分子和公共利益的看门狗——在新闻自由扩展的最初期阶段往往表现拙劣。不是深挖真相，不是向那些谬误观点发出嘘声，新兴（民主）市场的新闻记者往往被某个特殊政党或利益集团所挟持，很少努力去区分观点和事实，也缺乏标准的新闻专业主义的培训。[3]托马斯·杰斐逊曾经说，如果必须选择，他宁愿要一个

1　Page and Shapiro, *The Rational Public*, 339–354; 怀疑的观点，see Robert Entman, *Democracy without Citizens*（New York: Oxford University Press, 1989）。

2　周期性国家研究，可见"十九条"（Article 19）和"自由之家"。

3　Phillip Knightly, *The First Casualty*（New York: Harcourt, Brace, Jovanovich, 1975），21–25; Michael Schudson, *Discovering the News: A Social History*（New York: Basic, 1978）; Laura Belin, "Russia: Wrestling Political and Financial Repression," *Transition* 1:18（October 6, 1995），59–63; John A. Lent, ed., *Newspapers in Asia*（Hong Kong: Heineman Asia, 1982），176, 211.

自由媒体而不是一个民主政府；然而在他对年轻的美国的实际媒体状态做出评估后，他又评论道，"压制一家媒体并不会比废娼或者谎言更能剥夺国家的利益，从报纸上看到的已经没有什么值得相信了。连刊载于媒体的真相本身都变得可疑了"。[1]

即使一个新民主国家存在负责任的精英媒体，它施诸讨论的连贯结构影响也未必能穿透市场被分隔的草根层面。例如，魏玛时期犹太人拥有的自由主义大众流通的报纸，相当客观甚至博学，但是他们的观念无法超出柏林或者汉堡。甚至在那些城市中心区，工人们只读这些自由派报纸的体育版、封面报道和娱乐八卦，根本忽略报上"阶级敌人"的政治观点。

促进民族主义迷思制造的市场力量

总之，在民主化初期的条件下，公共讨论的开放性增加往往培养了民族主义的迷思制造和族际冲突，因为机会主义的政府和非政府精英们充分利用其部分的供给垄断、分隔需求和观念市场上规制制度的薄弱。这些市场不完善越多（也即，竞争性—部分垄断的媒体市场地位越强势，消费者的分隔化就越大，媒体机构也就越具依赖性和政党性），那么民族主义迷思制造控制公共讨论的可能性就越大，民族主义迷思制造促成冲突的可能性也越大。相反，若市场越完善，公共领域整合性越高，民族主义迷思制造就越无用。

---

1 Letter to John Norvell, June 14, 1807, in Merrill D. Peterson, ed., *The Portable Thomas Jefferson*（New York:Viking, 1975）, 505.

民族主义说服如何导致暴力冲突

　　民族主义说服的成功行动往往会挑起境内和海外的暴力冲突，乃因他们挑动敌人并且阻碍战略政策的连贯发展。这并不奇怪，民族主义的排外形式经常将被排斥的团体和他们的海外盟友当作敌人。同时，民族主义迷思扰乱了民族的战略思考，结果整个民族变得更好战。甚至当军国主义政策的成本和风险都已经很明显的时候，新兴民主化国家软弱的中央政权还会削减领导人收回鲁莽承诺的能力。新兴民主国家的政治联盟常常被民族主义否决集团（veto groups）的政策偏好所挟持，这些集团包括在既定的军事和贸易保护政策中有既得利益的集团。竞争性精英的民族主义措辞也会为这些政治联盟设下陷阱，争相叫嚣民族主义战争，以获取民众支持。联盟领袖也许缺乏加强约束这些政治势力的权力。尽管这些因素的强度及其组合会变化，但基本解释了为什么民主转型国家内的民族主义说服会促进暴力冲突。接下来我将概括性介绍这些因果机制。[1]

激起敌意的排外策略

　　民族主义说服行动经常要找一个邻国、一个少数族群，或者某些社会团体作为"民族敌人"，他们被排斥在完全的公民权之外、被解除武装、被操控或者从这个国家的中心地带被驱逐出去。如果这些受排斥的团体

---

[1]　对民族主义引发暴力冲突的可能性的因素所做的更大范围的总结，see Stephen Van Evera, "Hypotheses on Nationalism and War," *International Security* 18:4（Spring 1994），5–39。特别是，他包括了一些我在这里忽略掉的重要战略因素。

还有能力反抗，那几乎无可避免地升高了暴力冲突的可能性。加之，被排斥的团体，无论是少数族群或者其他被贴上民族敌人标签的派别，很自然地会寻求志同道合的外国盟友，这对民主转型国家的民族主义政策来说不啻某种牵制。到目前为止，民族主义的公民形式要比其他类型的民族主义更少排外，也更少会激起这般冲突。

粗糙和偏见的战略假设

为动员支持，民族主义者常常把其他国家描绘成更有威胁、更无情、因为其历史过错而有罪的，还有他们是多么容易被坚定的反对派所对付，尽管实际上并非如此。[1] 一旦这样一幅民族公敌的邪恶画面，成功生发出民族集体行动的大众热情，它就以扭曲的假设为基础，引导战略讨论和算计。只要这种图景增加了国家的不安全感，以及增加以军事手段解决安全问题的信心，暴力冲突就变得可能。

如同"滚木"的民族主义否决团体

通常，新兴民主化国家的中央政府的权力开始削弱。旧的威权国家面临崩溃时所留下的碎片化的统治阶级，成为仍具有权势的利益集团。其中一些集团，包括军事官僚、优势经济利益集团，会基于自肥利益的原因进行军事扩张或者排斥外国经济竞争的游说，而可能导致与他国关

---

1 Jack Snyder, *Myths of Empire: Domestic Politics and International Ambition* （Ithaca: Cornell University Press, 1991）, 5–6.

系紧张。在以这些措辞赢得大众支持之后，这些精英集团会承诺更多的民族主义、对外扩张和经济保护主义等。结果，民主转型国家的政治联盟特别容易结成否决集团，至少其中一些是能从扩张性对外政策和民族主义政治措辞中获利的联盟。

如果发生这种情况，部分民主化国家的执政联盟倾向于"滚木"式决策。所谓"滚木"，是美国的政治术语，代表一个由狭窄自肥利益团体间相互背靠背的结盟。就滚木联盟中各个集团最关注的议题，各集团都同意相互支持。例如，"一战"前的德国统治联盟正像"钢铁和黑麦的联姻"：容克地主支持工业家的造舰计划，作为交换，工业资本家们赞成实行农产品的保护性高关税。

在一个"滚木"中，联盟伙伴专注于各自最关心的集中利益。没有人关心政策成本，这些成本都由不同的联盟伙伴或者联盟外的某些团体给分担了。[1] 因为"滚木"能满足各方的迫切需要而存在，通向战争和扩张的政策就非常可能，即使只有一个联盟伙伴是好战的。"一战"前的德国精英联盟中，有几个团体坚持让德国卷入与邻邦强权发生纷争的政策。海军和重工业需要一条能疏远与英国关系的军舰，地主们得到了农产品关税并播下与农产品出口国俄国之间的不和谐种子，陆军完成了侵略计划，这些都威胁着德国的所有邻邦。

某种程度上，"滚木"是所有政治系统的特性之一，但是在部分民主国家比如1914年之前的德国尤其突出。因为成熟的民主有着针对普通选民的强大责任机制，所以对公民来说意味着巨大成本和风险的"滚木"会招致强大

1　Jack Snyder, *Myths of Empire: Domestic Politics and International Ambition*（Ithaca: Cornell University Press, 1991）, 44–46.

有效的反对。当民主运行无误，它赋权给纳税人、消费者、入伍新兵等，他们不得不负担"滚木"副作用的分散成本。在新兴民主化国家，精英集团的权力却经由已经式微的专制中心得到加强，而大众团体的权力却还未按照成熟民主的方式被制度化。因此，民主转型国家暴露在特别风险之下——肆无忌惮的精英利益集团组成的"滚木"能够点燃民族主义暴力冲突。

大众民族主义的战争企图

为了在民主化时代继续生存，特权精英必须吸引一定程度的大众支持，而且通常借用民族主义修辞。然而，崛起的其他精英也会抓住这种修辞不放，并转而用来对付旧精英，推动一场民族主义企图的战争。例如，"一战"前的德国，大众的中产阶级民族主义社团如海军团声称，如果如统治精英所言德国真的为民族敌人环伺，那么政府的无能政策则正置国家于险境。他们宣称，精英应该让位，并让更有活力的中产阶级改革军队，执行更强硬的对外政策，使用强力打破包围德国的法、俄、英联盟。而"钢铁和黑麦"政府感觉不得不加码应对这些中产阶级的批评，为设法从国内民众心中赢得民族主义的声望，德国政府因此打出一连串国际危机的王牌，如在1905年和1911年的为争夺对摩洛哥的控制而跟法国摊牌。这种鲁莽的反制策略只会收紧绕在德国精英脖子上的套索，并且推动他们最终决定在1914年挑起一场预防性战争。[1]

1　Geoff Eley, *Reshaping the German Right* （New Haven: Yale University Press, 1980）, Chapter 10; James Retallack, "The Road to Philippi: The Coservative Party and Bethmann Hollweg's 'Politics of the Diagonal,' 1909–1914," in Jones and Retallack, *Between Reform*, 286–287.

简而言之，新兴民主化国家的民族主义说服行动趋向于通过若干机制促进民族主义暴力冲突。在一些新的民主转型国家，这些机制的作用要比在另外一些国家强，结果引致不同烈度的冲突。下一节就将探讨新兴民主化国家兴起的不同民族主义，包括起因和各异的冲突结果。

四种民族主义：起因和结果

国家是经由不同路线实现民主化的，其民族主义自然迥异，取决于其社会中何种集团引领民族主义动员及使用何种动员工具。我将民族主义分为不同的四类，即族裔的、公民的、革命的和反革命的——根据他们所诉求的集体品性质和他们吸收团体成员的标准而定。

族裔民族主义，就像塞尔维亚人、爱沙尼亚人的民族主义，将他们的集体诉求建立在共同的文化、语言、宗教、共享的历史经验以及／或者分享的亲缘迷思之上，并用此标准吸收或排斥民族集团的成员。公民民族主义，如英国和美国的民族主义，将成员的忠诚建立在被认为是正义和有效的政治观念和制度基础上。其团体吸纳基本上依据是否在民族疆域内出生或者长期居住。革命民族主义，比如18世纪90年代的法国，其诉求基于保卫其以民族的名义夺取政权的政治革命，而且排斥那些被认为要取消变革的人们。反革命民族主义，典型如1914年前的德国，立足于抵制那些试图削弱民族传统体制的内部派别。他们排斥一切社会阶级、宗教、文化团体或者持某种政治意识形态者，只要其符合"民族敌人"的标准。

这一划分当然是理想类型的。很多真实例子都落在纯粹类型之间的灰色区域。在一些更复杂的例子中，集体诉求和排外可能就是那些理想类型的混合物。例如，一些后共产主义国家的转型集成了族裔和反革命的几种类型：其中，前共产党官员们力求诉诸排外的族裔民族主义来阻击充分的大众民主。甚至在这些混合实例中，理解塑造理想类型的强力有助于揭示影响最终结果的因果链。

这四种类型有着相异的起因，产生民族主义冲突的强度和目标也不同。公民民族主义，因其最具包容性，在社会内部引起的暴力冲突最少。其他三种民族主义都能引发与其所排斥的团体及其外国联盟之间的暴力冲突。下节即概述相关起因和结果的区别。

四种民族主义的起因

因为一些现在正处民主化风口浪尖的国家是潜在强权，它们发展出哪一种民族主义将决定它们未来与全球大部分国家的冲突和合作。到底什么因素将决定俄罗斯和乌克兰是否接纳与割裂族群的民族主义相反的、更具文化包容性的公民民族主义？我们真的应当关注"魏玛俄罗斯"的预言吗？那种说法颇能概括 20 世纪 20 年代的德国塑造希特勒权力上升的条件。[1] 现有的民主国家通过贸易、人权和军事政策能够影响中国的民主和民族主义吗？如果能，又是哪些政策呢？

回答这些现实问题需要大量与这些当代国家有关的知识，也需要对不同类型的民族主义取得发展的共同历史路径有所了解，包括温和的和激进的。要了解现代俄罗斯等国是否可能重蹈德国或塞尔维亚式民族主

71

1　Stephen E. Hanson and Jeffrey S. Kopstein, "The Weimar/Russia Comparison," *Post-Soviet Affairs* 13:3（1997），252–283.

义的覆辙，意味着要发展出一种关于不同民族主义类型起因的理论。很显然，今天的俄罗斯和中国并不完全像德国和塞尔维亚；它们也不会完全重复那些民族主义原型的经验。因此，从过去获取洞见是为照亮未来，我们不能够以新闻记者的形式进行一对一的类比来汲取历史教训，比如"魏玛俄罗斯"这样的说法，而应当基于潜在的共通性对案例类型进行更广泛的普遍化，尽管其中会有历史设定和细节上的特殊差异。

这种从民主化过程中孕育出来的民族主义，相当程度上受特定国家的社会和经济发展的水平和时序所塑造。一个国家的财富水平和人口素质对于发展何种民族主义有着直接影响。一个国家的发展模式也会间接影响它的民族主义的形成，其发展效应在民主化阶段是通过另外两个因素对该国的民族主义形成产生影响：面对日益民主化的状况，权势政府或经济精英的调适能力和资产；当政治参与扩大的时候，民主制度的力量。

72

社会经济发展的水平和时序

民主化期间对民族主义发展产生最主要影响的，就是社会经济发展的水平和时序。民主转型通常只在人均收入处于较高水平时才能成功地巩固，1985 年平均购买力相当于人均 6000 美元的收入。收入位于这一水平，除了石油酋长国，差不多所有国家都有大规模的中产阶级和高人口识字率，具备有效参与民主审议所必须的技能。[1] 在这些方面越进步的国家，越可能发展出公民形式的民族主义，或者调教出有公民特征的

---

1 Adam Przeworski and Fernando Limongi, "Modernization: Theories and Facts," *World Politics* 49:2（January 1997）, 155–183.

民族主义，比如保障少数族群权利的公民权利。大规模的受教育人口、合理的繁荣、城市中产阶级等都有助于解释在捷克、波兰、匈牙利和爱沙尼亚等国的相对和平的后共产主义民主转型，即便对最后两个国家曾有广泛预言说会爆发族群冲突。[1]

在人均收入低于 1000 美元、中产阶级微弱、公民技巧缺乏的国家，民主的转型鲜有巩固。传统的庇护网络常常主宰着这些国家的政治。如果民主选举是在这些条件下举行，一个很可能的结果就是庇护政治从文化撕裂出发沿着族群线进行动员。20 世纪 90 年代的布隆迪和肯尼亚的选举就属此种范例。确实，当处于非常低的社会经济发展水平时，甚至族裔民族主义的动员也难以为继。这些社会的大规模集体行动的能力如此之弱，庇护网络便倾向于更大族群里面的个人亲信、政治强人、家族等小规模纽带或者其他地方性网络。由于这些原因，后苏联时期的中亚国家的社会发展保持在前民族主义阶段，就像法国大革命前西欧的前民族状态。

社会经济发展的中间水平正是革命或者反革命民族主义最可能发生的区域。在这类民族主义国家，一个成功的民主反对派运动会赶走旧精英，但是旋即人们会发现缺乏中产阶级或工人阶级的足够支持基础，维系一个无需诉诸革命民族主义的公民样式。但是崛起的民主反对派也可能太弱而无法强迫旧精英放弃权力，但可能又强到足够迫使他们为了得到大众支持而操弄反革命战术，打民族主义牌。例如，在后苏联时期

73

1　关于支持社会和收入的措施，see World Bank, *Social Indicators of Development*（Baltimore: Johns Hopkins University Press, 1995）。有关爱沙尼亚的公民吸纳政治，see David Laitin, *Identity in Formation*（Ithaca: Cornell University Press, 1998）。

的世界，塞尔维亚、斯洛伐克和罗马尼亚的前共产主义领袖诉诸反革命民族主义的行动获得部分成功，这些国家的人口多在乡村，且相比捷克和匈牙利而言政治复杂性更低。

一个高水平的发展则可成为其他有利条件的代替品，比如精英支持和公民制度的传统，它们通常都有利于民主巩固和公民民族主义。例如，在波兰和匈牙利，在共产主义晚期开始的政治改革创造了一些利于公民对话的制度；相反，捷克斯洛伐克拒绝改革的政权则没有留下任何遗产。当后者突然间崩溃，捷克的公民社会团体和民主制度不得不在摩擦中形成。在一个白领阶层较弱、教育较低的社会，处在如此制度失效情形中的民主转型将会是革命民族主义的药方，但是较为复杂的捷克却有能力在几乎一夜之间发明一种可行的公民社会。[1]

所以，原则之一是，像英、美这样较早开始经济发展的国家就更易于形成公民民族主义。后发国家如德国，则倾向于经历革命的或反革命的民族主义阶段，更晚发展的国家如塞尔维亚和其他巴尔干半岛国家容易发展出族裔民族主义。部分的原因是发展对中产阶级的财富和政治技能有直接影响。当然，发展的时序也是一个重要因素，能够塑造精英利益的性质和这个国家政治制度的力量。这些利益和制度反过来会影响与民主化共生的民族主义的种类。

早期发达国家如英国则已经近乎具备利益可调整的精英和强有力的政治制度，可在他们民主转型的初期约束大众的政治参与，这样有利于产生公民性的结果。后发国家比较典型的状况是其较弱的政治制度和民主转型初期不够灵活的精英们，如此环境容易培养出排外的民族主

1　John Glenn, *Framing Democracy in Eastern Europe* (Stanford: Stanford University Press, 2001).

义。在一些实例中，政治和经济发展的这种历史轨迹在现代民主化浪潮中有其相对性。比如，一个好战指标——衡量 1989 年之后政治上不同的东欧国家的排外民族主义——就是这些国家在 20 世纪 20 年代的劳动力务农比率，可算是一个很不错的后发指标。[1] 当然，发展的时序只是影响精英利益和制度强度的一个背景因素。它是养成趋势，而非难以摆脱的因果。下一节会解释关于精英利益和制度强度的不同模式，以及不同的民族主义形式从何而来。

精英利益的调适性和政治制度的强度

新兴民主国家出现的民族主义类型由精英利益如何因应民主的调适性以及政治和行政制度的强度所塑造。包容性的公民民族主义兴起于精英利益对民主的适应，政治代表体制强大到政治参与开始扩张。相反，排外性的民族主义形式——族裔的、革命的、和反革命的——则祸起精英利益受民主化威胁过高之时，或者民主政治制度太弱之际，抑或兼而有之。

在民主化初期，这些利益和制度对精英们鼓噪不同的民族主义教义，对其动机和机会，皆有影响。两种情形之下，精英们会以极大热忱推广排他的民族主义迷思：第一，精英越为全盘民主的到来感到威胁，他们就有越强的激励去运用排外性的民族主义说服来防范民主化的结果；第二，以精英们的号令作为统治工具的民主制度越弱，精英就越赖

75

1　Herbert Kitschelt, "Formation of Party Cleavages in Post-Communist Democracies," *Party Politics* 1:4（1995）, 456. 在国际政治经济领域对早期和后期发展概念的现代相关性的讨论，see Peter Katzenstein, *Between Power and Plenty*（Madison: University of Wisconsin Press, 1978）。

于排他民族主义观念，将其当作集体行动的动员基础。

精英推销其排他民族主义的机会，很大程度上取决于新兴民主国家的政治制度及其特点。哪里的国家官僚强大，其民主参与和公共讨论的制度依旧孱弱，国家精英就能够运用其行政杠杆在民主化初期大肆鼓噪其排外的民族主义。相反，当代表制度和新闻制度已经在民主化初期发育良好，排外民族主义的观点就会在开放的公共讨论中被有效审查。若代表制和新闻制度都较弱，精英们为建设国家制度而赢得大众支持的捷径常常诉诸排外的文化或革命主题的宣传。在这些条件下，对民族主义迷思的制度审查总会变得极其无力。[1]

公民民族主义：可调适的精英利益和强势的政治制度。当精英们没有为民主体制的出现感受到特别威胁时，公民民族主义的发展便有可能，当然还需要代表制度和新闻制度在民主转型初期业已发育健全。这些可能是一个精英代表政体的遗产，转型后扩展为大众的制度。例如，19 世纪的英国和种族隔离时期的南非（20 世纪 50 年代到 80 年代），在大多数人口得以进入政治系统之前，特权阶级享有一个包括精英选举、精英政党、法治和相对自由的公共讨论在内的精英体制。这些有利条件也可能经由征服而赋予，比如"二战"后的德国或者某种程度上英国殖民后的印度。在相对富裕的国家里，存在一个人口较多、高度熟练的中产阶级，这些条件也可能很快就在转型中创造出来，比如在捷克共和国。

1　哪些社会鸿沟最适于用作排外的标准，部分依赖于前现代社会的文化遗产和民主转型期间的社会分裂。在人口被语言或文化分化的地方，族群排外就是显而易见的。在政治派系依靠地位群体或者阶级的地方，民族主义学说会强调支持或者反对革命变化的排他性。民族主义精英激活或者扩大这些鸿沟，他们很少凭空创造。当然，如果精英们民族主义迷思制造的动机和机会都够高，一些能够产生排他性基础的社会鸿沟在任何一个民主转型社会里肯定存在。

或者经由间断性的增生产生这些条件，就像在南美。例如，在阿根廷、巴西和智利，自由主义制度在民主化阶段开始发育，但被军事独裁夺权，然后在民主化的后续阶段以更强的形式重现。因此，培育公民民族主义的前提条件并没有唯一模式。

当然，一种特殊形式——早期发展的历史模式——对公民民族主义有着特别的导向性。经济发达且政治体制发展相对较早的国家，比如英国，便拥有两项更容易向民主转型的优势，也更可能发展出公民民族主义。首先，相对来说精英没有感到受民主化过程的威胁，因为他们和新兴的中产阶级分享许多商业利益。在英国的例子里，这是因为在 19 世纪初纺织业繁荣的时候，土地贵族们是主要的投资源。[1] 其次，英国早期发展的模式中，商业资本与土地所有者的经济动力联盟对于加强代表制度和言论自由有着共同利益，可保护他们免受君主专断行动的伤害。结果是，早在人民大众开始扮演政治上的多数角色之前，自由制度就已经在精英中扎下根来。简言之，当精英利益具有弹性，且自由制度先于大众政治，民族主义便倾向于发展成包容性的而且较可能采取公民的形式。虽然其他的公民民族主义未必拷贝自英国模式，如此实例还是很普遍的，即一个国家越早开始启动其经济和政治发展，就越可能最终得到一个巩固的民主和一个公民形式的民族主义。

相反，后发国家通常缺乏这些优势。典型的后发模式中，经济变迁和民主化压力往往突然间上升。民主参与的需求在创造相应制度以吸纳

---

1 Alexander Gerschenkron, *Economic Backwardness in Historical Perspective*（Cambridge: Belknap, 1962）.

此需求之前就膨胀了。如此快速的变化通常带来对精英们的威胁。[1] 而在突然开始民主转型的国家里，脆弱的代表制度意味着，这些精英既难以自信地向民主巩固迈进，也很难被民主责任所束缚。军事排外民族主义，或者其他某种形式的民族主义，就是精英面对这种局面的一种意识形态出路。结果，哪里对相对固定的精英利益形成较高威胁，哪里有民族主义可能说服的强势行政机构，反革命的民族主义便会崛起。革命的民族主义，则兴起于精英具调适性，但是制度真空却迫使他们求诸民族主义意识形态来建立一个统治的大众基础。最后，族裔民族主义的兴起，与国家制度太弱有关，精英必须在大众文化认同的基础上建立起统治，国家精英们遂与此锁定。后发模式可能未必是造成这些结果的唯一因素，对于展现那些真正在起作用的潜在原因却很重要。

反革命民族主义：不可调适的精英利益和强势行政机构。 被民主化威胁且控制着行政层级的精英常常受到诱惑，利用排外民族主义来限制民主责任，同时将他们自己隐藏在民族自治的大众外套之下。如此情势下，民族主义教义便同时寻找假定的排外阶级、民族的派系敌人和文化敌人，以及推动与海外公敌的对峙。就像 19 世纪 70 年代，德国首相奥托·冯·俾斯麦把工人阶级、社民党人、天主教和波兰人同时贴上德意志民族真正敌人的标签。类似地，1994 年卢旺达种族屠杀前夜，卢旺达胡图族军事当局以民族主义教义攻击卢旺达的少数族裔图西族、胡图族的温和派以及他们在乌干达和强权国家的同盟。同样，在民主化的后共产主义国家罗马尼亚、斯洛伐克和塞尔维亚，试图保住权位的前共产党领导人不同程度地、成功地将文化和阶级诉求

1　Barrington Moore, *Social Origins of Dictatorship and Democracy*（Boston: Beacon, 1996）.

结合到他们的排他性民族主义战略中。也即，反革命的民族主义在排他性方面是机会主义的，可能寻求任何或者每一个可行策略来分割潜在的大众反对派。

当然，如果把反革命民族主义的起因还原到后发的单一模式，就过于简化了。有必要强调后发工业化的特别模式如何塑造着德国、日本和意大利这些"二战"侵略国家的民族主义。例如，德国的工业化，不是在纺织部门渐进发展，而是 19 世纪 60 年代在钢铁部门突然起飞。投资由大银行或者国家为主体进行，而非更去中心化的老派土地精英，后者仍然身处商业革命的边缘。结果，快速的经济变化产生了一个大型的、政治需求强烈的工人阶级，他们出现在中产阶级之前，而且在与旧精英的战斗中获胜，赢得了自由政治权利。在这些条件下，不那么灵活的精英利益受到民主化的双重威胁。旧精英担心双重的政治力量崛起：来自中产阶级的商业革命和来自工人阶级的革命。同时，相对弱小的、新兴的商业阶级担心工人阶级的政治意识快速成长，他们试图谋求旧政权的权力以防范此种威胁。民族主义便可将旧精英与新兴商业精英相捆绑，将工人阶级污名化为"不爱国的"。由精英所控制的国家行政机关很强大，但是民主制度的发展为彼所阻，变得太弱而难以遏制由这些惶恐精英们所煽动起来的排他民族主义的宣传战。[1]

革命民族主义：可调适的精英利益和弱势的政治制度。 在另一种后发模式里，民主参与制度会落后于已经在政治中被高度动员起来的人民需要。这些条件下，诸如法国大革命的情形，机会主义的善于调适的精英们会发现，与外国阴谋嫌疑相关的民族主义也许是在制度崩塌之际重

78

79

---

1 Gerschenkron, *Economic Backwardness*; Snyder, *Myths of Empire*, Chapter 3.

建国家权威的最快捷之路。因为国家权威严重依赖于民族主义意识形态，一场有民族主义企图的战争激励会非常强大，民族主义的冲突也相应地趋于极端化。

族裔民族主义：不可调适的精英利益和弱势政治制度。后发模式最极端的形式，当属那些国家制度仍然处在婴儿期，但大众的政治参与压力却日益上升，族裔民族主义就特别可能形成。如果缺少有效的民主或行政制度将公民维系于国家，政治家们就将自然地试图通过文化依附创造出新的国家忠诚。赋予少数族群平等的公民权，会威胁到国家精英的民族主义意识形态，后者则已经固化在对那些优势族群所占据特殊地位的国家利益的严格定义上。一旦政治联盟要依附于特别的文化忠诚，就将产生不可调适的利益和弱势政治制度这一情形——那意味着和公民民族主义完全相反。19 世纪的塞尔维亚就是一个典型例子。

简言之，两个决定因素的共同作用——利益的调适性和政治制度强度——在民主转型国家里产生了四种民族主义发展的模式：公民的、族裔的、革命的和反革命的。

国际影响

我的理论主要集中在塑造一个国家的民族主义发展的内部因素上。尽管，基于实用的理由，了解哪一种国际因素能够影响新兴民主国家的民族主义轨迹也是很重要的。从以上呈现的理论的逻辑一致性出发，我认为国际因素确能在民主转型时，通过影响精英们所面对的激励以及塑造大众政治的制度渠道，对民族主义的发展施加影响。

有很强的证据支持国际条件的确能影响民主转型的结果。相关统计研究表明，当民主转型发生在主要由成熟民主国家构成的地区时，更容易巩固，也更难引致国际间的战争。[1] 很多在"一战"后发生的民主化都因公民民族主义巩固的失败，而堕落为反革命的、族裔的和革命的民族主义形式。部分因为那些自由民主带头大哥乏力的经济与军事联盟政策，比如英国和美国；此外，因为非民主强权如德国和俄罗斯对邻近小国政治发展的影响。相反，1989 年后在东欧和南美的民主化浪潮中，公民民族主义的成功率很高，只是因为自由大国具有更大的优势以及它们在经济和军事合作形式上有更好的制度安排。

在结论部分，我会用很长的篇幅来讨论国际贸易、外部军事竞争与合作，以及国际思想流动如何影响一国民族主义的发展。

80

四种民族主义对暴力冲突的影响

四种民族主义导致不同程度和不同类型的暴力冲突。公民民族主义通常会减少国家的内部冲突，使国家的对外政策更为谨慎。而三种排他性的民族主义却意味着暴力的更大可能性，虽然它们的暴力形态各异。族裔的形态会产生强烈冲突，但是止于族群祖国的优势建立。革命和反革命的民族主义则更可能与竞争国家发生开放性的冲突。（参见表 2.1）

因为公民民族主义在一国领土范围内属于包容性的，趋向国内冲突的可能性较低。至少作为一个理想类型，公民民族主义寻求将所有公民包容在一个没有歧视的法律和制度框架内。固然，近乎公民模式的国家实际上会歧视某些种族或族群，比如英国国内的爱尔兰人、美国国内的

1　John R. Oneal and Bruce Russett, "Exploring the Liberal Peace: Interdepdence, Democracy, and Conflict, 1950–1985," 首次发表于 1996 年 4 月的国际研究协会会议。

非洲裔美国人和土著，有时这些排外也会造成暴力冲突。即使如此，这些现实中的偏差也更证明我的观点而非削弱之。当然，有时候公民国家会发现其少数族裔的冲突并非由于与公民理想的偏差，而准确地讲，因为他们是公民。这最有可能发生在制度化相对较弱的公民国家，民众团体首先获准参与到民主进程中。如果公民国家内的少数族群为族群权利或政治自治疾呼，这就可以看作对新生民主襁褓中的公民原则的挑战。[1]例如，这些敏感问题曾是导致克什米尔地区世俗印度政权和穆斯林多数族群之间暴力冲突的一个因素。尽管，一旦民主巩固，公民民族主义理当降低暴力冲突，只要族群主张可有效地被接纳，如同在和平的民主过程中进行院外游说的普通利益集团。[2]简言之，包容性的公民民族主义能够阻缓内部暴力，除非公民原则被不公平地滥用，或者弱小的公民国家担心他们的公民原则的合法性正遭遇严峻的挑战。

表 2.1　政治制度和社会利益与民族主义类型的关系，以及它们对暴力冲突的后果

民族主义精英利益	民族政治制度的强度	
	强	弱
对民主的可调适性	公民的：强代表制（英国）→ 低内部冲突；考量成本的对外政策	革命的（革命法国）→ 结果未知的外部冲突
不可调适性	反革命的：强行政体制（"一战"前德国）→ 结果未知的外部冲突	族裔的（"一战"前的塞尔维亚）→ 获得族群家园控制前的高度冲突

1　Sumit Ganguly, *The Crisis in Kashmir* （Cambridge: Cambridge University Press, 1997）.

2　Ted Robert Gurr, *Peoples versus States*: *Ethnopolitical Conflict and Accommodation at the End of the 20th Century* （Washington, DC: US Institute of Peace, 2000）.

一般说来，体现为公民民族主义的国家，其对外政策也是最为审慎的。大部分成熟民主国家或者有着公民民族主义——如英国、法国、美国——或者其历史民族主义已经被公民特质所锻造，就像今天的德国。[1]而成熟民主之间的和平彰显了这些公民民族主义的相互兼容性。可以确定，大英帝国的例子表明公民民族主义有助于军事扩张。当然，英国的帝国政策还是受到规范的，包括审慎的计算和民主的自我批评。与竞争者德国、日本和俄罗斯相比，公民民族主义的英国在其成本上升时，更能够精明地摆脱那些不利的帝国冒险。[2]公民民族主义并非和平主义，但是相比其他类型却具成本意识。

在一个文化分裂的社会，族裔民族主义当然会唤起暴力冲突。当一个民族正在为取得国家独立而战斗的时候，或者试图收回在母国控制下同族裔兄弟所居住的领土，这种冲突会是最激烈的。当一个民族努力同化、驱逐或者在它的疆域内对少数族裔施加其主导影响时，独立之后的冲突也可能很剧烈。[3]然而，此进程一旦在一个同质化的国家开始酝酿，或者变成一个持续性的控制模式，族群扩张就达到了它的自然极限，一个民族也就再无法依赖暴力冲突的手段了。

相反，革命和反革命民族主义的军事扩张却没有这些自然限制。欧洲的力量均衡曾经三次被无限制地、粗暴地颠覆，其中两次由德国在20世纪上半叶挑起，一次为法国大革命，皆因此类民族主义蓄积能量所致。

革命民族主义将对革命敌人的防御性警惕与向海外散播潜在革命

1　关于德国民族主义近来的缓和，see Rogers Brubaker, *Citizenship and Nationhood in France and Germany*（Cambridge: Harvard University Press, 1992），Chapters 8 and 9。

2　Snyder, *Myths of Empire*, 9, 153–155, 209–210, 311.

3　Brubaker, *Nationalism Reframed*, Chapters 3 and 4.

者的政治转型结合在一起。短期内，革命国家会被内部动乱所削弱，但是人民所释放的能量却能对邻国形成长期的威胁。在相互间高度恐惧的情况下，邻国常常会考虑以防御性进攻的方式来灭杀正处在婴儿期的革命，以防范本国人民揭竿而起。结果，革命民族主义者们通常就会得出结论，认为向国外散播革命是保证他们本土革命的最佳方式。[1] 这种情形下，革命国家征服的目的不会也不需要只限于特定的历史和文化目标，反倒会因安全考量产生的开放性竞争而模糊。

83 　　在感到受威胁的精英试图阻止内部的政治变化时，往往以抵御外敌为借口，希望国家团结一致，此时反革命民族主义开始兴起。在精英们感觉最受社会变化所威胁的时刻，也是这种形式的民族主义处于最危险的峰值，特别是当他们开始丧失对非民主的大众动员的控制时。如同反革命民族主义永远需要外部敌人作为内部团结的借口，就像革命民族主义一样，它也会同时唤起其他民族的竞争。

对民主化和民族冲突之间联系的其他解释

　　学者们已经归纳出许多解释民族主义或民族冲突的貌似有理的因素：现代国家的兴起、经济变迁、廉价印刷手段的发展、对少数族群的政治镇压、社会经济的不平等、安全威胁等。[2] 我关注的不是与这些观

1　Stephen Walt, *Revolution and War*（Ithaca: Cornell University Press, 1996）.

2　E.J. Hobsbawm, *Nations and Nationalism since 1780*（Cambridge: Cambridge University Press, 1990）; Ernest Gellner, *Nations and Nationalism; Anderson, Imagined Communities*; Ted Robert Gurr, *Minorities at Risk*（Washington, DC: US Institute of Peace, 1993）; Anthony D. Smith, *The Ethinic Origins of Nations*（Oxford: Blackwell, 1986）; Barry Posen, "The Security Dilemma and Ethnic Conflict," *Survival* 35:1（Spring 1993）, 27–47.

点相左，而是相补充的关于民主化以及如何向大众政治推销民族主义的观念。这些因素起码可影响发展的阶段和时机（timing），威胁精英利益或者影响民主制度的强弱，它们可被看作民主化过程中塑造民族认同的这一更大背景的一部分。我的观点是，这些因素在民主化初期通过说服和迷思制造来影响民族主义。在任何背景因素的影响下，民族主义煽动和宣传总是大众民族主义运动的一个必备条件。[1]

同样，我并不主张民族主义和民族主义迷思是国家间冲突的唯一原因。比如对征服的理性追求，就像对安全的担心、权力的不平衡、鲁莽的领导、误解等一大堆其他因素，都可能导致包括民族在内的社会集团间的冲突。这些因素可能引发与民族主义无关的冲突，或者与民族主义相互作用，甚至削弱其影响。如果一次冲突能够很容易地用这些因素来解释，那么对结果来说，民族主义或许多余了。然而，尽管我没有说我的理论能够解释每一个民族冲突案例，但我可以肯定地说，我的理论甄别出了大多数民族冲突的中心面貌，这曾是许多学者所关注的，并激发了现代公共讨论。

有些理论与我的精英—说服理论形成直接竞争。这些理论，像我的一样，力图解释民主化和民族冲突如何相辅相成，但是它们对民主化和民族主义提供了不同的因果联系或机制解释。从我的角度看来，其中的一些理论意味着相反的政策建议，所以证明我的解释正确非常之重要。我将在案例中主要检视的竞争理论是"民众对立"理论。另外，我也会零散地讨论民主化与民族冲突之间的经济和战略因素解释。

1　Miroslav Hroch, *Social Preconditions of National Revival in Europe*（Cambridge: Cambridge University Press, 1985）, 11–13; Elie Kedourie, *Nationalism*（London: Hutchinson, 1960）.

民众对立和其他文化解释

与我的理论直接相反的是认为一个国家的民族主义特征和民族主义的烈度主要由先于民主化过程的文化集团间的民众对立来决定（比如"古老仇恨"）。按这种观点，民主引发民族间的暴力冲突，系因这些人民通过投票箱表达他们对建国的长久愿望或者根深蒂固的害怕与仇恨。[1]这一"民众对立"理论坚持，民主化期间最佳的民族冲突烈度指示器便是民族团体之间以及混居人口模式下所发生的暴力历史。与之相反，我的精英—说服理论则倾向于，只有在过了民主化开始的初期阶段后，民族认同才会变成一个突出的政治问题。而接下来，民主化之前的族群暴力史也并非公民共存不可逾越的障碍，除非精英利益和制度因素大受欢迎。我预测在新兴民主国家中，只有政治制度较弱的情况下，长期的文化认同才会成为民族竞争者的反复拉锯点。在以下章节的案例里，我会展示其关键部分，即大众民族主义是从民主化过程中发展出来，而非之前；人口统计和民主化之前的族群冲突历史来衡量民主化过程中的冲突并不精确；只有在我的理论约束下传统文化才可能成为政治基础。

这两个理论究竟哪一个正确，这一点十分重要，至少从它们会延伸出两种相反的政策处置。例如，民众对立理论倾向于利用权力分享计划或者族群分区来化解竞争性族群，而我的理论则警告这种假定性的弥补措施会不必要地锁定敌意性的民族认同。当然，这两种进路都同意一个对策：在

1　对这一方法的评论，see Daniel Byman and Stephen Van Evera, "Hypotheses on the Causes of Contemporary Deadly Conflict," *Security Studies* 7:3 （Spring 1998）, esp.33–35, 以 及 Susanne Hoeber Rudolph and Lloyd I. Rudolph, "Modern Hate," *The New Republic* 208:12 （March 22, 1993）, 24–29。

有效的民族主义冲突的解毒方案就位之前，仓促开始民主化是危险的。[1]

民众对立理论建立在一个视文化为传统和相对不变的观点上。很多现代学者都持一个不同的文化观点，即把文化描写成一个变动不居的竞技场，人们在其中唤起或者发明各种符号来创造改变社会关系模式的意义。[2]这些符号可能采用文化传统、文化移植、新思想或者这些元素的综合。这种视文化为活跃对话和变化实践的观点，与我所强调的说服理论颇有相通之处，即处于历史变化的关键节点时，说服在塑造民族态度方面的角色。然而，我在这本书里所阐述的精英—说服理论更强调关于成本—收益的理性计算的说服观点，而不止是文化主义解释。[3]在这种意义上，我的观点与此种文化论形成竞争。当然，或许可以看作此种文化进路的补充，毕竟至前为止，所有这些文化主义观点都属于一个更大的文化导向的一部分，都强调不同的思想、说服和迷思制造。

工业化和商业资本主义

对我的理论构成另一个直接挑战的观点，是民主化简单地被归为经济变迁的一个副产品，而经济变迁也被认为是民族主义和民族冲突的症结。例如，作为最有影响力的一个民族主义理论，厄内斯特·盖尔纳说，工业化之所以导致民族主义是因为只有基于一种便于复杂互动的共

86

1　Byman and Van Evera, "Hypotheses on the Causes of Contemporary Deadly Conflict," 49.

2　Brubaker, *Nationalism Reframed*, Chapter 1; Eric Hobsbawm and Terence Ranger, eds., *The Invention of Tradition* (Cambirdge: Cambridge Univesity Press, 1983).

3　对族群冲突汇合文化、大众说服和理性计算的观点，see James Fearon and David Laitin, "Violence and the Social Construction of Ethnic Identities," manuscript, January 1999。

同语言和文化，工业经济才可能运行。[1]盖尔纳辩称，补丁一般的方言和文化的片状分布并不会妨碍农业经济，因为农业活动对符号交流的依赖实在很少，但是工业主义的到来却开启了一场决定哪一种文化能作为新兴民族市场的社交语言生存下去的达尔文主义的竞争。工业化也是民主化的动因之一，缘于它能增加人均收入，并能培养中产阶级。然后，如果盖尔纳的理论正确，工业化就会最终孕育民族主义和民主化。如此一来，民主化便会契合民族主义的崛起，并非因为民主化产生民族主义，而是因为它们都由工业化所生。

87 　　盖尔纳的论点并不难反驳。在其最初的实例中，如18世纪的英国和法国，还有19世纪的许多后发国家，民族主义的崛起要早于工业化的来临。然而，盖尔纳理论的另一个版本——迈克尔·曼（Michael Mann）所提出的，却比较接近我的观点，也比盖尔纳原来的概括更贴近事实。所以，我并不反对曼的观点，反而将其整合进我的理论中。曼说，民族主义不是从19世纪的工业化中升起的，而是崛起于18世纪的前工业化的繁荣商业。[2]与早期资本主义伴生的社会经济变化，使更大比例的人口获得了更多的资源和技能，也使人们产生更多的政治知觉和需求，迫使统治者开始与人民讨价还价。[3]然后，商业发展引致更多的政治参与，结果为民族主义、民族自治律条开辟了可能。不同于盖尔纳的观点，曼的整个修正更切合我自己的理论，这有助于解释为什么商业精英、民主转型社会乐于汲取大众支持并采纳民族主义说服的战略。

1　Gellner, *Nations and Nationalism*, Chapter 3.

2　Michael Mann, "The Emergence of Modern European Nationalism," 137–166.

3　关于商业和民主化，see Dietrich Rueschemeyer, Evelyne Stephens, and John Stephens, *Capitalist Development and Democracy* (Chicago: University of Chicago Press, 1992)。

民主化作为预防性战争根源的战略理论

战略理论暗示着民主化与民族冲突的一致性，因为民主化破坏民族间权力关系的稳定。以此观点，民主化还应鼓励预防侵略。民主转型的早期会在短期内破坏、削弱这个国家，但长期而论又会增加其动员能量。这就为邻国提供了一个在他们尚有胜算时发动攻击的激励。战略方法声称，民族主义感情主要是邻国在此种环境下不安全感加剧的副产品。[1]然而，统计发现也显示民主转型国家更可能是国际战争的挑起者，而不是侵略的目标国。[2]这和所谓预防性战争的预测正好相反，由此，此种理论在最一般意义上并不能成功地解释民主化和民族冲突。当然，在一些特例中，战略因素也扮演着重要角色，我会在相关案例研究时涉及此类效应。

因果关系溯源和选择案例

在导论一章，我概括了相关统计证据，证明民主化是民族主义和族群冲突的肇因，特别在那些政治制度孱弱的国家转型的初期。这接下来的章节里，我会逐一展示民主化如何以我认为的精英说服方式导致民族主义和民族冲突的案例。通过在具体案例中追溯那些因果过程以及对案例做交叉比较，下面的主要预测也将被证明为真。

88

1　这条观点并未完全依靠任何单一来源，但其逻辑袭自 Posen, "The Security Dilemma and Ethnic Conflict"；Posen, "Nationalism, the Mass Army and Military Power"；Walt, *Revolution and War*; Byman and Van Evera, "Hypotheses on Nationalism and War"。
2　Edward D. Mansfield and Jack Snyder, "Democratic Transitions, Institutional Strength, and War," manuscript, 1999.

- 大众民族主义通常兴起于民主化的最早期阶段，或者因为对民主化的直接期望而生，鲜有先于此的。[1]
- 在大多数案例中，精英说服都是促进大众民族主义的中心机制。
- 说服努力的成败受到观念市场结构的强烈影响，而且是由政治信息供给的部分垄断、需求的分隔和审议并引入公共讨论的制度强度所界定的。
- 民主化过程中显现的民族主义类型（以及民族冲突的烈度和性质）主要取决于经济发展的水平和时机、精英的调适能力和这个国家的政治与行政体制的强度。
- 这些相关性并非简单的经济或战略因素的副产品。

为检验这些假说，我主要在三个方面展开所有案例研究。第一，我选择欧洲历史上四个在既有民族主义理论的发展中扮演中心角色的例子：德国、英国、法国和塞尔维亚。对一个好的理论的第一个测试便是看它能否解释其他理论试图解释的。[2]这些案例包括两个民族主义的最早实例以及在现代史上启动了三次主要霸权战争的例子，也是民族主义主要范式的样本。通过跟踪每件案例的内部原因并做交叉比较，我在第三和第四章中会解释每个案例中所产生的民族主义类型以及它们所造

1　从预期的潜在民主化中产生的民族主义或族群冲突支持了我的理论，即使还没有民主制度变迁被采纳。例如，1991 年国际援助者和人权团体向肯尼亚的少数族群政府总统莫伊（Daniel Arap Moi）施压，开启多党制民主。作为回应，政府支持的少数族群为证明民主化会让国家失去稳定，煽动族群暴力。（Gurr, *Peoples versus States*）。正如我的理论所预言，仅有的增量政治参与导致受威胁的精英们采纳这种极化战术。see also Colin Kahl, "Population Growth, Environmental Degradation, and State-Sponsored Violence: The Case of Kenya, 1991–1993," *International Security* 23:2（Fall 1998），80–119, esp.111。

2　Imre Lakatos, "Falsification and the Methodology of Scientific Research Programs," in Imre Lakatos and Alan Musgrave, eds., *Criticism and the Growth of Knowledge*（New York: Cambridge: Cambridge University Press, 1970）.

成的暴力冲突样式。

第二，在第五章，我会一一观照所有后共产主义国家的民主化和民族主义的关系。这对检验我的观点来说特别适合，这基于几个原因，这一级别的案例选择是因为只要因变量的一个变化（民主化初期），几乎就能以实验的方式同时影响大部分案例。然后，我再按方法论规则选择独立变量（或因变量）。[1] 而且，这一批案例包括民主化的和未民主化的例子，也包含暴力冲突的和未发生暴力冲突的，十分适合比较交叉案例来展示因果间的协变量。我研究了几乎所有这些案例，避免只按适合自己的理论来挑选案例。甚而，其中几个案例乍看上去有悖于我的理论——也就是，尽管存在孱弱的制度和社会的族群分隔，但是民主化并未引致民族冲突。如果要检验我的观点，这就是一批很好的挑战性实例。我的理论所强调的那些因素将逐渐阐明每一个国家所发生的民族冲突的性质和强度，以及为什么民族主义在有些国家发生而并未在另一些国家发生。我会跟踪三个案例（南斯拉夫、高加索和俄罗斯）的民族冲突发生的细节，然后会将它们与没有爆发民族暴力的例子做简短比较。

第三，第六章将审视最近数十年在发展中国家里民主化对民族冲突的影响。这些案例整体上跟那些后共产主义国家不同，不像一个干净的实验室里码堆的样品。当然，至少我可以用它们来做一些令人激动的检验。我会用大范围的比较来解释为什么 20 世纪八九十年代的民主化导致在一些发展中国家发生了民族冲突，而另一些则没有。然后，再深入若干个案，运用严格的结构比较进行交叉案例分析或个案分析。结果，

90

1　Gary King, Robert Keohane, and Sidney Verba, *Designing Social Inquiry* （Princeton: Princeton University Press, 1994）, 129.

我对比了两个有着许多共同特征的相反国家：斯里兰卡的民主政治如何刺激了族群冲突，而马来西亚静悄悄的民主化却消弭了族群冲突。之后，对印度的简短个案研究可助我们探明式微的公民制度对族群暴力的影响。最后，在卢旺达和布隆迪发生的胡图族与图西族之间的族群暴力，很好地例证了当国际社会欲促进民主、言论自由和权力分享等之后的结果如何有违初衷。

91

对那些更为冗长的个案，我这里先从其结局开始：其所体现的民族主义类型与其所造成的民族主义暴力程度。在讨论完那些民众对立或其他对立理论是否能够解释这些结局之后，我会进一步来讨论我自己理论的主要因变量：发展的水平和时序，精英利益的调适力和民主转型的制度背景，其中包括民主的、行政的与媒体制度的强度。接着，我会继续探究这些因素对精英政治战略的影响，在公共讨论中的说服模式以及对民族主义和暴力的效应。当然，对于较短的个案，我有时会变换这个讨论顺序，以便更好地关注那些最与众不同的或者与其他个案比较最相关的要素。

最后一章将把这些历史的和现代的个案研究教训运用在为缓解民主转型的民族主义暴力而设计战略方面。尽管本书所进行的不同检验很难说是终极性的，但是它们为许多有关外交事务的现代思考背后的传统智慧，提供了足够多的证据，以确保对此进行批判性审查。

第三章
民主化如何点燃现代德国民族主义

德国民族主义曾经在背后驱动了两次世界大战和纳粹的种族主义态度，后者造成数以百万计欧洲犹太人的灭绝。这种灾难性的民族主义形式正是德意志帝国的半民主政治体制的缺陷和魏玛共和国失败民主的副产品。这两支历史插曲不仅让我们将目光投向民主化引致民族冲突的机制上，而且，例证了反革命民族主义形式的特殊动态过程。

在快速工业化和社会变化的阶段，德国的贵族统治者和经济统治精英将鼓噪富有进攻性的德国民族主义作为维持他们优势地位的战略之一。从19世纪60年代开始，德国钢铁和铁路产业繁荣，创造了一个受社会主义思想影响的庞大工人阶级。一部分原因是为了预防这些工人的潜在革命威胁，德国首相奥托·冯·俾斯麦和他的继任者在新教中产阶级中着手培养一个大众的政治支持基础，特别是在小城镇和乡村地区。俾斯麦和德意志帝国的统治精英们将工人、社会主义者、天主教徒和波兰人描绘成真正德国人民的敌人，从而把他们的政治基础固化在一个排外性的德国民族主义基础上。这些统治精英利用民族主义来分化人民，力求防范工人阶级革命以及产业工人与其他大众集团之间的联盟，后者意味着可能产生一个要求充分民主的政治体制的诉求。[1]

尽管议会或帝国议会（Reichstag）是由男性普选产生，但首相和他的部长们却是由世袭的帝王（或恺撒）及其贵族和产业精英的联盟所选出。这些精英们，运用他们对外交政策的控制、决定国内政策的能力、军中特权、商业集团的融资能力和对媒体的影响，来塑造一个民族主义的议程。以民有而非民治的名义，这些精英们能够运用民族主义作为其战略的中心，防范任何自由民主问责的出现。如我的理论所预期的，经济后发模式同时创造了促进反革命民族主义的动机和机会：精英们为大众的政治参与诉求所恐惧，而民主制度只有部分发育，精英们则可利用他们对行政和媒体制度的影响力将大众政治引导到一个伪民主的方向。

长期而论，当然，统治精英终究会丧失对他们所煽动的大众民族主义的控制。政府的民族主义宣传机器和商业利益所控制的媒体都有着持续性饥渴，要喂养它们，中产阶级民族主义者就会向精英民族主义者持续叫板，要求更多的对外军事行动和对内政策。当大萧条扫荡了商业和政界精英的信誉之后，在魏玛共和国最后的日子里，这些草根民族主义团体裹挟着希特勒，将他送进了总理府。

在观点陈述中，我首先会追溯德国民族主义的发展和它在鼓噪一系列对外战争中的角色；其次，评价与这些发展有关的竞争性解释理论；再次，解释精英说服在俾斯麦（1862—1890）和威廉皇帝（1888—

1　相关观点，see Hans Ulrich Wehler, *The German Empire*, 1871–1918 （Leamington Spa/Dover, NH: Berg, 1985）。

1918）时代如何培养军事民族主义的角色；最后，分析魏玛共和国
（1918—1933）期间民族主义的迷思制造对公共讨论和大众媒体的影响。

德国的战争和民族主义，1864—1945

在第二次世界大战前的一个世纪里，德国总是处于战争之中，而且
在几乎每场战争，德国总是主要的挑衅者。虽然受到德国人民欢迎，但
1864 年到 1871 年的国家统一战争却非大众民族主义运动所点燃的，后
者迟至 19 世纪 90 年代末期才发展出来。这些贪心的民族主义运动所做
的，是驱动德国走向 1914 年的大战，而且在 1933 年希特勒攫取权力的
过程中扮演主角。

德国的前身普鲁士，则在 19 世纪中叶挑起了三场战争：第一次是
1864 年从丹麦手中夺取了石勒苏益格—荷尔斯泰因省，接着在 1866 年
打败奥匈帝国获得了对南德的控制，最后在 1870 年，则挑起了一场结
局令人唏嘘的普法战争。通过这三场短暂的胜利战争，首相奥托·冯·俾
斯麦将南部和西部几个公国统一到了一个新的民族国家之中，这个新的
民族国家由服从于宪法的普鲁士君主所统治，宪法还建立了一个由男性
公民普选产生、广泛代表德意志的立法机关——帝国议会。（参看地图）

这些战争并不是由德国草根民族主义者的自发热情所引起的，而是
传统精英们为塑造一种民族意识所采取的战略的一部分。德国民族主义
的先驱们，如约翰·赫尔德（Johann Herder），作为 19 世纪初期的浪漫
主义知识分子，就已开始强调一种共同的语言对于界定一个政治共同体
的重要性。这一新兴民族主义思想也有着经济的维度。1841 年，德国
经济学家弗里德里希·李斯特（Friedrich List）出版了《政治经济学的

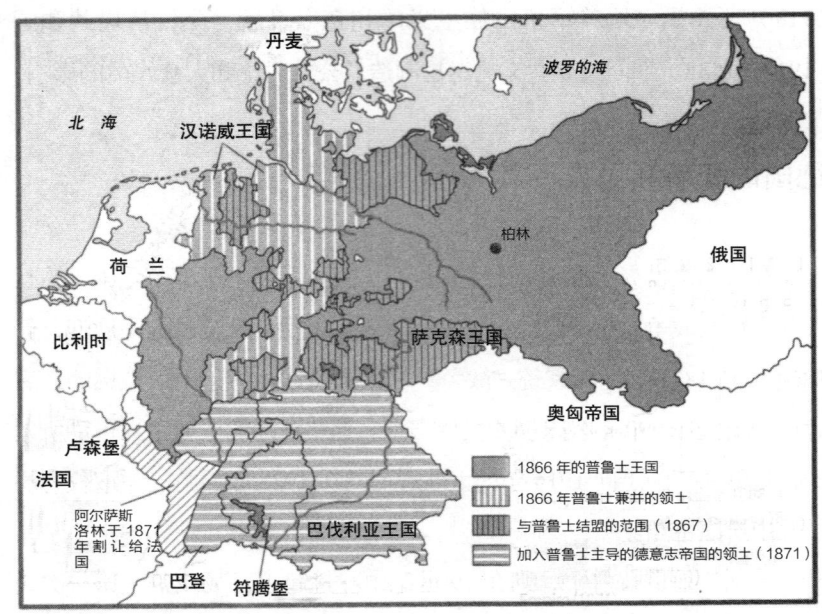

德国统一，1866—1871

国民体系》一书，书中迎合了当时的铁路建设和保护性关税措施，以促进他所说的民族经济单位的发展：一个统一的、由文化所界定的民族。[1]

在1848年的城市政治动荡中，德国的自由主义专业人士和知识分子向普鲁士君主施压，要求其接受一个部分民主的政府形式，这表明他们已经开始采纳典型的民族主义观点，即文化所界定的民族理当享有人民自治权利。随后，民族主义迅速地在城市中产阶级和知识分子当中传播开来。其时，俾斯麦正在计划他的一系列闪电战，谋求将德国统一在普鲁

1　Roman Szporluk, *Communism and Marxism: Karl Marx versus Friedrich List*（New York: Oxford University Press, 1988），Chapters 7–10,12.

士领导的帝国内。

此种民族主义发端仍然与自由主义和君主观念保持着一种不确定 96
的共生关系，尚未孵育出大众民族主义组织。俾斯麦的统一战争则反映
了当时的君主和贵族精英们在面临大众政治参与趋势不断上升的预判
下所采取的民族主义战术。当然，在 19 世纪 60 年代，大众民族主义最
多只是一个愿景，而非现实。

而大众民族主义则在 1914 年扮演了更为直接的战争起因角色。虽
然历史学家们将会永远争论第一次世界大战的起因，却很少会有人争
议，1898 年之后德国对法、英、俄的进攻性政策是为未来冲突上紧发
条的关键，直到 1914 年德国发动军事侵略。除了经济繁荣、贸易增长，
德国一直与法国在殖民问题上反复争斗，与其盟友奥地利[1]一道让俄国
在巴尔干的对峙中蒙受耻辱，并发起与英国的海上军备竞赛。尽管所有
这些政策都意在以战争威胁谋求打破包围圈，德国只成功做对了一件
事，就是把它脖子上的绞索套得越来越紧。由于担心俄国日益强大的军
事力量可能加速改变针对德国的力量均势，德国总参谋部于是在 1914
年 8 月利用奥地利与俄国在巴尔干的纠纷，率先向法国和它的东部宿敌
发起攻击（参看地图）。[2]

这一段时间崛起的好战思想跟德国中产阶级中兴起的大众民 97
族主义紧密对应。超过一百万正式会员云集在海军同盟会（Navy
League）、陆军团（Army League）、泛德意志同盟（Pan-German

---

1 此处应为奥匈帝国。——译者注

2 Steven E. Miller, ed., *Military Strategy and the Origins of the First World War*, 2d ed. （Princeton: Princeton University Press, 1991）.

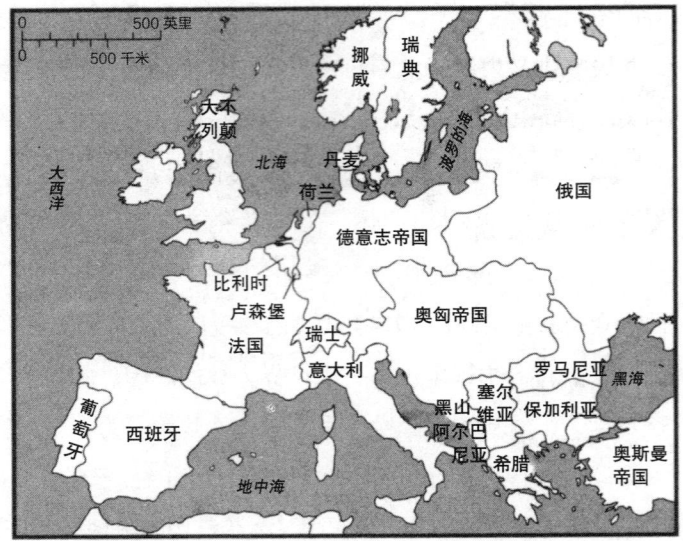

欧洲，1914

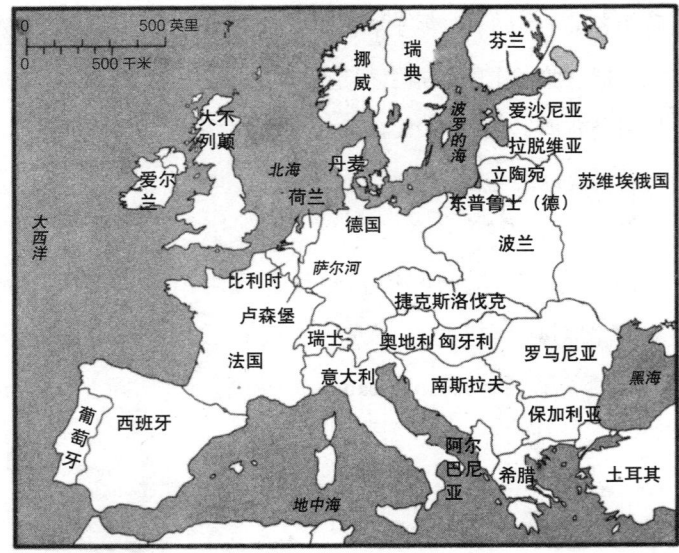

第一次世界大战后的欧洲，1918

League）和拓殖团（Colonial Society）等社团的数千家地方分支机构中。[1] 所有这些社团都鼓吹以某种形式进行德意志帝国的扩张，当然是以民族主义原则的某个版本为依据。例如，一些人声称所有在奥地利和东欧说德语的人群都应该是德意志帝国的一部分，德国应该征服邻国以传播其高等文化，否则所有民族都将不可避免地陷入优胜劣汰的生存斗争中，直至最后消亡。这样一些团体非常吸引小农场主，因其许诺他们会在东欧或者海外殖民地为殖民者安置土地。另外一些团体，提出德国海军和海外商业机会的扩张计划，吸引了大商业和城市中产阶级的支持。[2]

这些大众民族主义组织的观点常常要比那些帮助创建然后资助他们的政府官僚和商业组织自己的观点更为极端。例如，德国政府在1905—1906年和1911年与法国就摩洛哥纠纷中的妥协，军事民族主义团体对此大加挞伐。类似地，当德国政府在1912年以国家破产为由威胁要限制海军预算时，遭到了民族主义者的反对。同时，工人阶级规模的持续增长使得社会民主党成为1912年帝国议会选举时最大的政党。这意味着，"一战"前夜，德国的统治精英亟需赢得民族主义的中产阶级的支持，遏止社会民主主义的威胁。统治精英们开始一场政治赌博，以一场胜仗使其从自己制造的政治困境中脱身。[3]

就欧洲爆发的"二战"来说，德国更是一个清楚不过的挑衅者。到20世纪20年代，希特勒论说德国必须征服东欧，为"雅利安的主体民

99

1　Geoff Eley, *Reshaping the German Right*（New Haven: Yale University Press, 1980），102.

2　Woodruff Smith, *The Ideological Origins of Nazi Imperialism*（New York: Oxford University Press, 1986）.

3　Fritz Fischer, *War of Illusions*（New York: W.W. Norton, 1975）.

族"获得一个巨大"生存空间"。在整个 30 年代,希特勒重新武装了德国,并为实现其目标拟订了各项计划。1939 年 9 月德国发动对波兰的侵略后,英国和法国对德宣战,但只是就地被动防御,直到德国军队在 1940 年 4 月攻击法国和比利时(参看地图)。

在希特勒的攻势中,大众民族主义所发挥的直接作用角色要比 1914 年的少一些。1932 年投票给希特勒的选民是整个 20 年代投票支持各类民族主义政党的同一拨选民。他们关于种族和文化的达尔文主义竞争的观念,可以追溯到 1914 年之前的社会思潮中。尽管如此,希特勒在他 1932 年的选战中并未强调他的军事征服计划。[1] 一旦掌权,希特勒决定按他的进攻计划逐一采取行动,恰恰反映了他自己的已然内化的好战的民族主义世界观,而非基于民族主义政治运动的大众压力。

简言之,民族主义在德国从 1864 年到 1945 年的五次侵略战争中都发挥了作用(参见表 3.1)。19 世纪 60 年代德国统治精英为民族统一而战,而民族统一可为他们维持统治的大众基础。当这些精英们在世纪之交成功促成大众民族主义热情之后,他们很快就能发现这是一个将他们推向一场大欧洲战争的怪物。而草根民族主义者并未能从"一战"中的失败教训学习到什么,他们将柏林的权位让渡给阿道夫·希特勒,再一次通过这种方式把德国推向战争。

1　Ian Kershaw, "Ideology, Propaganda, and the Rise of the Nazi Party," in Peter Stachura, ed., *The Nazi Machtergreifung* (London: Allen & Unwin, 1983), 167; Eberhard Jäckel, *Hitler in History* (Hanover, NH: University Press of New England, 1984), 21, 34.

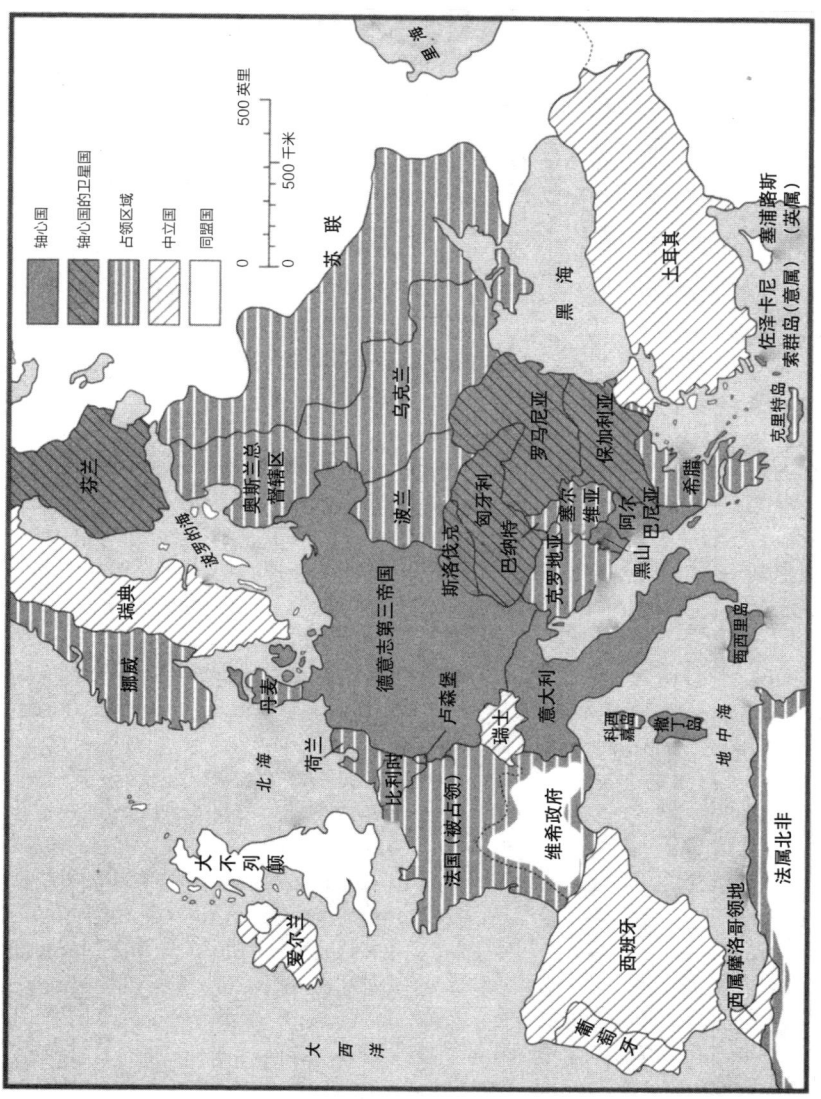

欧洲，1942

表 3.1　德国政权和外部冲突（1862-1945）

年份	政权	领袖	政治体制	统治集团	外部冲突
1862-1870 年	普鲁士王国	部长主席俾斯麦*	君主立宪、有限普选，国王任命部长	普鲁士贵族地主；国王	与丹麦（1964）、奥地利（1866）、法国（1870）的战争
1871-1890 年	德意志帝国	俾斯麦首相*	君主立宪，男性普选，国王任命部长	"钢铁—黑麦"联盟的兴起：国王、地主和工业	力量均势政治和危机，但无战争
1888-1918 年	德意志帝国	凯撒威廉；各首相	君主立宪，男性普选，国王任命部长	"钢铁—黑麦"联盟；大众民族主义压力集团的兴起	与法国（1905，1911），俄罗斯（1909）的危机，第一次世界大战（1914-1918）
1919-1933 年	魏玛共和国	自由选举总统和议会	宪政民主	中央联盟，包括民主社会主义者、民族主义者、天主教徒；纳粹（1932-1933）	德国被《凡尔赛条约》解除武装；法国占领鲁尔区（1923-1925）；通过《洛迦诺公约》（1925）建立起与西方民主的合作
1933-1945 年	德意志帝国	希特勒（元首）	独裁	纳粹党	第二次世界大战（1939-1945）

* 奥托·冯·俾斯麦在 1871 年前担任普鲁士王国的部长主席，1871 年后担任德意志帝国首相。

关于德国战争和民族主义的其他解释

德国历史上民主化和民族主义冲突之关联，通常可有几种解释。除了我的基于民主化初期精英说服的理论，还有另外三种值得考虑的竞争性观点：大众竞争、工业化作为政治和文化同质化的驱动力以及国民军（mass army）时代的均势政治。而这三种理论没有哪一种能够解释德国的民族主义冲突，尽管后两种也对解释精英说服发生的重要设定颇有帮助。

民众对立

一些学者也许会期待所谓长期文化竞争能够解释民主化、民族主义和血腥冲突等如何贯穿德国历史。19 世纪早期的"德意志"概念，如赫尔德所说的，基本围绕种族而非公民原则。这部分是因为在统一之前，德国是作为一个共同语言和文化区域的存在。当然，德国历史上并没有什么古老仇恨可塑造后来的民族主义样式。由普鲁士主导、以中产阶级新教徒为主的德国民族主义，其许多竞争者都指向其他以德语为母语者：德国社会民主主义者、德国天主教徒和 1866年以前讲德语的奥地利人。虽然波兰人和斯拉夫人是德国民族主义者故意贬损的对象，但是英国人还是受到羡慕。整个 19 世纪，城市犹太人如俾斯麦的银行家兼好友戈森·冯·布莱施罗德（Gerson von Bleichröder），都已经完全融入德国社会中。[1] 他们与俄罗斯帝国的犹

---

1 Fritz Stern, *Gold and Iron* (New York: Knopf, 1977).

太人不同，并没有遭受大规模屠杀。因此以所谓长久的大众仇恨来解释德国民族主义冲突并不可信。

工业同质化

关注工业化效应的理论如厄恩斯特·盖尔纳提出的，对理解德国的民族主义有诸多贡献。19世纪的商业和工业革命为一个政治和文化的德国统一市场创造了强劲的经济激励。这些激励确是俾斯麦1864年、1866年和1870年发动战争背后的原动力之一。结果，人们就会认为工业化产生了民族统一的驱动力，并且促进了中产阶级和工人阶级的增长从而培养了德国的民主化。如此一来，民主化并不必然导致民族主义；也许它们之间只具时间上的相关性，因为都产生于19世纪60年代的快速工业化。

虽说这一观点还多少有些道理，却不能解释1890年到1945年充满大众热情的德国民族主义冲突这一最富戏剧性的阶段。而德国统一民族市场的形成要远远早于19世纪90年代德国大众民族主义的兴起。于是，要解释这一问题，我们不仅需要了解工业化革命之后的德国，还要了解这一后发的快速工业化如何塑造了德国的利益集团政治，这将在本章稍后进行解释。

军事竞争和国民军

第三种竞争性解释是，德国对战争的特别依赖并非因为民族主义本身，而是因为它所处于的欧洲中心的位置如下腹部一般柔软、易受伤害。如果在强权的相对力量处在戏剧性变动的时刻，被卡在力量均势的地缘支点，即使抱着单纯的防御动机，最为理性的国家或许也会发觉有必要经常诉诸战争。就像普鲁士国王腓特烈大帝（他是君主制支持者，而非民族主义者），在18世纪欧洲脆弱的中心，被迫以一支小型的职业化军队在多条战线上进行防御战，他的后人们亦在19和20世纪以国民军发动同样的战事。也许可以这么说，不是民族主义导致战争，而是战争导致民族主义：在一个有着强大预备役基础的百万规模国民军的时代，战争的威胁迫使德国正式以民族主义为手段来确保拥有一支能够随时战斗的武装力量。[1]

国际政治的无政府主义性质着实将战争变为一个长期的危险，特别是对那些弱小的国家而言。然而，不同的国家在选择如何玩弄其战略手段时却有很大差异。例如，相比后来被大众民族主义所胁持的德国领袖们，俾斯麦的战略要温和得多。一旦俾斯麦达成德国统一的目标，他就利用处于五个大国间力量均势的中心位置，保证随时都能拥有两个强大联盟。[2] 通过建立只有遭受攻击才会采取行动的有条件的、防御性联盟，俾斯麦能够确保其潜在敌人不敢轻举妄动，同时保持联盟的灵活性。而俾斯麦继任者的外交，却变得更僵硬，也更好战，部分因为德国国内兴起的大众民族主义。政治领袖们以危机摊牌和造舰计划来聚拢国内支持，也同时制造出法国、英国和俄国等敌国，而德国与讲德语的奥地利的联盟却变得无条件了。这并非军事竞争创造了一个由民族主义所驾驭的军事国家，而是近乎相反。为理解德国如何解决被包围的脆弱局面，有必要了解德国式的民主化模式如何触发了

1　Barry Posen, "Nationalism, the Mass Army, and Military Power," *International Security* 18:2（Fall 1993），80–124.

2　Otto Pflanze, *Bismarck and the Development of Germany*（Princeton: Princeton University Press, 1971）.

民族主义所叫嚣的战争。

德国民主化打的民族主义牌

在 1871 年俾斯麦帝国建立之后的那些年，面对工业化所加速的、与日俱增的大众政治参与要求，君主、贵族和商业精英们编造了大众民族主义，作为维持其优势地位的手段。统治精英们力促排外性的民族主义，将对民主变化的潜在支持者分成相互敌意的若干阵营。在民主化的最初阶段，这些精英利用国家权力和他们的经济资源来设定政治议程、创造影响公共讨论的术语，但是，这些精英们随后逐渐陷入了他们自己的民族主义修辞陷阱。[1]

在阐释德国民族主义的兴起及其在"一战"中的角色时，我首先讨论德国的后发工业化模式、德国精英所感受到的威胁、德国部分民主化的缺陷——精英们得以施加对大众政治议程的影响。我随后将深入分析此一问题对政治联盟和民族主义观念传播的结果。最后，我会说明政治动力如何创造了外敌并最终引致 1914 年的战争。

德国的后发工业化产生对精英利益的威胁

德国的后发工业化模式留下了一个强大却呆板的精英利益遗产，其对民主化有着与生俱来的恐惧。而德国在 19 世纪 60 年代的后发、跃进

1　支持这一解释的引用，see Wehler, *German Empire*, and Snyder, *Myths of Empire: Domestic Politics and International Ambition*（Ithaca: Cornell University Press, 1991），Chapter 3。

式钢铁工业化所必需的超大资本投资促使中央银行信用和集中、大规模重工业的发展。普鲁士国家的中坚力量——普鲁士贵族地主阶级却大体上被排除在这一工业发展进程之外。在相对低效的农业耕作之外，他们看不到什么有吸引力的经济前景，因此与国家保护主义和政治压迫息息相关，以图维持其社会地位。[1]因此，贵族统治阶级（及其萎缩的农业基础）和商业精英（以集中的大规模重工业为代表）共同面对一个日益成长、政治活跃的工人阶级，如同仍然根植于传统方式的庞大的农民和手工业者阶级。这种情形下，德国的笨拙精英们突然间在相互之间以及与大众团体间产生了共同利益。

与英国的先发、渐进工业化模式对照，会对理解德国的后发、快速经济发展的政治后果很有帮助。[2]英国19世纪40年代以前的纺织业工业化的资本积累是从商品化农业和贸易中来的。这一投资模式创造了一种经济融合的贵族和商业精英，他们依赖流动资本并且很少担心渐进的民主化。英国的地主们相对来说对民主权利的扩张并不紧张：他们主要商业投资的相对流动性保证了他们中的大部分较能接受农产品保护的终结，并且受益于一个与商业中产阶级达成的自由主义和自由贸易的政治联盟。

很多对迟滞民主化抱有兴趣的德国精英集团，在支持战争、军事准备、帝国和经济保护主义方面也有着狭隘利益。这并非偶然。当专制国家开始

---

1 在 Barrington Moore, *Social Origins of Dictatorship and Democracy*（Boston: Beacon, 1966）之外，see David Spring, ed., *European Landed Elites in the Nineteenth Century*（Baltimore: Johns Hopkins University Press, 1977）, and Robert Moeller, ed., *Peasants and Lords in Modern Germany*（Boston: Allen & Unwin, 1986）。

2 Alexander Gerschenkron, *Economic Backwardness in Historical Perspective*（Cambridge: Belknap, 1962）; Wehler, *German Empire*; Modris Eksteins, *The Limits of Reason: The German Democratic Press and the Collapse of Weimar Democracy*（London: Oxford University Press, 1975）, 3–5.

民主化，很多深感民主化威胁的利益都是军事的。如查尔斯·蒂利（Charles Tilly）所说："战争制造国家，国家也制造战争。"[1] 在早期的现代欧洲（就像很多最近的威权国家），军事组织占据着国家的特权位置，将国家变成了满足自己需要的工具。进而，贵族与军事制度相互交织，所以民主化所挑战的社会、经济和官僚等既得利益最终指向统治阶级的核心——军事精英。[2] 其结果是，德国呆板的精英愿冒更多风险，包括赌博性地采取民族主义对外政策，将他们自己从政治困境中解脱出来。

弱民主责任、强行政制度

1870 年对法战争胜利后，奥托·冯·俾斯麦首相认识到新创立的德意志帝国需要一个比旧普鲁士更民主的体制来选举议会。早先独立的南部和西部各国，虽然加入了普鲁士的新帝国，但是并不愿意接受位于柏林的普鲁士首都颁发的法令。就像遍布新帝国的新兴城市和中产阶级，这些地区也希望在政府政策中发出自己的声音。结果就是，某种民主代表形式是不可避免的，尽管这会给就精英们带来困境。

面对这一问题，欧洲其他的一些君主国家早已经采取了有限授权的制度，给予上层阶级和中产所有者投票权。然而，俾斯麦认识到这将让德国新兴的自由主义政党赢得足以对抗君主制的议会权力。为解决此问题，依靠由保守地方精英控制的安全的乡村和小城镇选区，俾斯麦大胆地建立了一个新帝国

---

1 Charles Tilly, "Reflections on the History of European State–Making," in Tilly, ed., *The Formation of National States in Europe* (Princeton: Princeton University Press, 1975), 42.

2 Joseph Schumpeter, *Imperialism and Social Classes* (New York: Kelly, 1950; orig. ed. 1919).

全境的普选体系，以反制城市自由派和工人阶级不断增加的选票。

俾斯麦和他的继任者所发展起来的政治体制具有许多民主特征：竞争性选举、男性普选权、有着大众支持的大型政党和对政府预算能够进行某种程度的议会控制。当然，因为政府部长系由德皇任命而非帝国议会的多数联盟，如此非经选举产生的政府具有相当的自主权来运用行政资源进行政治议程设定，包括直接与利益集团达成交易、对议会和公众保密信息、运用权力来创制政策以影响选战中的主导议题。

政府最大的合宪自由行动区域在于外交和军事领域。利用这一只自由之手，它在选举前夕不断鼓吹外交政策面临的挑战，为统治联盟争取投票。由于缺乏了解军事事务细节的权利，帝国议会以及公众都蒙在鼓里，而陆、海军的战争计划都不足以对付德国好战的对外政策所产生的外部挑战。[1]这意味着，政府在极力发起相关政策并且垄断关键情报，沿着一个民族主义的进程塑造德国的公共议程。

联盟政治的后果和民族主义观念的扩大

俾斯麦的战略建立在"钢铁和黑麦"的联盟基础上，以保护重工业者和那些主要从事谷物生产的贵族们的经济利益。如此安排下，工业家得到的是针对国外制造商的保护、对社会党人组织和罢工能力的约束以及俾斯麦的继任者签下的海军造舰的巨额订单。种植黑麦的贵族们则赢

1　Paul Kennedy, "Tirpitz, England, and the Second Navy Law of 1900: A Strategical Critique," *Militärgeschichtliche Mitteilungen* 2（1970）, 33–58; Jack Snyder, *The Ideology of the Offensive: Military Decision Making and the Disasters of 1914*（Ithaca: Cornell University Press, 1984）, Chapters 4 and 5.

得针对外国谷物进口的高关税和继续享有特别免税待遇。

　　基于政府对精英经济利益的眷顾，这一联盟很自然面临可能刺激大众民主运动团结起来反对的风险。为防范计，俾斯麦发动了一场冠之以反对"帝国之敌"的意识形态战争，特别针对那些社民党的工人和南德的天主教徒。并且，与"钢铁和黑麦"的精英一道，俾斯麦把信奉新教的中产阶级和农场主塑造为真正德意志民族的特权核心。这一战术成功地将新教中产阶级们从潜在的海外民主联盟中分化出来。进步主义者梦想从自由民主的中产阶级中形成一个集团，并扩展到温和的社会民主党工人阶级，但是政府对民族主义议题的运用却加深了这两个阶级之间的裂痕，从而阻止了可能的联盟。[1] 从 1890 年到 1914 年的后俾斯麦时期，"钢铁—黑麦"联盟更积极地转向巩固与中产阶级联结的军事民族主义。同时，在小农场主的支持下，黑麦贵族们组织起一场大众运动进行游说，要求更高的关税，抵制外国农产品。

109　　对于由德皇任命的俾斯麦政府和威廉德国而言，他们面临着基于普选权而选举出的帝国议会赢得预算审批权后的困境，这种军事—保护主义战略一度非常有效。在选战中打民族主义牌尤其有效。从帝国建立到1914 年，政府五次使用"民族主义"风格的选战主题：1874 年针对天主教徒的"文化斗争"；1878 年选战中将社民党抹黑为"反民族"的；1887 年和 1893 年加强军备的竞选主题；1907 年的所谓"霍屯督选举"（Hottentot election），围绕德国在西南非洲的殖民政策。每一件实例中，"钢铁—黑麦"政府都声称，社民党人、天主教徒或自由反对党都缺乏

1　Beverly Heckart, *From Bassermann to Bebel: The Grand Bloc's Quest for Reform in the Kaiserreich, 1900-1914*（New Haven: Yale University Press, 1974）.

对德国民族的足够承诺以确保民族安全及其在全球强权中的位置。结果，每次选举都为这些"民族"基础而战，投票率越高，拥护政府的候选人胜出越多，部分因为保守的候选人能得到更多选票，也部分因为右翼联盟内部的凝聚力更强（参见表 3.2）。由海军和产业利益集团秘密资助的民族主义运动和出版物，连同在严格出版法之下所发出的反对派控诉声音，在这一战略中扮演着基本角色。[1]

表 3.2　德国"民族"选举（1871—1912）和"钢铁—黑麦"党的得票 *

年份	1871	1874	1877	1878	1881	1884	1887	1890	1893	1898	1903	1907	1912
投票率（%）	51.0	61.2	60.6	63.4	56.3	60.6	77.5	71.6	72.5	68.1	76.1	84.7	84.9
"钢铁—黑麦"席次	219	210	206	215	125	157	220	135	153	125	126	138	100
"钢铁—黑麦"党的得票率(%)	52.9	43.7	44.7	49.6	38.2	39.7	47.2	35.2	32.1	27.9	27.2	28.0	25.7

* "钢铁—黑麦"党，也被称为卡特尔，包括 DKP（德国保守党）、RP（帝国党）和 NL（民族自由党）。这些卡特尔党在 1884 年、1878 年、1887 年、1893 年和 1907 年的选战中以"民族"议题如文化、军力或殖民政策等为诉求。

来源：Brett Fairbairn, *Democracy in the Undemocratic State: The German Reichstag Elections of 1898 and 1903*（Toronto: University of Tornonto Press, 1997），p.48.

1　Brett Fairbairn, "Interpreting Wilhelmine Elections: National Issues, Fairness Issues, and Electoral Mobilization," in Larry Eugene Jones and James Retallack, eds., *Elections, Mass Politics, and Social Change in Modern Germany*（Cambirdge: Cambridge University Press, 1992），22–30; Robert J. Goldstein, *Political Repression in 19th Century Europe*（London: Croom Helm, 1983），39; Dirk Stegmann, "Between Economic Interests and Radical Nationalism," in Larry Eugene Jones and James Retallack, eds., *Between Reform, Reaction, and Resistance: Studies in the History of German Conservatism from 1789 to 1945*（Providence: Berg, 1993），173, 183; Geoff Eley, *Reshaping the German Right*（New Haven: Yale University Press, 1980），140–147.

在选举之间，政府运用议程设置的权力与特殊利益集团进行讨价还价，为它可疑的对外政策谋求议会支持。例如，政府通过向天主教权利的让步而赢得天主教中心党对军舰扩张计划的支持。尽管，天主教中心党并没有被授予内阁席位。而这一交换动作意味着政府对该党的普通党员承担起直接的责任，虽然他们并不赞同海军的扩张。通过这些机制，德国的部分民主和部分的州自治为统治精英创造出了一个机会，将支持"钢铁—黑麦"联盟的继续。

111 　　德国政府将民族主义和利益集团政治相混合的战略也有副作用，凸显了自身阵营内部的分歧。钢铁与黑麦的保守婚姻表面上团结了西部鲁尔河谷的钢铁巨头和充当德国军官团主力的土地贵族。然而，钢铁与黑麦却都对调和他们相互矛盾的一系列外交和军事政策感到厌恶。在经济领域，东部种植黑麦的土地贵族们坚持以高关税排挤俄国的廉价谷物，同时，工业界却希望俄国能降低对德国产品的关税。在军事领域，具有政治影响力的陆军追求一个欧洲优先的战略，即以陆军建设为主而对海外义务做出限制，然而产业利益却坚持发展一支大规模海军并在热带地区进行商业扩张。同时，享受免税待遇传统的地主贵族们拒绝为钢铁巨头们期望的军舰支付税款。这些利益上的互不相容使得"钢铁—黑麦"联盟政策实际上支离破碎。德国空有一个庞大陆军和昂贵海军的计划，却无人愿意为之掏钱。[1]

1　Eckart Kehr, *Economic Interest, Militarism, and Foreign Policy* （Berkeley: University of California Press, 1977）; David D'Lugo and Ronald Rogowski, "The Anglo-German Naval Race and Comparative Constitutional 'Fitness'," in Richard Rosecrance and Arthur Stein, eds., *The Domestic Bases of Grand Strategy* （Ithaca: Cornell University Press, 1993）, 65–95, esp.81–83.

竞争性大众动员的后果

在民主化的某一时期，受到威胁的精英集团受到压倒一切的激励，去动员人民大众中的盟友，但是他们只想根据自己的主张，使用任何仍然保有的特殊资源来动员大众。这些资产包括财富、信息垄断、政府恩惠、组织技巧和网络以及运用传统政治制度影响政治议程和规划政治谈判条件的控制能力。在"一战"前的德国，虽然精英们没有大众联盟就无法统治，但是，他们保有影响大众政治选择的基本工具。例如，克虏伯集团资助大众民族主义和军团，这些组织在每个德国乡镇都有分支。而且，德国海军制定战略评估时所谓不容置疑的"专业技能"，意味着几乎听不到可靠的言论否认其主张，即英国对德国海军扩张威胁的反应并非投以军备竞赛，而是寻求与德国的联盟。[1]

对大众团体的这一精英动员发生在一个高度竞争的特定阶段。精英之所以争取大众支持而赢得选票是为了中和其威胁。民族主义的联盟或军团等组织给了保守派精英一个大众基础以抵消工人运动的选举份量。精英也需要动员大众支持来反制其他精英团体吸收大众联盟的成功努力。比如，农业联盟（Agrarian League）就成了贵族地主们抵消工业资本家所支持的海军团的一支大众势力。

这些民族主义诉求在中产阶级和农村的相应团体中相当成功，尽管普通德国人并非都拥护战争或者拥护帝国。如果德国有一个充分发育的民主制度、对公共舆论直接负责的选举政府，那么政党竞争可能就会让对外政策更加温和。但是，在德国的部分民主制条件下的利益集团竞争

---

1 Snyder, *Myths of Empire*, 103, 140–141, 205.

格局中，争取大众联盟的竞争结果放大了民族情绪。

组织成为大众政党的社会利益团体则对民族主义、帝国主义和军事主义等避之不及。最大的两个大众政党——社会民主党和天主教中心党，对好战的对外政策毫无兴趣。社会民主党的工人阶级选民普遍对军事和殖民政策持怀疑立场。天主教中心党对造舰计划的支持并非出于信念的背叛，而是将其作为减少官方对天主教徒歧视的交易的一部分。[1]

相反，很多信奉新教的中产阶级和农村投票者是被精英领导的游说团体吸纳进政治的，而不是参与广泛基础的政党。他们的声音只会加强精英利益的模式，而非检讨。农团呼吁谷物税，海军团鼓噪军舰，拓殖团则为海外殖民叫嚣（参见表 3.3）。比较而言，在中产阶级舆论被制度化的两党制操控的国家，比如 20 世纪的英国和美国，施诸对外政策的公共影响最为良性。

表 3.3　德国民族主义压力团体的成员数比较，1881—1914

单位：人

年份	泛德意志同盟	海军同盟会	拓殖团	向东进军协会	海外德国人协会	国防团
1881					1 345	
1887			14 838			
1891	2 1000		17 909		36 000	
1893	5 000		17 154			
1894	5 742		16 264			
1895	7 715		16 474	20 000	26 254	
1896	9 443		17 901	18 500		
1897	12 974		21 252	9 400		
1898	17 364	14 252	26 501			
1899	20 488	93 991	31 601			
1900	21 735	216 749	34 768	20 000	32 000	

1　Jonathan Steinberg, *Yesterday's Deterrent* （London: Macdonald, 1965）, 190–191; David Blackbourn, *Populists and Patricians* （London: Allen & Unwin, 1987）, 161–162, 190, 211.

1901	21 924	238 767	33 541			
1902		236 793	32 161			
1903	19 068	233 173	31 482	29 300		
1904	19 111	249 241	31 985		34 774	
1905	18 618	275 272	32 159			
1906	18 445	315 420	32 787	40 500		
1907		324 372	36 956			
1908		307 884	38 509			
1909		296 172	38 928			
1910		290 964	39 025	53 000	45 272	
1911		297 788	39 134			
1912	约 17 000	320 174	41 163			33 000
1913		331 910	42 212			78 000
1914		331 493	42 018	54 000	57 452	90 000

下列要点需要注意:

* 海军团也拥有庞大的额外会员,多从地方合作分支组织中来。1899 年这一规模达到 152 890 人,而 1900 年更翻番,1908 年猛增为 675 168 人,1914 年达到 776 613 人。按汇总计,海军团成员超过 100 万。

* 在 1895 年到 1900 年,因为围绕海军议题的论战,泛德和殖民协会的会员数都收获了大幅增长。

*1907—1908 年的危机结果,海军团的会员数显著下降。

*1911 年后德国政府从"世界政策"转回"大陆政策"对殖民协会的会员规模并无影响,且后者仍然在增加。

来源:Geoff Eley, *Reshaping the German Right*(New Haven: Yale University Press, 1980),pp.366—367.

在争夺大众支持的动员竞争中,德国精英的经济和行政资源可供他 *113*
们影响大众政治参与的方向,而非控制其结果。因为争取大众偏好的竞
争极其迫切,不可能让任何单一精英集团控制这一过程的结果。通过精
英支持的民族主义组织获得政治通道的大众团体常常比他们的精英赞
助人更为高调。比如,海军和陆军的团体组织的意识形态就过于字面化,
努力使之为其目标服务,即力求增加军队的中产阶级军官规模,而此前
军队一直为贵族军官团把持。他们争辩说,如果德国真的被强敌环伺,
那就需要扩军,而一个更大规模的军官团必须接纳更多来自中产阶级的
军官。到 1911 年,德国大众民族主义的游说者的立场便如此,他们声
称如果德国的外敌果真像统治精英们所描绘的那样恐怖,那么政府就已

然出卖了德国的利益，他们指的是德国政府与法国就摩洛哥纠纷的问题所达成的妥协。[1]

这意味着，对那些旧精英来说，玩弄民族主义牌正变得越来越危险了。这威胁到他们的社会地位，增加了威胁他们经济利益的税收，更不用说，还唤醒了外敌。当然，如果他们想要维持一个中产阶级的支持基础来压制人数众多且还在增加的工人阶级，大部分保守精英都别无选择，只能继续这场游戏。（参见表 3.4）

表 3.4　威廉德国时代的精英和大众联盟，1890—1914

统治联盟	社会主义意识形态	自由主义意识形态	集权意识形态	保守民族主义意识形态	
				"钢铁黑麦"联盟	
精英	革命知识分子	出口导向产业者	天主教徒，特别是南德	农业贵族、国王、陆军	重工业者、海军
政党	社会民主党	进步党	天主教中心党	德国保守党	民族自由党
大众选民	产业工人	自由主义中产阶级	天主教徒	农民	民族主义中产阶级
大众压力团体	工会	专业组织	天主教组织	农业联盟	海军同盟会、泛德意志同盟、殖民团、国防团

1　Eley, *Reshaping the German Right*, Chapter 10; James Retallack, "The Road to Philippi: The Conservative Party and Bethmann Hollweg's 'Politics of the Diagonal,' 1909–1914," in Jones and Retallack, *Between Reform*, 286–287.

通向海外冲突的权威真空和民族主义迷思制造

到 1914 年 7 月末，德国的问题不是中央过分的威权，而是相反。当
欧洲的敌人随时准备撞开斗牛场的大门的时候，奥地利的领袖，正为德
国首相和军方之间的矛盾所困扰，问道"究竟是谁在统治柏林？"[1] 就像很
多新兴的民主化国家，专制权力面对精英利益集团和大众团体的挑战而
不断衰落，削弱了国家的权威。同时，民主制度尚不堪肩负起使命，整
合这些相互紧绷的利益和观点。其结果，孱弱的中央政治领袖不得不诉
诸狭隘的精英利益集团曾经采取的战略，即运用民族主义意识形态诉求
和特殊利益回报来维持战略的短期可行性，尽管其长期风险最终会爆发。

从"钢铁—黑麦"联盟像卵石般混杂在相互矛盾的支持基础上开始，
它的领导层就面临问题，即如何解释清楚其诸多互不相容政策的自我矛盾
一面。在对外事务中，这意味着最后的结果往往一锅烩般的粗糙，却佯装
这些自相矛盾的政策似乎还有意义或者只是不可避免的。后果之一是，德
国的对外政策渐渐地变得过度承诺，同时制造了太多敌人，却称其最终冲
突是其他国家固有的敌意所致。例如，因"钢铁—黑麦"联盟的矛盾政策
而导致的环德包围圈，就被解释成两种原因：其一，对德国的敌意符合反
德势力的本质，德国并无采取任何动作激起这种敌意；其二，打破反德联
盟的出路在于威慑，而非让步，否则就会颠覆"钢铁—黑麦"联盟的政策。[2]
当这一关于国际政治的迷思在德国境内广泛传播开去，制定有效的国家战

---

1 Gerhard Ritter, *The Sword and the Sceptre: The Problem of Militarism in Germany*, vol.2（Coral Gables: University of Miami Press, 1969）, 257–263.

2 Snyder, *Myths of Empire*, 85–89.

略就变得不可能了。民族主义就是一个很助于保持误解的学说。

　　对一个在民主化中左支右拙的国家来说，一个最简单也最冒险的战略就是对内保持声望、对外寻求胜利。约翰内斯·米奎尔（Johannes Miquel）首相在世纪之交再度激活了"钢铁—黑麦"联盟，便称"对外政策的成功有助于在议会辩论时形成一个好印象，政治分歧也会变得温和许多"。[1]这种声望战略使德国统治者对声望的任何轻微损害都高度敏感。威廉皇帝发现，在 1905 年和 1911 年分别与法国和英国就摩洛哥问题而产生的对峙中，好战外交的结果往往是错失轻而易举的胜利，却得到不懈的外部抵抗和令人尴尬的失败，这令内政更加复杂。就像利益集团的滚木和战略迷思的制造，声望战略为民主化的政治谜题提供了一个最佳的暂时性破解方案。恐慌的精英们越依赖这种权益之计，他们就越可能陷入装腔作势和过度承诺的螺旋之中。

　　简而言之，德国精英的部分民主国家面对一个艰巨的政治任务。由于害怕承担完全的民主责任，他们便用民族主义诉求来分化大众，并且企图将精英和民粹支持的异质性联盟塞进一个先天发育不良的民主制度中。他们所采取的很多措施，如好战的声望战略，更加剧了与其他国家发生冲突的风险。

在魏玛德国推销民族主义

　　魏玛德国的例子，对那些将民主、开放讨论和生机盎然的公民社会等规定为民族主义和种族歧视的解药的人来说，不失为一个挑战。魏玛共和

1　J.C.G. Rohl, *Germany without Bismarck*（Berkeley: University of California Press, 1967），250.

表 3.5 魏玛共和国：各党得票率

年份	共产党	社会党	德国民主党	中心党和巴伐利亚党	德国人民党	小型保守党和地区党	德国民族人民党	纳粹党	未投票
1919	7.7	37.8	18.6	20.0	4.4	1.6	10.3		17.3
1920	20.0	21.7	8.3	18.0	14.0	3.1	14.9		21.6
1924	13.3	20.4	5.8	16.7	9.2	8.2	19.4	6.6	23.7
1924*	9.2	26.0	6.3	17.5	9.9	7.3	20.4	3.0	22.3
1928	10.7	29.8	5.0	15.2	8.6	13.0	14.3	2.6	25.5
1930	13.1	24.6	3.7	14.8	4.6	13.8	7.1	18.3	18.6
1932	14.3	21.6	1.1	15.7	1.1	3.0	6.0	37.1	16.5
1932*	17.0	20.3	0.9	15.1	2.0	3.5	8.5	33.0	20.0
1933	12.2	18.4	0.8	14.0	1.0	1.5	7.9	44.2	12.1

注：加粗部分表明那些政党在选后组成执政联盟。

* 在 1924 和 1932 年，有两次选举。

来源：David Abraham, The Collapse of the Weimar Republic: Political Economy and Crisis（New York: Holmes & Meier, 1986），p.23.

时期的德国有着所有这些要素，而好战的民族主义依然蓬勃发展。魏玛宪法建立了一个基于比例代表制的自由和公正的选举体制。高素质的自由媒体主导着魏玛德国大城市的报业市场。创纪录的志愿性政治俱乐部和公民社会组织形成了。但在1933年仍有三分之一的选票投给了希特勒的国家社会主义党。这些选民被骗了吗？如果被骗，那又是如何被骗呢？[1]

种族主义的、威权主义的民族主义最终终结了魏玛共和国，并非与政治生活无关，而恰是因为政治生活的民主化。在整个魏玛时期，大约三分之一的选民投票支持右翼的民族主义政党，其中大部分都由大商业利益和传统的保守精英所引领（参见表3.5）。魏玛晚期的经济危机让他们的大中产阶级选民确信，精英领导的民族主义政党与他们处在同一个困境之中。那一刻，小城镇的草根志愿团体的绵密网络纷纷转向支持一个民粹主义政党，这个政党看上去像是属于他们自己当中的一员，也就是纳粹（国家社会主义工人党）。尽管他们渴望着人民主权的诉求，但是这些中产阶级的民族主义者还是转回支持魏玛的民主形式，毕竟，他们与魏玛共和一起经历了1918年德国的战败、西方列强所强加的《凡尔赛条约》、社会主义阶级敌人的兴起、精英保守政党对中产阶级政党政治的操控等。在魏玛民主所及之处，中产阶级的投票人被说服了，他们开始相信纳粹将创造一个新的政治系统，德国中产阶级、乡村和工人阶级等各利益集团的多血质特性合并到一个结构中，某种程度上能够表达真正德国人民或民族的集体利益。[2]

1　这个问题的提出，see Richard Bessel，"The Formation and Dissolution of a German National Electorate," in Jones and Retallack, *Elections*, 399。

2　Peter Fritzsche，"Weimar Populism and National Socialism in Local Perspective," in Jones and Retallack, *Elections*, 301–304; Mommsen, "Government without Parties," in Jones and Retallack, *Between Reform*, 359, 372; Bessel, "Formation," in Jones and Retallack, *Elections*, 404, 412–413.

　　那些投票给希特勒的中产阶级、新教徒、小城镇和乡村地区的选民，是从哪里得到这样的观念按照如此方式界定他们的利益，而且为什么他们认为投给希特勒就能增进他们的利益呢？一个因素是1914年前精英民族主义迷思制造的遗产，将民族主义深深地植入了德国中产阶级意识之中。[1]这种心态强化了两个迷思的可信度，削弱了魏玛共和、占执政地位的工人阶级政党、《凡尔赛条约》与民主强权的合作政策等这些维系魏玛共和内外条件的声誉。第一个迷思是，德国发动的世界大战是被包围的外敌强加的；第二个迷思是，德国输掉了第一次大战是因为社会民主党在战争后方如"芒刺在背"。这种思想方法有力地强化了魏玛时期民族主义的宣传浪潮，大部分都是那些与"一战"前同样的大商业利益集团所发动。如同"一战"前的情景，工业家、大地主和保守官僚们希望民族主义可为他们提供一个良方，保证他们对中产阶级和乡村人口的领导权，对抗工人阶级，以捍卫这些精英的社会和经济特权。

　　此种前1914年模式的大部分都在1918年到1933年的魏玛时期得以延续，尽管德国在"一战"战败后民主化随之而来。魏玛宪法下，由选举决定谁来统治这个国家，社会民主党只是魏玛早期的一个普通政党。在德国战败和《凡尔赛条约》之间的短暂时段内，即使保守的德国国家人民党看上去也在朝着民主的方向行进。然而，有关国际安排和对社民党人在德国战争准备中如"背后插刀"的骂战，使资产阶级精英又退回到战前的威廉式战术了。[2]曾经的威廉体制，人民越来越寄望于狭

120

1　关于纳粹在威廉帝国期间的起源以及魏玛时期其他民族主义思想，see Geoffrey Stoakes, *Hitler and the Quest for World Domination*（Leamington Spa, NH: Berg, 1986）, and Woodruff Smith, *The Ideological Origins of Nazi Imperialism*（New York: Oxford University Press, 1986）。

2　Fritzsche, "Breakdown or Breakthrough," in Jones and Retallack, *Between Reform*, 299–328; Mommsen, "Government without Parties," in Jones and Retallack, *Between Reform*, 349–350.

隘的压力集团而非有着广泛基础的政党来推进自己的利益。[1]民族主义正是那些游说团体使用的意识形态，用这种宽泛的公共利益术语来为他们的狭隘关怀正名。

这些条件滋生了中产阶级民族主义的温室气候，正适合有着娴熟草根组织技巧的纳粹加以利用。从而，除了民主的政治制度，魏玛的政治讨论受那些由害怕民主的精英们半垄断的媒体所影响，也受制于相互间不愿意交流的分化的公众。即使是被大城市大多数读者所接受的高素质的自由媒体，面对如此形变的观念市场，也难以创造出真正的公共空间。

推销民族主义的迷思组合

随着"一战"德国的战败，这个国家的民族主义精英即着手为塑造德国人民的历史记忆展开与社民党人的斗争。战后不久，新的社民党政府委任马克思主义者卡尔·考茨基（Karl Kautsky）出版一批德国外交文档，揭露德国官僚们应为发起一场侵略战争承担责任。但是，社民党政府倒台之后，考茨基失去了支持，外交部的保守圈子遂转向主张控制这些有关战争罪责的出版。

于是，一个巨大的史学官僚机构建立了，在"爱国主义"编辑的控制下，系统性地选择并公然伪造文件为威廉二世洗白。结果，这个官僚机构出版的德国官方文件要比其他的"一战"参战国家出版的类似文件广泛得多。这一官方编撰的历史就成了包括美国在内学术研究的标准来

1　Bessel, "The Formation and Dissolution of a German National Electorate," in Jones and Retallack, *Elections*, 409–412.

源，跟德国境内的宣传文章和教科书的依据并无差别。外交部长（也是后来的首相）古斯塔夫·施特雷泽曼（Gustav Stresemann）甚至亲自参与这一计划，他觉得对德国战争原罪的历史性揭露"会让我的整个洛迦诺政策（指重建德国国际地位）破产"。[1] 只有很少几个德国著名历史学家，如汉斯·德尔布吕克（Hans Delbrück）和弗里德里希·梅涅克（Friedrich Meinecke），在不经意间道出真相，但即使他们也有意掩盖了一些德国侵略的证据。梅涅克对魏玛民主不愠不火的态度很能代表德国历史学家的特质："民主基本上不适合我们，"他说，"我们成为民主派是因为……别无他途保存人民团结和……贵族价值。"[2] 同时，左派的历史学家艾克特·克尔（Eckert Kehr），孜孜以求挖掘帝国"钢铁—黑麦"联盟的史实，却一直不能获得学术地位，31 岁时死于贫困。[3]

而战争结局同样被迷思化。在帝国议会作证时，冯·兴登堡元帅对调查战败原因的委员会说，英勇的德国军官团被和平主义者和社民党人"从背后袭击了"。他指控那些人接受了俄国人的金钱，故意中伤部队，在家门口煽动革命。兴登堡没有被交叉询问过，这个委员会的发现也并不支持兴登堡的观点，都被盖上"秘密"的印戳。[4] 历史学家现在同意，所谓"不可战胜的军队"的保守画面在家门口被诬蔑

1　Holger Herwig, "Clio Deceived: Patriotic Self-Censorship in Germany after the Great War," *International Security* 12:2（Fall 1987）, 35, 27.

2　Fritz K. Ringer, *The Decline of the German Mandarins: The German Academic Community*, 1890–1933（Cambridge: Harvard University Press, 1969）, 200–204, quotation at 203; see also Herwig, "Clio Deceived," 12–13.

3　Pauline and Eugene Anderson, "Translator's Introduction," in Eckart Kehr, *Battleship Building and Party Politics in Germany 1894-1901*（Chiago: University of Chicago Press, 1973; orig. ed. 1930）, xi–xxvii.

4　Herwig, "Clio Deceived," 30–31.

其实并无根据：山地战一连串的失利后，德国士兵发动的最后一次攻击结束了战争。[1]

　　德国的保守出版商有一套美化和散播这类美化战争的民族主义迷思的系统计划。他们共同围绕着"地缘政治"的概念作文章，用这个战略原则为征服提供一个貌似科学的解释。类似地，他们还为主张种族净化和经济自足的理论家提供补贴。出版商们对这些新的、种族的、右翼意识形态的同情勾画出一个行动议程，包括为作者提出选题建议、为专门主题的论文提供奖金、赞助俱乐部和学校、资助种族主义研究协会等。找到最有效率的出版人来普及这些观念后，新右翼的出版社创造了一个大众读者群，形成一个观念的边缘运动。他们的战争小说卖了 30 万本，连反犹和反凡尔赛的小册子也能卖出 10 万本。那些蜂拥进纳粹冲锋队的年轻德国人，是从这些小说当中得到他们的战争印象，而不是从实际的战壕经验中。[2]欧根·迪特里希（Eugen Diderichs）和其他的此类文学出版商都获得了荣誉学位，而激进右翼也一并获得合法性。[3]

_123_　　一旦集结，民族主义意识形态就经由克虏伯钢铁董事会战时主席以及魏玛时期的德国民族人民党主席阿尔弗雷德·胡根伯格所拥有或控制的报纸和电报散播开来，奠定了大众基础。胡根伯格企业的影响力使他控制了德国半数的出版，包括几乎所有的右翼民族主义报纸。即使如此，胡根伯格也难以阻止中产阶级选民从他的政党滑向纳粹，最后只好在

1　Richard Bessel, *Germany after the First World War*（Oxford: Clarendon, 1993），263–264.

2　Ibid., 259–260.

3　Gary D. Stark, *Entrepreneurs of Ideology: Neoconservative Publishers in Germany, 1890-1933*（Chapel Hill: University of North Carolina Press, 1981），18, 245.

1931 年与希特勒结盟，并在 1933 年加入希特勒的政府。"不谈胡根伯格的媒体控制毁灭了魏玛共和，"历史学家莫德里斯·艾克斯坦因（Modris Eksteins）说，"人们就可以说，在德国公共社会中移植民主、共和等观念会临多大的障碍"。[1]

魏玛媒体市场的分隔化

魏玛的大众读者群的分隔化，部分源于供给的垄断，如通过对小镇媒体新闻流的电报服务的控制，胡根伯格垄断了媒体。当然，即使存在竞争性观点的地方，公众也会自我分隔，依据是前 1914 年时期由精英政治战略所锐化的宗教和阶级划分。一旦民族主义牢牢嵌入了草根意识和社会实践，民主制度和一个专业化的城市媒体业，如魏玛共和所具有的这一切，也难以充当连续编造的民族主义迷思的解毒剂。

到 1932 年，右翼报纸攻城掠地，占领了德国 3000 万订户的 38%。相形之下，左翼和民主媒体只有 28%，无党派报纸占 24%，天主教媒体为 10%。[2] 共产党和社民党的报纸则"差不多完全由单调的党内新闻和对反对者的论战式攻击言论构成"，只有那些党的信徒才会阅读。社会民主党的官僚们，则牢牢锁住其核心的工人阶级成员，消灭了哪怕一丁点试图扩大党报读者群的努力，拒绝任何一般性报道。结果，社会党工人们通常必须从自由派或者无党派的报纸中获取新闻。[3] 纳粹报纸的

---

1 Eksteins, *Limits*, 78–81, quotation at 81; see also Stegmann, "Between Economic Interests and Radical Nationalism," in Jones and Retallack, *Between Reform*, 183.

2 Georges Castellan, *L'Allemagne de Weimar, 1918–1933* （Paris: Armand Colin, 1969）, 255–266.

3 Eksteins, *Limits,* 84.

读者圈子则小得多，即使到 1930 年支持纳粹的投票增加了九倍，纳粹报纸的读者群仍然只有 10 万。这意味着，很多支持纳粹的投票人继续阅读自由派或者主流的民族主义报纸。巴登地区的自由派报纸编辑，例如，估计他的读者约 80% 将选票投给了纳粹，对他而言这就是保持沉默的经济激励。[1]

在主要的城市区域，最为大众化的自由派日报，常常是犹太人所拥有的，阅读人群的分布横跨社会阶级和政治观念的广泛范围。这些喜闻乐见的报纸读起来轻松，价格低廉，有体育新闻和娱乐版，提供相对客观的新闻报道。[2] 他们虽然缺乏胡根伯格的雄厚资本，但是在其民族主义竞争对手的怀疑目光中，他们已经强大到足以操纵公众。[3] 尽管担心对已经异质化的读者和保守的广告客户来说过于意识形态化，自由媒体还是找到了一条与众不同的进步政治路线，大大活跃了报纸也刺激了报纸的销路。而且，自由报纸采纳了美国风格的新闻信条和座右铭："将新闻与观点分开"，以及"第一个拿到但要正确"。[4] 理论上，这是德国公共空间最好的时期。但事实上，一个将分隔的德国公众统一起来进行单一话题讨论的公共空间并不存在。虽然城市工人和纳粹都阅读自由派报纸以了解地方事件和活动的新闻，但是没有哪类人群在真实对话中相互接触。艾克斯坦因提到："德国政治的强烈派系主义也被带到了媒体里面，很大比例的报纸都只完全报道一个具体、狭隘的社会团体。"德国那时的报纸数量是英国同期的两倍，这些媒体的个别化剪裁充分反映

1　Eksteins, *Limits*, 71, 248–249.

2　Ibid., 14.

3　Stark, *Entrepreneurs*, 193.

4　Eksteins, *Limits,* 21, 20, 75, 104, 160–175.

了"地区性和地方忠诚、文化和宗教等方面根深蒂固的分化",以及"政治的碎片化"。结果之一,媒体"并未成为政治进程中的一个独立要素;媒体也未主动核查政府和行政当局以及政党的良心"。反而,这些报纸变成了"特定利益的手段,作为局部宣传的方法和灌输成见的工具"。即使是非党派的大众媒体,在大众讨论和评估方面也弱不堪用,从而在事实上帮忙维持现状。[1]

在需求一方,观念市场被分隔为互不交流的片段,并被深深嵌入在魏玛的社会结构中。无数的合唱团、饮酒俱乐部、老兵协会等,把有着不同等级和财富的城镇中产居民汇聚到一起,但几乎没有什么志愿组织联结起工人和中产阶级。居住和文化模式则强化了这些分化。[2] 结果,不同市场片段的观念和讨论各在不同轨道。在魏玛已然巴尔干化的政治内,纳粹能够联合民族主义阵营,然后增加十倍的选票而赢得总理职位,尽管他们的观点对工人和自由派来说几乎毫无说服力。同样,迪特里希美化战争的畅销小说在分隔的市场创造销售纪录的同时,雷马克(Erich Maria Remarque)的经典反战小说《西线无战事》,也在它的市场空间里成为畅销书。[3] 如艾克斯坦因所评论的,自由出版商"仍然以为在一个工业化的多元社会里,抵达真相的唯一途径就是通过开放市场内部的自由和高尚的观点竞争。但是开放市场并不存在"。[4]

1　Eksteins, *Limits*, 14, 16, 28.

2　Peter Fritzsche, *Rehearsals for Fascism: Populism and Political Mobilization in Weimar Germany*（New York: Oxford, 1990）, 12, 75, 152, 166–168.

3　Stark, *Entrepreneurs*, 151.

4　Ekstein, *Limits*, 307.

　　纳粹成功的关键不是因为在开放讨论领域里的游说有多么出色 [1]，而是全赖于其口头功夫穿透了分隔的市场，以及讨好中产阶级和小城镇的目标人群的风格塑造。纳粹的宣传内容和其他民族主义团体并无什么不同。所有这些团体体现了伊安·克尔肖（Ian Kershaw）所概括的"恐惧、愤恨和偏见的融合物，加倍了对更好未来的模糊憧憬"。[2]纳粹的信条只对纳粹活动分子自己有效，但对他们的听众来说无关紧要。

　　对外政策学说在纳粹的成功中至多只扮演了一个背景角色。他们所挑拨的中产阶级怨恨，更多地聚焦在资产阶级政党所偏爱的重工业之上，而非《凡尔赛条约》，或者争取"生存空间"的领土征服学说，或者纳粹的种族主义学说。[3]在他们获得最大选举胜利的时期，纳粹党为其咄咄逼人的对外政策踩下刹车，还取消了希特勒第二本好战著作的出版。[4]对魏玛晚期的中产阶级选民来说，民族主义更多意味着一个民粹的、反社会主义的国内政治议程，而非军事化的外交政策。从很多支持纳粹的投票者的视角来看，第二次世界大战只是希特勒上台之后一个未曾想到的副产品。

　　纳粹特别善于把他们的广泛观念和有关中产阶级的狭隘经济利益，与乡村选民所争吵的补贴、减税，以及对通涨和市场不确定度的政府保护等问题结合起来。就像其他右翼民族主义团体，纳粹严重依赖散发

1　Richard Bessel, "The Rise of the NSDAP and the Myth of Nazi Propaganda," *Wiener Library Bulletin* 33（1980）, new series nos.51, 52.

2　Ian Kershaw, "Ideology, Propaganda, and the Rise of the Nazi Party," in Stachura ed., *The Nazi Machtergreifung*, 169.

3　Fritzsche, *Rehearsals*, 110–111; Kershaw, "Ideology," in Stachura, 167.

4　Snyder, *Myths of Empire*, 106–107.

传单进行宣传。其中，大约三分之一的传单专门针对特定的职业群体。[1]
如戴维·布莱克本（David Blackbourn）所说，"结合专门经验和利益的
话，各种哗众取宠方式便很有效"。[2] 大资产阶级政党也采取了这种策略，
试图反制那些小型的、议题专门化的政党，后者攻击传统政党和魏玛体
制整体上是将中产阶级利益出卖给大商业和大劳动（团体）。[3] 甚至乡村
农妇也组织成民族主义压力团体，因为她们认识到这是魏玛晚期的自我
鼓噪政治中被听到的唯一途径。[4]

　　而纳粹煽动店主、职员和小农场主的特别之处在于他们利用政治
俱乐部进行有效的面对面宣传。[5] 如此情境下，由大商人和律师们垄
断领导权的资产阶级民族主义现存政党在吸引年轻选民方面失败了，
他们更偏爱纳粹有力的讲话和决断性行动。[6] 老的地方精英们，比如
东部德国的地主，则继续使用右翼民粹主义主张来扩大支持，对抗劳
工和政府政策，但是渐渐地纳粹却从这种动员方式中大大受益。[7] 由
于现有制度因经济危机而失信于民，纳粹便通过保证在与更大的民族
利益兼容的同时增进他们狭隘、自私的利益，而取信于那些中产阶级

1　Thomas Childers, "The Social Language of Politics in Germany: The Sociology of Political Discourse in the Weimar Republic," *American Historical Review* 95:2（April 1990）, 331–358, at 342.

2　David Blackbourn, *Populists and Patricians*, 218–219.

3　Childers, "Social Language," 352.

4　Renate Bridenthal, "Organized Rural Women and the Conservative Mobilization of the German Countryside in the Weimar Republic," in Jones and Retallack, *Between Reform*, 375–405.

5　Roger Chickering, "Political Mobilization and Associational Life: Some Thoughts on the National Socialist German Workers' Club," in Jones and Retallack, *Elections*, 315; Kershaw, "Ideology," in Stachura, 172; Pierre Birnbaum, *States and Collective Action*（Cambridge: Cambridge University Press, 1988）, 39–41.

6　Fritzsche, *Rehearsals*, 194–197; Kershaw, "Ideology," in Stachura, 170.

7　Shelley Baranowski, "Convergence on the Right: Agrarian Elite Radicalism and Nazi Populism in Pomerania, 1928–1933," in Jones and Retallack, *Between Reform*, 429–432; Fritzsche, *Rehearsals*, 114.

和乡村选民。[1]

魏玛媒体斗争的教训

魏玛经验表明，即使在有着大城市专业媒体的选举民主中，民族主义的迷思制造也会大行其道。魏玛精英们，为民主的工人阶级的兴起而深感不安，积极推销民族主义观念，作为吸引民众联盟加入民粹的而非民主计划的一个手段。缺乏威廉时代曾经捍卫过精英利益的威权势力，魏玛精英们更多地依赖意识形态竞争来保护他们的政治地位。受大商业利益的领导，这些民族主义精英们利用对有线电报和其他信息资源的控制，在小城镇和乡村地区建立了一个部分的媒体垄断。此外，魏玛的民族主义精英还能利用威廉的宣传遗产，这些威廉时期的民族主义宣传曾经大大帮助了分隔德国公众、向中产阶级灌输民族主义讯息。结果，魏玛精英们发现，对中产阶级编造的民族主义却难以控制。纳粹以其更有力度的、由活动分子组成的线路夺走了他们的支持，希特勒成为魏玛精英付出努力的最终受益者。

128　　魏玛故事因而更像一个富有警示意味的传奇：在民主化初期，一旦民族主义被精英的迷思制造所占据，就很难去除了。当民族主义观念变得在民心与社会实践中根深蒂固时，自由选举和政党竞争就更可能助燃民族主义的迷思制造而非抑制。类似地，仅有一个自由主义的、专业化的新闻专业主义孤岛，并不足以创造出一个有效的观念市场，只要这个政治共同体内部的其他分隔媒体市场充耳不闻或者被孤立在这种高质

1　Kershaw, "Ideology," in Stachura, 176–178.

量的讨论之外。在和魏玛共和国相同的条件下，在新兴民主国家内部骚动的公民社会只会是一个促进而非淡化民族主义冲突的因素。

第四章

形形色色的民族主义：公民的英国、革命的法国、族裔的塞尔维亚

　　一个国家的民主化道路轨迹对养成一个民族的政治认同至关重要。人民大众如何作为活跃的参与者融入政治关系着民族性格。四种迥异模式，每一种都戏剧性地蕴含着不同的民族主义冲突类型，可由经典的历史案例来一一例证：反革命的德国、公民的英国、革命的法国和族裔的塞尔维亚。德国已经在前一章讨论过了，另外三个都将在本章逐一检视。其中，英国的公民民族主义产生了与其他民族相处关系的最为审慎和注重成本考量的模式，尽管英国远非一个和平主义者。其他三种民族主义都属于在本土更排外而海外政策却更鲁莽的类型。

　　虽然族裔民族主义在今天占据着报纸头条，所有四种民族主义都与理解民主化国家的未来趋势息息相关。革命民族主义模式在现代伊朗发展中大方异彩，但是同时一些评论家担心反革命的模式或能预言中国的未来。为数不少的后共产主义国家继续面对着在公民还是族群民族认同之间进行选择的十字路口。对这些模式的历史原型进行抵近观察可揭示

导致民族主义出现各种模式结果的起因。

四种模式由两个关键变量的互动而形成：在民族形成中扮演领导角色的集团的利益可调整性，和大众进入政治那一刻的政治参与制度的强度（参见第一章表 1.1 和第二章表 2.1）。威廉德国和魏玛德国展示了衰落中的旧精英和新型挑战间的竞争如何促进了反革命的民族主义，尤其当精英的利益不可动，且普选时代到来之前自由制度就已经发展起来了。革命的法国则表明，具高度调适能力的精英们在国家制度突然崩溃之际，如何抓住革命民族主义并以之为工具进行政治竞争。当政治制度软弱无力而精英们为了维持其大众合法性而将他们自己紧紧系在一个僵硬、排外的文化认同的时候，19 世纪的塞尔维亚例证了族裔民族主义是如何逐渐发酵的。

除了相互差异，这些例子还证明了一个基本的共同主题。所有例子中，民族主义的发展都发生在民主化的初期。每件例子，包括某种程度上的公民的英国，民主政治制度不成熟的性质赋予精英们促进民族主义的动机和机会，以兹捍卫其利益并为他们的统治建立一个民粹基础。虽然最终民族主义发展程度各异、所唤起的民族主义冲突的种类也有所不同，但是每一件实例中，民主化却迎来民族主义的竞争，并对这个民族的认同发展有着长远影响。按照历史进程，下面的讨论将从 18 世纪的英国，历史上最早的民族主义开始；最后结束于 19 世纪的塞尔维亚——一个发生在衰落帝国边缘的民族主义发展的范式性案例。

英国的公民民族主义

英国的民族主义，形成于 18 和 19 世纪，公民效忠这个国家的形式是效忠个人自由和言论自由传统以及国家的代议制度。源于这些自由主义传统和实践的同时，英国的认同充满了血腥的民族主义，而非简单抽象的哲学。英国公众为民族的频繁战争志愿付出牺牲，陶醉在不凡的民族特质中，为英雄而骄傲，也当然地认同所谓统治合法性是为大众民族利益服务。然后，英国的民主化和帝国民族主义的崛起齐头并进。英国的公民民族主义还避免了由妄想的迷思制造所孕育的其他类型民族主义，这一情形往往发生在叫嚣抵御强敌而发动并无必要的自卫战争时。

如此，英国的公民民族主义传递了双重信息。一方面，它表明了一个普遍规律，即民主化和出版自由的增加常常刺激好战的民族主义。即使在相对自由的条件下，非特权的阶级仍可利用民族主义诉求打开政治过程的大门，并建立与精英相互协调的民族主义意识形态，然后专为己用。某种战争风险的升高就是这种态势的副产品。

另一方面，公民民族主义，不管有什么缺点，都比其他民族主义模式要谨慎得多。英国的例子即此，公民民族主义的原则创造了一个以武力对付自由人民的意识形态约束，这种民族主义也对侵略性政策的成本高度敏感。英国的例子也支持如下假说：公民民族主义带来的好处最可能在两个条件下出现，一是领导民族形成的精英，其利益具足够的流动性，不致被民主化威胁；二是言论自由和代议制度在大众民主时代之前就已经建立起来。

大不列颠的战争和民族主义

就像所有强权国家，英国在 18 和 19 世纪期间，不断地发动战争，并利用其军力扩大其经济和政治影响范围。特别是，英国在"七年战争"（1756—1763）中夺得法属加拿大，未能使用武力阻止北美殖民地的独立（1776—1783），在几次反对革命法国的联盟中扮演领导角色并最终在 1815 年打败了拿破仑，在克里米亚战争中与法国联合击败了俄国（1853—1856）。就在这些主要冲突的回合间隙，英国还征服了印度、威吓了中国，不断地使用军力把它的政治和经济影响施诸地球上几乎每一个角落。因此，没有人敢于声称公民民族主义将英国变成了一个和平国家。

不过，与德国、法国和日本这些鲁莽的强权相反，英国的战略选择要谨慎得多，更注重成本考量。除了北美独立战争，在一系列主要战争中，英国总是处在战胜方。它从来避免掉进对抗某个强权的超级联盟的陷阱里，也避免为维持一支庞大的和平军队而付出的沉重支出。除了那些偏远的殖民属地，英国通常以让殖民地自我负担防卫费用的方式避免战略扩张。如果遇到失算而进入战略绝境，就像北美殖民地的战争，英国会采取止损手段，展开撤退。[1]

对英国来说，战争是昂贵的，但大部分都是值得的审慎投资。尽管评论家们都为"七年战争"的巨额债务的规模而颤抖，但是，例如对法属加拿大和热带地区的成功征服所取得的贸易和海关收益，在战争期间以及战后都得到了快速扩张。一个可靠的金融系统意味着英国总是能够在战争时期以较低利率借到款项。只有一次当信用耗尽（在对付北美殖民者的战争中），英国小心地将其看作应该寻求和平的信号。在了解其帝国政策中避免财政扩张的重要性后，英国政府仍然迟至 1792 年才开

1　Jack Snyder, *Myths of Empire*（Ithaca: Cornell University Press, 1991），Chapter 5; Paul Kennedy, *Strategy and Diplomacy*（London: Allen & Unwin, 1983）; Miles Kahler, *Decolonization in Britain and France*（Princeton: Princeton University Press, 1984）; 更批判的观点，see Charles Kupchan, *The Vulnerability of Empire*（Ithaca: Cornell University Press, 1994）。

始消减军事支出，尽管当时正面临革命法国的危险阴云。[1] 简言之，跟那些革命或者反革命的民族主义的强权不同，英国在崛起的时候避免了难以弥补的过度扩张，就好像英国相对娴熟地处理它在 20 世纪的持续、渐次的衰落。

134　　　大众的民族主义情绪是英国在 18、19 世纪中叶采取帝国主义扩张政策的主要推动力。反映在 18 世纪兴起的自由媒体中的中产阶级的观点，对英国通过运用武力寻求海外商业利益来说，是一个强力支持者。威廉·皮特（William Pitt），"七年战争"期间的英国首相，就是城市的商业阶级们的宠儿。一个世纪后，城市中产阶级在议会的代表开始增加，一个相似的中产阶级的选民群体密切支持帕默斯顿（Palmerston）首相在与俄国的克里米亚战争中所采取的强硬对峙政策。好战的公共舆论迫使英国政府发动进攻，尽管俄国的让步已经令大多数内阁成员觉得并无战争必要。

　　然而，公共舆论在某种方式上也缓和了扩张的程度和目标。民主化的英国，越来越不愿意对其他自由国家以武力相向。甚至在北美独立战争初期，那些强烈拥护政府的公民主义原则的中产阶级不列颠人，最快就指出对殖民地自由的镇压终将对国内的自由带来危险。19 世纪后期和 20 世纪初期，英国精明地接受了自由美国的崛起并取代自己成为世界超强。英国的纳税人，虽然都为帝国而骄傲，却也运用他们手中的选票影响力迫使帝国的代言人努力保持成本意识。1880 年，也是第一次基于在公众面前进行巡回演讲的现代选战中，威廉·格莱斯顿（William Gladstone）和自由党的胜利，就是通过抨击保守党政府近乎败家的殖

1　Paul Kennedy, *Rise and Fall of the Great Powers*（New York: Random House, 1987），81, 113, 121.

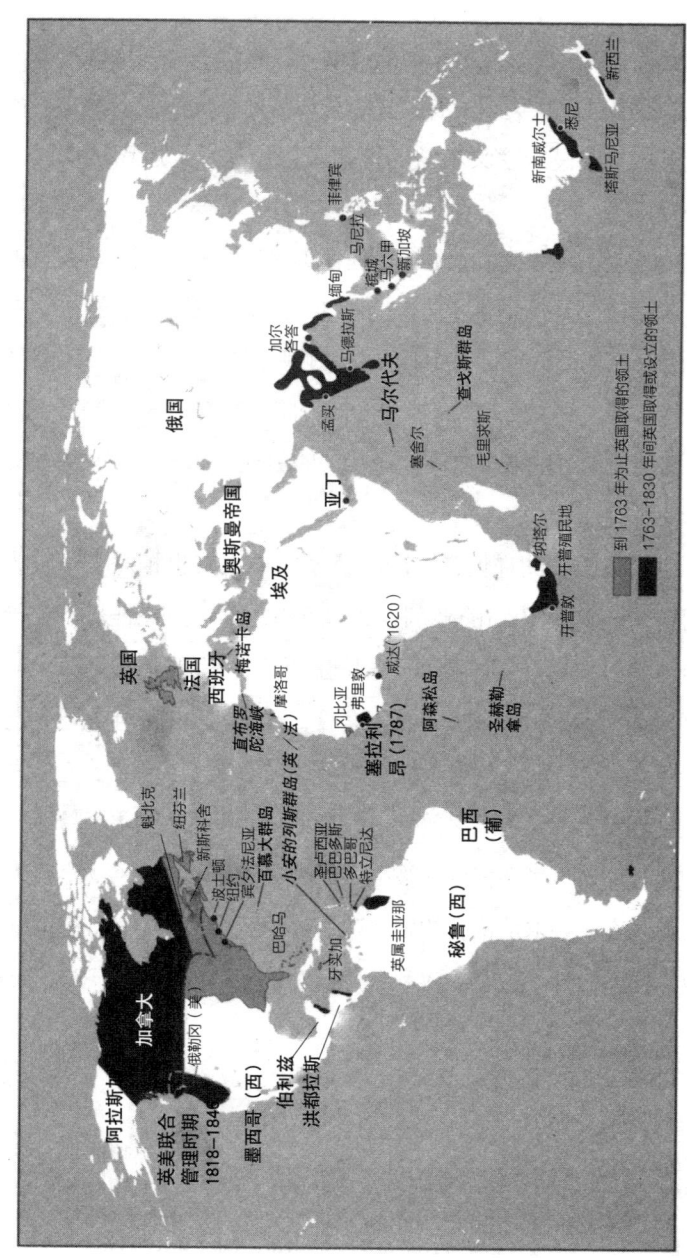

英帝国的扩张，1763—1830

民战争、造成财政负担日益增加而获得的。尽管很多英国帝国主义的受害者可能并不愿意承认英国民族主义的总体特征是良性的，但它的帝国政策，如果从英国民族主义利益的视角来看，基本上还算是审慎、节制的。

节制和现实，这两点颇能概括英国精英的战略思考。尽管在英国民族主义形成阶段与法国有着经年竞争，但是这一取向并不能在"古老的"种族仇恨的某个具体形式中找到。如帕默斯顿指出的，英国有"外部利益"，却罕有"永久敌人"或者"外部联盟"。[1] 英国外交部的信条是，英国应当反制任何可能颠覆欧洲力量均势的强权，而不必在乎历史的或文化的考量。[2]

除了地缘政治上的谨慎，英国的公民民族主义也相对来说较为包容，特别在对不列颠认同的限制还被民主化所锁定的阶段。[3] 英国的公民认同当然是建立在英国族群认同的制度和语言的扩展基础上。在 1707 年《联合法案》(Act of Union) 之后，苏格兰和威尔士都已经与相关制度整合，在英帝国及其自我概念的形成中扮演了实质性角色。由于早在大众政治参与时代到来之前，这些族群认同就已经合并到更大的公民认同，族群意识也最大程度地被纳入到公民的框架中。今天，苏格兰民族主义者一直在寻求从伦敦的中央政府那里获得某种自治，包括征税和在欧盟机构里的独立代表的权利。然而对大多数苏格兰人来说，追求

135

1　Jasper Ridley, *Lord Palmerston* (London: Constable, 1970), 334.

2　关于这一政策的经典声明，可见 1907 年艾尔·克劳（Eyre Crowe）写的外交部备忘录，重印于： G.P. Gooch and Harold Temperley, *British Documents on the Origins of the War, 1898–1914*, vol.3 (London: 1928)。

3　Linda Colley, *Britons: Forging the Nation 1707-1837* (New Haven: Yale University Press, 1992)。

这些种族民族主义的目标都是在既定的也是更大的英国公民认同的范围内进行。

　　相反，爱尔兰人的认同，在民主化之前并未吸纳到英国的公民认同之中，而以其独特的族裔民族主义变得政治化了。爱尔兰不像苏格兰，处在一个英格兰新教徒构成的地主阶级所掌控的全面殖民之下，正是后者一直设法阻止爱尔兰的代表出现在不列颠议会之中，这种局面持续到 1800 年。从那以后，一些富裕的爱尔兰本地人被允许投票，但是作为天主教徒，他们一直被禁止参选议员，直到 1829 年《天主教解放法案》(the Catholic Emancipation Act of 1829) 生效。随后，在爱尔兰的早期民主化阶段，在面临牢固的族群政治排外的条件下，第一次爱尔兰大众民主运动成型了。而英国后来试图将爱尔兰接纳入英国民主的失败努力，最终以"一战"当中及"一战"结束后爆发在英国和爱尔兰民族主义者之间的暴力冲突为高潮，却反映了爱尔兰大众民族主义的排他性族群起源，可以说至少部分是在民主化初期形成的。在这一意义上，对于在一个多族群社会中公民民族主义能够缓和族群冲突的命题而言，英国试图将爱尔兰纳入英国公民认同的迟到且未完成的努力最终证明是一个例外。[1]

　　总之，英国的公民民族主义是其帝国扩张的发动机，只是由审慎的成本考量所驯服，为与其他自由国家间俱增的共同认同所节制。对待苏格兰和威尔士的包容立场也可表明这一点，后者在民主化之前便

136

1　Lawrence J. McCaffrey, *The Irish Question: Two Centuries of Conflict* (Lexington: University Press of Kentucky, 1995), Chapters 1,2 and 7; Michael Hechter, *Internal Colonialism: The Celtic Fringe in British National Development, 1536-1966* (Berkeley, University of California Press, 1975), 72–73; K. Theodore Hoppen, *Elections, Politics, and Society in Ireland, 1832-1995* (Oxford: Clarendon, 1984).

良好地融合到英国的公民认同中。那么，如何解释这一难得的公民效果呢？

对英国审慎的公民民族主义的解释

战略优势

就英国这种果断却又审慎地针对其他国家而做行为计算的独特模式，一个可能的解释是其作为一个商业发达的岛国的战略优势。其经济之强劲及为战争筹款体系之高效，足以保障一支世界上最强大的海军，而能以成本—绩效的最大化在合适的时间和地点部署军力。而且，英国的离岸位置则使其可能保持一支较小规模的常备军，而它的同盟国则不得不直接承受抵抗侵略的最初成本和风险。从 1840 年到 1870 年，英国处在工业革命领先的位置更将它与其对手拉开了实质性的军事和经济差距。这些战略优势有助于解释为什么英国不断尝试在全球运用军力来获取经济利益，也包括为什么英国自认足够安全，可以避免无谓的挑衅，以及在需要的时候减少开支，避免过度承诺。英国那时已经在全球占据了强大的战略和经济地位，依靠其工业实力遏制了主要的欧洲对手。而英国（在地理上）较不易受伤害，意味着英国几乎无需为捍卫此一不可或缺的地位而事事冒险，反而可以降低成本，静观其变。

137　　即便如此，这些战略优势也不能充分解释英国独特的谨慎战略。当它的工业和军事优势刚好被德国超越的那一刻起，英国采取了适时的收缩战略，从帝国的过度扩张撤退。在英国的脆弱性与日俱增的 20 世纪，英国也没有变得哪怕稍微一点点鲁莽。反而，它不懈地安抚可能的潜在

对手，而能始终保持一个强大的多数联盟。[1] 例如，20 世纪初德国海军力量迅速增强之后，英国着手修补了与其他强权关于殖民地的纠纷，与日本在 1902 年、与法国在 1904 年、与俄国在 1907 年先后达成战略协议。相反，当德国和日本发现它们自己手伸得太长，却不是更为谨慎，而是变得更具进攻性了。当其他强权的族裔、反革命和革命的民族主义纷纷催生民族主义迷思而削弱其战略计算的现实感，英国的公民民族主义却支持在外交事务中采取审慎、灵活的战略。所以，英国的审慎不是简单地源于它的战略优势，而是基于如下事实：英国最大限度地利用了对手常常挥霍掉的优势。为解释此种差异，有必要更加仔细地检视具有灵活性的精英利益模式，以及英国民主化过程中塑造其公民民族主义的自由制度的早期发展。

英国的分阶段民主化

英国发展出了一个相对温和、公民形式的民族主义，基于两个原因。其一，它的统治精英并没有因国家民主化受到威胁。它所掌握的金融精英和商业化贵族与城市中产阶级一道分享着许多经济利益，包括一项共同利益即运用军力来支持海外贸易和投资。其二，代议制政府和言论自由等的公民体制在多数人口获得投票权利之前已经良好地建立起来了。这部分是源于土地贵族们为主张议会权利而对抗国王的利益。部分地，它也反映了英国特有的战争筹款手段，主要通过贷款，而不是通过庞大的战时税收增加和征兵来动员资源。如此，人民的政治不满维持在较低水平，只有在管理参与的自由制度稳固建立之后，大众的政治参与才跟

1　Kennedy, *Strategy and Diplomacy*, Chapters 1 and 8.

进渐次发展。结果之一是，精英们诉诸民族主义的军事形式的动机相对较低，在渐进的民主转型过程中政治体制反制民族主义迷思的能力则相对较高。

当然，温和民族主义并不意味着民族主义的缺席。因为金融和商业精英以及港口城市的中产阶级都分享着帝国扩张的利益，宣扬民族主义是个颇有吸引力的意识形态平台，可以团结精英和社会大众。由于英国的城市中产阶级是渐渐地在国家政治生活中扮演越来越重要的角色，新旧精英们常常运用民族主义诉求来相互争夺。在这个意义上，民主化不啻公民英国的一把双刃剑，既生出推动大众民族主义的激励，也使承受民族主义代价的中产阶级（而后工人阶级）的选民变得鲁莽或者转向反自由。

下一节会阐述：首先，英国特有的战争资源动员模式如何支撑着这些发展；第二，富于弹性的精英利益如何与中产阶级利益共同制造英国的帝国民族主义；第三，一个愈加开放的媒体如何充当民族主义情绪上升的催化剂；第四，公民理想如何既激励又束缚英国的帝国民族主义。

大众参与和战争的资源动员

在 17 世纪晚期和 18 世纪初期，就公民权而言，英国变得愈加自由，但从普选范围来看，民主倒退。这使英国的公民认同制度化得以在大众政治的动荡开始之前赢得了宝贵的时间。这里，英国渐进民主化的一个关键原因是从伦敦的金融精英那里筹得战争款项的国家能力，而无需直接向民众征收附加税。

1642—1651 年的英国内战和 1688 年的光荣革命主要是精英之间的斗争，先后掏空了斯图亚特王朝对付议会的权力。大众阶级应征参与这些冲突的程度仍然十分有限。内战中相对抗的军队规模很小，也没有产生出补给、维持一支常备军所需的官僚。[1] 可以肯定，有些学者把这些行动中正在上升的商业阶级和富有野心但较低层级的绅士们看作英国大众民族主义的先驱，他们试图诉诸人民主权以争取与更多既得精英们同等的地位。[2] 然而，光荣革命的结果是于 1688 年产生了一位讲德语的"奥兰治威廉"当国王，并非代表了"民族"压过王冠的胜利，而是表明了土地贵族的辉格派中最富裕阶层的优势。1688 年后，所有农业土地的四分之三为不多于五千名贵族和绅士所拥有，正是他们构成了主宰英格兰的社会和政治阶级。[3]

这个时代被称作"寡头政治时代"，养成了公民自由的发展，但在其他方面并不算是一个民主化阶段。辉格派的意识形态能够容忍一定程度的言论自由，因为言论自由被看作是贵族们作为相对王室的自由英格兰人的一项古老权利。议会在 1695 年放弃了出版审查。[4] 然而，在 18 世纪，选举特权仍然很有限，并未扩展。1715 年，英格兰和威尔士只有 24% 的成年男性有投票权；到 1831 年，只有 14% 的成年男性有资格投票，

---

1   Brian Downing, *The Military Revolution and Political Change* （Princeton: Princeton University Press, 1992）, 168–179.

2   Liah Greenfeld, *Nationalism: Five Roads to Modernity* （Cambridge: Harvard University Press, 1992）, 72–74; Peter Furtado, "National Pride in Seventeenth-Century England," in Raphael Samuel, *Patriotism*, vol.I （London: Routledge, 1989）, 44–56; Margot Finn, *After Chartism* （Cambridge: Cambridge University Press, 1993）, 40; Christopher Hill, "A Bourgeois Revolution?" in J.G.A. Pocock, ed., *Three British Revolutions* （Princeton: Princeton University Press, 1980）, 114.

3   P.J. Cain and A.G. Hopkins, *British Imperialism*, vol.I, *Innovation and Expansion, 1688-1914* （New York: Longman, 1993）, 58.

4   Edmund S. Morgan, *Inventing the People: The Rise of Popular Sovereignty in England and America*（New York: W.W. Norton, 1988）, 96–97, 102–106; Geoffrey Holmes and Daniel Szechi, *The Age of Oligarchy, 1722-1783* （London: Longman, 1993）, 194–195.

因为对投票权所需的财产下限又提高了。甚至在 1832 年改革法案颁布之后，也只有 18% 的成年男人能够投票。[1] 于是，辉格派成功实现了言论自由的制度化，却推迟了大众民主。

与辉格派寡头政治的政治优势相一致的，是英国为战争进行资源动员的能力的陡增。在 17 世纪中期英国内部斗争期间，欧洲大陆各势力的注意力还被"三十年战争"的相互残杀所分散。而 1688 年后，新的英国政权与大陆各强国的战争成为常态化：1688 年到 1697 年与法国的"九年战争"，从 1701 年到 1713 年陷入因西班牙王位继承人争夺触发的联盟战争。[2] 这些经常性的战争意味着军事费用支出的迅猛攀升。虽然主要依赖私人金融市场的政府借款可以进行长期分摊，税率却实实在在增加了。很快，英国的人均税率要两倍于法国。到 1780 年，英国的人均税负达到法国的 2.7 倍。[3]

尽管战争税负通常被认为是法国大革命的导因之一，而英国高得多的税负水平却没有激起相同的要求民主化的革命要求。一方面是英国人更富裕，能够更好地承受较高的税负。更重要的是，英国的超级筹款手段更有效率也更少痛苦。英国的战争筹款主要依靠从境内和海外的私人资本市场借款，这些款项用于志在必得之处，并在胜利后逐渐偿还。需要更多军力的时候，英国宁愿从海外雇佣（如美国革命期间参加战斗的

---

1 M.J. Daunton, *Progress and Poverty: An Economic and Social History of Britain 1700-1850*（Oxford: Oxford University Press, 1995），482. 糟糕的比例分区加深了选举结果的扭曲，但从投票看，从 1722 年到 1741 年的每次选举，托利党都战胜了辉格党，但是辉格党总是拿到更多的议会席位，see Holmes and Szechi, *Age of Oligarchy*, 316。

2 Downing, *Military Revolution*, 179–186.

3 Daunton, *Progress*, 528; John Brewer, *The Sinews of Power: War, Money, and the English State, 1688-1783*（New York: Knopf, 1989），89.

德国赫斯佣兵），而不是在本土征召。[1]因为，英国王室的财政受到议会的约束，而议会是金融利益的强大代表，债主们对政府偿还贷款充满信心。[2]结果，英国政府很容易以合理的利率筹得资金。

而法国在建立高效、可靠的资本市场方面落后英国一百年，由此它 *141* 的战争筹款只能通过向农民征收沉重的直接税。[3]虽然英国的人均税负比法国更高，但对穷人来说税负感却更低，因为英国税收征自海关税、对土地所有者的征税和对大制造商的货物税。[4]英国税收也更有效率：英国岁入的征收成本只是法国的四分之一，而在法国跟纳税农民和包税官组成的食物链相关的每一个环节都会从岁入中分一杯羹。[5]较之法国，英国的国民们为战争税承受的痛苦更轻一些，而且能够从他们为战争的支出中获得更多收益。

英国人觉得他们从这套高效的战争筹款体制中获益良多。同样是这套战备金融体制，还资助了在殖民地进行投资、出口货物和海外贸易等成功的经济开拓，它们在本土经济繁荣中扮演了越来越重要的角色。1750年，北美，包括西印度群岛，消化了10%的英国羊毛出口；到1772—1774年，这一指标上升到了30%。[6]而且，帝国的有成本考量的

---

1 Lawrence Stone, "Introduction," in Stone, ed., *An Imperial State at War: Britain from 1689 to 1815*（London: Routledge, 1994），21–25.

2 Douglass North and Barry Weingast, "Constitutions and Commitment: The Evolution of Institutions Governing Public Choice in Seventeenth-Century England," *Journal of Economic History* 49:4 （1989），803–832; Cain and Hopkins, *British Imperialism*, vol.I 63–64.

3 Cain and Hopkins, *British Imperialism*, vol.I 64.

4 Daunton, *Progress*, 528–529; Stone, "Introduction," *Imperial State at War*, 8.

5 John Brewer, "The Eighteenth-Century British State," 64, and Thomas Ertman, "The *Sinews of Power* and European State-Building Theory," 33–51, both in Stone, *Imperial State at War*.

6 Holmes and Szechi, *Age of Oligarchy*, 149–150; also 63–64. 更广泛的，see Cain and Hopkins, *British Imperialism*, vol.I, 58。

金融家们都坚持，那些殖民扩张区域，如印度和北美，都必须自己承担防务费用。在对法国的"七年战争"获胜后，一部臭名昭著的"糖和印花税法案"加诸北美殖民者身上，以此支付在新征服地区的巡逻、镇压加拿大的法国定居者、隔离印第安和定居者等的费用。[1] 结果便是，这一基于封闭的战略考量的努力被证明是一次失算。当英国在北美成长过度之际，欧洲国家开始抵制英国的强权扩张，被过度征税的美洲殖民地抓住机会战斗并赢得了独立。尽管有这次挫折，英国的军事和帝国融资系统——高效、谨慎、具有成本意识——重整后战胜了拿破仑的挑战，并在同样的财政基础上建立了更大的 19 世纪帝国。[2]

142　　　　基于私人借款的英国高效的战费筹资体系，在两个方面促进了一个温和的公民民族主义的发展。其一，对社会的所有商业阶级来说，无论贵族还是平民，它以适度的成本和高收益所赢得的战争创建了一个大众民族主义的基础。其二，通过将军事动员成本在长时段内进行分摊，它避免了引发大众怨恨而导致立即要求扩大大众的政治参与。与辉格派贵族早期对言论自由和强大议会的支持相关，这意味着从 1832 年到 1884 年投票权扩展到所有社会阶级之前，民主制度已经成形。在现成的自由制度和弹性的精英利益所赋予的坚实基础之上，普选权的最终实现产生

1　Robert W. Tucker and David Hendrickson, *The Fall of the First British Empire*（Baltimore: John Hopkins University Press, 1982），87–92, 191–194; Cain and Hopkins, *British Imperialism*, vol. I, 93–95.

2　Brewer, Sinews, 177–178; Cain and Hopkins, *British Imperialism*, vol.I, 91; Paul Kennedy, *The Rise and Fall of British Naval Mastery*（London: Allen Lane, 1976），116; H.M. Scott, *British Foreign Policy in the Age of the American Revolution*（Oxford: Oxford University Press, 1990）; Daniel Baugh, "British Strategy in the first World War in the Context of Four Centuries: Blue Water versus Continental Commitment," in Daniel M. Masterson ed., *Naval History: The Sixth Symposium of the US Naval Academy*（Wilmington, DE: 1987）; Baugh, "Maritime Strength and Atlantic Commerce," in Stone, *Imperial State at War*, 205–206.

了一个公民民族主义的形式，尽管偶尔还表现出好战，但是这一民族主义要比其他民族主义更善于计算，也更加审慎。

英国民族主义内部精英和中产阶级利益的融合

上文述及贵族和中产阶级都能从自由国家的帝国政策中受益，商业帝国的扩张也能够联合旧精英和崛起的新精英。这对英国的外交政策有两方面影响。一方面，这表明民主参与的增加会促进一个鼓动型的民族主义的发展。另一方面，因为广泛参与并没有对旧精英形成一个直接的威胁，而他们蛮干民族主义迷思的动机——比如在革命或反革命情势下的例子——就很低。其结果，民族主义采取了一种审慎、包容的形式。

作为民族主义的一个关键，人民对国家的效忠在 18 世纪得以深化，这缘于英国的政策给予其公民广泛的利益。在 18 世纪之初，五分之一的英国家庭的生活费收入受益于外贸。这些贸易利益很大程度上获自英国在发动战争、殖民以及与法国进行商业竞争中的国家角色。在本世纪的上半叶，英国与北美殖民地的贸易增加了四倍。[1] 为便于国际贸易，国家采取了一系列的国内改革，包括更稳定的货币体系、方便货物运输到市场的道路和桥梁、标准化的重量衡等。

苏格兰也和英格兰一样享受到英国包容性的好处。1707 年苏格兰《联合法案》消除了内部关税。苏格兰因其在军队服役和帝国管理职位提供了超高比例的人力，而更深地融合到英国之中。在 18 世纪中叶每四名团级军官就有一人是苏格兰人。[2]

143

---

1 Colley, *Britons*, 39,56, 68.

2 Ibid., 126.

政府代表制度在 19 世纪早期的包容性国家权力扩张中扮演着中心角色。议会开始按照年度时间表定期举行会议，为下个年度的军事行动投信任票。选举和议会程序都变得正规了，政党组织也得到发展以与议会相互协调。[1] 如玛戈·芬恩（Margot Finn）提出的，"国家制度确保了英格兰的民族主义（以及更广义上的英国）不止是一个想象的共同体，而是一个共同生活的日常经验"。[2]

位于这个体系核心的精英集团则享用着金融资产的灵活性和各种经济利益。辉格派贵族和伦敦的金融圈，通过他们的商业交易、出身同样的精英学校如艾顿和哈罗以及通婚，越来越融合成一个阶级。[3] 与工业界的职业不同，在伦敦城金融世界的职业被看作更适合一个绅士。为了更好地取得政府合同，这些金融家们买下议会代表职位的方式是通过收购地广人稀的"口袋选区"，而后者愿意选出任何地主们所拥护的候选人。[4] 传统贵族在金融和军事体制中都扮演着一个中心角色，这也是新帝国体系的核心。[5] 琳达·库利（Linda Colley）称拿破仑战争是"上帝赐予"（godsend）贵族的，因为在英国的社会秩序中，其军事角色"赐予了他们一个目标"。[6] 更广泛的意义上，英国这一基于金融的帝国体系

144

---

1 Downing, *Military Revolution*, 182–183; Geoffrey Holmes, *The Making of a Great Power: Late Stuart and Early Georgian Britain, 1660-1772*（London: Longman, 1993），Chapter 16, 257–265.

2 Finn, *After Chartism*, 51.

3 Holmes and Szechi, *Age of Oligarchy*, 17; Cain and Hopkins, *British Imperialism*, vol.I, 25–32.

4 Nicholas Rogers, *Whigs and Cities: Popular Politics in the Age of Walpole and Pitt*（Oxford: Clarendon, 1989），18–19; Holmes and Szechi, *Age of Oligarchy*, 322.

5 从 1690 年到 1720 年，在这一时期，深受军事支出困扰的土地利益集团和野心勃勃谋求促进商业的帝国政策的金融利益集团之间，相互反复毁约。这些争吵很快平息了，毕竟，经验告诉他们，两大集团都能从帝国征服事业的融资和收益中获利。Stone，"Introduction," *Imperial State at War*, 11.

6 Colley, *Britons*, 178.

可说是"绅士资本主义"，旧精英们在更新自身的同时还以传统的绅士资产如社会联系、特权和信任等相交换。[1] 结果，英国的旧精英能够适应经济变化和军事竞争背景下现代国家建设带来的挑战。

制造商和商人们，身处帝国精英的核心之外，只拥有较少财富，政治势力单薄，部分因为他们在社会中不够紧密和集中。[2] 当然，他们也能从帝国扩张中受益。"七年战争"为所有的中产阶级带来巨大收益，他们拿到政府合同，参与战争借款，投机参股武装私掠船。保险公司、绳索商、干酪商、仓储商、亚麻服装商和烧酒商等都直接从军事供应中获利。军事胜利也为食糖、奴隶和烟草贸易等提供了更多机会。有关加拿大毛皮、塞内加尔树胶和中国茶叶的贸易都是在战争中抢来的。[3]

之后，随着19世纪初英国工业化的加速，已经商业化的地主精英都已稳稳占据了投资纺织业和国际纺织品贸易的位置。这更加强了贵族和工业城市之间为争取民主自治权的利益的共同性。[4]

除了这些共同利益，有关帝国问题的冲突也在更贵族的金融界和新兴商业阶级之间偶尔发生。高利率损害贸易商和制造业者，例如，那些在七年战争期间过度扩张以满足军事订单的商人。[5] 由于金融精英们刻意疏离这些城市商业阶级，属于后者的布尔乔亚俱乐部和市民协会总是被"中间商和专业人士"所掌握，这些社会壁垒加深了两者间的经济裂痕。[6] 总之，18世纪的累退税制和帝国支出基本上让伦敦的股票持有者、

145

1　Cain and Hopkins, *British Imperialism*, vol.I, 15, 26–27.

2　Ibid., 40–41.

3　Rogers, *Whigs and Cities*, 111–113; 更广泛的，Daunton, *Progress*, 534–544。

4　Snyder, *Myths of Empire*, 190–191.

5　Rogers, *Whigs and Cities*, 111；15–16.

6　Ibid., 17.

地主和海外贸易商人受益良多。对 19 世纪英帝国支出的分配效应所做的全面研究发现，伦敦的金融利益是大赢家，而在中部工业城市如伯明翰、曼彻斯特、利兹等的国内导向的商业则是输家。[1]

长期而论，英国精英内部的这些相当温和的分裂，由于凸显伦敦金融部门和产业工人的共同利益，倒是强化了英国的公民认同。到维多利亚晚期，服务伦敦城自由贸易的国际导向的金融家和偏爱廉价进口食品的工人阶级，两者间发展出一个强大的政治联盟。工人阶级和金融家们，一起有效抵制了中部地区制造商的保护主义倡议，后者希望针对德国的工业品进口提高关税壁垒。[2] 沿着这条道路，1884 年的第三次改革法案，将工人阶级整体上加入了选民行列，是保护而非威胁了英国的核心金融精英的切身利益。因为金融家们手中有动产和灵活利率，他们一再发现他们自己能够适应基于节制的、公民民族主义的民主化。不同于威廉德国的模式，英国统治精英们一致拥护民主的包容并反对狭隘的保护主义。

大众民族主义和媒体

从一开始，城市中产阶级就是一个过分自信的帝国政策的口头支持者。且不论 18 世纪够格投票人口的萎缩，受过教育的城市阶级积极地在媒体上争论外交政策，并游说政府听取他们的观点。18 世纪 40 年代，伦敦的商人和工匠团体，由东印度公司和有钱贵族资助，成立了海军协会、热带协会和反教宗制限权主义协会，分别类似于后来的德国海军团、

146

1　Cain and Hopkins, *British Imperialism*, vol.I, 74–75; Lance Davis and Robert Huttenback, *Mammon and the Pursuit of Empire: The Political Economy of British Imperialism, 1860–1912*（Cambridge: Cambridge University Press, 1986）.

2　Cain and Hopkins, *British Imperialism*, vol. I, 39.

德国陆军团和泛德意志协会等。[1] "七年战争"期间的英国首相,威廉·皮特就赢得了城市中产阶级的巨大支持,既由于他的殖民扩张目标,也由于支持公民自由,例如1758年法案将人身保护令扩展到了海军兵役。[2]

虽然城市中产阶级只控制了议会里头极少几个席位,但是他们的观点却是政治角逐的一个有力的合法性来源。政府忽略那些爱国主义舆论的话意味着很高的风险,部分是因为媒体在影响精英争论话语的能力在上升。海军上将爱德华·弗农（Edward Vernon）曾于1739年成功夺取了西班牙的一个关键港口,却变成了吝啬的辉格政府的失败符号,看看他们是如何对待其海军英雄的。有弗农形象的卡通画、餐盘、饮酒小调还有媒体社论都在催促沃波尔（Walpole）政府赶紧下台,并开启了皮特的帝国民粹主义时代。[3]1756年梅诺卡岛（Minorca）被西班牙强占后,英国政府付出了同样代价,被民众指责"软弱"和"背叛"。[4]结果,当纳尔逊海军上将（Horatio Nelson）在拿破仑战争中通过大众的爱国主义表现巩固了他在军界和政界的权威,他不过是在利用一个已然成熟的传统。[5]

对中产阶级的帝国情感和关怀的表达来说,日趋活跃的自由媒体则成了重要载体。1695年媒体许可证法的失效,创造了一个外国新闻远

147

1　Kathleen Wilson, *The Sense of the People: Politics, Culture, and Imperialism in England, 1715-1785* （Cambridge: Cambridge University Press, 1995）, 191; Colley, *Britons*, 92.

2　Rogers, *Whigs and Cities*, 114, also 4–5, 109–110; Kathleen Wilson, "Empire of Virtue," in Stone, *Imperial State at War*, 150.

3　Wilson, *Sense*, 142–155, 161.

4　Ibid.,179–185, 338–339; Wilson, "Empire of Virtue," 146; Rogers, *Whigs and Cities*, 104, 108.

5　Colley, *Britons*, 183.

胜过国内新闻、充斥着媒体版面的繁荣景象。[1]三分之一的杂志完全是有关帝国和外交事务。[2]持续的战事大大刺激了大众对国外新闻的胃口。[3]同时，兴起的海外牟利机会大大增加了相关信息需求，如国外价格、库存、金价、轮船货物清单、私掠船的奖赏、在北美农场的投资和国外奢侈品等。[4]这些伦敦媒体一直持鹰派立场，例如，对"七年战争"结局的和平条款就持强硬路线。这些报纸，反映的是伦敦的贸易利益，坚持英国应当保留对法属加勒比殖民地的控制，而金融界则倾向于一个更节约的战略，即进行间接的商业控制。[5]

媒体内容也部分地受到它的中产阶级读者的利益和情感的影响，热衷于政治和帝国话题。然而，内容也受到来自一家政府秘密机构的基金所给予补贴的影响，这些补贴不受议会的仔细审查；同时，还受到一些富有的私人雇主的影响。[6]由于1702年煽动法案和中产阶级天生的礼貌，虽然并没有出版物的审查，公共讨论的自我限制仍然得到鼓励。例如，18世纪70年代在纽卡斯尔哲学学会上围绕共和制优点与有限君主制之间展开的讨论基调，便规定"所有的争论自由都必须符合对既有观点的适宜态度"。[7]

148   相形之下，买通或者镇压公共舆论，事实上从来没有非常成功过，

---

1 Holmes, *Making of a Great Power*, 245–246.

2 Wilson, "Empire of Virtue," 134.

3 Holmes and Szechi, *Age of Oligarchy*, 195; Colley, *Britons*, 100–101.

4 Wilson, "Empire of Virtue," 134.

5 Rogers, *Whigs and Cities*, 116.

6 David Harrison Stevens, *Party Politics and English Journalism, 1702-1742*（New York: Russell & Russell, 1916），1, 79; Arthur Aspinall, *Politics and the Press, 1780-1850*（New York: Barnes and Noble, 1974），66–67.

7 Wilson, *Sense*, 68–69; Stevens, *Party Politics*, 12.

在 19 世纪晚期则变得愈加困难，从那时起戏剧性地增加了一批全国性报纸，邮局服务的改善也使这一发展成为可能。广告收入和国外新闻的独立来源的增长让媒体控制越发困难。如 1830 年伦敦《泰晤士报》的一篇文章所解释的，以消除所谓政府补助会诱使报纸压制反对言论报道而产生的危险，"一个单独的报纸报道，并以公认的可信和不偏倚的言论报道，会比所有被可耻买通的其他报纸都卖得更好，结果还会比部长们能够支付的得到更好的回报"。[1] 在 1836 年印花税法案带来销量急降之后，报界更加强调捍卫这种财务独立。[2] 一位历史学家阿瑟·阿斯匹纳（Arthur Aspinall）提到，"报纸现在，总体上，更倾向代表他们所认为的公共舆论而不是政府的观点。是政府付钱让他们这么做的"。[3]

结果，渐增的媒体自由成为倡导一个自信品牌的公民民族主义的有力载体。当然，民族主义思想的发布并非没有受到挑战。英国的自由媒体构成了一个竞争性的、整合的、有越来越多职业新闻从业者参与的观念市场。如下一节所示，当好战政策被证明代价高昂或者危及自由原则时，对帝国民族主义的批评通常都会在媒体上被充分地听取。

英帝国民族主义的公民理想

英国公共舆论及其载体——大众媒体——对建构帝国的军事战略的偏爱，不止是出于经济原因，也因为一个自信的公民民族主义帮助其

149

---

1 《泰晤士报》那一时期每年盈利两万英镑。see Aspinall, *Politics and the Press*, 380, quoting *The Times*, July 3, 1830。

2 Colley, *Britons*, 22; Robert J. Goldstein, *Political Repression in 19th Century Europe* （London: Croom Helm, 1983）, 42.

3 Aspinall, *Politics and the Press*, 380; also, 369–379.

判断中产阶级在英国政治中的角色。但同样的公民民族主义也引导公共舆论阻击看起来会削弱自由原则的帝国冒险。结果之一，所有党派的政客们都力图利用公民民族主义意识形态，以兹作为英国漫长民主转型期间的政治联盟工具。

经济自利可以解释一些大众的帝国热情。不仅是从帝国获利的金融家、商人和产业家们，连到 18 世纪中期为止已经习惯进口茶叶、糖和烟草的普通消费者也不例外。[1] 反之，对过高成本的反感可以解释公众为什么有时并不情愿对过多的政治承诺进行制裁。经济利益当然也不总是主导着中产阶级对帝国的想法，而是英国民族主义的公民理想在此间压过一切，常常表现为崇尚武力，但偶尔也反对武力。

颇受欢迎的帝国主义者在 18 世纪创造了一种意识形态，内中所含的英式自由主义、人民代议政府和侵略型的帝国民族主义等要素相互支撑。这种公民民族主义的意识形态被用作针对傲慢的辉格派精英对中产阶级进行打压的工具。在 18 世纪初，大片城市区划从辉格派手中回到了议会，但到 18 世纪 30 年代，城市中产阶级因为对普选权的限制、胡乱区划和金融丑闻而团结起来。他们憎恨辉格派的财政政策，因其造成商业信用紧缩，增加了辉格派裙带关系的政府庇护者，消费税征收越来越难以逃避等。在对外事务上，城市选民在欧洲力量均势优先的花招下也颇为受伤，他们觉得自己成为收益丰厚的殖民扩张政策的牺牲品。[2] 激进的公众人物和政客像约翰·威尔克斯（John Wilkes）将这些不满与自由帝国主义哲学相联，要求普遍选举权和强大的重商外交。例如，威

1　Wilson, "Empire of Virtue," 129.

2　Rogers, *Whigs and Cities*, 5.

尔克斯攻击政府结束"七年战争"的和平条约过于软弱，他声称，由一个法国化的孱弱贵族对国家利益的出卖是一个不向人民负责的政府的不可避免的结果。[1]威尔克斯利用民族主义话题的倾向激发了塞缪尔·约翰逊（Samuel Johnson）写下一句名言，"爱国主义成为一个无赖的最后庇护所"。[2]

　　在修辞上，这种自由主义意识形态试图将中产阶级利益作为民族共同的善，并包装到帝国和民主化之中，并且把他们的精英反对抹黑为自私自利、受外国影响愚弄的派系。[3]不少志愿的爱国社团都强调，"参与意愿才彰显出真正的不列颠人"，而不是等级或者财产。[4]为共同的善贡献几天行动，而不论是通过国内的慈善还是帝国的征服，变成了他们的民族主义德行的标准。"七年战争"期间广泛的个人和金融奉献强化了人民在国家统治下有更多发言权的信念。[5]同时，贵族精英被对社会不满的平民知识分子描绘成受法国文化影响的叛国的摇摆分子。[6]反讽的是，普通人加入诸如海军协会等社团的动机主要是有机会可以混入社会达人中。就像威廉德国的天主教中心党（Catholic Center Party），中产阶级们的算计是支持舰队制造计划会引起当局注意，然后得到社会和经

150

1　Wilson, *Sense*, 213, also 189; Colley, *Britons*, 106–110; see also Rogers, *Whigs and Cities*, 123.

2　Colley, *Britons*, 110.

3　Ibid., 339–140; also 5; Wilson, *Sense*, 157.

4　Colley, *Britons*, 93–94.

5　Wilson, Sense, 198. 当然，爱国言论并不总是导致爱国行动。虽说有纳尔逊的例子，但在拿破仑战争期间，英国中产阶级们总是抓住每一个机会买断他们的兵役，尽管1803年的侵略恐慌确实激发了更大的入伍意愿。see Colley, "The Reach of the State, the Appeal of the Nation," in Stone, *Imperial State at War*, 165–184; Colley, *Britons*, 295。

6　Gerald Newman, *The Rise of English Nationalism: A Cultural History, 1740-1830*（New York: St. Martin's, 1987），esp. 123–127, 169.

济的回报。[1]

一如许多其他例子，大众政治参与的喧嚣高涨与新兴的好战民族主义是一致的。不过与其他民族主义有别，英国的中产阶级公民意识形态的独特性在于将个人的公民自由原则置于一个绝对优先的位置。其结果是，越来越难以对指向其他自由人们的帝国主义做出评判。

北美殖民地的战争便引发了介于帝国控制和人民自决之间的一个矛盾。当直面这一矛盾时，威尔克斯和大多数其他民主派是反对这场战争的。威尔克斯说，在殖民地对民主的镇压与本土的暴政有关，他呼吁结束这场战争并在英国进行代议制改革。[2]威尔克斯的想法切合民主和平的理论，即当自由民主在对待非民主的立场上可能是帝国主义的，自由主义的规范会让他们不愿意去攻击被认为是民主的政体，以免危及他们自身的合法性。[3]

一些民主派试图基于商业考量而反对战争，但是大多数人仍然拒绝此一立场，而坚持其关键是专制权力对自由人们的残害。[4]在那些有殖民地贸易利益的人群中，反战观点特别强烈，而他们此前一直支持在帝国控制与法国和西班牙的斗争中采取进攻性的政策。[5]各种反战煽动和请愿在中产阶级、店主和工匠当中出奇得多，他们仅次于有名头的绅士和专业人士，如医生和律师。对一个暴力威权国家的态度，而不是经济

1　Colley, *Britons*, 92–93, 110.

2　Wilson, "Empire of Virture," 151; Sidney Tarrow, *Power in Movements: Social Movements, Collective Action and Politics*（Cambridge: Cambridge University Press, 1994）, 67–68.

3　见 Michael Doyle and John Owen 作品的章节：Michael Brown et al., eds., *Debating the Democratic Peace*（Cambridge: MIT Press, 1966）。

4　Wilson, *Sense*, 417–418.

5　Wilson, "Empire of Virture," 151–152.

利益，主导着这些舆论。[1]

遭遇如此强力民族主义学说的挑战，托利党的保守精英，如埃德蒙·伯克（Edmund Burke），力图将自由主义和人民主权的公民民族主义主旨协调为指导帝国战略的原则。伯克，英国保守派的著名发言人，采纳了威尔克斯的口头禅，"没有自由国家能够把另一个国家变成奴隶。他们将付出的代价是把自己变成奴隶"。[2] 保守派如伯克提出由英国的传统精英而不是威尔克斯这样的激进分子来连续领导，才能最有利于维持英国的传统自由主义。[3] 在法国大革命颠覆了法国这一战略对手的阶级符号之后，英国保守派终于可能与中产阶级激进派摊牌——是激进派，而非贵族，被贴上法国公敌的掩护性标签。

克里米亚战争前夜，帕默斯顿首相终于在如何将公民民族主义与保守主义目的相协调上取得了惊人成功，几乎一夜之间扭转了公共舆论。19 世纪 40 年代，英国第一次成功的大众运动是理查得·科布登（Richard Cobdon）所领导的反谷物法同盟，有益于自由贸易与和平主义。但是，1848 年革命起义遍及欧洲，包括英国的军事宪章主义工人运动，吓坏了科布登拥护者当中的中产阶级核心。结果就是，中产阶级转变为愿意与保守精英再次联盟以防范工人阶级获得更多的民主权利。

公民民族主义为这一社会联盟的反复提供了绝佳的意识形态标准。帕默斯顿解释了这种改宗一般的变化，英国公民如同现代版的罗马帝国公民，在本土可能会和当局有异，却在世界各地受到尊重，并且进行贸

152

1　Wilson, *Sense*, 270–272.

2　Ibid., 251, quoting *Debates in the House of Commons in the Year 1774, on the Bill for Making More Effectual Provision for the Government of Quebec*, ed. J. Wright（London: 1839; repr. 1966），ii–iv, 15–24.

3　Newman, *Rise of English Nationalism*, 229; also 164, 230.

易和传播自由的一切努力都受到英国舰队火力的保护。这种程式是公民的，不是种族的：帕默斯顿在一次有关封锁一个希腊港口的演说中提出这一观点，是应一位加勒比出生的、说葡萄牙语的犹太商人唐·帕西费戈（Don Pacifico）的财产要求，此人持的是英国护照。由约翰·罗布克（John Roebuck）所领导的民族主义的中产阶级民主派感到帕默斯顿的公民帝国版本不啻为他们提供了一张加入一个排他性俱乐部的门票，其中具有足够的民主能够让中产阶级们分一杯羹，但又不至于民主到让日益壮大的工人阶级糟蹋掉。

153 　　尽管中产阶级与贵族精英重新结盟，他们之间围绕帝国的公民民族主义概念的紧张仍然存在。当帕默斯顿把克里米亚战争看作一个大众欢迎的话题，可以缓和国内选举权特许扩张造成的压力，罗布克的追随者却把这看作一个机会，表明有必要把军队和帝国里贵族所占据的职位替换掉，换成有技术竞争力的中产阶级管理者。[1]

　　帕默斯顿把民族主义诉求用作民主化的替代品，尽管会让人想起威廉德国，却只是英国民族主义的一个特定阶段的象征。最基本的英国模式反映了有节制的公民民族主义，这种模式建立在强大代议制和新闻制度的基础上，由有着金融资本的精英所制定，而且早在战争的全民动员之前就已形成。虽然英国征服了全球的大部分地区，但它基本上仍是以成本—考量的方式去实现的：策略性地安抚敌手，抛弃过度承诺，而且从不超越有关帝国政策的成本—收益的理性讨论范围来定位民

1　Snyder, *Myths of Empire*, 197–198; Olive Anderson, *A Liberal State at War*; see also Cain and Hopkins, *British Imperialism*, vol.I, 100.

族主义。[1]虽然克里米亚战争爆发之初公共舆论被精英煽动人物所操纵，而在影响战略政策方面，普通选民却更多地扮演着一个温和角色。在1880年英国的第一次选战中，针对普通大众作为听众的巡回演讲，其亮点在于威廉·格莱斯顿对苏格兰有着成本意识的选民关于帝国过度扩张所做的成功警告。1905年，选民同样拒绝了约瑟夫·张伯伦（Joseph Chamberlain）要求在一个扩张的帝国内部废除自由贸易而改以经济保护主义的呼吁。[2]

简言之，英国公民民族主义的历程体现了一个双面教训。一方面，这个最早的现代、大众的民族主义预示了，随后的民主化趋势和媒体自由的增加将会刺激好战的民族主义。即使在相对自由的条件下，中产阶级也运用民族主义诉求来换得进入政治过程的更多机会，既有精英则力图将民族主义意识形态与他们自己的目的相协调。这种姿态的一个副产品便是高战争风险。另一方面，英国公民民族主义，无论有什么缺陷，都要比其他民族主义更加审慎、更具成本考量。进而，它的公民民族主义原则创造了对于运用武力对付其他自由人民的限制。

这些公民民族主义的好处之形成有两个主要原因：其一，因为在民族形成过程中担当领导的精英们其利益具有弹性，不致为民主化所威胁；其二，因为在大众民主之前已具现成的言论自由和代议制度。相反，如下一节所示，18世纪的法国缺乏这些节制性制度，其结果便是革命民族主义鸣响了殃及全欧洲的暴力。

154

---

1 Kennedy, Strategy and Diplomacy, Chapters 1 and 8; 更具批评性的观点，see Kupchan, *The Vulnerability of Empire*, Chapter 3。

2 Snyder, *Myths of Empire*, 209–210.

法国的革命民族主义

法国革命战争（1792—1802）和拿破仑战争（1803—1815）在历史上第一次揭示了好战的大众民族主义所具有的全部潜力。这在 1789 年法国大革命之初实在难以预料到，尤其当公民大会投票放弃在国际事务中使用武力的时候。[1] 不出三年，法国就向奥地利宣战，很快就与英国、荷兰和西班牙先后交战。不停地发动扩张战争的是一众法国后革命政权：1792 年到 1793 年共和吉伦特派，1793 年到 1795 年革命雅各宾派领导的公安委员会的断头台刀起刀落，1795 年开始由某种程度上更稳定的督政府统治，1799 年后拿破仑掌握政权。在整整 20 年与欧洲国家联盟常年征战过后，战线过长的法国军队在 1812 年短暂占领了莫斯科，1814 年战败。1815 年滑铁卢之战，法国的革命民族主义在最后的喘息中自我消灭了，然后革命前的波旁王朝重新统治了巴黎。（参看接下来的两幅地图）

这种民族主义不是种族的。公民权是基于领土内居民和对法兰西政治原则效忠的标准，而非基于巴黎大区的语言和族群文化。法国的民族主义也异于英国的公民民族主义的风格，它是集体主义的，而非个人主义的，发端于共同体的参与，而非个体自由。"在英格兰，"里亚·格林菲尔德（Liah Greenfiled）解释说，"是个体自由构成的民族造就了民族自由。在法国，则是民族的自由构成了个体的自由。"[2] 所以，法国的民

1　Jeremy Popkin, *Revolutionary News: The Press in France, 1789–1799*（Durham: Duke University Press, 1990），153.

2　Greenfeld, *Nationalism*, 167–168; also Beatrice Hyslop, *French Nationalism in 1789 According to the General Cahiers*（New York: Octagon, 1968; orig. ed., New York: Columbia University Press, 1934），98.

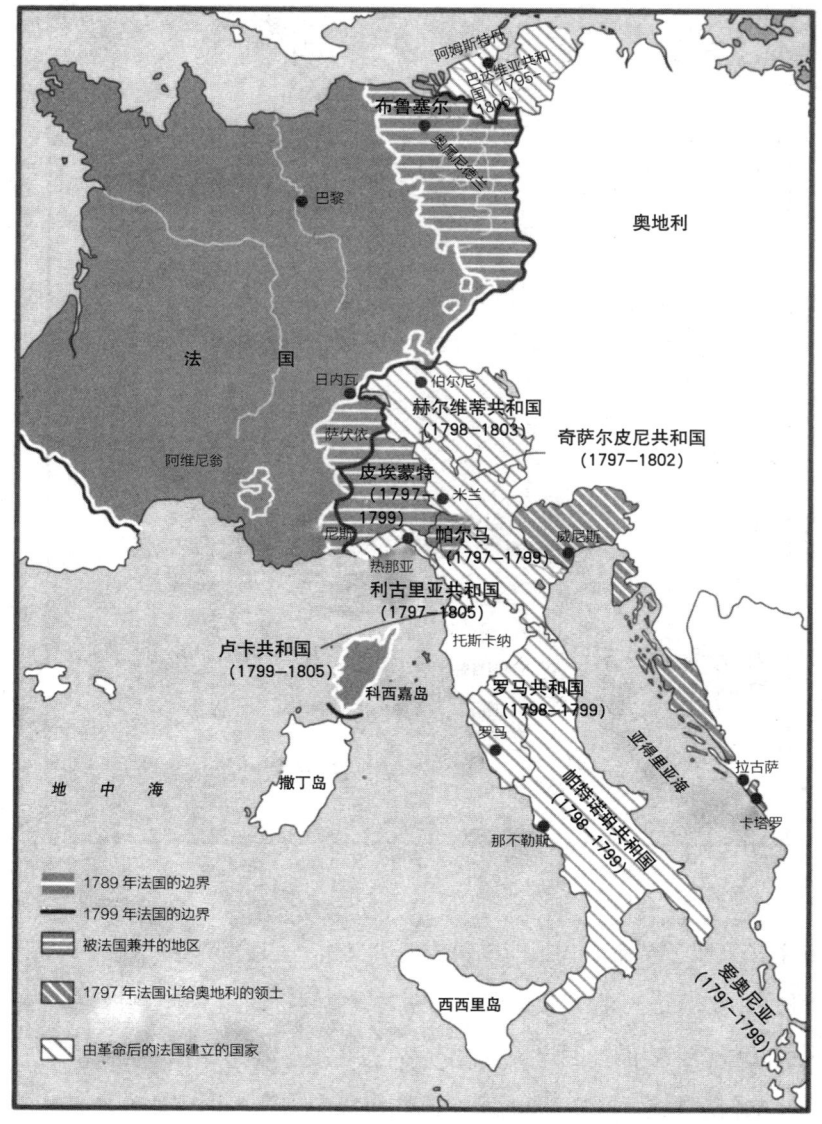

大革命时期法国的扩张，1789—1806

153

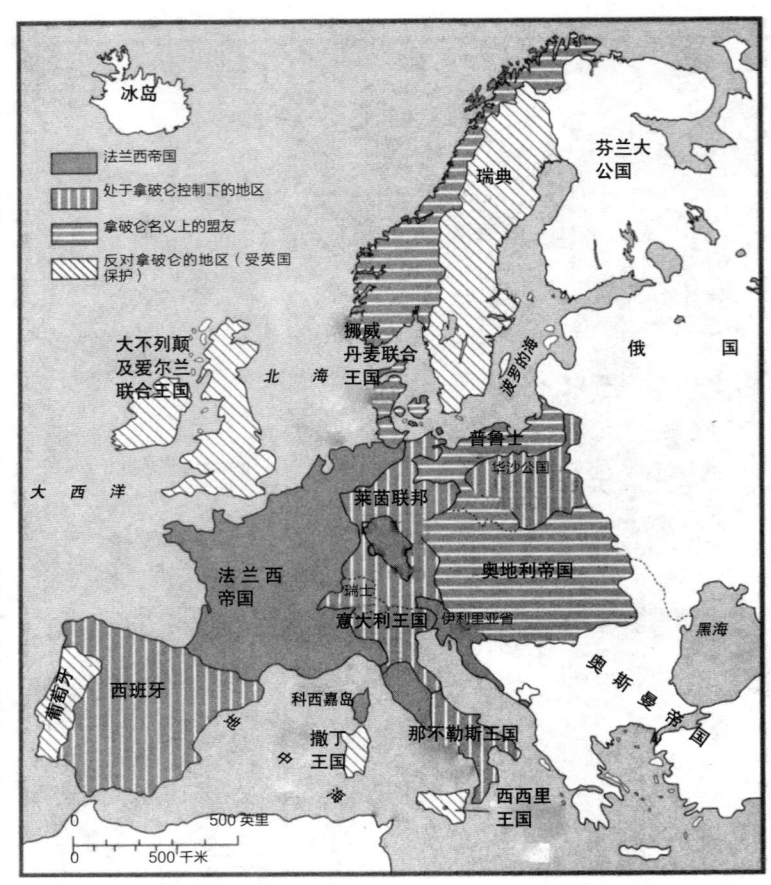

拿破仑权力顶峰时的欧洲

族主义采取了革命形式，即以民族的名义进行统治而掌握政权的革命，而民族主义乃出于捍卫政治革命必须采取集体行动的诉求，并且暴力地反对那些看来妄图抵制这一变化的人们。

如何解释这种自卫型的革命民族主义突然爆发的侵略呢？就像很多随后出现的民族主义的侵略，以革命战争为标志的法国民族主义具有初期的民主选举和从新媒体自由中产生的政治喧嚣的雪崩。在 1789 年巴士底狱风暴之后，君主制的相对严密的媒体审查制度解体了，包括通过印刷业协会自我规制进行的出版物的国家控制。报纸数量爆炸性增长，仅在巴黎一地就从 1789 年的 60 家上升到 1792 年的超过 500 家，总销量高达 30 万份。[1] 考虑到全国男性识字率接近 50%，而巴黎的一些区超过 90%，新法兰西的中产阶级公民如饥似渴地阅读并且讨论他们在遍地开花的政治俱乐部里读到的东西。"公民社会"最恰如其分地说明了这种激荡和自发的情形。[2] 新闻记者身居革命的领导政治人物之列，其中，公民议会的主战派领袖，雅克—皮埃尔·布里索（Jacques-Pierre Brissot），一位"18 世纪 80 年代的御用文人、政治密探"，利用他对一家通俗报纸的控制获得一支反对国王的领导政治派系——吉伦特派的领导权力。[3] 然而，这一失控的争论喧嚣并没有保证主要的政策议题被充分传播。当 1792 年 4 月最终向君主制的奥地利宣战时，没有一家巴黎报纸发出反对的声音。[4]

在资产阶级大众政治时代，是什么让军事民族主义如此迷惑人？为什么都能牵涉到每一个成功派系？由于战争政策的高成本，只能给革命法兰西带来间歇性的成功和最终的灾难性，为什么军事民族主义反倒能

158

1　Simon Schama, *Citizens*（New York: Knopf, 1992），176–178, 525; Popkin, *Revolutionary News*, 32, 62, 82.

2　Popkin, *Revolutionary News*, 24; Michael Kennedy, *The Jacobin Clubs in the French Revolution*, 2 vols.（Princeton: Princeton University Press, 1982 and 1988）; Schama, *Citizens*, 180; Hugh Gough, *The Newspapaer Press in the French Revolution*（London: Routledge, 1988），214.

3　"18 世纪 80 年代的御用文人、政治密探"是 Schama 对布里索的形容：Schama, *Citizens*, 582–583; see also：Gary Kates, *The Cercle Social, the Girondins, and the French Revolution*（Princeton: Princeton University Press, 1985），34; Popkin, *Revolutionary News*, 41。

4　T. C. W. Blanning, *The Origins of the French Revolutionary Wars*（London: Longman, 1986），113; see also Snydey Seymour Biro, *The German Policy of Revolutionary France*, vol.I（Cambirdge: Harvard University Press, 1957），62.

在政治讨论中胜出？

依照历史学家的主流共识，因为缺乏疏导大众政治爆发的有效制度，而迫使精英加入争夺权威的激烈的意识形态竞争。在这场观念的战争中，王牌就是寻找国内外的敌人作为替罪羊。鹰派利用观念市场的缺陷，妨碍了对这些指控的客观评估。因此，法国大革命的后果展现了当政治体系崩溃、新闻自由开始扩张、机会主义精英愿意利用任何可能讨好大众舆论的话题的时候，民族主义便可能采取好战的形式。

在随后一节里，我会首先分析法国国家体系崩溃的政治后果；然后解释为什么民族主义迷思会主导公共讨论；最后，看看拿破仑如何利用革命民族主义。

填补制度真空

当 18 世纪的英国在其有限君主制的子宫内孕育了自由主义体制时，18 世纪的法国国王却一门心思地争取绝对权力。为达此目的，波旁王朝的君主摧毁了法国悠久的议会，堵住了记者们的嘴。在英国，那时大众开始在政治中扮演决定性角色，一整套成熟的自由制度已经为此准备好了。相反，当革命扫除了波旁王朝的君主时，法国缺乏有效的制度，如常规性的选举制度、向立法机关负责的官员责任制、独立的新闻媒体等公民能够参与政治的方式。

以上差异反映在英、法进行战争动员的不同途径。英国因其岛屿地理和较大借贷能力，缓冲了征兵和直接税的需求。结果，英国的君主制足以应对国际竞争，而无需放弃传统自由和议会制度。法国的君主制则缺乏这一缓冲，为了腾出手来向农民征收直接税以满足昂贵战争所需的资金，居然终止了法国古老的代表制度。[1]

然而，这种绝对君主制很快就走向了终点。在遭遇国际挫折所造成的严重财政压力下，比如"七年战争"，法国尝试财政改革。但是，这一改革被贵族和旧政权下其他的特权受益者所抵制。[2] 面临如此精英分裂以及不公平的税收体制，农民不堪重负、怨气日增，法国君主终于意识到需要为资源汲取建立更广泛的合法性基础。但是当这个政权从冻结中重建萎缩的代表制度，已经太迟了。如布赖恩·唐宁（Brian Downing）评论的："试图复活地方议会和自 17 世纪初以来的第一次三级会议的大会，也不能提供一个可资建立民主的稳定政治体制。这些制度都没有真正经历过 18 世纪的波旁国家；它们没有为连贯的通知提供清晰的程序、指导、或者权力的蓝图。"[3]

结果是，贵族统治坍塌之后，再没有留下任何固定制度来决定谁应当统治和政策如何制定。法国精英团结起来反对绝对主义，但就什么应该取代前者，却严重分裂。而后，国王、部长们、代表们、政治俱乐部和派系，还有各种自由职业者的政治企业家们，都在制度变动当中争夺权力。虽然他们都是议会选举出来的，但是"普通选民"难以给政治权威提供一个稳定的参照点：普选规则经常变动，没有有组织的政党，地方议题被选战操纵，选举承诺跟不上变化太快的形势。[4] 吉伦特政权的 1793 年宪法承诺说要为地方官举行全国普选，但是在对手雅各宾派当

159

1　Downing, *Military Revolution*, Chapter 5.

2　Theda Skocpol, *States and Social Revolutions*（Cambridge: Cambridge University Press, 1979）, 60–64; François Furet, *Revolutionary France, 1770–1880*（Oxford: Blackwell, 1992）, 11–13.

3　Downing, *Military Revolution*, 135.

4　Popkin, *Revolutionary News*, 4.

政后，这一宪法承诺落空了。[1] 没有一个制度化的授权，各竞争派系通过媒体和政治俱乐部的意识形态诉求来打动城市的人民团体并创造出新的授权。[2] 鉴于政治权力时时刻刻处在完全不安全的状态下，各派系别无选择，只能把对外政策几乎整个看作是多棱镜后面的意识形态权力斗争的短期后果。[3]

这种政治斗争迷局中的王牌就是抹黑对手的正直，说成有向境内外敌人叛变的危险。如同大多数民族主义，法国的大众民族主义主张人民在自己的国家有自我统治的权利。但是由于稳定的民主规则还远未制度化，那意味着民族因此总是可疑的。厄内斯特·勒南（Ernest Renan）对民族主义的著名概括，民族主义就是一个"每天举行的公投"以赢取人民的忠诚，在法国大革命之际再真实不过了。[4] 如此形势下，建立公众信任的一条戏剧性道路便是争做与民族敌人战斗的先锋。打这张牌的派系赢；不打这张牌的输。[5] "如果说吉伦特派，从1791年末起，就是最热衷鼓吹向奥地利帝国宣战的，"历史学家弗朗索瓦·傅勒（François Furet）说，"这是因为他们相信这是夺取权力的唯一道路"。[6]

与外国的关系，这一战略有其作为自我预言的优势：把邻国看作敌

1　Viven Schmidt, *Democratizing France: The Political and Administrative History of Decentralization* （Cambridge: Cambridge University Press, 1990），12–25.

2　François Furet, *Interpreting the French Revolution* （Cambridge: Cambridge University Press, 1981），49; Theda Skocpol, *States and Social Revolutions*, 65–66.

3　Furet 对这一解释扩展得最为清晰，see Furet, *Interpreting*, 47, 53–56。但是有关外交史细节，see Blanning and Paul Schroeder, *The Transformation of European Politics*, 1763–1848 （Oxford: Clarendon, 1994），也颇有启发。

4　Quoted in E.J. Hobsbawm, *Nations and Nationalism since 1780* （Cambridge: Cambridge University Press, 1990），88.

5　Schroeder, *Transformation*, 126; also Blanning, *Origins*, 106, 111–112.

6　Furet, *Interpreting*, 65; also 47, 53–55.

人会让他们真的变成敌人。在国内政治中，这一战略把证明忠诚的举证责任推给了反对派。在大革命的法国，自治权利被看作是一个集体权利，卢梭所说的"公意"的映射。一个对公意忠诚的反对派的概念威胁到流行的民族自治的意识形态，所以任何不同意见都可能被形容成叛变。[1]不过，布里索对他自己是这么说的，"我们需要伟大的背叛行动；其中有我们的救世。"[2]

推销民族主义迷思

这种制度真空里的修辞竞赛可以解释为什么各派系都有推销其好战民族主义迷思的激励，但是为什么公众仍然愿意接受呢？原因并不是一个为了实现征服的革命目标，也不是革命意识形态内部固有的误解，而是鹰派对媒体的控制使媒体变成了观点的放大器，而不是讨论的媒介。如历史学家乔治斯·密松（Georges Michon）所言，"媒体活动对战争的心理准备是决定性的"。[3]

在大革命刚开始的时候，法国公民并不热衷于军事冒险。相反，1789 到 1791 年，法国完全处于自我陶醉之中。甚至到国际冲突已经爆发，用刺刀的武力散播革命的信条还是很少出现在法国的公共讨论中。[4]

---

1 Popkin, *Revolutionary News*, 115.

2 Furet, *Interpreting*, 66, quoting Jacobin Club speech, December 30, 1791; also 127.

3 Georges Michon, *Le Rôle de la presse en 1791-1792: La Déclaration de Pillnitz et la Guerre* （Paris: A. Nizet & M. Bastard, 1941）, 5.

4 Frank L. Kidner, "The Girondists and the 'Propaganda War' of 1792: A Re-Evaluation of French Revolutionary Foreign Policy from 1791 to 1793," （Princeton University: Ph.D. dissertation in modern history, 1971）, 100.

议会代表通常把他们自己形容为民族主义者，但这只是意味着支持国内人民主权和有效的民族政府，而非海外用兵。[1]"所有从国家衍生的权力，只能够为它的福利而践行"，这是代表们的咏叹。"国家是民族意志的机体。"[2]那些自我称作民族主义的政策包括了法律、重量、度衡、内部贸易的关税减免和摒弃阶级特权的统一税收等的国家标准化。[3]

162
从革命一开始，民族主义论调，虽然不那么好战，但是尖锐地划分着民族的朋友和敌人、内部和外部的区别。在本土，这种革命民族主义加深了阶级差异。例如，第一个革命小册子的作者，西哀士（Abbé Sieyès），断言寻求阶级特权的法国贵族意味着已经自绝于公民的特权。[4]革命民族主义也同样加剧与邻国的认知差异。尽管关于政府制度设计的最初争论中有一些是愿意借鉴其他国家的经验，民族主义气氛下共和派不得不寻找权威的法国先例，唯恐被贴上亲英派的标签。[5]虽然支持在法国境内实行自由贸易，但是民族主义代表提出要针对外国的保护主义，他们声称国民们"买下法国"有助缓解法国国内的经济衰退。[6]甚而，煽动人民主权催生了法国人的优越感和一种暧昧的使命主义，要把这一创新散播到国外。[7]结果，法国的革命民族主义加深了国内和国外的政

1 Hyslop, *French Nationalism*, 203–208, 214; Frances Acomb, *Anglophobia in France, 1763–1789: An Essay in the History of Constitutionalism and Nationalism* （Durham: Duke University Press, 1950）, 52–55, 61.

2 Hyslop, *French Nationalism*, 65.

3 Ibid., 52–56, 78, 130–134.

4 Furet, *Interpreting*, 47–48.

5 Hyslop, *French Nationalism*, 169–174; Acomb, *Anglophobia*, 14.

6 Ibid, 134, 168–169.

7 Acomb, *Anglophobia*, 169–174.

治分歧，尽管革命之初并不太好战。[1]

至于说战争是因为有敌意的专制国家试图扑灭法国的政治变化而被迫发动的，也不是真实的。现代外交史学家们同意，反而是奥地利国王利奥伯德（Leopold）希望避免与革命法国发生冲突，因为战争可能分散他的精力，难以专心对付更迫切的对手——专制的俄国。到1791年，法国的流亡贵族，包括法国王室家族成员和利奥伯德本人的姻亲，以法国邻近的君主制国家为基地组织反对法国革命，向利奥伯德施压要求得到支持。为安抚这些团体，利奥伯德发布了一条支持法国国王恢复所有权力的模糊宣言。法国媒体起初对利奥伯德的这一宣言颇觉乏味。他们明智地认定他的宣言只是拖时间，无意挑衅。[2]然而，不久，鹰派如布里素就能把这一宣言形容为对法国人民主权的冒犯、对革命法国内部针对叛变贵族阴谋分子进行斗争的干预。[3]

如果说所有法国革命者都有夸大敌人的敌意、低估他们的权力的相同心理倾向，也是不真实的。[4]马克西米连·德·罗伯斯庇尔（Maximillien de Robespiere），1792年与奥地利爆发冲突前夜雅各宾派的主脑，断言说，战争会造成通货膨胀，而且法国军队还没有做好战斗准备，"没有人喜欢军事任务"。[5]他也指出了吉伦特派所绘敌对势力图景的矛盾："不要的时候告诉我们说，所有的欧洲诸侯们对我们的行为来说都没有差

---

1 关于划定国家边界不可阻挡地加深了这些差异的更为细致的讨论，see Rogers Brubaker, *Citizenship and Nationhood in France and Germany*（Cambridge: Harvard University Press, 1992），43–48。

2 Blanning, *Origins*, 86–88; Schroeder, *Transformation*; Michon, *Le Rôle de la presse*, 9–11.

3 Schama, *Citizens*, 590–591; Biro, *German Policy*, vol.I, 62.

4 对革命和现状的认知偏差的强调，see Stephen Walt, *Revolution and War*（Ithaca: Cornell University Press, 1996），Chapter 3; and Blanning, *Origins*, 108–116, 123, 152。

5 Biro, *German Policy*, vol.I, 63.

别，都是看客而已，有的时候又说我们要推翻所有这些诸侯。"[1] 布里索自己知道这些论调更多的是因为国内策略使然，当然他也深谙国外的真实情况："罗马总是采取或多或少大致相同的政策，"他告诉议会，"当国内风暴危及，元老院则在意大利海外遥远之地发动一场战争，这种颇有益处的转移其结果是在境内外都取得了胜利。"[2] 尽管如此，法国的革命者还相信吉伦特派的观点，即革命很容易就扩散到比利时，然后更多的革命就会蜂拥而至，这会重振法国摇摇欲坠的货币体系，那么战争将自我补偿，先发制人将具军事优势，战争终将不可避免。[3]

在这种所有派系都力图操纵舆论的形势下，为什么唯有吉伦特派战争贩子的论调会占上风呢？一个主要原因是，甚至在布里索捡起战争话题之前，吉伦特派的报纸的销量就要比那些雅各宾派的反战报纸多得多。"如此一个微不足道的人（布里索）究竟如何能够对公共利益造成这么大的危害？"一位演讲者 1792 年 12 月在雅各宾俱乐部质问道。"因为他有一家报纸，而且……他的朋友们也有报纸……而且……能够下令所有的高分贝喇叭瞬间颠覆公共舆论。"[4]

---

1 Kidner, "The Girondists and the 'Propaganda War' of 1792," 91.

2 Blanning, *Origins*, 106. 对布里索战争措辞的国内动机的更广泛的探讨，see Eloise Ellery, *Brissot de Warville* (Boston: Houghton and Mifflin, 1915), 253; Biro, *German Policy*, vol.I, 46; Schroeder, *Transformation*, 94–95; Blanning, *Origins*, 98–100; Kidner, "The Girondists and the 'Propaganda War' of 1792," 85; Michon, *Le Rôle de la presse*, 65。

3 除了 Walt 和 Blanning 所引述的，还可参考：Michael Kennedy, *The Jacobin Clubs in the French Revolution*, vol.II, *The Middle Years*, 127; Biro, *German Policy*, vol.I, 114; Kidner, "The Girondists and the 'Propaganda War' of 1792," 86; H.A. Goetz–Bernstein, *La Politique extérieure de Brissot et des Girondins* (Paris: Hachette, 1912), 39。

4 Gough, *Newspaper Press*, 112, n29, citing F.-A. Aulard, ed., *La Société des Jacobins*, 6 vols. (Paris: 1789–1795); also, Gough, 92. 在历史学家 Georges Michon 看来，这"解释了为什么罗伯斯庇尔的伟大抵抗和一些温和派如杜邦·德内穆尔等并无效果。" Michon, *Le Rôle de la presse*, 5。

此外，借对主战派媒体的补贴和对反对派的压制这双管齐下，鹰派优势得到了进一步加强。吉伦特派的媒体从内政部得到了秘密津贴，内政部试图以此抵消雅各宾派的激进分子。津贴来源还包括外长迪穆里埃（Charles Dumouriez），他希望乐观的宣传能够鼓舞陷入消沉困境的军队。而且，他付钱捏造雅各宾派和保皇党相互勾结的假故事，成功地激起议会正式处理这两方的叛国罪。[1]

在这场影响舆论的争战中，布里索和吉伦特的鹰派最初并没有罗伯斯庇尔那么有效，部分是因为他们的新闻诉求，部分是他们控制的媒体夸大了声音，也部分是因为好战产生的自我实现预言。布里索最早有关可能与奥地利有一战的演说给议会留下了深刻印象。这些演讲特别针对那些立场不定的代表们，既不是拥护君主制的，也不是极端分子，而他们都为外敌环伺的危险所震慑，也为唤起法国的荣誉感而触动。至于广大公众，对战争话题的兴趣要来得慢一些。雅各宾俱乐部则围绕战争的正反两面争论不休，直到 1792 年 1 月，几家巴黎报纸还在力挺罗伯斯庇尔。[2]当说服战略收效甚慢，各种指控、责难策略等有助于让战争叫嚣变成一个自我实现的预言。为了扭转布里索的叛国指控，国王路易十六世和他的大臣们威胁要进攻收留法国流亡贵族的德意志小国。路易在 1791 年 12 月实际上的最后通牒，触发了隐约的来自奥地利的威慑恐惧感，为布里索的好战演说和报纸论战提供了更多弹药。[3]在这种白热化的政治情势中，政治精英们很少注意到反战专家的平衡、全面的观点，

1　Gough, *Newspaper Press*, 85–86, 90.

2　Biro, *German Policy*, vol.I, 46, 53; Schama, *Citizens*, 593.

3　Blanning, *Origins*, 101.

如议会中的国际法教授代表。[1]

　　1791 年 12 月至 1792 年 4 月，主战人群蔚然成势，甚至在雅各宾派内部也如此。在全法国的 154 个雅各宾俱乐部里，有政治意识的中产阶级激进分子在那里聚会讨论时政，141 个俱乐部表态主战（用草签投票），3 个主和，12 个未定或者分裂。这些俱乐部一个接一个地表态主战，布里索在媒体不断重复的战争主张被鹦鹉学舌一般传回来并放大：胜利是确定的，只有战争才能挫败反民主的阴谋，以及布里索的一连串其他叫嚣。[2]在 4 月份宣战前，主战观点在议会、俱乐部和媒体上都压倒了一切。

　　其中，媒体充当如此不良主张的扩音器，一个原因是记者们缺乏良好的新闻报道伦理。大部分记者都是受过良好教育、来自资产阶级的年轻人，被未来的大好名声、相对高报酬和意识形态目标等所吸引。[3]历史学家杰里米·波普金（Jeremy Popkin）说，大部分报纸内容不是新闻而是作者的观点，或者议会里演说者的观点、羞辱、中断和嘘声，是一个"无限制的公众讨论可能形成理性共识的乐观信仰被粉碎"的场面。[4]结果是，确凿新闻有时真是非常稀罕，导致流言满天飞。例如，在 1789 年的"大恐慌"中，例如，有关贵族收买土匪的自发性错误报道，与流亡贵族为外国军队带路相联系，一夜之间传遍了大部分乡村，引发农民群起攻击地主庄园。[5]甚至在巴黎，流言有着强大的政治效应。例如，罗伯斯庇尔

1　Ellery, *Brissot*, 242.

2　Kennedy, *Jacobin Clubs*, vol.II, *Middle Years*, 129–130.

3　Popkin, *Revolutionary News*, 28–29, 41–47.

4　Ibid., 123.

5　Georges Lefebvre, *The Great Fear of 1789*（New York: Pantheon, 1973），esp. 66; Schama, *Citizens*, 429–431; Christopher Todd, *Political Bias, Censorship and the Dissolution of the "Official" Press in the Eighteenth-Century France*（Lewiston, NY: Edwin Mellen, 1991），147.

的下台就是由他的公安委员会的敌人通过流言而策划的，即他有意跟路易十六的女儿结婚并宣布自己为国王。同谋者担心罗伯斯庇尔即将处决他们，便利用报纸和小册子，但主要是通过口耳相传来散播谣言。[1]

读者至多会责备劣质媒体的记者。大部分读者都因为报纸的政治导向而选择报纸。只有少数读者从媒体中寻找客观信息，选择一份精确的报纸，即使他们不同意这份报纸的社论基调。[2] 在这个观念市场上，坚硬的事实并不是最珍贵的商品。

这种条件下，容易挥发的公众情感对产生何种政治结果非常关键。公共舆论虽然起初并不好战，但是当偶然的催化剂，比如叛国流亡者的阴谋，被媒体大声利用，公共舆论就迅速地改变了。面对任何议题，只有当他们抓住了与公众情感产生共鸣的时机，媒体战才可能胜利。例如，1792 年的 7 月和 8 月，尽管有主流媒体的抵制，一群边缘媒体的煽动者联合采取的驱逐路易十六的行动成功了。[3] 这表明，媒体难以预先操纵特定的政治后果。反而，根据历史学家波普金的研究，媒体在于"制造某种不可避免的爆炸的紧张氛围和预期"，并且当时机恰当的时候催化爆炸。[4] 如此，新的自由媒体的缺陷放大了革命形势所固有的潜在民族冲突。

拿破仑的反革命民族主义

拿破仑将法国民族主义常规化并且用于重建法兰西国家的目的。在

166

167

---

1 Bronislaw Baczko, *Ending the Terror* （Cambridge: Cambridge University Press, 1989）, 3, 16–17.

2 Popkin, *Revolutionary News,* 88–89.

3 Popkin, *Revolutionary News,* 136–138，142.

4 Ibid., 142；also Gough, *Newspaper Press*, 233.

革命摧毁了权威的制度基础之后，民族主义在重建国家权力中扮演的角色分量相当之大。当低效的旧政权崩溃，从布里索到拿破仑的政治冒险家都在戮力建设一个具有满足现代军事和经济挑战而进行集体行动动员能力的新国家。他们所利用的民族主义意识形态都旨在克服他们所面临的制度缺失。民族主义，依附在所谓国内叛徒与外敌相勾结的阴谋论上，被用来扫清派系对手和为新的国民军进行征兵动员。[1] 这并不止是一个有政治意识的民族要求建立一个国家，而且在某种程度上还是相反的："我们必须有一个民族来承担这个伟业"，在法国国家势力复苏之际，一位狂热分子宣称，"一个民族即将诞生"。[2]

拿破仑用民族主义来加强他的统治，与布里索的策略如出一辙。像布里索一样，拿破仑必须协调好民族主义热度，并且与国内威胁相联以支撑他的统治。拿破仑掌权的时候，经历了十年战争的法国已经厌倦了战争，这导致一些混合性后果。为再造民族主义以作为合法性的工具，拿破仑策划了一场系统性的公共关系行动，即指控英国支持旺代地区的叛乱。

然而，对于曾经是自由和自发的民族主义媒体，拿破仑将之改换为受到严密控制的媒体，里面只有事先设计好的讨论和民族主义措辞。为了替换那些真诚的、革命的大众爱国主义，拿破仑废除了真正的大众参与，然后代之以"一个高度一般化的法国民族主义的符号、仪式

1　Barry Posen, "Nationalism, the Mass Army, and Military Power," *International Security*, 18:2 （Fall 1993）, 80–124; John Lynn, *The Bayonets of the Republic* （Urbana: University of Illinois Press, 1984）; Jean–Paul Berthaud, *The Army of the French Revolution* （Princeton: Princeton University Press, 1988）.

2　Greenfeld, *Nationalism*, 167, 引述 Phillippe Grouvelle 在 1789 年的声明。

和宣传"，如西达·斯考切波（Theda Skocpol）总结的。[1] 与布里索用自由媒体来促进更为危险的民族主义的活体病毒相比，拿破仑关掉了所有媒体，只保留下 13 家巴黎报纸，更像是在管理一打民族主义的疫苗。[2]

当媒体自由扩展，公民社会发芽，"政府"陷入派系斗争的嘈杂声浪中，拿破仑的战术代表着革命时期运动模式的顶峰。迎来法国革命的理想主义者，比如埃马纽尔·西哀士，一个关注中产阶级权利的政论家（著名小册子《第三等级》的作者）很快就打消了念头，不再坚持在一个开放的观念市场内部，真相会上升到最高，并指向人皆兄弟的道路。革命者觉悟到一个颠倒的观念市场内，坏的观念会驱逐好的观念，开始想方设法地用补贴、税收、镇压和重新垄断等方法规范这个不安分的市场。[3] 这些对革命情感所做的事后规范，为服务于国家的目的，压制了革命的民主特质并操纵了其中的民族主义。换言之，当国家行政制度变得更强大，革命民族主义开始转型成反革命的变异体。

在革命之初，如新闻记者布里索之类的人物呼吁民族主义不是为了捍卫某种既得利益，而是为了赶上这波已然洗刷既得利益并且流动起来的潮流。在这个意义上，他们的革命民族主义可谓威廉德国反革命民族主义的对照。很快，在西哀士和督政府统治下，特别是在拿破仑统治下，法国民族主义和革命战争所创造的特殊利益紧密协同：依赖新征服的持

---

1 Skocpol, *States and Social Revolution*, 195.

2 Robert Holtman, *Nepoleonic Propaganda*（Baton Rouge: Louisiana State University Press, 1950），1–11; Popkin, *Revolutionary News*, 177.

3 对出版政策的指导，see Popkin, *Revolutionary News*, 38, 174–176。

续掠夺以保证财政运转的革命军和军事化经济。在这一点，大众民族主义的修辞被用来解释已经变成反革命的专制。[1] 这一新的强国家在为国际竞争而进行资源动员方面确实很有效，但也被伴随的副作用搞垮——提供合法性的帝国民族主义意识形态、军事经济的不稳定性和这一体制所制造出来的领袖。[2]

169　　　现在转向 19 世纪塞尔维亚的民族主义，也是民主化初期阶段的弱国家塑造了民族的性格。然而，因为政治家们是在与法国革命截然不同的约束下建设塞尔维亚民族国家，塞尔维亚民族因此采取了一种不同的、族群的形式。

塞尔维亚的族裔民族主义，1840—1914

作为现代阶段上极富侵略性的种族民族主义复兴的标志之一，塞尔维亚的历史还提供了一个 19 世纪族裔民族主义的颇有启发性的范式。这种形式的民族主义，领袖们基于共同的文化、语言、宗教、共享的历史经验，以及 / 或者共有的血缘迷思等建立起集体诉求，他们还运用这些标准吸纳或者排斥民族团体的成员。这种 19 世纪塞尔维亚民族主义族群形式的发展，与我们当今时代的族裔民族主义所展现的微妙之处似乎矛盾。

比如在西欧，系由国家创造出民族主义，而非相反。面对一个组织

1　Furet, *Revolutionary France*, 155, 162, 213; Schroeder, *Transformation*, 138; 关于用来评判狭隘的资源争夺的民族主义修辞，see Ted W. Magardant, *Urban Rivalries in the French Revolution*（Princeton: Princeton University Press, 1992）。

2　Skocpol, *States and Social Revolutions*, 195.

软弱的落后社会，塞尔维亚按照它的目标模本来铸造塞尔维亚人民的政治意识。然而与这些实现任务的困难相比，国家的孱弱更加明显。其中的一些任务是战略性的。卡在奥地利和奥斯曼帝国之间，被一群企图心强烈的小国所包围，塞尔维亚的奥伯利诺维奇王朝不得不迅速确保其国民的忠诚，以便维持国家独立。[1]同时，国家本身必须得到加强，防范本土的王室竞争者。在国家制度衰微且任务急迫的情况下，公民民族主义并不是一个可行的解决方案。塞尔维亚政府随即推进了一种民族主义的族群形式，至少是文化上容易被接受的可资动员大众政治支持的工具。国家建设和大众政治之间的这种结合产生了民族主义的爆炸性形式，也成为 1877 年、1885 年、1912 年、1913 年和更灾难性的 1914 年战争的催化剂。（参看地图）

文化民族主义作为国家建设的工具

从在 1804 年到 1830 年，经过一系列的反抗和协商，塞尔维亚从奥斯曼帝国统治下取得了某种形式上的独立。由于奥斯曼土耳其的衰落，其帝国权力已经无法在帝国的边缘地带支撑或者控制自己的军队和官员。同时，奥地利对塞尔维亚的猪肉需求上升，也带动了对塞尔维亚橡树林里的橡子需求，给了塞尔维亚相对融入奥斯曼经济而言另一个更丰厚的选择。为了兼顾社会失序和经济机会，寻求更优惠猪肉出口条件的

---

1 后发国家尽管拥有强大专制权力，但面对社会仍然太弱而不足以建立促进社会自我规范的有效制度间的悖论，see Kiren Chaudhry, "The Myth of the Market and the Common History of Late Developers," *Politics and Society* 21:3 （September 1993）, 245–274。

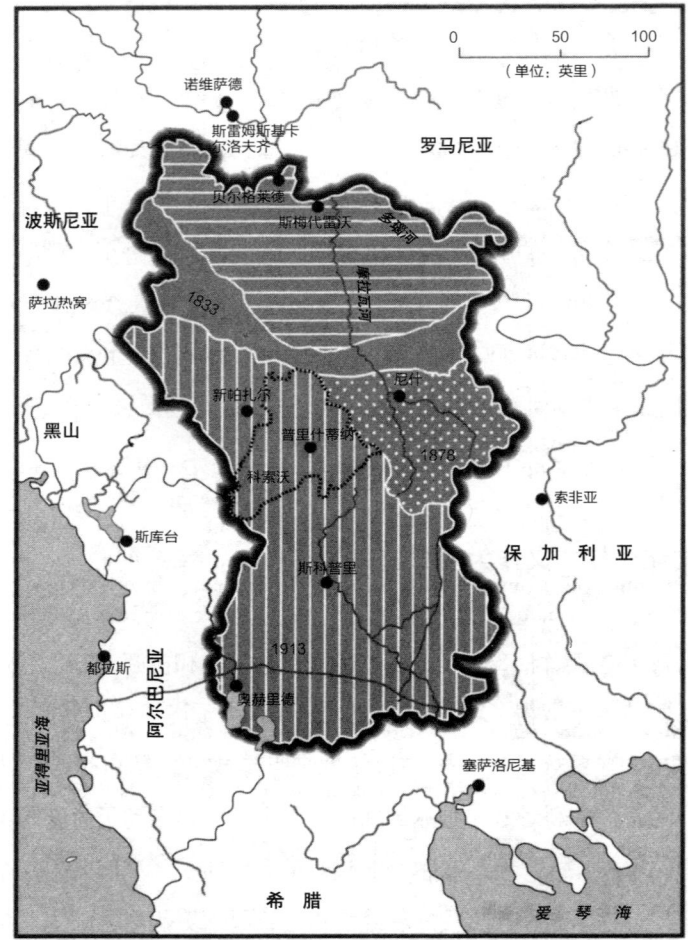

塞尔维亚的扩张，1804—1913

塞尔维亚商人们，在 1804 年和 1815 年先后成功组织了农民造反，驱逐奥斯曼当局和地主。[1]

几乎所有的现代学者都不承认这次起义是塞尔维亚的民族主义所驱动。造反的农民只想夺回他们自己的土地，从横征暴敛中得到解脱。小规模的猪肉商期盼一个能够保证地方自治的去中心化体制，卡拉季戈维奇和米洛斯·奥伯利诺维奇（Karageogeand Milos Obrenovic）却抢着建立一个令地方不堪负荷的集中体制。在当地，奥斯曼土耳其人确实被看作异族压迫者，但在大约 1840 年以前，这种怨恨并没有被民族话语所概念化。虽然土耳其人是穆斯林，而塞尔维亚人为东正教徒，实际的文化和宗教差异却复杂得多。例如，最被憎恨的奥斯曼精英是禁卫军部队，其中却有被绑架然后由土耳其人所抚养长大的东正教婴儿，他们被当作一个单独的军事种姓。塞族领袖也习惯于土耳其化的生活方式，他们在文化上渴望成为处在奥斯曼体系边缘被松散融合的、受青睐的自治领主。甚至，一些穆斯林商人，因为奥斯曼帝国衰落造成的混乱而面对的困难并不比塞族人少，也和卡拉季戈维奇一道为塞尔维亚的独立而战斗。[2]

在驱逐了奥斯曼的官吏之后，塞尔维亚人自己却没有贵族或者官僚精英。地方精英只是富裕农民和商人。从而，卡拉季戈维奇王朝和随后 1815 年的米洛斯·奥伯利诺维奇只用很少的国家机关就统治了一个

172

1　Daniel Chirot and Karen Barkey, "States in Search of Legitimacy: Was There Nationalism in the Balkans of the Early Nineteenth Century?" *International Journal of Comparative Sociology* 24:1–2（1983），30–46; see also Gale Stokes, "The Absence of Nationalism in Serbian Politics before 1840," *Canadian Review of Studies in Nationalism* 4:1（Fall 1976），77–90.

2　Barbara Jelavich, *History of the Balkans*（Cambridge: Cambirdge University Press, 1983）.

由文盲农民组成的高度相似的社会。这意味着，米洛斯面对着在一个制度真空中建立统治的难题，且是面临来自两个帝国（奥斯曼与奥地利）、一个敌对王朝和地方达人的竞争，而以最低限度的组织经验来笼络人民。19 世纪 30 年代奥伯利诺维奇王朝曾经力图改善其执政制度，米洛斯从奥地利招募受过教育的塞族人在政府官僚机构和学校任职。

所有这些建立一个现代塞尔维亚国家的努力，到了 19 世纪 30 年代才终于第一次现出真正的民族主义目标和意识的曙光。米洛斯，那一刻为从农民中赢得大众支持，复活了塞族"大会"（skupstina）的传统，一种家族或地方民兵的户外集会，以此为基础举行周期性的人民议会，批准执政者的决策。这一阶段，农民通常会和米洛斯和官僚结盟，反对地方达人，后者有时会鼓吹西方风格的宪政主义学说反对绝对主义统治，但在最初几年主要是推行地方管区制。于是，一个在中央政府和农民间的民粹主义联盟开始成形。[1]

民族主义是固化这一联盟再自然不过的意识形态。整个 19 世纪和 20 世纪初期，塞尔维亚国家使用控制下的公立学校体系反复教导一个历史教训，那就是，只有一个强大、统一的国家才能保护塞尔维亚民族免遭外人奴役。[2]民族主义变成塞尔维亚国家建设精英们的意识形态利器，部分缘于它有助于宣导中央威权、抑制地方精英。民族主义意识形态也有助于理性化累进税制，以支持超级昂贵的铁路项目和军事计划，

1　Charles Jelavich and Barbara Jelavich, *The Establishment of the Balkan National States*, 1804–1920（Seattle: University of Washington Press, 1977）, 56, 60.

2　Charles Jelavich, *South Slav Nationalism: Textbooks and Yugoslav Union before 1914*（Columbus: Ohio State University Press, 1990）, 191; Michael Petrovich, *A History of Modern Serbia, 1804-1918*（New York: Harcourt Brace Jovanovich, 1976）, 583–584.

填饱国家官僚不断膨胀的胃口并且提供一个稳定的回扣现金流。[1] 进而，借助 1861 年普遍兵役法，大众民族主义大大利于为国家的每一次战争进行人力动员。[2]

民主制度的弱点

民族主义以族群形式出现，部分因为公民—疆域的制度都太过短暂 *173* 和无秩序，以至于无法为人民的效忠提供一个稳定基础。卡拉季戈维奇和奥伯利诺维奇王朝缺乏任何合法性基础。新贵的猪肉商人，他们可以声称统治者没有统治的历史性权力。加之，特别是奥伯利诺维奇统治者都是腐败的花花公子，无耻地耗费税款来支付赌债。1903 年奥伯利诺维奇王朝最后倒台之际，亚历山大国王娶了他母亲的女侍，一位年长的寡妇，委身于男人并伪装怀孕而骗得婚姻。亚历山大和他的妻子没有子女，还担心他酗酒、败家的妻舅会发动政变继承宝座。[3] 彼得·卡拉季戈维奇的合法性源自两个因素：第一，他不是奥伯利诺维奇家族的，第二，他是一位爱国者，曾于 1875 年波斯尼亚塞族人反抗奥斯曼统治的起义中志愿参加过战斗。所以，王朝的合法性愈加依赖于此，而非作为族裔民族主义之外的一个替代者（参见表 4.1）。

公民原则也难以作为族群合法性的一个有效替代。塞尔维亚拥有 *176* 相对民主的宪法，但因为民主原则经常被践踏，自由公民原则对于聚

1　Stokes, "Social Origins," in Chirot, 236–237; Jelavich, *History of the Balkans*, vol.I, 379–380; Jelavich and Jelavich, *Establishment*, 141.

2　Jelavich and Jelavich, *Establishment*, 65.

3　Petrovich, *History of Modern Serbia*, 504–505, also 371.

表 4.1 塞尔维亚的统治和扩张，1817-1914

年份	统治者/王朝*	宪法	战争	领土获得
1817-1839 年	米洛斯·奥伯利诺维奇王子	奥斯曼 1838 年颁布的"土耳其"宪法，在塞尔维亚国王和事务大议政会之间分权	造反和内部斗争（1804-1817）	奥斯曼宗主权下在北方塞尔维亚建立起来的国家；从奥斯曼夺取的中部塞尔维亚（1833）
1839 年	米兰·奥伯利诺维奇			
1839-1842 年	米歇尔·奥伯利诺维奇			
1842-1858 年	亚历山大·卡拉季奥维奇			
1860-1868 年	米歇尔·奥伯利诺维奇			
1868-1882 年	米兰·奥伯利诺维奇	1869 年宪法确立了部分选举的全国大会	塞尔维亚抵抗奥斯曼（1877）	南部塞尔维亚投靠（1878）
1882-1889 年	米兰·奥伯利诺维奇一世国王	1888 年宪法增加了选举大会的权力	塞尔维亚进攻保加利亚，但失败了（1885）	没有变化
1889-1903 年	亚历山大·奥伯利诺维奇一世	1901 年宪法有微小变化		
1903-1921 年	彼得·卡拉季奥维奇一世	1903 年宪法规定大会取得预算权	塞尔维亚和巴尔干联盟进攻并打败土耳其（1912）；保加利亚进攻塞尔维亚和联盟，但失败了（1913）；奥地利入侵塞尔维亚并发动第一次世界大战（1914）	塞尔维亚取得科索沃和马其顿（1913）

*1882 年前，君主敬称为王子，1882 年后则称作国王。

174

拢对国家的效忠，其基础相当薄弱。早在 1869 年，所有的纳税人，包括农民整体上都能投票。[1] 政党从社会各部门都能得到选票，但是选举却经常被操纵。[2] 看起来很西方的法律确实也有，但是并没有法治：政府部长们直接指示法官不要按字面上应用法律条文，而是"根据良心和信念并且考虑公序良俗"做出裁决。[3] 政治体系在 1888 年短命的宪法之下一度变得更民主了，包括建立秘密投票制，禁止行政当局颁布紧急状态令，赋予选举产生的议会审议预算的权力，废弃出版审查制度等。在 1889 年，激进党——尼古拉·帕西奇（Nikola Pasic）领导的一个大众民族主义运动——经由一个相对自由和公平的选举而上台。然而，不是尽力加强法制，激进党的胜利被看作是一个信号，即已经老套的法律和秩序代表着一件过时的东西。土匪、放火、政治谋杀和骚乱激增，甚至就发生在警察的眼皮底下。在 1893 年的选举中丧失了部分支持后，激进党被赶下台，国王废除了 1888 年宪法。[4] 所以，塞尔维亚的政治是民粹的，而不是制度化的，可让公民忠诚根植在有效的民主实践中。

在塞尔维亚背景里，自由主义也不是族裔民族主义之外的一个选项，却是一个助推器。那些自封的自由派属于最为信誓旦旦的族裔民族主义者。例如，那位"爱国者国王"彼得·卡拉季戈维奇（Peter Karageorgevic），因为他对塞族的军事支持而闻名，也是把约翰·穆勒

---

1 Petrovich, *History of Modern Serbia*, 367; Gale Stokes, *Legitimacy through Liberalism: Vladimir Jovanovic and the Transformation of Serbian Politics*（Seattle: University of Washington Press, 1975）.

2 Jelavich and Jelavich, *Establishment*, 190.

3 Petrovich, *History of Modern Serbia*, 402.

4 Ibid., 441, 448–450, 460.

的《自由论》译成塞尔维亚—克罗地亚语的翻译者。政党越民主且诉求越民粹，其民族主义就越好战。

自由派武装分子常常在公共讨论中占据上风，尽管他们的论点非常可疑。比如，自由党在 1875 年选举中，凭借它为呼吁塞族人支持波斯尼亚人民反抗奥斯曼起义的惊人音量而击败了保守党。相反，保守派的支持者属于对权力政治持更为风格谨慎的，包括在位君主米兰·奥伯利诺维奇（Milan Obrenovic），担心引发奥地利对波斯尼亚的军事占领，但是他们的警告却被置若罔闻。历史学家米歇尔·佩特罗维奇（Michael Petrovich）说过："塞尔维亚人已经陶醉在一个好战的、罗曼蒂克的民族主义当中太久了，不再需要什么来唤醒这个民族。"2000 名贝尔格莱德的志愿者，被街头集会朗读民族主义诗歌所号召，几天内就加入了波斯尼亚抵抗运动的战斗。[1] 这些自由派的干预主义者，用华丽辞藻打扮的战略观点来加强感情诉求，他们声称奥地利的敌手俄罗斯会阻遏奥地利可能对塞尔维亚可能采取的行动。他们还预言，所有巴尔干的基督徒都会站在塞族人一边；战争还会阻止塞尔维亚社会主义者的内部威胁、恢复内部统一；战争也是合乎经济所需的军事扩张，军事支出会刺激经济增长云云。最后，自由派还争论说，塞尔维亚如果拒绝战争就得不到任何战利品。而事实上，这些主张没有一个被证实。当俄军在 1887 年进攻巴尔干的奥斯曼军队，塞军参与攻击的奥斯曼军队却是已经被俄军打晕了的部队。塞尔维亚所做的一切努力对强权毫无触动。塞军占领的所有疆土都被割让给保加利亚。奥地利占领了波斯尼亚。塞尔维亚内部，干预政策没有扶植出对米兰·奥伯利诺维奇政府的自由主义批评，并被

1　Petrovich, *History of Modern Serbia*，381–382, 536.

诬蔑成难以担当民族使命。[1]

米兰·奥伯利诺维奇，则认识到军事民族主义堪为自由党潜在的话语工具，便力图修正民族主义，使之更适合作为保守党政府的大众基础，但是这一尝试失算了。1883 年选举失利后，米兰旋即发现了一个民族主义亮相的机会，即 1885 年保加利亚吞并了鲁米利亚（Rumelia），一个原先由土耳其控制的保加利亚人地区。虽然塞尔维亚对鲁米利亚并无任何要求，但是米兰认为这会扩大保加利亚的规模，然后打乱力量均势，不利于塞尔维亚。结果，他坚持，保加利亚必须割让部分领土给塞尔维亚作为补偿。碰壁之后，米兰派出塞族军队大举深入到保加利亚境内。可惜，这个计谋对国内政治的帮助跟在战场上的斩获都一样乏善可陈。塞族人对于发动一场针对斯拉夫兄弟的战争缺乏热情，保加利亚人对他们来说几乎毫无族群差异。激进派和自由派需要的则是奥斯曼的赔偿，而不是对保加利亚的战争。[2] 所以，民族主义操纵尽管可行，但是其效果却受限于人民潜在的同情心和热情。

媒体制度的弱点

像政党政治一样，新闻专业主义是随意发展的，却缺乏制度化，充满抗争性，且是非职业化的。公众读者对政治有强烈兴趣；到 1840 年，仅仅贝尔格莱德就有 72 家报纸。唯有一家，新创立的《政策》（Politika），才是真正的专业化报纸，不依附于任何政党，依赖驻外记者和电报服

178

1　Petrovich, *History of Modern Serbia*, 384, 392, 394–395.

2　Jelavich and Jelavich, *Establishment*, 188–189; Petrovich, *History of Modern Serbia*, 430–431.

务提供新闻、特写和报道，还有一个体育部。几乎所有其他报纸都是
为政党鏖战的喉舌，把个人攻击当作真正的新闻报道。[1] 这一媒体，特
别是民粹主义激进党的机关报，发出的是刺耳的民族主义声音。随着
1908 年奥地利吞并波斯尼亚—黑塞哥维那和 1906—1911 年奥—塞的进
口关税战争（所谓猪肉战争）相继结束，大部分愤怒都被导向了维也纳。
1914 年，在奥地利大公弗朗茨·费迪南在波斯尼亚被一个塞族民族主
义者暗杀之后，奥地利的最后通牒要求塞尔维亚政府限制媒体上的反奥
谩骂以及在公立学校教授军事民族主义。[2] 卡内基国际和平基金会，曾
经调查过 1912 年和 1913 年巴尔干战争的起源，以很大篇幅谴责媒体和
官方机构的民族主义宣传。[3] 列奥·托洛茨基（Leon Trotsky），后来的
俄国布尔什维克领袖，那时却是驻巴尔干的战地记者，他在报道中写道：
"战争煽动——无所谓针对谁：奥地利，保加利亚，土耳其，甚至'欧
洲协调'（1814—1914）——已经给整个贝尔格莱德所谓的'独立媒体'
配上了统一的政治基调。"[4]

179   简言之，塞尔维亚制度为大众政治能量和多元化争论创造了出路，
但是并没有为民主政治或者对公共观点做连续评估的稳定框架。这种条
件下，忠诚不会自行附着于公民过程并作为民族主义基础。反而，公民

---

1 Petrovich, *History of Modern Serbia*, 585–586; 这一情形在两次大战间的南斯拉夫也未改变，see
Joseph Rothschild, *East Central Europe Between the Two World Wars*（Seattle: University of Washington
Press, 1974），237, 277。

2 Petrovich, *History of Modern Serbia*, 492–493, 614; Jelavich, *History of the Balkans*, vol.II, 33.

3 Carnegie Endowment for International Peace, *The Order Balkan Wars*（Washington, DC: CEIP, 1993），
reprinting CEIP, *Report of the International Commission to Inquire into the Causes and Conduct of the
Balkan War*s（Washington, DC: CEIP, 1994），19, 50–51.

4 Leon Trotsky, *The War Correspondence of Leon Trotsky: The Balkan Wars, 1912-1913*（New York:
Monad, 1980）.

的和国家的制度，如王朝、政党和报纸，都在一件制度外对塞尔维亚族群效忠的外衣下，通过隐藏他们自己而获得合法性。如佩特罗维奇总结的，一个较弱但是现代的官僚国家嫁接了前现代的"人民民主"，为它在大众政治时代的统治获取合法性。[1]

国家制造民族

这一族群忠诚，尽管建立在假定的共同语言、文化和历史基础上，却不是原始和固定的。相反，其内容在某种程度上是建构的、可变的。人们可从塞尔维亚的学校课本中的民族主义演变和奥匈帝国的克罗地亚的相反发展中看到这一幕。

最初，塞族的民族主义文学关注的是对荣耀的中世纪塞尔维亚王国高度罗曼蒂克化的解释和反抗土耳其人的历史斗争。[2] 后来，这些文本转向界定相对于其他南斯拉夫人的塞尔维亚认同。典型地，包括努力将仍然处在奥斯曼统治下的无国家的斯拉夫人定义为塞尔维亚人，同时将也在进行国家建设的竞争性群体区隔为非塞尔维亚民族。然后，马其顿人甚至波斯尼亚穆斯林都被说成是塞族人，而保加利亚人却被描绘成外族，并且企图同化居住在保加利亚的塞族人。

对待克罗地亚人的情况则随着政治环境变化而变化。首先，他们乐于被当作天主教徒的塞族人，属于种族家庭树上一个边缘分支。然而，他们却时常不被当成南斯拉夫人，而且克罗地亚人基本上欢迎的 1878

1　Petrovich, *History of Modern Serbia*, 443.

2　Ibid., 511–513.

年奥地利声称对波斯尼亚拥有权利的观点，置他们于一个与塞族竞争的地位。在"一战"结束后的那几年，塞尔维亚首相尼古拉·帕西奇相信中心论战将决定在奥斯曼和奥匈帝国崩溃后谁来领导南斯拉夫的统一。结果，塞族文学再一次把克罗地亚人看作血亲，但是塞尔维亚人的旁支。同时，在克罗地亚，奥地利总督玩了一个不同的把戏，将塞族和克族文化看作相异，却有相同的价值。这有助于作为少数民族的塞族抵制主体民族克族的同化，然后争取塞族作为奥地利的同盟压制克族的反抗。[1]

180　　总之，当塞尔维亚国家越来越依赖将其合法性建立在塞族的族群基础上，国家真切地在扮演着一个中心角色，引导并且界定族群意识。就像在西欧，是国家制造出民族，但是在不同约束条件下，最后产生不同的副产品。

　　这些 19 世纪巴尔干族裔民族主义的不同模式跟 20 世纪末的情形有异常相似之感。这是因为那些创造出巴尔干族裔民族主义的相同条件——特别是帝国解体和多族群社会里大众政治的释放缺乏整合性制度——在共产主义解体时被再造了。当然，历史从不会以相同的方式重演。现在，社会条件和历史记忆现在都已经差别太大，而能在族裔民族主义的历史主题上演绎出截然不同的版本。当代背景下，为数不少的后共产主义国家似乎都在民族主义的族裔和公民形式之间寻找平衡。在下一章讨论这些案例之前，重新整理一下四个历史案例会有助于了解哪些因素会影响这些当代选择。

1　Jelavich, *South Slav*, 15, 17–19, 39, 91, 137, 143, 158–159.

比较、相反和原因

在上述德国、英国、法国和塞尔维亚四个案例研究中，重中之重的关键点是它们的一个共同之处：每一个案例原型中，增加的民主和媒体自由引发了导致与其他民族暴力冲突的大众民族主义。其中，没有一个案例是简单地因为长期的文化竞争所催生的民族主义或冲突，也没有任何军事必要性。反倒是，新或旧的精英（经常两者兼有）在民主化初期使用民族主义诉求吸引大众加盟，其时，规范大众政治参与的制度仍处在婴儿期。

每一件案例，当精英们倍感需要大众支持以建立有效统治的时候，*181*都大力推行民族主义用来保护他们的利益。民族主义培养出对他们所统治的、或者他们希望统治的国家的忠诚。民族主义提供了一种意识形态，足以受欢迎，又不致使精英们承担全部的民主责任，还为只有弱小行政和参与制度的政权提供了亟需的合法性。

人民接受民族主义，因为他们认为民族主义能够满足他们的利益。有时，他们与精英能够分享使用武力对付其他民族的共同利益；有时，他们只是想这么干，源于他们从精英控制的民族主义媒体接收到扭曲的信息和分析。精英经常利用他们控制的政治议程阻止大众团体得到参与政治程序的机会，除非他们接受以民族主义话语进行的争论。

与其他民族的暴力冲突通常都是精英和被统治的人民之间的国内政治互动的副产品，一些时候有意为之，另些时候是无心栽柳。精英们常发现陷入他们自己的民族主义修辞的陷阱，不得不按他们所鼓噪的意识形态来做，否则就会丧失公众眼中的信誉，结果要冒着失去权力和地位的风险。

四种民族主义的变形

除了共同性，这四个案例在民族主义类型和民族冲突类型等方面均有差别。英国的公民民族主义反映了它的精英利益对于民主的可调适性，在大众获得普选权之前代议制和新闻制度的发展。公民的英国并不比其他国家更少依赖战争，尽管它算是最为谨慎的，只有在能够获胜并且获益的条件下才会开战。革命法国的民族主义反映的是国家的崩溃，为机会主义的新精英制造了运用意识形态的激励，以便利用民族主义议题和取代缺失的政治制度。德国的反革命民族主义则反映了受到民主化威胁的旧精英如何结合强大行政制度和弱小民主，重建政治以迎合民族主义主题的利用能力。法国和德国的这两种民族主义既不受限制也不审慎，因为它们的统治精英，在国内有着无尽的民族主义军事需求，以弥补制度缺陷，比如前者；而后者是为了推迟社会变化。塞尔维亚的族裔民族主义反映了弱国的需要，利用并锁定文化隔阂，作为其统治合法性基础。塞族对战争毫无谨慎可言，但是受限于对民族所做的文化定义而生成的目标，因此有时很难煽动起对其他斯拉夫人的战争。

由于族裔民族主义在下一章关于后共产主义国家讨论的重要性，我这里先概括一下族裔民族主义与其他类型的相同点和相异点。族裔民族主义，就像公民民族主义，兴起于政治参与民主扩张的时期，但是它能够形成的条件是代议和民主审议制度都太弱，难以形成明显的公民效忠。通常，效忠依附于最低的公共分母，即大众文化。像革命民族主义，族裔民族主义发端于一个制度真空中，但在革命中，政治行动围绕着重建暂时垮塌的国家制度，而族裔民族主义的行动集结在挖掘文化议题，为建立一个全新国家的任务提供合法性。一如反革命的民族主义，族裔民族主义诉诸迷思制造，处境困难的统治精英为了保住权力在政治参与高涨的混乱局面下尽可能利用大众民族主义。然而，在反革命民族主义的例子中，那些统治精英拥有权势的行政或经济机构，僵化地维护他们的既得利益并操纵大众集团。相反，在族裔民族主义的例子中，精英们所能控制的制度杠杆要弱得多，代之以通过操弄大众文化议题进行统治。在这种族群模式中，当统治精英们成功地将大众政治认同锁定在某个专门的文化框架内，他们的策略也变得僵化了。

尽管这四个例子分别对应一种民族主义的主要形式，有一些例子却在某些方面混合了两种模式。这种四分法的价值并不是非要把它们归为四个相互间完全不兼容的类型。而是，这个分类揭示了不同的因果动力，可在现实例子中以各种混合态体现出来。

在维多利亚中期的英国，例如，首相帕默斯顿的民族主义就混合了公民主题和反革命的目的。在 1848 年工人阶级的骚乱过后，代表着希望延缓而不是停止民主化的精英利益，帕默斯顿尽力将公民民族主义等同于海外贵族的反对派，认为是将较低社会阶级的服从整合到本土现有的半自由秩序中。另一个组合，1789 年法国的民族主义既是革命的，理论上也是公民的。然而，恰因为在革命时期的制度真空里创建行之有效的公民政策存在困难，这一组合被证明是不稳定的。行政机构，特别是军队，被证明远比强大的代议机构要更容易建立，而且在拿破仑·波拿巴的军事独裁下，法国民族主义从一个公民—革命的演变成伪公民的反革命类型。

族裔和反革命的混合模式也很普遍。就在当代，例如，斯洛博丹·米洛舍维奇领导下的塞尔维亚变得兼有族裔和反革命民族主义。塞尔维亚共产党里的顽固精英和塞族控制的军队，鉴于久已存在的族群隔阂和公民制度的弱点，发现族群动员是熬过部分民主化的一个可行策略。因此，

183

煽动族裔民族主义有助于他们实现他们的反革命目标，即在政权垮台后继续掌权。

这些混合案例存在的问题表明民族主义作为政治原则的吸引力就是它的矛盾和可塑性。当政治制度孱弱且分裂的社会利益相互强烈反对，政治冒险家需要寻找到一种意识形态为所有人民维系一个愿景。政治家发现民族主义很吸引人，部分因为他们跟学者们一样，都发现难以定义民族主义。结果，混合的民族主义常常反映了受特定族群或精英卡特尔的狭隘利益所驱动，尽管看上去好像是为更广泛的公共利益。

引致公民民族主义的条件可以复制吗？

184

在前两章所讨论的四个案例中，相对来说英国的审慎和包容的民族主义颇为突出，最值得模仿。对这些历史案例，我们应该关注哪些有益于一个强大公民制度和可变精英利益出现的条件呢？这些孵育出英国和其他西方国家公民民族主义的条件是有其历史独特性，还是也可在其他地方复制呢？如果能够充分理解这些原因，是否意味着潜在的族群冲突也能开出公民之果呢？对这些政策性问题的一个全盘回答必须待到结论一章。当然，在多族群国家培养公民民族主义的可行性，将在下一章关于后共产主义国家的民族主义中交织为一个关键问题，届时会反映这些历史案例所揭示的，即在何种条件下促进公民民族主义的发展。

乍一看来，这些历史模式似乎暗示，未来的新民主下公民民族主义的发展存在一个最佳的混合前景。但是更仔细地审视，可以发现，早期民主化过程的正确激励在一些实例中可能会改变一个国家的民族主义轨道而通向公民民族主义。

英国的例子表明，一个利于公民民族主义发展的因素是相对较高的人均国民收入和一个规模较大的中产阶级。魏玛的经验则说明，这个因素不能保证一个稳定的公民民族主义。任何案例中，鲜有一个当代的非民主国家像是在不远的未来将要走上一条富裕的转型道路。

更深一层，这些历史案例在于，国家战略的脆弱性和军事资源动员的形式会影响民族主义特质。公民民族主义特别适合在以下环境中得到发展：与他国的安全竞争中产生出动员人民支持的激励的国际环境；但是还需地缘的缓冲将这种安全竞争保持在一个温和的水平上。例如英国，受其隔海位置的保护；还有瑞典，有山地的屏障。因为这些屏障，它们无需创立一支庞大的常备军或者借实行专制的警备状态来独揽权力。这些条件中，战争筹款可经由私人金融市场的浮动借款，然后培养权力精英、发展金融资产，而不是依靠集权化的官僚以直接税进行盘剥。社会和经济权力分散在私人手中，国家必须通过代议机构才能获得国防所需资源。[1] 因此，就目前美国霸权在民主转型国家推动的军事安全领域和自由主义经济改革而言，公民民族主义发展的现代条件必须是引导性的。

英国的例子还表明，当前民主精英与上升的中产阶级和工人阶级有共同经济利益的话，公民民族主义更具现实性。在英国一例，此种利益榫合通过早期的纺织业模式自然出现。而且，我们今天仍然能够看到，现代俄罗斯的资本主义的自发生长接近这一模式，或者它可能会接近德国模式——民主威胁到精英的经济利益。一旦因果机制被理解，国际社会就可能设计一种降低危险的旧精英在民主转型期痛苦的经济激励。

最令人担心的是，英国模式意味着公民民族主义对精英们要求太过

1　Downing, *Military Revolution*, Chapters 7–9.

完美，即在民主为大众可及之前先行建立自由制度。英国曾经坐享一个长时间的民主彩排，其间，每个人都享有言论自由，不独那些有权投票的富人。跟英国自己和英国殖民地不同，这些安排在很多国家的历史上非常罕见，在最近更罕见。未来的民主转型国家大多缺乏良好的法律、政党和新闻制度，因为现在执政的贵族会阻止这些制度建设，直到他们发觉太迟了。助力民主的支持者面临的其中一个主要困境在于，如何弄清楚用两年时间做好英国用两百年时间做好的，以及如何像英国一样遵循正确的顺序来做。

最后，当然还有一个区域是可从历史分析中产生出意想不到的乐观主义，可在未来的民主转型中培养公民民族主义。对公民和族裔民族主义起源，最普通的解释都强调西欧和东欧各自国家形成的不同进程。这些标准答案夸大了早期形成的市民国家和后来的族群的差异。结果之一是，它们太过强调后者的族裔民族主义是不可避免的。

按照传统智慧的说法，西欧的公民—领土民族主义源于一个强大、集权的国家早在大众担当重要政治角色前就已经出现。这也意味着，大众的族群或文化分裂在他们未及政治化之前便被扑灭了。正是国家，运用教育和军事服务、创造统一的政治制度和内部经济市场等同质化了语言和大众文化。结果，民族被国家制度所塑造，公民则意味着平等参与那些制度。如尤金·韦伯（Eugen Weber）总结的，国家"把农民变成了法国人"，而不论这些居住在法国领土内的人民原来的文化是如何分裂的。[1]

相反，若按照这一简单但是具有误导性的套路，在人民的民族意识先于现代国家创立的地方，东欧的族裔民族主义出现了。人民开始政治

1　Eugen Weber, *Peasants into Frenchmen*（Stanford: Stanford University Press, 1976）.

觉醒，但仍然深陷孱弱的、过时的、帝国的制度束缚中。于是从某个制度真空下，这些人民围绕文化认同或文化机构进行政治动员，这几乎是唯一可用来动员然后创造出一个全新国家的工具。如克利福德·吉尔兹（Clifford Geertz）所说，"在现代社会，哪里的公民政治传统弱小，哪里对一个高效福利政府的技术性要求知之甚少，那些颇为原始的玩意儿就会被广为传颂，作为划分自治性政治单元的基础。"[1]在西方，民族由既有的国家所塑造，东方的国家据称也要影响已有自我意识的民族。[2]因为散居的族群，为了民族利益而达到建国目标，每个都想征服、驱逐或者同化其他族群。结果便是，20世纪东欧和巴尔干的历史就是人民最终越趋单一，因为大部分国家已经变得族群同质化，主要是"一战"和"二战"的结果。[3]

　　然而，塞尔维亚的例子表明现实并非如此简单，即使是东欧模式，主权国家或其前身经常要早于后来形成民族核心的族群政治意识的凝

187

1　Clifford Geertz, "Primordial Sentiments and Civil Politics in the New States," in Geertz, ed., *Old Societies and New States* (New York: Free Press of Glencoe, 1963), 110.

2　See especially: Hans Kohn, *The Idea of Nationalism* (New York: Macmillan, 1961; orig. ed., 1944), 329; Anthony Smith, *The Ethnic Origins of Nations* (Oxford: Blackwell, 1986), 131–137; Anthony Smith, "Ethnic Identity and Territorial Nationalism in Comparative Perspective," in Alexander Motyl, ed., *Thinking Theoretically about Soviet Nationalities* (New York: Columbia University Press, 1992), 45–66。

　　这一题目的不同版本还有：Brubaker, *Citizenship and Nationhood*, 4; Gellner, "Nationalism in the Vacuum," in Motyl, ed., *Thinking Theoretically*, 243–254; Ernest Gellner, *Thought and Change* (London: Weidenfeld and Nicolson, 1964), 147–178; Ernest Gellner, *Nations and Nationalism* (Ithaca: Cornell University Press, 1983), 99–101; John Plamenatz, "Two Types of Nationalism," in Eugene Kamenka, ed., *Nationalism: The Nature and Evolution of an Idea* (New York: St.Martin's, 1976)。

　　这一标准故事可以用我的两个变量来表达：制度强度和利益可调适性。在西方公民模式下，政治制度很强大，前政治化的群体认同是可调适的；在东方的族裔模式中，政治制度弱小，已经政治化的群体认同相对固定。

3　Rogers Brubaker, *Nationalism Reframed* (Cambridge: Cambridge University Press, 1996), Chapter 6.

结。例如，塞尔维亚在一系列造反和谈判——猪肉商人与奥斯曼讨价还价他们的过度税负，争取成为该地区新帕夏（土耳其高级军官称号）的权利，在 19 世纪 30 年代就取得了几乎等同主权独立的地位。在这些斗争中，奥斯曼化的基督徒常常与当地穆斯林商人结盟，几乎没有多少民族特征。塞尔维亚民族主义较晚出现，只在受西方影响的塞族官僚和知识分子为了强国、为了国家理性化，运用他们所控制的警察、选举、投资和教育等打击传统地方精英的权力。[1] 民族主义的建设者基本上并非传统文化的承袭者，如农民和贵族，而是官吏、律师、知识分子——那些被奥地利反动派梅特涅伯爵（Count Metternich）称作麻烦制造者的现代派圈子。[2] 在这意义上，东方民族主义的创生与西方民族主义并不像那种套路化解释版本所形容的那样有多大差别。

188　　公民和族群类型民族主义的分化，受国家和民族的形成顺序的影响，并不比时间流逝的影响更多，因此也未必受大众政治转型期间国家的强弱影响。在西方，绝对主义国家在大众民族主义时代到来之前，曾经有两个世纪的时间进行自我巩固；而在东方，国家刚刚获得一点独立就面对各种急迫需要：群众的军事动员、经济发展和选举合法性等。[3] 当法国拥有能够把说着多种语言的农民转型为法国人的制度力量，东欧国家只能诉诸手中的任何条件，在既有的文化类别下运作。塞族、克族和穆斯林等不是生存在既有的固定政治类别中，而是在国家的制度约束

1　Daniel Chirot and Karen Barkey, "States in Search of Legitimacy," 34–35; Jelavich, *History of the Balkans*, vol.1, 379–380; Gale Stokes, "Social Origins of East European Politics," in Daniel Chirot, ed., *The Origins of Backwardness in Eastern Europe* (Berkeley: University of California Press, 1989), 236–237.

2　Rupert Emerson, *From Nation to Empire* (Boston: Beacon, 1960), 194–195.

3　讨论塞尔维亚的例子：Stokes, "Social Origins," in Chirot, *Backwardness*, 236。

下，这些文化类别要比归入公民—领土的类别，如南斯拉夫，更容易被政治化。[1]

如此一来，这只在时机和程度上有别于西方的经验。即使在法国，直到 19 世纪中期，表达人民不满的公民制度仍旧欠缺，其结果是之前的人民抗争主要通过村社渠道进行宣泄，而非政党、工会和志愿团体。[2] 巴尔干的大部分也停留在这一阶段。[3]

这并不意味着在现代案例中的晚期国家形成过程，会很容易推进公民认同，如乌克兰、白俄罗斯或者哈萨克斯坦。它只意味着，公民认同的任务并不是不可能的。除非独立前的旧国在部分民主化的早期阶段已经稳固移植了族群认同，新国家的精英才会有可观的选择余地。如我们将在下一章看到的，后共产主义国家精英们已经大大偏离了他们曾经选择鼓动的民族主义风格。

1　科恩（Kohn）甚至称，因为东欧社会的倒退，东方民族主义不得不通过教育和宣传进行文化的政治化，而不只是挖掘某种既有的政治情绪，see Kohn, *Idea of Nationalism*, 330。

2　Pierre Birnbaum, *States and Collective Action*（Cambridge: Cambridge University Press, 1988），33, citing Charles, Louise, and Richard Tilly, *The Rebellious Century: 1830–1930*（Cambridge: Harvard University Press, 1979）.

3　最近的罗马尼亚例子，see Katherine Verdery, *National Ideology under Socialism: Identity and Cultural Politics in Ceausecu's Romania*（Berkeley: University of California Press, 1991），130–131; also, 83–87。

第五章
在共产主义废墟中的民族主义

　　共产主义的崩溃为大部分新兴的独立国家和政权带来了部分民主化。它还在许多后共产主义国家引发了民族主义的兴起。在前南斯拉夫和高加索，包括俄联邦内的车臣地区，那些主张为自身利益采取行动的族群和新国家都发动了成本极高的战争，造成数百万计流离失所的难民和数十万军人和平民的死亡。[1] 甚至其中一些侵略性民族主义的始作俑者也因此付出了沉重代价，或者蒙受政治耻辱或者被以战犯起诉。如何解释一些后共产主义国家这种适得其反的民族主义暴力呢？或者相反，如何解释得以避免族群争议的许多其他后共产主义国家的成功呢？

1　波斯尼亚的战争波及 250 万人，且据某些估计，可能造成高达 20 万人的死亡。在克罗地亚，32 万人被迫迁徙，可能多至 2.5 万人被杀。在阿塞拜疆，这些相应的数字分别是 170 万和 5.5 万；在格鲁吉亚则为 47.5 万和 1.75 万；塔吉克斯坦（稍后我会解释，按我的定义并非民族战争）为 32 万和 7 万；摩尔多瓦，10.5 万和 1 千。车臣的战争导致 40 万迁徙。see Michale E. Brown, *The International Dimensions of Internal Conflict*（Cambridge: MIT Press, 1996），4–6。

如此高成本民族主义的爆发，民主化扮演着中心角色。所有卷入战争的后共产主义国家都试验过选举和多元主义政治，除了塔吉克斯坦，因其内战并非由我所定义的民族主义所点燃。一些这样的国家举行的选举，被国际社会看作自由和公平的，还都至少经历了一段时间的出版自由。[1] 然而，这些陷入战争的国家没有一个堪称成功的巩固民主，只有斯洛文尼亚例外，后者曾短暂卷入南斯拉夫的外围冲突。得到最充分巩固的民主——捷克、波兰和匈牙利——都没有经历过什么好战民族主义。其他相对成功的民主——爱沙尼亚和立陶宛——建立在歧视性的种族理论基础上，然而它们避免了与其他少数族群的冲突。简言之，成功的民主化都延缓了民族主义，而部分民主化则在某种情况下推动了民族主义。

我先从回顾关于后共产主义国家民族暴力的若干流行解释开始，然后勾勒出我自己的基于民主化和精英说服的解释。我会首先在后共产主义冲突的三个主要区域检验自己的观点——前南斯拉夫地区、亚美尼亚和阿塞拜疆在争议省份纳戈尔诺—卡拉巴赫的冲突和俄罗斯中央政府对车臣的进攻。所有这些案例，民主化的最初阶段都与推动民族主义激发的流血关系甚大。然后，我会转向对其他一些没有民主化、只有温和民族主义、或者没有暴力冲突的后共产主义实例做一个简短讨论。这些民族冲突模式的不同版本可由政治转型早期阶段的条件差

1　根据"自由之家"，例如，在 1992 年和 1993 年亚美尼亚的民主指数改善了，同样改善的还包括 1992 年和 1995 年的格鲁吉亚、1991 年的俄罗斯、1988 年的南斯拉夫、1991 年独立及之后的克罗地亚和斯洛文尼亚、1991 年的摩尔多瓦。在公民自由的提高方面，有 1991 年的亚美尼亚、1989 年的南斯拉夫、1991 年的俄罗斯、1995 年的克罗地亚。按照这一排序，并没有任何指数体现阿塞拜疆自 1991 年独立后相比 1990 年的苏联基线的自由增加，但是该基线已经反映了 20 世纪 80 年代后期的相对改善。塔吉克斯坦的排序在独立后更为恶化。see Adrian Karatnycky, ed., *Freedom in the World*（NY: Freedom House, 1996 and previous editions）。

异来解释：即国家经济发展的水平和历史进程的差异，对精英利益构成挑战的性质，以及共产主义的制度遗产。所以，前一章四个历史案例分析中相同的三个影响民族主义结果的因素，也同样居于后共产主义国家的民族主义战争或和平的模式的中心。比较了后共产主义国家民族主义的公民和族群形式的相对暴力倾向后，我将得出结论（参看后页地图）。

后共产主义民族暴力的竞争性解释

对后共产主义世界里民族主义和族群冲突飙升的起因，学术界和广大公众的争论从未停息。长期的民众对立、混居的族群居住模式和帝国崩溃后的军事不稳等，都已经被当作这些冲突的肇因。[1] 这些因素当然会对某些冲突起到一定作用，但是每一个因素都难以解释为什么一些后共产主义国家遭受民族主义冲突，而另一些国家却没有。只有当这些新兴民主国家的大众政治特性被有意培养的时候，关于大众的族群对立、混居人口和军事安全等的过去经验才会导致民族主义冲突。

长期民众对立

在美国出版物中对后共产主义族群冲突最普遍的解释是归咎于共产主义政权垮台后释放出来的族群之间的古老仇恨。这一观点主要错

1　Van Evera, "Hypotheses on Nationalism and War," *International Security* 18: 4 （Spring 1994）, 26–33. 此文提供了这些因素的出色清单。

俄罗斯和苏联

在过度预测了后共产主义冲突。确实，在前南斯拉夫、跨高加索和车臣等地区的现代冲突都有其历史先例。过去的对立和杀戮所遗留的不信任和害怕在这些地区的后共产主义暴力升级过程中当然有其角色。

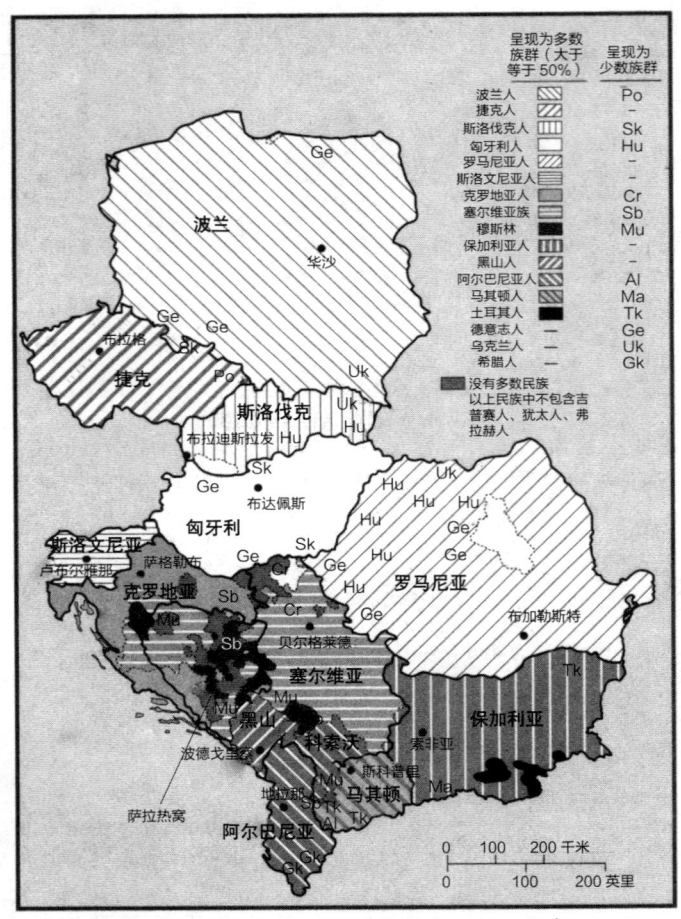

东欧的族群，1995

然而，中欧几乎每一对能够想象的民族对手间都存在着互为宿敌的血腥历史，可是匈牙利人并没有与罗马尼亚人开战，爱沙尼亚人和乌克兰人没有与俄罗斯人开战，保加利亚人没有与土耳其人开战，等等。相反，格鲁吉亚人却向奥塞梯少数民族开战，而不顾相互间草根的文化敌意相当之低的事实：将近半数的奥塞梯人的婚姻配偶是格鲁吉亚人。[1] 尽管民众对立与后共产主义国家的族群冲突动员并非互不相关，此种对立对后者来说既不必要也不充分，对立的出现或者强度也很难说与冲突结果相关。

人口

类似地，仅仅人口一个因素几乎无法解释后苏联时代的各种情况。例如，族群单一的匈牙利在罗马尼亚特兰西瓦尼亚的飞地的情形，简直就是人口同质的亚美尼亚面对在阿塞拜疆卡拉巴赫飞地的镜像，然而在前例中，两个国家签署条约承认现有边界和少数民族权利，而后例的两个民族则陷入战争。人口比例也不能为族群对立的情况提供一个满意解释。例如，拉脱维亚和爱沙尼亚的族裔民族主义者称，他们的族群多数不稳定，因而迫使他们限制庞大的讲俄语的少数族群的公民权利，而立陶宛人则视其手足般的俄罗斯人为平等的，只是因为俄罗斯人是如此之少。但是，在哈萨克斯坦规模相当接近的俄罗斯和哈萨克社区似乎有着相反的后果：哈萨克政府谨慎地征询俄罗斯人的意见。在政治动力触发了排外民族主义的兴起的案例中，一个混居模式会增大暴力冲突的可能性，但是如果没有其他因素

194

1　George Khutsishvili and Neil MacFarlane, "Ethnic Conflict in Georgia," manuscript, 16.

打着政治火花，混合的人口模式也不会自己引发暴力。

军事不平衡和不安全

有人说共产主义的崩溃，消除了帝国依靠强力维系的秩序，增加了边界安全的不确定性，产生了民族间力量均势的波动，从而为民族主义冲突创造了肥沃的土壤。[1] 就像无政府主义条件下的国家关系所常见的，安全担忧和军力平衡总是政治人物心中的要害。然而，同样的战略条件可能引致相反的反应，有赖意识形态或政治多棱镜如何解析这些条件。例如，乌克兰和哈萨克斯坦意在避开与俄罗斯公开对峙的审慎决策，在某种程度上被俄罗斯随时可能跨过边界的威胁所掩饰，然而同样的军事条件并没有阻止格鲁吉亚对俄罗斯的长期代理民族——奥塞梯人——发动一场轻率的冲突。所以，为了理解军事条件对民族冲突可能性的影响，不仅有必要了解战略环境，更应掌握国内政治形势。

民族精英说服和民主化模式

195　　我认为，后共产主义的民族暴力强度不同，受到后共产主义国家民主化模式差异的影响。苏联和东欧的共产主义结束后，不同的政治条件产生了有关民族主义说服的不同动机和机会，然后影响了民族主义形成的类型。这些模式受以下条件影响：（1）国家经济发展的程度和时机，（2）民主化对精英利益造成威胁的程度，以及（3）转型期

1　Barry Posen, "The Security Dilemma and Ethnic Conflict," *Survival* 35:1 （Spring 1993），27–47.

政治制度的性质。

经济发展的时机

理解这些民族主义战争与和平模式的第一步，是根据它们的经济发展轨迹把后共产主义国家划分为三个类别.：早发国家，后发国家和极端后发国家。早发国家即发展较早，是相对该地区其他国家而言。这些国家包括波兰、捷克、匈牙利、爱沙尼亚、拉脱维亚和斯洛文尼亚。到20世纪20年代，它们的人口已经达到较高的大众识字率，或者开始了大规模向非农业人口的转移。在20世纪30年代，这些国家不少都经历了民族主义运动，但是发生在民主化的初期和非常不稳定的国际背景下，如三明治一般处在希特勒德国和斯大林苏联的夹击下。共产主义时代在高等教育、城市化和白领阶级等方面的更多发展，加固了这些国家未来民主的先决条件。当共产主义垮台，这些国家受过良好教育的工人阶级力量已经具备了让民主和市场制度运转的技能[1]，人民则把共产主义替换成民主的大众运动或者在各早期政党、工会和公民团体之间的"圆桌"协商。由此导向了公民政治相对快速的巩固，或者如拉脱维亚和爱

---

[1] Herbert Kitschelt, "A Silent Revolution in Europe," in Jack Hayward and Edward C. Page, *Governing the New Europe*（Cambridge: Polity Press, 1995），141–145, 148. 同样的一个想法，对比意大利北部和南部，see Robert Putnam, *Making Democracy Work*（Princeton: Princeton University Press, 1993）。See slao Vladimir Tismaneanu, *Reinventing Politics: Eastern Europe from Stalin to Havel*（New York: Free Press, 1992）。关于工程师、中层经理、教师、律师、农艺师等在爱沙尼亚独立运动中的角色，see Anatol Lieven, *The Baltic Revolution*（New Haven: Yale University Press, 1993），226。关于20世纪30年代的民族主义，see Joseph Rothschild, *East Central Europe between the Two World Wars*（Seattle: University of Wahington Press, 1974）。

沙尼亚的相对温和的族群政治，创造了一种可能，达成最终在公民生活中包容俄罗斯少数族裔的政治妥协。除了斯洛文尼亚为独立与南斯拉夫军队进行的短促战争，这些国家在后共产主义阶段都没有经历过族群暴力。相对较早的经济发展因而产生出温和的民族主义，而民族暴力则相当罕见（如果有的话）。

196　　　　光谱的另一端是极端后发的国家。这包括中亚国家的土库曼斯坦、乌兹别克斯坦、塔吉克斯坦和（某些方面符合的）哈萨克斯坦及吉尔吉斯斯坦。这些国家的人均国民收入较低，农业人口水平较高。他们人口的识字率普及较晚。最主要的，他们缺乏有效的大众运动，充斥虚假选举，媒体被捂着嘴，表达的是不温不火的官方民族主义，在共产主义崩溃后也少有民族冲突。就像18世纪以前的西欧，他们还处在前民族阶段，大众尚未被充分动员进入政治生活以维系一个持续的民族主义运动。塔吉克斯坦是唯一一个经历了严重暴力冲突的极端后发国家，却不是因为民族主义或者族群因素导致的，而是威权国家垮台所引发的。最后的无政府结果在各个当地社会团体间产生了公民争论，其中几乎没有可严格地被称作族群的或民族主义的。[1] 简言之，极端后发国家不会产生民族主义也不会产生民族主义冲突。

197　　　　在早发国家和极端后发国家之间的是后发国家。包括俄罗斯、乌克兰、斯洛伐克、巴尔干国家（前南斯拉夫、罗马尼亚、保加利亚和阿尔巴尼亚）和高加索（亚美尼亚、格鲁吉亚和阿塞拜疆）。这些国家，在从农业人口移出并出现一个识字的、中产阶级人口方面，大致介于早发

1　Barnett Rubin, "Russian Hegemony and State Breakdown in the Periphery," in Barnett Rubin and Jack Snyder, eds., *Post-Soviet Political Order: Conflict and State-Building*（London: Routledge, 1998）, Chapter 7.

国家和中亚国家之间。例如，1897 年俄罗斯的识字率比巴尔干低三倍，但比中亚高三倍。[1] 在 20 世纪 20 年代, 后发国家的农业雇佣者仍占总劳动力的 80%，相形之下，波兰的农业人口比例为 65%，匈牙利为 51%，捷克斯洛伐克为 25%（即使斯洛伐克部分仍以农业为主）。[2] 尽管随后还有共产主义的工业化和教育浪潮，这些后发国家的人均国民收入和复杂化中产社会的发展仍落后于相对较早发展的国家。[3] 在高加索，共产主义下教育和工业化都增长到较高水平，但是前现代社会的部族社会模式特征仍然顽强地保留下来。这意味着,这些后发社会仍然处在转型阶段，同时公民政治的快速巩固几乎不可能。由此产生了民族主义迷思制造的政治潜力（参见表 5.1 和 5.2）。

在前南斯拉夫和高加索，这些后发国家都经历了民族主义的战火；在其他后发国家，民族主义得到了更多的控制，冲突也降到最低水平。这两种相反的结果受到两个因素的影响，随后将进行讨论：（1）对精英利益的威胁模式；（2）共产主义时期的制度遗产。

198

1　David Laitin, *Identity in Formation* （Ithaca: Cornell University Press, 1998），64.

2　Hebert Kitschelt，"Formation of Party Cleavages in Post–Communist Democracies," *Party Politics* 1:4 （1995），456.

3　到 1979 年，按民族划分，苏联境内白领工人占劳动力的比例中，爱沙尼亚和格鲁吉亚为 32%，俄罗斯和亚美尼亚为 31%，拉脱维亚和哈萨克 28%，立陶宛 27%，阿塞拜疆、乌克兰和白俄罗斯 23%，吉尔吉斯 20%，乌兹别克 18%，土库曼 16%，塔吉克和摩尔多瓦 15%。see Robert J. Kaiser, The Geography of Nationalism in Russia and the USSR （Princeton: Princeton University Press, 1994），Table 5.12, p.237; Table 5.13, p.239。需要注意，特莱斯曼发现教育水平和其他现代性的贡献与俄罗斯境内的分离主义运动并不相关，see Daniel Treisman，"Russia's 'Ethnic Revival': The Seperatist Activism of Reginal Leaders in a Postcommunist Order," *World Politics* 49:2 （January 1997），212–249, esp.232。关于人均收入的数据，see World Bank, Social Indicators of Development （Baltimore: Johns Hopkins University Press, 1995）。关于公民社会力量和东欧转型性质之间的相关性，see David Stark and Laszlo Brust, *Postsocialist Pathways* （Cambridge: Cambridge University Press, 1998），16。

对精英的威胁

在后发国家战时民族主义的案例中，如前南斯拉夫，精英们面对大众政治参与的新兴需求或其迫在眉睫的可能性。典型地，面对反对派的强烈挑战，这些例子中的精英通常会自我分裂，然后产生寻求大众联盟的强烈念头以在政治斗争中占上风。此种条件下，民族主义——通常是族裔的，有时也是公民的——不失为一种颇富吸引力的工具，可动员大众支持并瓦解反对派的支持。被政治和经济变化吓坏的旧共产主义精英集团，如同尽力驾驭变化而夺取权力的政治冒险家，争取把控观念市场，并为其最终目的滋养民族主义迷思。

相反，在那些后发国家里，民族主义更温和得多，例如在乌克兰，前共产党人在转型早期阶段所遭遇的是软弱的精英和大众的反对。[1] 这些国家面对的公民社会发育孱弱，缺乏国家官僚的援助，也缺乏组织集体行动的能力。相关案例中，旧精英采纳了一种温和种类的民族主义，不是被设计用来塑造某种大众运动，而是为其仅仅表面改革的共产国家贴上镶板。这些国家的前共产主义精英最为典型的策略是限制民主竞争，阻扰媒体自由，迟滞市场改革以便精英们能够将他们的官僚权力转变为私人财产。某些例子中 [如弗拉基米尔·麦恰尔（Vladimir Meciar）治下的斯洛伐克和扬·伊利埃斯库（Ion Iliescu）治下的罗马尼亚]，前共产党人采用了族裔民族主义的修辞，将一些边缘的族裔民族主义团体吸收到他们的政治联盟中。另

---

1 Tim Snyder and Milada Vachudova, "Are Transitions Transitory? Two Types of Political Change in Eastern Europe Since 1989," *East European Politics and Societies* 11:1 （Winter 1997）, 1–35, esp.6; see also Valerie Bunce, *Subversive Institutions: The Design and Destruction of Socialism and the State* （Cambridge: Cambridge University Press, 1999）, and Stark and Brustz, *Postsocialist Pathways*, 18.

外一些例子（特别是乌克兰），民族主义采取了更公民化的形式。但是，公民的和族群的这两种模式下，民族主义动员和民族冲突都保持着较低水平。由于大众反对团体相对较为惰性和无组织，旧精英们倾向于得出结论，即：用强烈的民族主义诉求去刺激他们既无必要也会适得其反。

制度差异

共产主义的制度遗产也影响到后共产主义转型的民族主义政治模式。在共产主义世界里，民主参与和公共讨论的制度很弱，而且到处缺失。早发国家，如捷克共和国，具备相对复杂的社会结构，就能够创造出可运行的民主制度。在大部分极端后发国家里，根本不存在向民主政治的转型。毕竟，在后发国家新兴政治参与和民主制度缺陷之间的鸿沟反倒产生了一种民族主义强化的潜力。这种潜力如何发挥部分赖于从共产主义时期继承的行政制度，也部分赖于社会团体如何组织参与政治的差异。对民族主义和民族冲突轨迹特别重要的是若干不同的政治遗产，即（1）按族群分划的联邦国家对单一国家，（2）位于多民族混居的前帝国中心国家对那些边缘国家，和（3）官僚制的对庇护制的行政体制。

民族联邦主义。三个共产主义国家是循民族联邦路线而组织的：苏联、南斯拉夫和捷克斯洛伐克。它们由按民族命名的共和国构成，每个民族共和国都有类似国家的单独行政结构，由能够促进其族群语言和文化的精英充任公职。所有这三个国家都在共产主义崩溃时沿着民族联邦的分界线解体了。[1] 其中两个国家——前苏联和前南斯拉夫爆

---

1 Bunce, *Subversive Institutions*, 110–112, 136–140.

202

发了暴力的族群冲突。所有其他前共产国家则行政体系单一，少数族
群并没有类似国家的共和体。这些单一制国家无一分裂，也没有发生
暴力冲突。虽然后发国家中的民族联邦主义在社会转型过程没有产生
族群暴力，其精英却受到了很强的驱动，围绕民族议题进行大众动员。
当其他因素有利于强化民族动员，这一民族联邦主义的遗产大大提高
了冲突的可能性。

表 5.1　东欧和苏联的若干发展指标："二战"前和 1950—1970 年

	二战前	1950 年	1960 年	1970 年
文盲率（占总人口百分比）				
保加利亚	31.5%（1934 年）		（10.7%）*	
捷克斯洛伐克	4.1%（1930 年）			
匈牙利	9.0%（1930 年）		3.8%	2.4%
波兰	23.1%（1931 年）	5.8%	2.7%	
罗马尼亚	42.9%（1930 年）	23.1%		
苏联	43.4%（1926 年）		1.5%	0.3%
南斯拉夫	44.6%（1931 年）	25.4%	21.0%	15.1%
婴儿死亡率（每千人出生比率）				
保加利亚	147（1935 年）	94.5	45.1	27.3
捷克斯洛伐克	130（1935 年）	77.7	23.5	22.1
匈牙利	157（1935 年）	85.7	47.6	35.9
波兰	137（1935 年）	111.2	54.8	33.4
罗马尼亚	182（1935 年）	116.7	74.6	49.4
苏联	181（1926 年）	80.7	35.3	24.7
南斯拉夫	153（1935 年）	118.4	87.7	55.5
农业人口（总人口中活跃务农者或者依赖农业的百分比）				
保加利亚	73.2%（1934 年）		45.2%	
捷克斯洛伐克	34.7%（1930 年）	24.9%	19.3%	13.2%
匈牙利	51.9%（1930 年）	49.3%	34.8%	22.8%
波兰	60.0%（1931 年）	46.4%	37.8%	29.8%
罗马尼亚	72.3%（1930 年）			（45.1%）**
苏联	77.5%（1926 年）			22.8%
南斯拉夫	76.6%（1931 年）		49.6%	38.2%

城市化（城区人口为两万或以上占总人口百分比）				
保加利亚	12.1%（1934 年）		（29.1%）***	39.7%
捷克斯洛伐克	16.6%（1930 年）	23.6%	25.3%	31.1%
匈牙利	29.1%（1930 年）	34.3%	37.0%	
波兰	17.0%（1931 年）	25.6%	31.8%	37.3%
罗马尼亚	13.4%（1930 年）	17.1%	19.6%	28.4%
苏联	12.0%（1926 年）		35.6%	44.3%
南斯拉夫			18.8%	26.0%

*1956 和 1965 年数字的平均值

** 1966 年的数字

*** 1956 和 1965 年数字的平均值

注：没有给出数字的空格处，代表缺乏相应信息。

来源：Paul S. Shoup, The East European and Soviet Data Handbook: Political, Social, and Development Indicators, 1945–1975（New York: Columbia University Press, 1981），p.382.

表 5.2　前苏联的识字率 *, 1897—1939 年

疆域单位	百分比		
	1897 年	1926 年	1939 年
苏联	28.4**	56.6	87.4
俄罗斯	29.6***	60.9	89.7
乌克兰	27.9	63.6	88.2
白俄罗斯	32.0	59.7	80.8
乌兹别克斯坦	3.6	11.6	78.7
哈萨克斯坦	8.1	25.2	83.6
格鲁吉亚	23.6	53.0	89.3
阿塞拜疆	9.2	28.2	82.8
立陶宛	54.2		76.7
摩尔多瓦 ****	22.2		45.9
拉脱维亚	79.7		92.7
吉尔吉斯斯坦	3.1	16.5	79.8
塔吉克斯坦	2.3	3.8	82.8
亚美尼亚	9.2	38.7	83.9
土库曼斯坦	7.8	14.0	77.7
爱沙尼亚	96.2		98.6

* 此为 9 到 49 岁年纪之间的人口比率

** 因为苏联从 1922 年成立，这一数据是沙皇俄国一个整体性数据。

*** 此数据为沙皇俄国的俄罗斯地区

**** 现在的摩尔多瓦，1939 年前为比萨拉比亚（Bessarabia）

注：一些引证必须解释，因为用于确认一个人是否识字的标准在过一段时间后会发生变化。例如，在 1897 年一个人只要他或她声称具有阅读能力即被认识字，但到 1926 年识字与否则根据受调查人是否具有签写自己姓氏的能力。

来源：Robert J. Kasier, *The Geography of Nationalism in Russia and the USSR*（Princeton: Princeton University Press, 1994），P.130.

　　帝国中心。两个后共产主义国家（俄罗斯和塞尔维亚）都是它们昔日多民族国家（苏联和南斯拉夫）的前"帝国"中心。如此，它们承袭了前帝国的大部分军事力量，也是帝国残余官僚和经济网络的总部。这些制度和意识形态遗产如骰子一般，有利于它们使用军力来对付那些曾经被压迫的民族。[1] 作为它们牢据帝国中心的国内战略的一部分，民族主义或新帝国主义的政客们都面临着在他们分崩离析的帝国使用武力的诱惑。现成的军力提升了民族冲突的可能性，而不是避战。例如，当塞尔维亚使用前南斯拉夫遗留的军队对付几个前南民族，俄罗斯也在车臣如法炮制（车臣不是前苏联民族联邦体制下的"加盟共和国"，而是俄罗斯联邦内的一个半自治地区）。这些前帝国中心，如本世纪早期的德国，在强大行政制度包括军队的伴随下走向民主转型，却是弱民主的帝国中心——一个被证明通向侵略型民族主义的联合体。

　　庇护政治。最后一个制度因素，是那些被非正式庇护网络所控制的，并且继承了共产主义之下的墨守成规的官僚体系的后共产主义国家

1　Alexander Motyl, "After Empire: Competing Discourses and Inter-State Conflict in Post-Imperial Eastern Europe," in Rubin and Snyder, *Post-Soviet Political Order*, 14–33; see also Bunce, *Subversive Institutions*, 117–120.

之间的区别。尽管正式行政制度在各后共产主义国家之间大体相同，它们在实际运行中却有很大差异。在早发国家，如捷克、德意志民主共和国(东德)和波罗的海沿岸国家,经济管理当局偏向非个人化和官僚化。[1]在高加索则相反，经济是围绕联结庇护人和受庇护人的部族网络而组织起来的，更依赖地方关系而非当局的官僚脉系。当苏联开始解体，波罗的海沿岸和高加索地区都发生了拥护民族独立和人民自治的大规模民众政治运动。这反映了该地区较高的教育和城市化水平。然而，这些人民运动的组织各不相同，颇能体现这些地区共产主义和前共产主义时期留下来的集体行动组织的差异。在波罗的海，大众政治很快成型为西方的法律和公民路线。[2]在高加索，大众政治被部族和既有的庇护网络所绑架，他们之间的竞争利益在民主过程中变得势不两立。而公民政治要求自我利益须服从于法治，要求接受选举失败，视其为可忍受的暂时劣势。这些公民训条与高加索的部族竞争格格不入，后者仅仅把大众动员和选举作为攫取和劫掠国家的工具而已。[3]对族裔民族主义的滥用证明是这种派系竞争的一种颇有吸引力的武器。

民族主义迷思制造和南斯拉夫解体

1991年南斯拉夫解体，1995年代顿协议签署授权北约部队驻扎波

---

1 Kitschelt, "Formation of Party Cleavages in Post-Communist Democracies," 455; 一个相关点，see Laitin, *Identity in Formation*, 66–67。

2 Gale Stokes, *Three Eras of Political Change in Eastern Europe* (New York: Oxford University Press, 1997), 179–180.

3 拉丁美洲背景下的一个同样分析，see Guillermo O'Donnell, "Illusions about Consolidation," *Journal of Democracy* 7:2 (April 1996), 34–51。

斯尼亚，武装冲突和暴行造成前南地区约 20 万人的死亡和 250 万人的流离失所。[1]1999 年在塞族控制的科索沃地区对阿尔巴尼亚族的驱逐则造成数以千计的死亡和几十万难民。各方都陷入了侵犯和报复的循环，各方也都奉行着貌似始终在自卫的战略。例如，克罗地亚人对有背叛嫌疑的塞族少数族群的担心，导致 1991 年克族警察进入克罗地亚边界的塞族村庄，然后作为一个自我实现的预言唤起了那些塞族与邻国塞尔维亚的结盟。在克罗地亚和波斯尼亚的塞族人，针对克罗地亚人和波斯尼亚穆斯林胡作非为，进行暴力驱逐和大屠杀，招致对这些塞族暴行受害者的国际军事援助和对塞尔维亚的军事封锁，最终改变了克罗地亚和波斯尼亚对塞尔维亚的军力平衡。对各方来说，1999 年科索沃战争也被证明是高成本的。阿尔巴尼亚族为了科索沃从塞族人的统治下获得自由而战斗，大大刺激了塞族人以暴行升级的方式对付阿族居民，结果引发北约对塞尔维亚的大规模轰炸，包括对塞尔维亚首都贝尔格莱德的空袭。这遭到塞族的抵制，塞族用武力迫使相当一部分阿族人离开科索沃前往阿尔巴尼亚或马其顿。所有前南人民都为民族暴力的高潮付出了沉重代价。

这一结果所发生的环境，按照最常被接受的自由主义理论，本来应该说是相当光明的。南斯拉夫国家的中央权力和南斯拉夫共产党的权力早在 20 世纪 80 年代就几乎蒸发殆尽，代之以在大部分联邦共和国的一个更多元的政治环境。政治和经济的去集中化——为这个威权主义的多民族社会规划了一条自由主义之路——早从 20 世纪 60 年代开始就加速进行了。解体的时刻，南斯拉夫中央政府正在按照西方债权人提出的路

1　Brown, *International Dimensions*, 4–6.

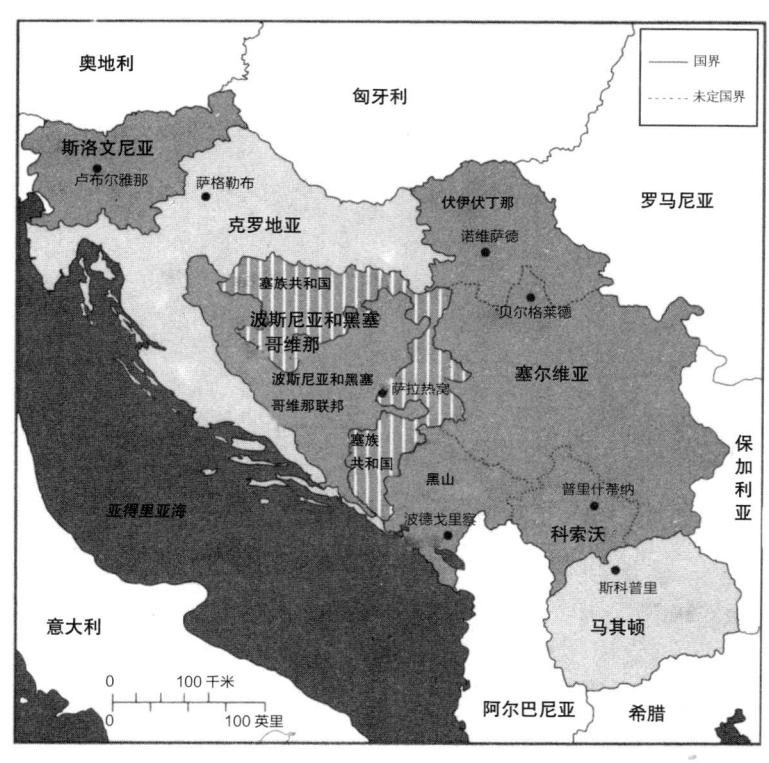

线，倡导全面的市场化改革。所有族群都有其官僚代表，少数族群在立法机构拥有否决权，富裕族群向贫困族群和地区的转移支付等都已经是标准的实践。[1] 权力既已分解到各共和国，政治也就变成了各共和国之间的竞争。到 1990 年，已经成立了 86 个政党，其中 6 个是塞族政党。[2]

---

1 Sabrina Ramet, *Nationalism and Federalism in Yugoslavia, 1962-1991*, 2d ed. （Bloomington: Indiana University Press, 1992）, 36.

2 Ibid., 234.

所有共和国的统治集团都面临公开的党派选举竞争，包括从极端民族主义的到自由派的。据"自由之家"的研究，公民自由和言论自由，虽说远谈不上完美，但在解体前夜已经有所提高。[1] 在 20 世纪 80 年代，虽然记者和知识分子仍会因为偏离权势观点而受迫害，但是他们中的一些人却宁愿冒此风险而尽力抓住机会。在社会方面，共产主义年代里被刻意加强的族群宽容创造出一个融合、世俗的城市文化，以至于在一些群体中的跨族群婚姻高达三分之一。简言之，按照标准的自由主义配方，南斯拉夫应该已经为和平的民主转型而准备就位了。

206

然而，事实上，这一初步民主化和政治去中心化的复合体对侵略型民族主义的兴起贡献颇巨，还导致自由主义改革的脱轨。旋即而至的民主化却威胁到共产精英的地位，给了他们激励，在大众民族主义运动中重新领头。同时，南斯拉夫制度的民族联邦特点为这些精英提供了影响事件和公共讨论的行政资源，用以加深族群分裂。塞尔维亚和克罗地亚的民族主义历史遗产为这些发展奠定了基础，因南斯拉夫国家崩溃引起的安全担忧则加剧了族群间的紧张。无论如何，这些因素都可能不足以引发一场暴力的族群冲突，与族群联邦精英们的说服行动尚有一段距离。

207

下几节讨论：第一，关于产生冲突支撑点的历史遗产；第二，南斯拉夫民族联邦主义的因果；第三，米洛舍维奇的民族主义战略作为前南共产精英在 20 世纪 80 年代所面临威胁的反应；最后，他如何运用媒体推销他的战略。

---

1 Raymond Gastil（and later R. Bruce McColm），ed., *Freedom in the World*（New York: Freedom House, 1988–1989），411–412 in the 1988 yearbook, 272–274 in 1989–1990.

历史遗产：早期民主化，迟到的经济发展

如上一章讨论的，"一战"前塞尔维亚作为一个独立民主国家的长久经验为塞尔维亚人民铸造其族裔民族主义打上了政治认同的烙印。当"一战"后的《凡尔赛条约》统一了塞尔维亚、克罗地亚、波斯尼亚、马其顿和黑山，创造了一个新的南斯拉夫，塞族人仍然把他们当作一个领导多民族国家的独特民族。在塞族为在他们治下取得更多集权化的偏执和克族为更大自治的渴望之间存在的紧张，从 20 世纪 20 年代的民主政权到"二战"后的整个共产主义政权期间，是一条始终贯穿着南斯拉夫政治的主题。所以，塞族从 19 世纪以来培养的特有民族认同，简直一以贯之，尽管如此特殊的认同也并行不悖地融入到塞族人所称的更大范围的南斯拉夫的认同里。这一历史遗产有助于搭建 1991 年暴力冲突的舞台，但其自身无法决定冲突的发生。

另一个催生南斯拉夫民族冲突的历史因素是其相对较迟的经济发展（即后发型）。直到进入共产主义时代之前，南斯拉夫经济一直由农业占主导。在 20 世纪 80 年代后期，南斯拉夫的少数城市化区域已经颇具都会气息和市民风格的时候，大片的乡村地区则是支持族裔民族主义和威权主义的堡垒，就像他们在那些迎来"二战"的年代里曾经做过的。[1] 因为早期民主化在塞尔维亚要先于经济发展，尚无复杂中产社会而到来的大众政治实在难以维系一个公民政治。塞尔维亚颠覆了英国公民政治

---

[1] Laitin, *Identity in Formation*, 13; see also Aleksa Djilas, *The Contested Country: Yugoslav Unity and Communist Revolution 1919–1953*（Cambridge: Harvard University Press, 1991），103–127, 关于从 20 世纪 20 年代到"二战"支持乌斯塔沙的农村基础。

的发展顺序，其结果是对立的族裔民族主义在滋养这个国家。

最后一个历史遗产是发生在"二战"时期的族群屠杀。纳粹入侵南斯拉夫后，他们扶植了一个由法西斯政党乌斯塔沙（Ustashe）领导的克罗地亚政权。这个组织在战前已经拥有相对较少的乡村追随者，但是缺乏大部分克罗地亚人的积极支持。为了把克罗地亚改造为一个法西斯政权，乌斯塔沙任意攻击塞族村民，后者对邻近的克族则回以报复，结果激化了族群矛盾，最终把克罗地亚变成了法西斯国家。[1] 这一时期各个族群犯下的恐怖暴行造成了害怕和不信任，而这些遗产为 20 世纪 80 年代后期的民族主义迷思制造提供了背景。然而，共产主义时期南斯拉夫城市里的高水平跨族通婚率也表明，很多人是能够将这些杀戮归责为法西斯主义和那个残酷的时代，而不是全部算到其他族群的所有成员身上。

所以，如果说 20 世纪 80 年代初的早期民主化导致了族群冲突就是简单地因为根深蒂固的仇恨和南斯拉夫族群有史以来就有的民族自治要求，是很有误导性的。历史遗产产生出冲突得以发生的条件，但是没有民族联邦主义的制度环境和机会主义精英的迷思制造，就不可能激活这一埋伏的潜在势力。

民族联邦制度：民族主义者的赋权

另一个用不正当手段造成族群冲突的因素是南斯拉夫国家激烈去中心化的民族联邦结构。除了多族群的波斯尼亚，其他每个共和国——塞尔维亚、克罗地亚、斯洛文尼亚和马其顿都由作为共和国命名依据的

1　Djilas, *The Contested Country*, 122.

主要族群所主导。塞尔维亚境内，民族联邦的逻辑被正式表述为由阿尔巴尼亚族裔为主体的科索沃的半自治区域，和匈牙利人高度集中的伏伊伏丁那（Voivodina）。一个由各共和国代表组成的轮值八人主席团监督着这些单位的合作。南斯拉夫共产政权的建立者，约瑟普·铁托元帅，直到 1980 年去世都是该主席团的第九人（永久成员）。

虽然共产主义南斯拉夫的民族联邦体制一直存在，但是 20 世纪 60 年代和 70 年代初的去中心化改革急剧扩展了民族共和国。三分之二的联邦预算流向了军队，其他大部分联邦事务都下放给了各共和国。[1] 到 20 世纪 80 年代初期，共和国之间的关系已经很接近无政府主义的均势体系。[2] 中央政权完全缺乏吸纳或协调 80 年代后期发展起来的政治参与压力的经济、代议和媒体机构。第一次选举发生在共和国水平上，选举出共和国层级的官员，为进一步放权的合法性做准备。[3]

在这个巴尔干化的结构里，南斯拉夫军队不成比例地主要由塞尔维亚军官所指挥，作为几乎唯一一个效忠中央政权的强力机构。然而，它的相对优势是暴力，而非民主参与。甚而，很多高级军官都有着塞尔维亚视角的集权南斯拉夫观念，即在塞族和军队领导下的统一。于是，对于民主改革下保持联邦来说，军队几乎毫无用处，除非作为支持困在克罗地亚和波斯尼亚两地塞族的工具才非常有用。

但是这一制度模式是冲突的一个独立成因，或者说民族联邦的创

1　Susan Woodward, *Balkan Tragedy*（Washington, DC: Brookings, 1995）, 39.

2　Ramet, *Nationalism and Federalism*, Chapters 1 and 2.

3　Juan Linz and Alfred Stepan, "Political Identities and Electoral Sequences: Spain the Soviet Union, and Yugoslavia," *Daedalus* 121:2（Spring 1992）, 123–140; Jim Seroka and Vukasin Pavlovic, eds., *The Tragedy of Yugoslavia: The Failure of Democratic Transformation*（Armonk, NY: M.E. Sharpe, 1992）.

立只是因为相互害怕、对立的民族主义在一开始就选择了这一制度吗？在某种程度上，民族联邦的安排确实反映了先前的民族情绪。1943 年，共产主义联盟承诺建立一个联邦制度，以吸引各民族加入到夺取纳粹政权的共同事业中。[1] 20 世纪六七十年代，更多的权力下放到共和国，只能部分归结为族群对立本身。更重要的动机是要通过分权和市场化改革重振垂死的经济。特别是富裕地区，如克罗地亚和斯洛文尼亚，试图消减中央政府在较不发达地区的非盈利的投资。这些分权性变化不仅在那些发达地区受到民族主义者的欢迎，也受那些被西方分析家称为"自由派"的欢迎——即那些要求以盈利标准来衡量投资的、要求共产党内更多元主义的、要求一个更开放的社会，特别是有关人权方面的人们。对自由派和他们的同盟来说，包括党的领袖铁托，中央政权的削弱和民族主义的兴起是联邦主义的一个不期而至的结果，而不是目标。[2] 是制度，而非简单地与一些政治人物的民族主义偏好相关，在最终结果形成中扮演着一个独立角色。

后铁托精英面临的挑战和他们的民族主义应对

210

铁托 1980 年去世之后，政客们开始推演，为日益分散的体制寻找新的支撑。这也恰逢经济危机日益加重。1985—1986 年，每年通胀率达 50%。斯洛文尼亚和克罗地亚之外地区的失业率升到 20%，产生了

1　Woodward, *Balkan Tragedy*, 30.

2　Ramet, *Nationalism and Federalism*, 83–84.

所谓的"革命形势"。[1] 这一危机大大提升了通过若干方式强化民族主义的激励。

20 世纪 80 年代，大部分南斯拉夫精英都接受经济僵局的解决需要进一步从中央权威放权、市场化和地方创制。甚至米洛舍维奇在1983—1985 年期间任塞尔维亚银行主席时，也提倡市场导向的政策。[2] 经济的去中心化更加强了民族共和国的自主，而削弱了中央国家。这一趋势因为经济危机大大损害了共和国之间的贸易平衡而进一步强化，对地方经济资源的控制变得至关重要。[3]

尽管对市场导向的解决方案存在广泛共识，但是塞尔维亚所偏好的市场改革方案与克罗地亚和斯洛文尼亚的又有相当分离。后两个共和国更乐于采纳经济自由化战略，并接受国际货币基金组织要求的严苛条件。塞尔维亚经济则相反，更多涉及缺乏竞争力的冶金行业和与多瑙河的东欧集团的贸易。[4] 虽然南斯拉夫总统推进自由化，中央政府手中的资源却如此有限，以至于难以满足国际货币基金组织设定的目标，因为只有真正强大的中央才可能实现。但是其中某些共和国，如塞尔维亚，并不愿意迁就这些目标。[5] 结果是经济危机继续，权力进一步下放到各共和国。

面对经济困境的重压和在一个较开放政治体制下需要吸引更多支持，共产主义精英能够利用民族共和国增加的权力设计他们的政治生存

1 Woodward, *Balkan Tragedy*, 73; see also Branka Magas, *The Destruction of Yugoslavia*（London: Verso, 1993），53.

2 Mihailo Crnobrnja, *The Yugoslav Drama*（Montreal: McGrill-Queen's University Press ,1994），84–85; see also Magas, *Destruction of Yugoslavia*, 166.

3 Woodward, *Balkan Tragedy*, Chapter 3.

4 Ibid., 29.

5 关于 IMF 的角色，see Woodward, *Balkan Tragedy*, Chapter 3; Magas, *Destruction of Yugoslavia*, 96–99。

战略。[1] 米洛舍维奇就特别精明。到 80 年代初，他已经为较为温和的塞尔维亚党的领导人如伊万·斯坦博利奇（Ivan Stambolic）衷心耿耿地工作多年，后者在 1980—1982 年间任塞尔维亚政府首脑和 1986 年的塞尔维亚主席。在新形势下，米洛舍维奇发现可利用民族主义，调和大众政治与延续威权统治之间的关系，而同时借机将把不够灵活的领导人如斯坦博利奇推到一边，斯坦博利奇属于对民族主义话语避之唯恐不及的。[2]

212　　1986 年，很多塞尔维亚科学院的著名学者联署了一份"南斯拉夫的塞族人地位备忘录"，提供了一份对米洛舍维奇颇有利的民族主义的伪民主方案。这份备忘录谴责了加诸塞尔维亚的限制，如塞尔维亚境内科索沃和伏伊伏丁那等省份的非塞族人享有的宪法权利，为"塞尔维亚人民"的主权和自治呼吁新宪法。这里的塞尔维亚是族裔的民族概念，而不应是个人的民主参与意义上的术语。[3] 精英集团，包括共产主义时代的议员和知识分子，都跳上了民族主义的花车。1987 年 4 月，米洛舍维奇取代了斯坦博利奇的位置。[4]

　　米洛舍维奇对科索沃塞族人的错误鼓吹，被证明对那些先前没有参与政治过程的人民来说特别受欢迎，尤其是老年、乡村和受教育较少的塞族人。这些人在 1990 年塞尔维亚大选时都将选票大量地投给米洛舍维

1　Woodward, *Balkan Tragedy*, 15. 类似地，拉莫特（Sabrina Ramet）把种族民族主义冲突的兴起置于威权制度的崩溃和大众政治兴起的背景下："从 80 年代以来，逐渐清楚的是铁托的准邦联制但一党制的框架所推动的权力碎片化正在制造制度缺陷和政治混乱。当然，混乱产生了机动空间和不确定——这也意味着自由。还不可避免地打开了大量市民更多政治参与的大门，一如在塞缪尔·亨廷顿关于政治秩序的经典论述基础上所预测的一般。"see Ramet, *Nationalism and Federalism*, 214。

2　Magas, *Destruction of Yugoslavia*, 194–197.

3　Crnobrnija, *The Yugoslav Drama*, 98.

4　Woodward, *Balkan Tragedy*, 92–93; Magas, *Destruction of Yugoslavia*, 198.

奇的政党，却几乎没有奢望从市场导向的、西方化的自由改革中获益。[1]
维耶科·伏亚西奇（Veljko Vujacic）说米洛舍维奇的成功是依靠"赐予大
众活动的自由缰绳，就满足了被制度无能所欺骗的观众政治参与的期盼"[2]。

即使如此，米洛舍维奇并不算是那次选举中最极端的民族主义候选
人。别的政党选战甚至建立在完全废除伏伊伏丁那和科索沃地区自治的
基础上。[3] 类似地，在克罗地亚 1990 年的选战中民族主义修辞如爆发一
般。统计表明这几个月塞族和克族间的关系紧张急剧增长。[4] 民族主义
策略不仅为昔日的一党治国家中感到威胁的精英们提供了动员大众的
支持，而且也为针对他们的自由派政敌进行的反动员提供支持。当捷克
斯洛伐克和匈牙利的共产政权的反对派在街道上和政治委员会里展开
有效示威的时候，塞尔维亚族群仇恨的气氛却很容易让被当成塞族人民
背叛者的反对派们沉默。[5]

第一次自由选举之后不到六个月，这个国家就战端开启。[6] 斯洛文
尼亚和克罗地亚，未能成功地从塞尔维亚赢得需要更大自治的共识，后
宣布独立。塞族控制的南斯拉夫军队动用武力阻止，未获成功。作为应
对，塞族在克罗地亚的边界地区举行了一次自治公投，然后新的克罗地

213

---

1 Lenard J. Cohen, *Broken Bonds: The Disintergration of Yugoslavia* （Boulder, CO: Westview, 1993），
157; Woodward, *Balkan Tragedy*, 93.

2 Veljko Vujacic, "Serbian Nationalism, Slobodan Milosevic and the Origins of the Yugoslav War,"
Harriman Review 8:4 （December 1995），31.

3 Ramet, *Nationalism and Federalism*, 235.

4 Lenard Cohen, "Embattled Democracy," in Karen Dawisha and Bruce Parrott, eds., *Politics, Power, and
the Struggle for Democracy in South-East Europe* （Cambridge: Cambridge University Press, 1997），80.

5 V.P. Gagnon, "Ethnic Conflict as Demobilizer: The Case of Serbia" （Cornell University, Institute for
European Studies Working Paper no.96.1, May 1966）.

6 Woodward, *Balkan Tragedy*, 17; see also Bogdan Denitch, *Ethnic Nationalism: The Tragic Death of
Yugoslavia* （Minneapolis: University of Minnesota Press, 1994），42–48.

亚国家出兵清除塞族村庄的当地警察。[1] 这些塞族，装备着米洛舍维奇和南斯拉夫军队提供的武器，沿着克罗地亚的南部边境线为创立他们自己的国家而战斗。

瞄准分隔的媒体市场

对大众媒体的民族主义操纵在制造族群冲突氛围中扮演着一个中心角色。如何完成这一故事，则很好展现了三个因素之间的互动：新兴的政治参与、部分开放的公共讨论和民族联邦制下分隔的南斯拉夫制度。

自由的非政府组织如"人权观察"通常会强调故事的一面：他们表明塞尔维亚和克罗地亚的政府官员如何运用对新闻媒体近乎垄断性的控制点燃他们共和国的族群歧视，动员大众民族主义的选区支撑其执政，并诋毁更多的自由反对派。[2] 然而，媒体垄断很少给予精英们推销其民族主义迷思的手段。动机和机会是由塞族精英对民主化的担心而产生的，由新闻记者不偏不倚的职业标准产生的，由迷思对族群分隔的目标受众的可行性产生的。在这些构成公共讨论的高度不完备条件下，孱弱的南斯拉夫中央政权具备了向日益政治多元化开放的潜力。这对共和国的寡头统治造成了威胁，也为政治冒险家创造了机会——包括政客、新闻记者和知识分子——利用他们的媒体权力争夺大众支持。

1　Cohen, "Embattled Democracy," 82.

2　Human Rights Watch, *Slaughter among Neighbors: The Political Origins of Communal Violence* (New Haven: Yale University Press, 1995), 121–123. 下一节关于南斯拉夫媒体，节选自：Jack Snyder and Karen Ballentine, "Nationalism and the Marketplace of Ideas," *International Security* 21:2 (Fall 1996), 25–30。

民族共和国赢得对电视的控制

早从 20 世纪六七十年代起，在民族联邦主义的分权会缓冲各族群 *214* 紧张的理论指导下，对电视的控制就已分散到各共和国。这最后被证明是个灾难性的错误。到 1989 年，南斯拉夫总理安特·马尔科维奇终于着手创建一个全南电视网络，这一电视网络却太小，且来得太迟了。

1987 年，米洛舍维奇利用他身为共产主义联盟塞尔维亚中央委员会领导的权力，在垄断的塞尔维亚国家电视台发起了一场系统攻势，说服塞族人民，称居住在科索沃的塞族，也就是塞尔维亚起源摇篮的所在地，正在经受多数民族阿尔巴尼亚人的歧视、压迫和强奸。他挑选电视台记者从贝尔格莱德到普里什蒂纳（科索沃首府）一路报道，每天亲自打电话给电视台，告诉编辑们突出哪些报道。[1]1987 年 4 月米洛舍维奇在科索沃的演讲之后，贝尔格莱德电视台播放了当地的阿尔巴尼亚裔警察如何殴打塞族人群以及米洛舍维奇的讲话："从现在起，没有人有权利打你们。"但是略去了塞族人群用石块攻击警察的画面。[2]米洛舍维奇操弄科索沃议题，利用这次媒体行动掀起了民族主义情绪浪潮，不仅作为清洗反米氏记者的借口，指责他们发布"一边倒的和不真实的报道"，还为了巩固贝尔格莱德的党内保守派的控制。于是，随着后铁托时代的权力下放，民族主义的媒体操纵成为米洛舍维奇击败自由改革派、争夺

1　Mark Thompson, *Forging War: The Media in Serbia, Croatia and Bosnia-Hercegovina* （London: Article 19, International Center Against Censorship, May 1994）, 20; Zdenka Milivojevic, "The Media in Serbia from 1985 to 1994," in Dusan Janjic, ed., *Serbia Between the Past and the Future* （Belgrade: Institute of Social Science, 1995）, 168–169.

2　Velko Vujacic, "Serbian Nationalism, Slobodan Milosevic and the Origins of the Yugoslav War," 29; Thompson, *Forging War*, 20.

大众和精英支持的成功战略的核心。

　　米洛舍维奇从未获得对塞尔维亚媒体的绝对垄断，但是他控制到足以发号施令的高度，包括国家电视台和贝尔格莱德的三家主要日报。一家独立电视台和半独立的报纸《战斗报》（*Borba*）被限电、限印数，发行范围不能超出贝尔格莱德的郊区，以防止进入作为米洛舍维奇重镇的塞尔维亚乡村地区。[1]

　　因为南斯拉夫去中心化的联邦结构，共和国电视台都独立于中央政府，但是被各共和国的共产党所垄断。南斯拉夫媒体，像南斯拉夫生活的其他方面，截至 20 世纪 80 年代已经变成了"地区寡头的联盟"。[2] 共和国电视甚至不会出现南斯拉夫总理马尔科维奇的演讲。为此，马尔科维奇在 1989 年建立了一个全南的电视网络——南电（Yutel）。然而，中央政府的财政有限，他们自己也是南斯拉夫联邦结构的产物，使得南电不得不依赖军队剩余物资和与地方广播的默契。仅仅在播出四个月后，在南电播出一个有关斯洛文尼亚的敏感报道时，克罗地亚直接拔了电源插头，大部分其他共和国也如法炮制。更致命一击的是，塞族暴徒洗劫了南电驻贝尔格莱德的办公室。[3] 由此，各共和国政府操纵大众媒体的能力基本反映了这个多民族国家的崩溃。

1　V.P. Gagnon, "Ethnic Nationalism and International Conflict: The Case of Serbia," *International Security* 19:3 （Winter 1994/95）, 130–166; Woodward, *Balkan Tragedy*, 99, 230–32, 293; Magas, *The Destruction of Yugoslavia*, 3–76; Thompson, *Forging War*, 56, 65–66, 114–116, 124.

2　Thompson, *Forging War*, 6–7, 16.

3　Thompson, *Forging War*, 38–43; Woodward, *Balkan Tragedy*, 230. 根据一项调查，在克罗地亚，1000 万人口中仅 60 万人能够从不受政府控制的媒体获得新闻：Miklos Biro, "Is Anybody Out There?" *War Report*, No.39 （February/ March 1996）, 17。

新闻记者和知识分子传播民族迷思

　　媒体的民族主义倾斜不能完全归责到各共和国的政府。新闻记者和 *216*
学者也玩弄族群牌，其中一些事例远早于米洛舍维奇。甚至在米洛舍维
奇发动媒体攻势之前，很多塞族知识分子就沉迷于渲染科索沃阿尔巴尼
亚人的威胁。1986 年塞尔维亚科学院著名成员的备忘录，指控说一场
针对科索沃塞族人的"种族屠杀"正在进行中，最早受到斯坦博利奇领
导的塞尔维亚中央委员会的谴责。这些知识分子把科索沃问题看作载
体，借以打破对知识分子自由的共产主义限制，并要求媒体的"自由化"。[1]
在一个可能受到欢迎却被共和国政府故意忽略的议题上大肆发挥，这些
公共知识分子能够建立起一个他们自己的小生境，作为他们这些大胆探
索者进行貌似开放风格的有关政治的公共讨论。这反映了所有南斯拉夫
精英在一个衰弱的共产主义集权背景下，在一个新的意识形态合法性基
础上重新定位他们自己的需要。如此情形下，专业的新闻共同体分裂了，
一些选择了民族主义路线并且迫不及待地拥戴米洛舍维奇攫取权力，另
一些抵制但最终被清除出去。[2]

　　马克·汤普森（Mark Thompson），是记者非政府组织"19 条"的成员，
也是南斯拉夫独立记者的一个重要党派成员，他描述 1987 年秋天米洛
舍维奇的夺权是"塞尔维亚共产政客、官僚、知识分子和媒体的一次串

1　Milivojevic, "The Media in Serbia," 164; Thompson, *Forging War*, 54; Laura Silber and Allan Little, *Yugoslavia: Death of a Nation*（New York: TV Books, 1996）, 33; see also Magas, *Destruction*, 49–76.

2　Gagnon, "Ethnic Nationalism and International Conflict: The Case of Serbia," 145–152; Vujacic, "Serbian Natioanlism," 30; Thompson, *Forging War*, 23–24.

谋"。[1]事实上，塞族作家同时也是塞尔维亚民主党领袖的约万·拉斯科维奇（Jovan Raskovic）承认"出现这样的情景一点不奇怪，这个国家到处蔓延着仇恨和偏执……我觉得自己有责任，因为我也参与了战争准备，尽管不是军事准备。如果不是我唤起塞尔维亚人民的感情张力，什么也不会发生。我的党和我自己点燃了塞尔维亚的民族主义，不仅在克罗地亚，而是到处，特别是在波斯尼亚和黑塞哥维那"。[2]

217
　　于是，所谓"公民社会"，其组织力量并不比政府弱多少，见证了利用媒体力量推广民族主义迷思的好处。他们有时甚至愿意与他们的族群对手精心策划阴谋以完成该使命。例如，在1991年波斯尼亚选举后，塞族、克族和穆斯林三个民族主义政党都获胜后，他们努力合谋瓜分波斯尼亚的已经族群融合甚洽的电视服务，同时排挤那些各自族群内部较为温和的政党。[3]

民族主义宣传的大众需求

　　媒体宣传的成功既依赖于供给的垄断，也依赖需求的性质，包括作为消费者前提条件所能接触到的信息合理性。一些宣传行动惊人地有效。例如，在北波斯尼亚，塞族得享六个月之久的媒体垄断，被用来为1992年的"种族清洗"行动而煽动大众，反复指责穆斯林正密谋建立一个伊斯兰原教旨国家。然后，塞族守卫的监狱指控他们的穆斯林俘虏精确地重述了媒体新闻所报道的所谓阴谋。同样，作为塞族宣传的结果

1　Thompson, *Forging Wars*, 55.

2　转引自：Jacques Rupnik, "The Reawakening of European Nationalism," *Social Research* 63:1（Spring 1996），58-59。感谢卡伦·巴伦丁（Karen Ballentine）指出这一点。

3　Thompson, *Forging Wars*, 221-224; Woodward, *Balkan Tragedy*, 230.

之一，在 1992 年 7 月的一次民调中，38% 的贝尔格莱德居民认为是穆斯林—克罗地亚军队最近炮轰了波斯尼亚首都萨拉热窝，而只有 20% 的被调查者知道是塞族干的。[1] 然而，观众却不愿吞下全部谎言。当大众民族主义者福克·德拉斯科维奇（Vuk Draskovic）在 1991 年 3 月发起一场大规模反战游行，政府控制的媒体却尽力把他描绘成与克罗地亚和阿尔巴尼亚人站在一条战线上的，最终因为太荒唐而不了了之。接下来，只有 8% 的塞族受调查者认同国家电视台让他们"充分了解资讯"，而 43% 的人则从独立媒体获得。[2]

所以，民族主义宣传的供给效应要从其需求的角度来评估。作为媒体行动的出色学生，马克·汤普森总结为："人民对克罗地亚和波斯尼亚的战争的基本态度，不是国家媒体创造出来的；媒体只是态度形成的一个变量，并源自其它来源（民族历史、家庭背景、教育、口头文化等）。媒体并没有向其读者注射反穆斯林的偏见或利用对克罗地亚民族主义的担心。这些偏见和担心很普遍，至少是潜在的；是先有一个相信新闻导出或者利用偏见的倾向；没有媒体，塞族领导无法获得共识并且从其民族政治获得肯定。"[3]

相关倾向的重要性由对立双方的宣传战略表现出来，即米洛舍维

218

1　媒体内容的变化也被成功地用来转换舆论，以利和平。在 1993 年 4 月 9 日，70% 的塞族受调查者说他们反对万斯—欧文和平计划（Vance-Owen），但在 4 月 27 日，在塞族政府和媒体政策反转后，只有 20% 的人反对，且 39% 的人表示欢迎。Thompson, *Forging Wars*, 127–128, 209, 264。

2　Thompson, *Forging Wars*, 73–75, 127–129. 然而，甚至独立媒体也发现自己会陷入民族主义迷思制造的自我实现的预言。如塞族记者赛洛维奇（Stojan Cerovic）1992 年 5 月所说，"任何一个解释真相的人之所以这么做，只因其自我担心。真实，听起来很像最险恶的反塞族宣传，任何描述这一真实的人，都将吓坏人民，然后导致人民转而反对他"（Thompson, 129）。有关强调寻求塞族民族主义取得有限成功的异议观点，see V.P. Ganon, "Ethnic Conflict as Demobilizer"。

3　Thompson, *Forging Wars*, 127–128.

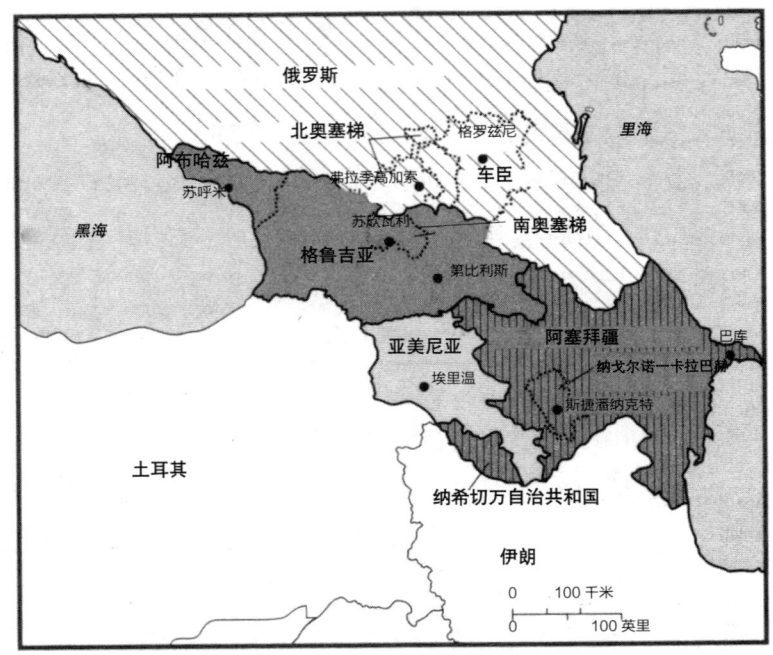

高加索地区

奇为塞族人所裁剪和克罗地亚总统弗拉尼奥·图季曼（Franjo Tudjman）
为其观众所采取的宣传战略。贝尔格莱德电视台渲染的塞族人一直处在
防御中，是每一场战斗的长期受害者。死去的塞族人被绘成受欢迎的画
像。这被认为能够与为一个半世纪前在科索沃战胜土耳其人而感到自豪
的人产生共鸣。相反，克罗地亚政府宣传主管告诉克罗地亚电视台淡化
失利，从不出现被摧毁的克罗地亚城镇的镜头"总是以乐观的声明和宣
誓来结束这样的报道"[1]。他们担心克罗地亚人缺乏塞族人的坚定国家传
统，可能会在知道他们面临的真实处境时简单地放弃。

---

1 Thompson，*Forging Wars*，105–111，引文在原书第 161 页。

观念市场结构化的国家角色

从这个媒体被民族主义绑架的故事中，我们能得到什么教训？南斯拉
夫这个例子所缺乏的，正是促进一个职业化、无偏见的、泛南斯拉夫大众
媒体的中央国家制度。为了建立更好的公共讨论条件，中央国家需要更强，
而不是更弱。因此，对中央国家控制媒体的限制，通常为自由派非政府组
织所建议的处方，此例中加剧了民族主义的迷思制造。联邦主义，约束国
家剥削少数族群的标准补救之道，已成为一个主要问题。民族的权力分享，
经常被说成是联邦主义的补充，也引发麻烦。例如，波斯尼亚媒体按各群
体观点平均分配时间的做法导致晚间新闻成为不同倾向的报道的杂烩。同
时，关于南斯拉夫军队在进攻萨拉热窝时的真正角色，却被压制报道，因
为它会刺激塞族人。[1]人们需要的并不是媒体同时表达三种观点，而是对事
实的专业化报道。而且，在首都为个别报纸提供津贴，如国际记者联盟对《战
斗报》所做的，并不能触及问题中心，因为民族主义的支持骨干分布在塞
族乡村，米洛舍维奇在那里的媒体垄断没有遭到挑战。

最后，非政府组织的典型建议，如人权观察提出的言论自由的最大
化也会给这种气氛带来可疑的效果。在塞尔维亚，甚至支持民主的精英
都倾向于利用人民的族群焦虑。例如，佐兰·金吉奇（Zoran Djindjic），
在米洛舍维奇 1996 年 11 月废除地方选举后举行民主抗议的领导人，批
评米洛舍维奇面临克族进攻时放弃克拉伊纳（Krajina）的塞族。"塞族
在历史上输掉战斗的原因，"金吉奇补充说，"是因为我们的对手一直等

1　Thompson, *Forging Wars*, 225，229-231.

到我们睡觉时然后压碎我们。"[1]他打消了那些更自由派的盟友使用民族主义修辞的顾虑,坚持:"如果我们要建立起一个人民运动,我们只能用民族主义来干。我们的基本目标是改革经济并推动南斯拉夫进入西欧,但是我们很难围绕经济计划获得人民支持。这就是我们为什么要把我们的运动建立在塞尔维亚民族主义之上。"已经疏远他的反民族主义的顾问德拉古留伯·米丘诺维奇(Dragoljub Micunovic)证实:"金吉奇说:'如果我要追求道德,那我最好待在教堂里。'"[2]因而,面对如此压倒一切寻求民族主义话语的激励,言论自由本身便成为问题的一部分。

大众政治和高加索战争

220   三个后苏联时期的高加索国家——亚美尼亚、阿塞拜疆和格鲁吉亚——在苏联崩溃后都经过了民主化阶段。每一个都至少举行过一次国际观察员认为是合理公平的选举。[3]在每一个国家,大众的民族主义运

1　Chris Hedges, "Serb Leader's Foes Persist, Hoping He Will Blink First," *New York Times*, December 10, 1996, A8.

2　Chris Hedges, "Ambitious Serb Takes on His Less Telegenic Twin," *New York Times*, December 1, 1996, 18.

3　对这些案例的一个平衡性讨论,see James Lee Ray, *Democracy and International Conflict* (Columbia: University of South Carolina Press, 1995), 122–124。

　　关于亚美尼亚,see the Commission on Security and Coooperation in Europe, *Report on Armenia's Parliamentary Election and Constitutional Referendum*, (Washington, DC: U.S. Government, July 1995), and idem., *Report on Armenia's Presidential Elections*, March 16 and 30, 1998 (June 1998)。

　　对1992年阿塞拜疆总统选举中破坏选举规则的程度,see Thomas Goltz, *Requiem for a Would-Be Republic: The Rise and Demise of the Former Soviet Republic of Azerbaijan, a Personal Account of the Years 1991–1993* (Istanbul: Isis, 1994), 271–285。

　　关于格鲁吉亚,see Irakli Tsereteli, "Georgia: Country Update. Seeking Stability under Shevardnaze," *Transition* (July 26, 1996), 42–45。

动都是其中不可忽视的政治力量。

这些大众能量助燃了格鲁吉亚境内以及亚美尼亚和阿塞拜疆之间对 *221* 每一个高加索国家都是代价高昂的族群战争。在格鲁吉亚，民主选举出来的种族民族主义的政府与奥塞梯和阿布哈兹少数族裔的冲突，都给俄罗斯军事介入创造了借口，而争吵的格鲁吉亚各派系缺乏抵抗的凝聚力。格鲁吉亚的冲突到 1996 年已经造成 47.5 万人迁徙和 1.75 万人死亡，其中很多人都是格鲁吉亚族的。[1] 在纳戈尔诺—卡拉巴赫地区的战争中，这块阿塞拜疆内部的亚美尼亚飞地，到 1996 年产生了 170 万难民，并有 5.5 万人丧生。[2] 亚美尼亚军队占领了阿塞拜疆三分之一的领土；接着，阿塞拜疆—土耳其的禁运使亚美尼亚国民生产总值下降一半。亚美尼亚，缺乏生产电力的石油，面临着痛苦的两难选择，或者破坏独特的大湖生产水电，或者重新启动特别不安全的核电厂计划；两者都令他们很受伤。腐败的裙带和有组织犯罪大行其道，导致财富分配急剧向很少数的人集中，而为引燃冲突的种族目标充满热忱的公众却在承担这一代价。[3] 到 1996 年 1 月，18% 的"胜利者"，贫困的亚美尼亚人移民到俄罗斯或者西方。[4]

超过政治制度能力的参与需求

在所有后共产主义国家中，高加索三国在高水平的大众政治参与和 *222*

1　Brown, ed., *International Dimensions*, 4–5.

2　Ibid.

3　Nora Dudwick, "Political Transformations in Postcommunist Armenia: Images and Realities," in Karen Dawisha and Bruce Parrott, eds., *Conflict, Cleavage and Change in Central Asia and the Caucasus* (Cambridge: Cambridge University Press, 1997), 69–109; Goltz, *Requiem*, Chapter 15.

4　Duswick, "Political Transformations," 82.

低下的政治制度之间的鸿沟恐怕是最大的。[1] 此种背景下，街道和战场上的民族主义动员成为大众参与政治过程的一个最重要的方式，保卫民族对追求腐败的活动来说也变得可以接受了。[2] 三国中，亚美尼亚那些组织集体行动的草根机构得到了最好的发展，其结果是他们在为战争努力和维持军事凝聚力而创造资源方面做得最为成功。然而，这些机构，依托血缘和庇护网络，朝向一个相互交叉的目标即法治的、民主选举的和官僚的国家展开。他们帮助亚美尼亚赢得战争，却没有发展出公民民族主义或巩固其飘摇的民主。[3]

苏联的制度遗产留给高加索人民两个世界上最坏的东西：围绕族群组织起来的政治，却没有沿着族群或者其他什么建立起来的有意义的民主参与制度。苏联的"地方化"（nativization）政策对该地区的社会和政治组织的族群认同给予了特别的优惠。在每个加盟共和国（按照主要族群命名），教育政策、语言政策和官员选拔都顾及一个有民族意识的精英的发展。这不仅反映了20世纪20年代布尔什维克施加中央化的俄罗斯认同上的困难，也反映了他们对族群认同的重视，视为泛土耳其或伊斯兰认同的替代，而后者对布尔什维克的霸权来说更具威胁。[4]

1　明确提醒人们注意亨廷顿对此问题认识的是：Mark Saroyan, "Beyond the Nation-State: Culture and Ethnic Politics in Soviet Transcaucasia," in Ronald Suny, ed., *Transcaucasia: Nationalism, and Social Change*, 2d. ed. （Ann Arbor: University of Michigan Press, 1996）, 426。see also Suny, "On the Road to Independence: Cultural Cohesion and Ethnic Revival in a Multinational Society," in Suny, *Transcaucasia*, 2d ed., 377–400。

2　Duswick, "Political Transformations," 79–81, 99.

3　Ibid., 89–91, 98–99.

4　David Laitin, Roger Peterson, and John Slocum, "Language and the State: Russia and the Soviet Union in Comparative Perspective," in Alexander Motyl, *Thinking Treoretically about Soviet Nationalities* （New York: Columbia University Press, 1992）, 144–149.

必须说，早在苏联之前，政治化的族群认同已经开始在高加索人中形成。虽然在 19 世纪的大部分时间里"亚美尼亚"的概念并不为乡村的亚美尼亚民众所知，而是亚美尼亚中产阶级知识分子们作为动员手段，抵御 1894—1896 年间的土耳其屠杀。[1] 1905 年的俄国革命在俄罗斯统治的跨高加索地区，加大开放了亚美尼亚民族主义政党达什纳克党（Dashnak）的大众政治组织的空间。1905 年的"亚美尼亚—鞑靼战争"，由纳戈尔诺—卡拉巴赫地区的季节移民所引发，更现代、更具民族意识的亚美尼亚人赢得了胜利，其先锋正是达什纳克党。亚美尼亚认同，最终因为"一战"中土耳其对亚美尼亚人的大规模驱逐和屠杀而强化为一个政治概念。

从 1918 年到 1920 年，亚美尼亚作为一个独立国家的短暂期间，由民主选举的达什纳克党所领导，也有助于亚美尼亚民族意识的进一步锁定。沙俄帝国崩溃后，达什纳克在 1918 年基于一个比例代表制和不论性别与宗教的普选的多党选举中被选择，掌管新独立的亚美尼亚国家。但是，由于为土耳其军事优势造成的贫困难民所困，且达什纳克更多通过大众民族主义赋予权威而不是经由精细的民主程序进行统治，1920 年，达什纳克党和亚美尼亚共和国被苏联军队夺占。[2] 此后，达什纳克党在散居的亚美尼亚人中继续保持了组织连续性，并在 1991 年苏联垮

223

1　Ronald Suny, *The Revenge of the Past: Nationalism, Revolution, and the Collapse of the Soviet Union*（Stanford: Stanford University Press, 1993）, 72; Nora Duswick, "Armenia: The Nation Awakens," in Ian Bremmer and Ray Taras, eds., *Nations and Politics in the Soviet Successor States*（Cambridge: Cambridge University Press, 1993）, 264.

2　Richard G. Hovanisian, "Caucasian Armenia between Imperial and Soviet Rule: The Interlude of National Independence," in Suny, *Transcaucasia*, 2d. ed., 264–267, citing Richard Hovanisian, "Dimensions of Democracy and Authority in Caucasian Armenia," *The Russian Review* 33（January 1974）, 37–49.

台后，在当代亚美尼亚的大众民族主义中再次发挥作用。理论上，亚美尼亚人在 20 世纪初期遭受的苦难对他们民族意识的形成和制度化具有持续性影响，部分缘于这些事件与亚美尼亚民主动员的早期阶段吻合。

224

说突厥语的什叶派穆斯林阿塞拜疆人，在发展他们自己独特的民族意识方面要迟缓得多。巴库，阿塞拜疆的主要城市，在 19 世纪后期伴随里海油田的发展快速实现了工业化。在俄罗斯统治下，巴库的经济掌握在基督教的亚美尼亚企业家手中，而不熟练的穆斯林是他们的劳动力。两者的对立路线第一次通过社会阶级和宗教差异的术语被提炼出来，有时也描述成更广泛意义上的亚美尼亚—突厥冲突，而使用专门的阿塞拜疆族群的术语则非常罕见。甚至阿塞拜疆这个概念本身都不是一个普通的称呼。亚美尼亚在 1905 年的"亚美尼亚—鞑靼战争"中的敌人正是今天被称作阿塞拜疆人的人。[1]

在格鲁吉亚，民族意识的发展可说划分得相当清楚：19 世纪 30 年代的文化觉醒；19 世纪 60 年代由知识分子最早提出的民族的政治概念；1918 年以格鲁吉亚孟什维克主义运动的形式产生了格鲁吉亚民族主义的大众支持。[2]

这些早期民族认同，经过苏联时期的政策沿着族群线路得到加固。

1　Tadeusz Swietochowski, *Russia and Azerbaijan* （New York: Columbia University Press, 1995）, 34–41, see also 21–29, 51–62; Suny, *Revenge of the Past*, 79–81; Audrey Altstadt, *The Azerbaijani Turks: Power and Identity under Russian Rule* （Stanford: Hoover, 1992）, 42–43; Swietochowski, *Russian Azerbaijan 1905-1920: The Shaping of National Identity in a Muslim Community* （Cambridge: Cambridge University Press, 1985）.

2　Stephen F. Jones, "Old Ghosts and New Chains: Ethnicity and Memory in the Georgian Republic," in Rubie S. Watson, ed., *Memory, History, and Opposition under State Socialism* （Santa Fe: School of American Research Press, 1994）, 155. 该文应用了赫若琪（Miroslav Hroch）所发展的三阶段区分类法。

斯大林创造的加盟（联邦）共和国有助于制度化这些族群认同，特别是褪褓中的阿塞拜疆认同，也赋予各自民族精英们一个筹码，发展他们的政治类别。在三个高加索共和国中，就像苏联的其他地方，每个人的护照上都专门标明了"民族"。人们的职业前景在本民族的共和国会更好一些，渐渐地，人们都因此迁回到他们的家乡。[1] 所有苏联共和国中族群同质性最强的是亚美尼亚共和国，1959 年有 88% 的人口属于亚美尼亚族；到 1989 年，亚美尼亚人超过 93%。而 1959 年，56% 的苏联亚美尼亚人居住在亚美尼亚共和国；到 1989 年，这一比例上升到 67%。同一时期，格鲁吉亚的格鲁吉亚人比例从 64% 上升到 70%；阿塞拜疆从 67% 上升到 83%。[2] 靠近巴库的苏姆盖特（Sumgait）贫民区，即 1988 年发生针对亚美尼亚人的大屠杀的地方，其人口由于 20 世纪 40 年代被亚美尼亚驱逐阿塞拜疆难民而激增。[3] 因此，苏联的联邦主义形式突出了族群认同的重要性，也为后苏联时代的集体行动指向了族群的方向。

当苏联遗产留下了一个族群化的官僚体系和具文化自觉的地方精英，对建立一个适合大众政治参与的制度框架，却无所作为。与英国在一些殖民地留下的民主基础相比较，例如，苏联的身后遗产没有多元化的政党政治、竞争性选举、有意义的议会代表或者职业化的新闻专业主义。当苏联强权从中央崩溃后，政治舞台很自然地为民族关怀所鼓舞的大众政治动员所设，但是并没有有效的民主渠道表达或者调和这些民族关怀。

225

---

1 Suny, *Revenge*, 102–106, 110.

2 Kaiser, Geography of Nationalism, Tables 4.1 and 4.3, pp. 161, 174, also, pp. 124–135; Philip Roeder. "Soviet Federalism and Ethnic Mobilization," *World Politics* 43:2（January 1991），196–232; Rogers Brubaker, *Nationalism Reframed*（Cambridge: Cambridge University Press, 1996），Chapter 2. 某种程度上，这些指标反映了不同的出生率以及移民率。

3 Altstadt, *Azerbaijani Turks*, 197.

在苏联的波罗的海共和国（爱沙尼亚、拉脱维亚和立陶宛），这些制度空白相对来说比较容易填补，因为该地区大众文化历史悠久，对法律、官僚和政治组织的帝国形式非常熟悉。这些波罗的海国家，领导民族独立运动的大众"人民阵线"（*Popular Fronts*）很快向有组织的政党让路。欧洲风格的民主和市场体制准备就绪，新闻记者们也热望着西方的标准。[1]

到 1988 年，高加索地区领导反对苏联统治的知识分子开始有意识地复制波罗的海的人民阵线，其结果不同，与地方条件有关。在相对教育较好、城市化的、工业化的共和国，如亚美尼亚和格鲁吉亚，独立运动发起有序的大众示威，从共产主义官吏统治到选举出的民族主义领导的转型也基本上体现了共识。[2] 在阿塞拜疆则相反，民众示威往往退化为暴民暴力，特别指向巴库的亚美尼亚裔邻居。尽管存在这些差异，一个显著的相同点——大众民族主义和弱小民主制度之间的互动，伴随着腐败、裙带和庇护政治——给高加索所有国家的好战民族主义提供了非常宽松的条件。

1　Lieven, *Baltic Revolution*, Chapters 8 and 9.

2　在苏联所有民族体中，格鲁吉亚和亚美尼亚人中受过高等教育个人比例为最高（城市格鲁吉亚人，1979 年每千人中有 231 人；城市亚美尼亚人比例为 151 人；城市阿塞拜疆人比例为 128 人）。see Kaisers, *Geography of Nationalism*, Table 5.9, p.229。

在 1975 年，亚美尼亚的国民收入水平为苏联平均的 83%，格鲁吉亚是 76%，阿塞拜疆为 65%。工业产出方面，亚美尼亚为 88%，格鲁吉亚为 61%，阿塞拜疆为 56%。人均消费，格鲁吉亚占苏联平均水平的 90%，亚美尼亚 84%，阿塞拜疆 67%。三个民族中，医生数量数格鲁吉亚最高。

Gertrude Schroder, "Transcaucasia since Stalin: The Econmic Dimension," Suny, ed., *Transcaucasia: Nationalism and Social Change*, 1st ed.,（Ann Arbor: University of Michigan, 1983），Table 1 and 2, pp.399, 401, 411; Ronald Suny, *Looking toward Ararat: Armenia in Modern History*（Bloomington: Indiana University Press, 1993），183–184. 施罗德（Schroder）撰写的那一章，第 473 页，表明到 1990 阿塞拜疆已经缩小了这些差距，例如，在医疗人员数量上。

阿塞拜疆大众民族主义和腐败政治

阿塞拜疆的大众政治，介于城市工业和传统农业部门的人口和经济 *226*
的平衡，受到超过 16.5 万阿塞拜疆农村难民的强烈影响，他们主要是
在 20 世纪 80 年代后期被亚美尼亚或亚美尼亚控制的纳戈尔诺—卡拉巴
赫地区驱逐的，集中在巴库。虽然阿塞拜疆民族主义运动大部分都是
这些草根组织志愿发动的，阿塞拜疆知识分子很快就跻身运动的领导位
置，组织起阿塞拜疆的人民阵线。到 1988 年 11 月，民族主义者已经控
制了阿塞拜疆的媒体，展开与亚美尼亚关于卡拉巴赫议题的持续争论，
根本不顾持消极立场的阿塞拜疆共产党政府。[1]

阿塞拜疆的大众能量一开始就更多地指向与亚美尼亚对立的急迫
议题，如形成委员会组织拯救卡拉巴赫难民，而非建立一个阿塞拜疆国
家。当亚美尼亚和格鲁吉亚迅速将共产党官员赶出办公室，阿塞拜疆的
共产党干部们却赢得了 1990 年的选举，而人民阵线只获得不足 10% 的
议会席位。[2] 然而，夺取国家权力却很快就成为阿塞拜疆大众政治的中
心议题。

在阿塞拜疆 1991 年宣布独立后,前共产党阿亚兹·穆塔利博夫（Ayaz *227*
Mutalibov）的政权在处置难民危机方面仍然无力得到大众支持，甚至
拒绝采取行动、创建一支堪与卡拉巴赫的亚美尼亚民兵对抗的常备军。

1　Stuart Kaufman, *The Symbolic Politics of Ethnic War: Elites, Masses, and Ethnic Violence in Post-Communist Europe*（Ithaca: Cornell University Press, 2001）.

2　Swietochowski, *Russia and Azerbaijan*, 195–199, 201–211; Altstadt, *Azerbaijani Turks*, 201, 204–205.
　　关于亚美尼亚和格鲁吉亚，see Dudwick, "Armenia: The Nation Awakens," 261–287, and Stephen Jones, "Georgia: A Failed Democratic Transition," 288–312, both in Bremmer and Taras, *Nations and Politics*。

先后四任国防部长，平均每位任职时间只有一个月，各组建了只有 500
人的军队。这些军事单位组建的速度，还不如穆塔利博夫将这些受反对
派影响的单位解散得快。[1]

到 1992 年，人民阵线的领袖们最终能够迫使穆塔利博夫离开了，
因为他在组建军事力量和合理化税基以支持军力等方面的失败正在削
弱阿塞拜疆民族保卫自己、抵抗亚美尼亚这个宿敌的能力（这概括了查
尔斯·蒂利描述早期欧洲的模式，其中战争和军事动员之需，要求约束
大众民族主义的力量以加强国家权力）。[2]阿布尔菲兹·艾尔席贝（Abulfez
Elchibey），人民阵线的创始人、学者和自封的民主人士，控制着该议
题并且宣称建立与土耳其种族团结的平台，在被认为有理由相信是一场
自由和公平、尽管存在偶发问题的选举中被选为总统。艾尔席贝最有份
量的对手，是一位不知名的疯子，在他承诺给每位公民提供免费黄油之
后人气飙升。在艾尔席贝的选战中，托马斯·戈尔茨（Thomas Goltz）
评论说，"新闻审查的水平等于零，但是也没有负责任的报道"。[3]

228 　　艾尔席贝政权，抛开其民族建设的措辞和选举任命，完全不能胜任
制度化其民族主义的集体行动，空留程序民主。政府官员们的腐败从上
到下，一点儿不比共产党时期少多少。效率和民族优点毫无意义；刺激
行动唯一的激励就是捞取回扣的机会。例如，阿塞拜疆本来可以利用炼
油副产品的天然气为其实质性的军事努力而筹款，而不是白白烧掉或者
从中亚购买。为了开发这一废弃资源，Pennzoil（宾州石油公司），阿塞

1　Swietochowski, *Russia and Azerbaijan*, 218–219.

2　Charles Tilly, *Coercion, Capital, and European States* （Cambridge: Blackwell, 1990）.

3　Goltz, *Requiem*, 271, 273–274; Swietochowski, *Russia and Azerbaijan*, 220.

拜疆石油财团的一个合作伙伴，免费提供天然气压缩。但是因为这是免费的，也就没有回扣可捞；因为没有将设备卸下船的激励，这些压缩设备一直闲置到锈掉。[1]

在军事领域，问题也一样。阿塞拜疆军队大体上是按照"盈利"原则继续由私人组织起来的民兵。[2] 司令官们把阵亡士兵的尸体冰冻保存，以便继续侵占他们的军饷。如果可能，他们会把尸体高价卖给士兵的家属，后者只是想完成体面的穆斯林葬礼。[3] 拨给野战医院的经费都落入军官的口袋。结果，对伤兵的医疗救助极其悲惨，受伤近乎致命，战场遗弃的比率非常高。为对此进行弥补，黑帮们到巴库的贫民区到处转悠，招募所有那些看上去适合服兵役的男子。作为艾尔席贝支持核心的底层阶级和难民变得心怀不满。[4] 其结果便是，自诩民主派的艾尔席贝不得不禁止发布坏消息、压制各种不满，其恶劣程度甚至超过共产党的穆塔利博夫。[5]

军事力量没有用来与亚美尼亚战斗，而是提供了对付阿塞拜疆竞争党派的肌肉。虽然宣称民族团结，阿塞拜疆政府、知识分子和地区部族都在竞相自利地攫取资源，互不信任。如同一位阿塞拜疆分析家所解释的，源于"封建—部落概念"的"部族间冲突"引致"地方对峙"，而且"政府非理性的干部挑选机制"在知识分子当中产生了不满。[6] 最终，

1　Goltz, *Requiem*, 335–336.

2　Robin Bhatty,Columbia University, 正在进行的博士论文。

3　Goltz, *Requiem*, 271; Robin Bhatty, 私人通讯。

4　Elizabeth Fuller, "Azerbaijan's June Revolution," *RFE/RL*（*Radio Free Europe/ Radio Liberty*）*Research Report* 2:32（August 13, 1993），24–29.

5　Goltz, *Requiem*, 33–34.

6　Hikmet Sabiroghlu, "Problem No.1," *Baku Azadlyg*, October 15, 1994, 5, repr. In *Foreign Broadcast Information Service*（*FBIS*）*Report: Central Eurasia*, FBIS–USR–94–130, December 1, 1994, 98–99.

艾尔席贝被地方军事领袖推翻，他们邀请老共产党首脑盖达尔·阿利耶夫（Heidar Aliev）重新掌权。这意味着，选举再一次被操纵，腐败至少组织得更好些了。[1]

简言之，且不论大众多大程度卷入了政治，阿塞拜疆缺乏制度渠道来维持一个连续的民族主义运动，一个民主国家被虚置。早期民主化最初爆发了针对民族大敌的人民动员，但是这些能量很快被仍然主宰阿塞拜疆政治和社会的庇护网络所耗散。

亚美尼亚的大众民族主义和部族动员

表面上，亚美尼亚的民族主义集体行动应该不会跟阿塞拜疆的有多少分别。被土耳其人的种族屠杀所形成的记忆加强，被1918年民主共和的先例所鼓舞，散居民族被达什纳克的组织所制度化，还有以黎巴嫩为基地发展出的武装力量的军事组织经历，在如此高度发达的民族意识下，亚美尼亚民族主义者抓住了独立机会。为民族独立而战成为既定的社会规范，并因监督和惩罚那些逃避民族义务的非正式手段而加强。亚美尼亚的基督教堂构成了遍布每个村庄的现成监视网络，分发食物救助的地方神甫记录着哪些年轻人在为民族而战、哪些年轻人没有。[2]这里的公民社会是民族主义的，并且是高度组织化的。

当然，相关亚美尼亚集体行动的社会制度也揭示了与阿塞拜疆的家

1　Commission on Security and Cooperation in Europe, *Report on Azerbaijan's Novermber 1995 Parliamentary Election*（Washington, DC: US GPO, January 1996）.

2　Nora Dudwick, "Nagorno–Karabakh and the Politics of Sovereignty," in Suny, *Transcaucasia*, 2d ed., 427–440; Duswick, "Political Transformations," 98–99; Robin Bhatty, personal communication, July 9, 1996.

族网络的某种高度相似性。[1] 两个例子中，都是基于部族的社会组织在非民主方向开辟出民族主义。亚美尼亚的军事力量，不比阿塞拜疆的少，由志愿民兵组成。[2] 发生在纳戈尔诺—卡拉巴赫的战斗，虽然由采取大众民族主义的卡拉巴赫委员会所推动，却实际上由地方民兵和黑手党类型的组织所触发。[3]

在亚美尼亚内部，政党退化成薄纱笼罩的庇护寻求导向的部族。虽然 1991 年选举近乎自由和公平，1995 年的选举过程就更多地被人为操纵了：主要的反对"党"的领导，由与现任总统竞争的一个部族所控制，列文·特尔－彼得罗相（Levon Ter-Petrossian），被关押并禁止参选。1996 年的总统选举，国际观察员和亚美尼亚的观察者都得出结论，特尔－彼得罗相通过在投票站的舞弊就偷走了选举。[4]

官员职位的主要价值就是为提供庇护的机会。部族只有在他们能够控制一个颇有价值的政府部门的庇护者时才会支持执政联盟。直到特尔－彼得罗相总统在 1998 年被推翻，他的兄弟台尔曼（Telman）一直被认为是亚美尼亚最富有的人。作为一名前共产党高官，他控制着政府合同并监督着工业的私有化。[5] 因此，亚美尼亚公民社会的强大非正式

1 Suny, "On the Road to Independence: Cultural Cohesion and Ethnic Revial in a Multinational Society," in Suny, *Transcaucasia*, 2d ed., 380–381.

2 Robin Bhatty, personal communication; Ara Tatevosyan, "Nagorno-Karabakh's New Army of 'Iron Will and Discipline,'" *Transition* （August 9, 1996）, 20–33.

3 Stuart Kaufman, "An 'International' Theory of Inter-Ethnic War," *Review of International Studies* 22 （1996）, 164.

4 Steve LeVine, "Armenia Chief Faces Protests Over Election," *New York Times*, September 24, 1996, A6.

5 Dudwick, "Political Transformations," 90–91; Dudwick, "The Mirage of Democracy: A Study of Post-Communist Transition in Armenia" （paper prepared for a workshop on post–communist democratization, School of Advanced International Studies, Johns Hopkins University, November 16–17, 1995）, 28.

组织不是多元代表和争论导向的，而是朝向争夺狭隘利益的小集团动员。这种条件下，彼得·鲁特兰（Peter Rutland）说："赢得选举的能力并不比控制街道、组织救援和指挥战斗的能力重要多少。"[1]

民族主义讨论为这些民主政治的腐败提供了意识形态的掩护。[2]虽然选举明显存在舞弊、国家资产也被剥离，政府仍然声称它是代表人民在统治，只有它能领导抵抗阿塞拜疆敌人的斗争。在这个只有3%人口读报的国家，政府对电视和广播的垄断是控制信息传播的有用工具。[3]

部分因为亚美尼亚人民在独立后都接受单方面的民族主义讨论，在围绕政府庇护的派系斗争中民族主义诉求几乎就是王牌。没有人，总统也不例外，在向竞争对手的民族主义制高点投降后还能生存下来。特尔－彼得罗相总统正面临着这一困境，尤其当他开始理解亚美尼亚在与阿塞拜疆冲突中的不屈斗争可以唤起危险的反对联盟，而后者会危及国家以及他的庇护流。不仅亚美尼亚经济正被阿塞拜疆的持续封锁勒紧了脖子，而且国际援助者也开始把占据着阿塞拜疆三分之一领土的亚美尼亚人看成不正义的入侵者。尽管有亚美尼亚—美国游说集团的努力，在里海油田开发存在利益的美国石油公司正努力出头，使国会确信可以解除对阿塞拜疆的制裁。在1997年11月，特尔－彼得罗相在一次著名演讲中总结了所有这些危险。他警告说，除非卡拉巴赫的纠纷很快通过妥协达成解决，否则在不远的未来，借助日益增长的石油财富阿塞拜疆就

---

1 Peter Rutland, "Democracy and Nationalism in Armenia," *Europe-Asia Studies* 46:5（1994），857; see also Dudwick, "Armenia," in Bremmer and Taras, *Nations and Politics*, 276.

2 Dudwick, "Political Transformations," 80–81; Dudwick, "The Mirage of Democracy," 41.

3 Dudwick, "Political Transformations," 101.

将压倒亚美尼亚。[1] 这一现实主义战略下，特尔—佩特罗西安面临致命的劣势。1996 年他难以胜任一次公平选举的一个原因是，反对派已经利用指控他在卡拉巴赫问题上的"叛国"和"投降"而受到欢迎。[2] 鉴于特尔 – 彼得罗相已经大大远离了军事民族主义的共识，竞争派系发现了一个机会可击穿他把持的权力和庇护，迫使他在 1998 年 2 月辞职。在 1998 年 3 月相对公平的选举选出的新总统，是一位鹰派的卡拉巴赫亚美尼亚人的前领袖，罗伯特·科恰良（Robert Kocharian）。

格鲁吉亚：国中之国

格鲁吉亚在其后共产主义转型中面临着同样的困难。像亚美尼亚一样，当苏联垮台的时候，它具有相对较高的教育水平和发育良好的民族意识。在 1991 年 5 月的第一次选举中，反共的异议分子、民族主义作家兹维亚德·加姆萨胡尔季阿（Zviad Gamsakhurdia）以 87% 的选票赢得总统选举。然而，举行选举的能力并没有把格鲁吉亚变成一个正常的国家，民主持续被虚置。加姆萨胡尔季阿政权迅速垮台，格鲁吉亚陷入效忠各自地区或者军阀的不同派系之间的战争——他们所有人都属于格鲁吉亚族。加姆萨胡尔季阿下台后，一个军事委员会邀请苏联时代的

232

1　Levon Ter–Petrossian, "War or Peace? Time for Thoughtfullness," *Hayastani Hanrapetutium*, Novermber 1, 1998. 感谢 Robin Bahtty 提供了这一文章的翻译和相关材料。

　　See also Commission on Security and Cooperation in Europe, *Report on Armenia's Presidential Election*, March 16 and 30, 1998, 5–6.

2　Edward W. Walker, "No Peace, No War in the Caucasus: Secessionist Conflicts in Chechenya. Abkhazia and Nagorno–Karabakh"（Harvard University Kennedy School of Government: Strenghening Democratic Institutions Project, February 1998）, 40.

共产党高官爱德华·谢瓦尔德纳泽（Eduard Shevardnadze）组织新政府。无论如何，格鲁吉亚的"民主"不是建立在一个牢固的民主制度基础上，而是在谢瓦尔德纳泽的恩庇侍从关系的个人网络以及在他早期担任苏联外长期间与西方培养的良好关系的成就之上。[1]

233　　虽然格鲁吉亚成功地举行了自由公正的选举，它仍然缺乏将不同少数族群的需求整合到民主妥协过程的有力制度。此种民主环境下，苏联的民族联邦制度遗产有助于政治化那些互不相容的民族主张。苏联已经在格鲁吉亚境内为少数的奥塞梯人创建了自治区，为阿布哈兹创建了包含议会的自治共和国。1989年，奥塞梯人只占格鲁吉亚人口的3%，阿布哈兹人只有1.8%。阿布哈兹人在它自己的自治区域内甚至不足人口的五分之一，其余包括俄罗斯人、亚美尼亚人和格鲁吉亚人。[2]

　　这些族群辖区很快都陷入暴力争端。格鲁吉亚渴望为他们的新国家建立起排外的族群认同。新选出的加姆萨胡尔季阿力图限制南奥塞梯作为自治区的地位，并且向奥塞梯人施压，要求他们"返回"他们在边界北方、俄罗斯境内的家乡。当格鲁吉亚的派阀再次陷入内战，阿布哈兹成功吸引了俄罗斯军事支持，帮助他们驱逐在其自治共和国的格鲁吉亚人，然后宣布独立。

　　如果把格鲁吉亚的族群冲突全部归咎于民主化而来的动力未免夸张。格鲁吉亚的民族认同早在1991年选举前就已经形成。而且，苏联

1　S. Neil MacFarlane, "Democratization, Nationalism and Regional Security in the Southern Caucasus," *Government and Opposition* 32:3（Summer 1997），399–420, esp. 406.

　　这一文章提出了一个连接民主化与战争的平衡、微妙的评价观点，可用于亚美尼亚和阿塞拜疆的例子，亦可运用于格鲁吉亚。

2　Jones, "Georgia," 289.

崩溃后的冲突的驱动力，部分是在无政府条件下各种无领导的组织，而不仅是族群，都在相互斗争。类似地，俄罗斯的军事干预，渴望重新在这个苏联撤出的地域取得一个立足点，也有意纵容冲突。即使如此，民主化的动力仍然担当着增加民族冲突的角色。在这个被民族联邦主义遗产反向结构化的情境下，政客们试图用民族主义主张开辟政治参与的上升通道，往往大大超出孱弱的政治制度的能力。为了在多元主义妥协的基础上整合各族群，强大的民主制度是必须的。而格鲁吉亚的民主则相反，其基础是过时的恩庇侍从关系和断断续续的选举，不堪族群融合，即便在最佳的如谢瓦尔德纳泽的领导下。最坏的，在加姆萨胡尔季阿治下，便是高度分裂。[1]

后发的高加索和缺陷民主

总之，高加索的好战民族主义反映了社会和政治发展光谱上的中间位置。在后苏联的边缘地带，民族主义大众运动发展各异，依赖于识字率的提高和专业中产阶级的发展这一历史时间线，和他们是否熟知法律与官僚的关系，而非基于个人好恶。在波罗的海国家，这些特质发展相对较早，大众民族主义运动很快在民主结构内得以制度化。在另一个极端中亚，这些特质在大部分本地乡村人口中发展不足，也没有强有力的大众运动出现。政治仍然被部族、庇护网络和压迫性官僚体制所控制，包括苏联军队的残余。

高加索的国家介于民族主义危险区域之间。比中亚的识字率、工业

234

1　MacFarlane, "Democratization, Nationalism and Regional Security in the Southern Caucasus," 413–419.

化和城市化程度更高，高加索人民有能力设想他们为独立民族并且组织起民族运动。然而，他们缺乏波罗的海国家集体行动的民主形式这样的组织资源。高加索地区的政府，无论通过怎样自由和公正的选举选出，都不是依靠法治进行统治，而是通过腐败、个人化的恩庇侍从关系。由此，高加索地区的国家，在大众政治参与需求之高以至于现有的制度渠道不堪应对时，进入了依赖民族主义的阶段。这种情境下，民族主义被渴望庇护的部族、要求拥有权力的大众团体和决定镇压反对派的国家精英等的狭隘企图所利用。[1] 与其他后苏联国家相比，这三个高加索国家特别充满了因为不完全民主化和民族主义带来的创伤经历。

后共产主义俄罗斯的媒体战

民族主义和民主化也交织在俄罗斯对北高加索地区分离主义政权车臣的战争中，这场战争从 1994 年 12 月到 1996 年 8 月，造成约 3.5 万人死亡。[2] 此例中，大众多元化政治的竞争动力既是好战的俄罗斯民族主义的刺激物，也可检验其是否过度。一方面，在贫弱民主制度背景下兴起的大众参与，给予俄罗斯的煽动者像弗拉基米尔·日里诺夫斯基一个机会，只要借民族主义主张赢得选票就能向温和派如俄罗斯总统鲍里斯·叶利钦（Boris Yeltsin）施压、做出某种实质反应。另一方面，

1　相关分析 see Karen Peabody O'Brien, "Patterns of Modernization and Mobilization: Nationalism and Political Patronage in Transcaucasia," Columbia University dissertation in progress, for a related analysis。

2　这一估计 see Gail Lapidus, "Connected Sovereignty: The Tragedy of Chechnya," *International Security* 23:1（Summer 1998），6（fn 3）。列别德将军可能得到一些西方人权团体的支持，称车臣战争最终导致 8 万人死亡，24 万人受伤。see Michale R. Gordon, "Chechnya Toll Is Far Higher,80,000 Dead, Lebed Asserts," *New York Times*, Spectember 4, 1996, A3。

与西方保持良好关系的关键精英集团有能力运用选举过程和大众媒体，与已经厌倦帝国负担的选民们，创造出共同事业。结果，俄罗斯大众民族主义的动员是有限的，虽然俄罗斯转型民主期间的代议制和新闻制度也很弱。[1]

　　俄罗斯总统叶利钦错误发动了一场对车臣的军事干预，试图在他声望跌落和俄罗斯民族主义上升之际拯救其政权。在 1993 年 12 月的议会选举中，极端的俄罗斯民族主义者日里诺夫斯基的政党，利用工人阶级对经济改革的焦虑赢得了四分之一的席位。由于在所谓邻近海外的新兴独立国家受到轻视，在俄联邦境内的非俄罗斯少数民族纷纷提出自治要求，颇有挫折感的俄罗斯政客和评论家们一致扔掉了戈尔巴乔夫时代的国际合作主义修辞，代之以日益明确的俄罗斯国家利益的主张。同时，到 1994 年秋天，民调显示 70% 的俄罗斯人对总统的执政不满。叶利钦面对充满敌意的议会、桀骜不驯的地区、顽固的官僚和不满日盛的公共舆论，越来越难以行使权威，发现对放言主权独立的车臣进行军事镇压是一个绝好机会，能够在陷入民主死结之际展现他的决断行动力。俄媒体的大拿们纷纷恬不知耻地说，叶利钦正在翻新一位沙皇内阁部长的策略，在日俄战争（和 1905 年俄国革命）前夜，据说，"我们需要一个短促的胜利战争，方可在革命浪潮中砥立"[2]。恰如米歇尔·麦克夫（Michael McFaul）的结论，"叶利钦不是派他的部队到车臣去拯救俄联邦。他是

1　Michael McFaul, "A Precarious Peace: Domestic Politics in the Making of Russian Foreign Policy," *International Security* 22:3（Winter 1997–1998）, 5–35.

2　尽管这一名言经常被归到沙皇时期的内政部长普雷夫（Viacheslav Plehve），但是 Richard Pipes, *The Russian Revolution*（New York: Knopf, 1990）, p.12 和 Abraham Ascher, *The Revolution of 1905*（Stanford: Stanford University Press, 1988）, p.44 等，表明准确地说应该是财政部长威特（Sergei Witte）而不是普雷夫持有这一观点。

为了挽救他自己的总统职位而发动对车臣的战争"[1]。

236

和那些沙皇内阁部长们曾经做过的相比，这一策略对叶利钦来说可谓适得其反。公共舆论和独立媒体对叶利钦的战争政策踩了急刹车。独立电视台连篇累牍报道战争的耗费和伤亡，叶利钦的声望也因此跌得更惨。他的大部分竞争对手，不是给叶利钦对车臣的民族主义立场加码，而是尝试以反战的方式赢得支持。甚至持民族主义立场的退休将军列别德（Aleksandr Lebed），在 1996 年参加总统选举首轮赢得 15% 选票后，担任叶利钦的安全委员会秘书，他把自己定位为被疾病困扰的叶利钦的受欢迎的继承者，他通过谈判达成了一个受到车臣人欢迎却饱受俄罗斯人敌意的结果。

237

无视公众对车臣战争的不满，在民主转型的俄罗斯的政治讨论中，民族主义和族群不宽容仍然占据着背景议题。这意味着，俄罗斯脆弱的民主制度可能会在危机之刻被动员起来对抗帝国倾向，但在监督日复一日的民族主义迷思制造方面却收效甚微。

民主化俄罗斯的制度和利益

这种民主化和俄罗斯民族主义之间的矛盾关系，除了受苏联体制遗产的影响，也被苏联崩溃后冒出来的各方精英利益的混合格局所塑造。这一摊子的苏联遗产——帝国精英的利益、民主制度的缺陷、帝国式思维的习惯——都有助于民族主义的一种形式，即憧憬重新主张俄罗斯对

---

1 Michael McFaul, "Eurasia Letter: [Russian] Politics after Chechnya," *Foreign Policy* 99 （Summer 1995）, 151. 对选举情况的介绍，see Stephen White, Richard Rose, and Ian McAllister, *How Russia Votes* （Chatham, NJ: Chatham House, 1997）, Chapters 6–12。

苏联疆土的控制。这些遗产，被与发达资本主义世界保持良好关系的新兴政治和社会精英们相互抵销，他们要求在海外更温和，在本土实现一定程度的民主。

如同其他新兴独立国家，俄联邦是从帝国碎片中形成的，但是不同在于它继承了帝国的核心，并且零碎保持了帝国的中央机构。当苏联的地方化政策在那些前苏联的非俄罗斯共和国为族裔民族主义动员制造了大量筹码之后，俄罗斯却沿袭了帝国的基础架构、利益和视野。苏联军队，尽管被预算急剧消减所伤，却几乎原封未动地被俄罗斯继承，除了一些单位被移交乌克兰，另外一些基地遗落在境外。就像塞尔维亚继承了大部分南斯拉夫军队，包括塞族军官团和中央化的视野，俄罗斯军队也保持了大量苏联的帝国思维和领导方式。[1] 俄罗斯的军队单位继续执行着守卫部分苏联中亚外部前线的使命，也支援在格鲁吉亚的阿布哈兹分离运动和摩尔多瓦所谓的德涅斯特河沿岸共和国。[2]

在经济领域，帝国遗产也塑造着俄罗斯的选择和视野。俄罗斯的能源管道继续在境外发挥功能。很难压缩的工业供给寻求重建他们与前苏联边缘市场的关系。新共产分子，面对市场变化则试图翻转时钟，在替代与西方贸易、与前帝国重建贸易关系的平台上竞逐公职。

另外一个遗产是帝国心态。在苏联的地方化政策将那些非俄罗斯共和国的族群认同制度化的同时，帝国习惯已经灌输到俄罗斯人的核心深

238

1　Thomas Nichols, *The Sacred Cause: Civil-Military Conflict over Soviet National Security, 1917–1992* (Ithaca: Cornell University Press, 1993); for qualifications, see Deborah Yarsike and Theodore Gerber, "The Political Views of Russian Field Grade Officers," *Post-Soviet Affairs* 12:2 (April–June 1996), 155–180.

2　John Lepingwell, "The Russian Military and Security Policy in the 'Near Abroad'," *Survial* 36:3 (Autumn 1994), 70–92.

处。[1] 不只是新共产主义者如总统候选人久加诺夫（Gennadi Zyuganov）和保守派如前副总统鲁茨科伊（Aleksandr Rutskoi），还包括自由民主党人如圣彼得堡市长阿诺托里·索布恰克（Anatolii Sobchak）和独立电视导演伊果·马拉申科（Igor Malashenko），都认为乌克兰的独立既不自然，长期而言也无法自持。根据 1993 年的一个设计不错的民意调查，帝国观念在精英中比在普通大众中更强烈，而对更广泛的公众来说对俄罗斯族群团结的关注则更为突出。56% 的对外政策精英（相比只有 34% 的公众）倾向于"如果一个前苏联国家请求援助的话，即派出军事援助。"77% 的精英（相比 57% 的公众）同意"俄罗斯的国家利益要超出其现有领土"。同时，81% 的公众（而只有 69% 的精英）认为俄罗斯应当采取所有手段以"捍卫俄罗斯的海外利益"[2]。

另一个威权主义苏联帝国的遗产，与帝国边缘共同分享的，是俄罗斯代表制度的缺陷。政党，有别于共产党，从精英线路开始，而非草根组织。叶利钦拒绝发起或者加入某个政党。宪法危机成了常态，官僚们、地方和议会都对总统法令视而不见，议会通过的法案也几近废纸。叶利钦用坦克炮轰议会大厦，提出一个由公投来决定是否实行超强总统制的宪法草案，并宣布很短时间内就举行 1993 年的新议会选举。1995 年的议会选举，共产党和他们的联盟获胜，选举风格没有那么专断。但是 1996 年选举，因为执政党对电视媒体的近乎垄断，而且叶利钦身边人在最后一分钟发出取消选举的威胁，以及共产党候选人几乎无法进行最低限度的选战而

---

1 Motyl, "After Empire," in Rubin and Snyder, *Post-Soviet Political Order*, 14–33.

2 William Zimmerman, "Markets, Democracy, and Russian Foreign Policy," *Post-Soviet Affairs* 10（April–June 1994）, 102–126 at 115.

被破坏。虽然政党和公民社会组织已经变得更为成熟，但俄罗斯的选举政治，仿佛步履蹒跚地行走在随意拼凑起来的、松散的制度基础上。[1]

这些后苏联遗产原本能让俄罗斯发展出成熟的民族主义迷思制造。然而，俄罗斯哗众取宠的民族主义反对派似乎很享受这种势均力敌的优越感。苏联体系是由围绕在戈尔巴乔夫和叶利钦周围的精英改革者所扳倒的；他们利用他们的政府职位开发公共讨论并增加政治参与。相反，在塞尔维亚的共产主义转型是那些从不支持言论自由和民主化的精英们所执行的，所以他们有更强的需求唤起民族主义作为民主的替代。而且，戈尔巴乔夫和叶利钦都力陈苏联或俄罗斯认同的公民概念。在这个帝国体系的历史中心，而非民族国家，俄罗斯从来没有发展出一个排他性的族群认同。[2] 相反，塞尔维亚在 19 世纪成为一个多族群微型帝国的中心之前却是一个种族国家，结果它既有的族群迷思能够在多族群的南斯拉夫解体时死灰重燃。

很多苏联时代的俄罗斯精英对后苏联部分民主和经济私有化的环境适应得很好。新俄罗斯两个最重要的经济利益是银行部门和石油天然气产业，这两个部门的员工大体上属于共产主义时代较为灵活的群体。俄罗斯总理维克托·切尔诺梅尔金（Viktor Chernomyrdin）的背景正是天然气工业。对于保持他们的代理人与外部世界和海外借贷机构的良好关系，银行和能源两个部门有着切身利害关系。于是，这些卡特尔几乎没有理由阻扰俄罗斯

239

1　Steven Fish, *Democracy from Scratch: Opposition and Regime in the New Russian Revolution*（Princeton: Princeton University Press, 1995）; White et al., *How Russia Votes*, 251. 关于俄罗斯与魏玛的弱政党之间的类比，see Stephen Hanson and Jeffrey Kopstein, "The Weimar/Russia Comparison," *Post-Soviet Affairs* 13–3（1997）, esp. 276–277。

2　Laitin, *Identity in Formation*, Chapter 11.

的有限民主体制，或者跟相当过分的帝国民族主义调情。他们与镇压车臣的军事行动并无瓜葛。相反，他们身上可观的金融和官僚影响力在国家政策和他们所拥有的新闻媒体内容方面，是一个节制性力量。[1]

这一复杂遗产的后果，民主转型的俄罗斯变成了四种民族主义同时生长的温床：反革命的、革命的、族裔的和公民的。反革命民族主义模式下，克里姆林宫的军事和安全官僚（被称作"强力部门"）的首脑们组成了一个"战争党"，借着炫耀对车臣分离主义者的胜利而确保他们自己的组织和职业利益。这些精英及其组织的既得利益被俄罗斯贫弱民主制度下的混乱条件吓坏了，于是寻求在大众的而不是民主基础上的新帝国的俄罗斯民族主义，重建他们的权威。一次胜利的战争，运用官僚主义的威力砍掉民主政治的掣肘，能够支持未来更多的军事经费和情报官僚们更大的特权，以及给予监督这些安全领域、很难压缩的官员们新的租约。[2]

革命民族主义模式下，叶利钦计算着制度权威的真空只能用大众观念所合法化的强力手段来填补。这个观念就是民族主义。[3]战胜车臣的分裂主义，也表明俄罗斯能够行动果断地捍卫其民族利益，同时，创造一个以单方面的总统行动解决关键民族问题的有力先例。由此，这也为高度集权的总统执政下进行国家建设和经济转型提供了一个舞台。而且，在车臣的戏剧性行动，原本能够同时诉诸族群和公民民族主义。因为，车臣的俄罗斯少数族裔本来可能得到实际控制的车臣人的保护，而后者却被叶利钦妖魔化为与生俱来的恐怖分子；而公民的民族主义，因

---

1 MaFaul, "Precarious Peace," 24–28.

2 MaFaul, "Eurasia Letter," 154.

3 论述叶利钦和激进改革者作为革命者，see Motyl, "After Empire," in Rubin and Snyder, *Post-Soviet Political Order*, 24–25。

为统一多民族俄罗斯的公民原则会坚持以对抗分裂主义。

于是在某种程度上，所有的政治势力在车臣战争前夜，都跳上了 *241* 民族主义的便车。甚至叶利钦著名的亲西方的外长安德烈·科济列夫（Andrei Kozyrev），也开始大谈在海外使用武力。1995 年进行的一次调查表明，自由主义和民族主义的态度是相互正相关的。[1] 这种趋势的一个受害者——叶利钦的民族顾问——盖琳娜·斯塔诺夫伊特娃（Galina Starovoitova）警告说："人们不能排除俄罗斯的这种（一个法西斯阶段）可能性。我们能看到在俄罗斯现在形势和德国在《凡尔赛条约》之后的形势之间，有太多的平行可能。当很多同胞生活在这个国家的边界之外时，一个伟大民族是丢脸的。一个帝国的解体（发生）在许多人仍然一副帝国主义心态的时候……所有这些都（发生）在经济危机的时刻。"[2]

姑且不论叶利钦从对车臣分裂主义用兵的民族主义趋势中获益多少，这个民族主义支持浪潮从未物质化。俄罗斯军队在车臣的表现相当糟糕，轰炸毁灭了俄罗斯人居住的首都，而打击车臣武装的努力却失败了。俄罗斯公共舆论沸反盈天，对如此高昂的战争成本，独立媒体用图表描绘出来。在 1996 年中的总统选战中，叶利钦承诺结束这场不受欢迎的战争。他延揽列别德入阁，让列别德主持改变政策，后者是一个主要的战争批评者。那么应该把民主化和言论自由因此看作好战民族主义的解毒药而不是其始作俑者吗？不完全是。

---

1 Bear Braumoeller, "Deadly Doves: Liberal Nationalism and the Democratic Peace in the Soviet Successor States," *International Studies Quarterly* 41:3 (September 1997), 375–402.

2 *Ekho Moskvy*, October 14, 1992, 转引自：Vera Tolz, "Russia: Westernizers Continue to Challenge National Patriots," Radio Free Europe/Radio Liberty Research Report 1:49 (December 11, 1992), 3。关于 Starovoitova, see John Dunlop, "Gathering the Russian Lands," *Working Papers in International Studies*, I–95–2, The Hoover Institute, Stanford University (January 1995)。

民族主义和俄罗斯的观念市场

　　乍看上去，车臣战争的结果像是验证了不受约束的言论自由和民主责任可以作为这个国家的民族主义扩张的一剂解毒药。[1] 而更深刻的教训，却不乐观：在俄罗斯制度化贫弱的观念市场上，多元主义争论对民族主义迷思制造来说最多是一个偶然的审查。由机会主义的竞争所驱动，民族主义者、共产主义者和"自由派"等都一道漂向一个新帝国主义的讨论，而媒体对此并没有认真对待。如《独立报》（*Nezavisimaya Gazeta*）编辑维塔里·特雷雅科夫（Vitaly Tretyakov）的评论："今天俄罗斯确实存在表达自由和言论自由。但这并不是因为鲍里斯·叶利钦总统民主斗争的结果。而是因为所有争权群体都发现，以媒体为武器对付反对者颇有益处且有利可图。他们需要言论自由来打击他们的反对者。"[2] 只要目前为止民族主义迷思制造能够时不时被用作这场斗争的有效武器，就不能保证缺乏强有力规范和制度的多元主义争论一定会遏制民族主义迷思的制造而不是滋养它成长。

电视战争

　　入侵车臣是俄罗斯的第一次"电视战争"——即俄罗斯公众第一次接触到这些从未打开的事件的争论观点。西方评论家赞扬俄罗斯的独立媒体和国营媒体积极批评官方政策，并且成功抵制了冲突期间政府的

1　下面关于俄罗斯媒体的一节，节选自：Karen Ballentine and Jack Snyder, "Nationalism and the Market of Ideas"（手稿，1996 年 5 月），更长的版本见：*International Security*（Fall 1996）同标题文章。最初版本是由巴伦蒂娜（Ballentine）研究和撰写的。

2　Vitaly Treyakov, "Political Threats to a Free Press in Russia," *Demokratizatsiya* 2:4（Fall 1994），621.

新闻审查努力。[1] 新闻记者们不只证明他们能够娴熟地曝光车臣事件中官方说辞的错误，他们还提醒叶利钦政府就其行动而论全面缺乏民众支持：广泛的民调揭示早自 1995 年 2 月，71% 的俄罗斯人反对这场战争。[2] 大众舆论对冲突中的媒体表现给予了很高评价，特别是独立电视（Independent Televison, NTV）的批评角色迫使国家广播机构提供更多的精确消息。[3]

　　然而，随后的发展表明车臣事件的媒体成功远远谈不上自我持续性。叶利钦政府处理其公共关系挫败的反应是重申对国家电视的垄断，选择性地骚扰一些有影响的反对媒体，限制媒体进入战争区域。[4] 叶利钦的总统卫队发动了对 NTV 母公司办公室的袭击，以报复 NTV 对车臣战争的大幅报道。[5] 在媒体为财务状况挣扎的情形下，经济操纵被证明是更有效的封口手段。俄罗斯出色的自由派报纸《独立报》，在遭遇一系列政府骚扰后被迫延期出版，这些骚扰举动包括惩罚性税收、对新闻纸供应的

1　Ellen Mickiewicz and Dee Reid, "Russian TV's Freedom Fighters," *New York Times*, January 21, 1995, 15; Paul Goble, "Chechnya and its Consequences: A Preliminary Report," *Post-Soviet Affairs* 11（1995）, 25; Robert Orttung, "A Painful Price," *Transition*（March 15, 1995）, 3.

　　一个更为混合性的评估 see Nina Bachkatov and Andrew Wilson, "Fallout from Chechnya," *The World Today*（May 1995）, 93–94。

2　McFaul, "Eurasia Letter," 151.

3　Michael Haney, "Russian's First Televised War: Public Opinion on the Chechen Crisis," *Transition*（April 14, 1995）, 6–8.

4　*Segodnya*, September 1, 1995, 1, repr. In *Current Digest of the Post-Soviet Press*（CDPSP）, XLVII: 27（1995）, 16. 在 1996 年 6 月选举前，叶利钦炒掉了俄罗斯电视台的负责人波波斯托夫（Oleg Popstov），因为他制作了车臣战争的负面节目。see Michael Gordon, "Yeltsin's Ouster of TV Chief Stirs Storm," *New York Times*, February 18, 1996, 10. 还可注意：Shannon Peters Talbott, "Early Chechen Coverage Tests Print Hournalists' Independence," *Transition*（August 9, 1996）, 48–51。

5　Julia Wishnevesky, "Manipulatuon, Mayhem and Murder," *Transition*（February 15, 1996）, 40.

操纵和对潜在投资者的恫吓。[1]其间,在国家杜马,日里诺夫斯基要求将所有媒体国有化的提案以微弱的 28 票而失败,就总统对媒体独立造成的侵犯几乎没有提供任何保护。[2]当 1996 年 1 月车臣武装分子在俄境内绑架人质,被限制的媒体很难证实政府所称的车臣恐怖分子以处决人质的方式发起了一场惩罚性攻击。[3]这一战术组合成功打破了反对派媒体的团结。一些自由派报纸甚至肯定对人质劫持者发动轻率攻击的方式以及限制媒体对恐怖主义活动的报道。[4]媒体很少批评当局忽视平民人质的权益,反而较多地集中在当局未能防止恐怖分子逃跑的失败上。[5]

软弱的新闻专业主义规范

244

对独立媒体攻击的效果是媒体自身合成的,基于其低水平新闻专业主义标准和狭隘的党派立场。尽管在提倡公开性后,调查性报道和媒体专业主义的基本伦理有所提高,但苏联时代的新闻习惯于把新闻和社论混在一起,同时随意引用未经证实的新闻来源,继续妨碍着新闻业按照

1　Julia Wishnevesky, "Manipulatuon, Mayhem and Murder," *Transition* (February 15, 1996), 38; Tretyakov, "Political Threats to a Free Press in Russia," 619–620.

2　Laura Belin, "High Stakes at Ostankino TV," *Transition* (April 18, 1996), 8.

3　*Nezavisimaya Gazeta*, January 20, 1996, repr. In CDPSP, XLVII:3 (1996), 25–26.

4　《今天》(*Segodnya*) 杂志,曾以帕维尔·菲格瑞尔 (Pavel Felgengauer)(著名记者,对俄政府持批评立场——译者注)做封面人物,对政府相当有帮助。《商人报》(*Kommersant*)更具批评性,但是也承认媒体限制是与恐怖主义斗争的必需。(Repr. In CDPSP, XLVII:3 (1996), 8) 基于克里姆林宫的压力和对前线俄军士兵的公众同情,NTV 的战事报道变得更加谨慎。see *New York Times*, March 5, 1995, 4Y。

5　只有很少的声音,最著名的是科瓦勒夫 (Sergei Kovalev),他感叹,对平民的忽视跟各自由派媒体仅仅关注车臣恐怖主义者如出一辙。*Moskovskiye Novosti* 1, January 1–14, 1996, 5. repr. In CDPSP, XLVII:2 (1996), 9–10.

西方风格的客观性取得的成长。[1] 对政治迷思制造的遏制仍然很弱且不连贯，结果更形同在高度分割和党派化的媒体内部的一场派系冲突，而非布尔乔亚式的、在公民规范下进行的公开和细致的讨论。[2]

　　新闻记者和其他公共舆论制造者都未能有效揭穿历史的和民族主义的迷思。[3]1993 年和 1995 年的选举主题报道都缺乏深度访谈和分析。[4] 自由派对民族主义迷思制造的攻击都流于争吵和自私自利的，与迷思制造者如出一辙。以新闻专业主义中立性的名义，迷思制造常常大行其道。[5] 日里诺夫斯基在 1993 年杜马选举中的电视出境恰如其分地代表了这两种趋势的并存。在有关选举报道的新规则下，要求严格地不偏不倚，新闻记者被划定禁区，甚至如日里诺夫斯基最具倾向性的声明。任由日里诺夫斯基各种放肆表演的国家电视官员，其行事逻辑建立在以为他会自取其辱的误导性假设基础上。事实上，人们只能观察到选择性执行的新闻中立性。当排除了理性交换思想的可能性后，就无法阻止国家电视台在日里诺夫斯基出镜时放映粗制滥造的反法西斯宣传电影，一个不太敏

1　其背景，see Laura Belin, "Wrestling Political and Financial Repression," *Transition* （October 6, 1995）, 59–63; Ellen Mickiewicz, *Split Signals: Television and Politics in The Soviet Union* （New York: Oxford University Press, 1988）; Linda Jenson, "The Press and Power in the Russian Federation," *Journal of International Affairs* 47:1 （Summer 1993）, 101–102; Elena Androunas, *Soviet Media in Transition: Structural and Economic Alternatives* （Westview, CT: Praeger, 1993）; and Jennifer Turpin, *Reinventing the Soviet Self: Media and Social Change in the Former Soviet Union* （Westview, CT: Praeger, 1995）。

2　独立新闻社的负责人维克多·大卫杜夫（Victor Davidoff）称只有竞争精英间的权力均衡才可能产生出版自由。see Victor Davidoff, "Regional Press Fights Political Control," *Transition* （October 6, 1996）, 65; see also Vitaly Tretyakov, "Political Threats to the Free Press in Russia," 621。

3　Astrid Tuminez, "Russian Nationalism and the National Internet in Russian Foreign Policy," in Celeste Wallander, ed., *The Sources of Russian Foreign Policy after the Cold War* （Boulder, CO: Westviw, 1996）, 52–54.

4　White et al., *How Russia Votes*, 118, 213.

5　Ibid., 118.

感的信号可让观众将日里诺夫斯基等同希特勒。不论（或者由于）媒体的暧昧战术，日里诺夫斯基在这些出镜后受欢迎度大升。[1]

1996 年总统选战期间，共产党候选人久加诺夫照例歪曲历史，比如低估斯大林政策下死亡的俄罗斯人。在少有的这些臆构被挑战的场合，久加诺夫的发言人答以他有"诗人执照"。[2] 所以，当言论自由被无视真相的傲慢所诋毁，最终彻底死亡于 1993 年一次俄罗斯政治取向的调查中，就一点儿也不奇怪。[3] 只有五分之一的俄罗斯人说他们相信大众媒体。[4]

一个分隔的媒体市场

如同魏玛德国，俄罗斯的纸媒在车臣战争期间沿着地区和意识形态线而分隔。只有很少的大众流通报纸堪称一个完整的观念市场。在财务压力下，莫斯科日报的地区读者急剧下跌。[5] 国家电视台和 NTV 的广播提供了部分补偿，莫斯科以外的俄罗斯公众发现他们更隔绝于全国性新闻和讨论之外。[6]

---

1 Ellen Mickiewicz and Andreu Richter, "Television Campaigning and Elections in the Soviet Union and Post-Soviet Russia," in Ellen Mickiewicz and David Swanson, eds., *Politics, Media, and Modern Democracy* (Westport, CT: Praeger, 1996), Chapter 6, esp. 21.

2 David Remnick, "The Threat of Zyuganov," *New York Review of Books* 43:9 (May 23, 1996), 45–51, at 48.

3 Stephen Whitefield and Geoffery Evans, "The Russian Election of 1993: Public Opinion and the Transition Experience," *Post-Soviet Affairs* 10 (1994), 38–60 at 51.

4 White et al., *How Russia Votes*, 214.

5 到 1992 年，《真理报》（*Pravda*）的发行量已经从 1985 年高峰期的 1050 万份下降到了 60 万份，到 1996 年完全退出了商业市场。总体上，到 1992 年，莫斯科的主要报纸的读者下降了 1800 万，其后损失得更多。see Ellen Mickiewicz, "The Political Economy of Media Democratisation," in David Lane, ed., *Russia in Transition: Politics, Privatisation, and Inequality* (New York: Longman, 1995), 160。对平面媒体各分隔市场的调查，see Belin, "Wrestling," 60–62。

6 大部分地方报纸在提供全联邦范围议题方面较弱。see "Regional Press Fights Political Control," *Transition* (October 6, 1996), 64。

继续强化这一公共讨论分隔的是共产党的支持动员，他们严重依赖地方草根组织而不是开放性的媒体讨论。由于被叶利钦屏蔽了电视广告，共产党就像魏玛共和崩溃前夜的纳粹，反而致力于传单和小册子。这一策略在 1995 年杜马选举中被证明相当有效。总理切尔诺梅尔金的政党——我们的家园是俄罗斯——是在电视广告上花钱最多的，但是得票惨淡。1996 年的总统选举，共产党人的地方政治动员策略变得不那么有效了。除了共产党人从苏联时期继承下来的党的地方基础，俄罗斯还真没有什么堪与造成魏玛后期纳粹成功的公民社会中非自由主义组织的雄厚网络相提并论的。[1] 也即，1996 年选举中，仅仅依靠地方网络，共产党人难以抵抗叶利钦垄断电视媒体所形成的影响力。[2]

媒体市场分隔化的加重还可见一个事实，很少媒体来源能够为分歧的政治观点提供平衡的、客观的报道，或者对主要政党进行无偏见的评估。在这一点上，自由媒体并不比他们的民族主义或共产党竞争对手更少党派色彩。[3] 俄罗斯报纸和广播媒体的典型做法是，包含党派性意识形态和政治性的节目，不加批判地把这些偏见传递给已经改造过的观众。[4] 不是作为俄罗斯社会不同声音的符合公共利益的中间媒介，媒体

---

1 Jack Snyder, "Russia: Responses to Relative Decline," in T.V. Paul and John Hall, eds., *International Order and the Future of World Politics* (Cambridge: Cambridge University Press, 1999).

2 有人认为，他的民调上升要先于媒体战。see Daniel Treisman, "Why Yeltsin Won," *Foreign Affairs* 75:5 (September/October 1996), 64–77, esp.65。

3 新闻报纸如《今天》和《商人报》算是最为接近自由派立场的，但是他们的报道仍然存在严重偏见。例如《今天》一贯支持亚夫林斯基(Yavlinsky)并反叶利钦。而且所有的自由派报纸其意识形态都反共。see Bachkatov and Wilson, "Fallout from Chechnya," 93, and Belin, "Wrestling," 62.

4 Laurie Wilson, "Communication and Russia: Evolving Media in a Changing Society," *The Social Science Journal* 32:1 (1995), 113.

表现得更像这场斗争的利益相关者。[1] 例如，伊果·马拉申科，俄罗斯主要"独立"电视网络（NTV）的负责人，在 1996 年总统选战期间同时还是叶利钦的媒体顾问。

俄罗斯政治讨论的分隔性质也便于民族主义思想向其最核心的选民推销。所谓民族爱国主义者如亚历山大·普罗汉诺夫（Alexander Prokhanov）、亚历山大·斯特里戈夫（Alexander Sterligov）和谢尔盖·巴布林（Sergei Baburin）都全力进行这种小众选民的动员：心怀不满的武装分子、失业工人、幻灭的青年和苏联共产党的干部残余。报纸如《明天》（*Zavtra*）、《我们当代》（*Nash Sovremennik*）、《苏维埃俄罗斯》（*Sovetskaya Rossiya*）等，和大量更晦涩的小册子为他们的目标读者提供了原汁原味的民族主义和新帝国主义的争论。[2]

1993 年选战过后，政客们基本上不分党派都捡起了民族主义或新帝国主义的话题。[3] 新闻记者谢尔盖·科瓦勒夫（Sergei Kovalev）所描述的一种"软性、富有感情的、乏味的、仪式化的爱国主义浪潮"变成了每一个党派的基本议题。[4] 虽然投给日里诺夫斯基的名不副实的自由民主党的选票在 1995 年杜马选举中下降了 11 个百分点，共产党却因揉进了民粹的民族主义而增加了得票率，达到 22%，也即改造了共产党

1　Belin, "Wrestling," 60. 关于政治反对的气候及其对"公民社会"发展的影响，see Richard Rose, "Postcommunism and the Problem of Trust," *Journal of Democracy* 5:3（July, 1994），18–30。

2　Belin, "Wrestling," 61; Belin, "Ultranationalist Parties Follow Disparate Paths," *Transition*（June 23, 1995），8–12; Alexander Yanov, *Weimar Russia*（New York: Slovo Publishing, 1994）. 对仇恨宣传和法西斯活动的官方禁令未能阻止这些团体散播观点。see Robert Orttung, "A Politically Tinged Fight Against Extremism," *Transition*（June 23, 1995），2–6。

3　Tuminez, "Russian Nationalism," 52.

4　Sergei Kovalev, "On the New Russia," *The New York Review of Books*, 43:7（April 18, 1996），10.

的传统基础，超越那些基层党员而更迎合选民诉求。[1] 依照重振工人委员会和财产合理化的誓言，共产党的杜马竞选平台还包括了重振苏联的承诺——这个承诺是在由共产党领导的杜马投票表决解散苏联无效之后不久通过的。[2] 显然，致力于自我修补的共产党，深深陷入对新帝国主义的怀旧，如同对其经济诉求的依赖。[3]

公共舆论的混合效应

这种充满民族主义和帝国主义感情的精英诉求对俄罗斯极易变化的公共舆论有着多种影响。在一个分化和融合的媒体环境里，民族主义迷思制造至少成功面对了持续的公众监督。例如，从车臣战争一开始，当俄全国电视充斥引申和批评报道的时候，民调表明压倒多数的公众拒绝官方为入侵车臣所做的辩护。[4] 尽管俄罗斯对车臣的负面解读无孔不入，但是大多数俄罗斯人仍然相信这次入侵更多地受俄罗斯精英们的自我利益所驱动，而非车臣分离主义对俄罗斯的任何客观威胁。[5]

然而，民族主义和新帝国主义为媒体所抵制的杂乱无章的表述，还

249

1　关于久加诺夫民族主义强硬路线的依据, see Remnick, "The Threat of Zyuganov," 45–51; Tuminez, "Russian Nationalism," 50–51; Adrian Karatnycky, "The Real Zyuganov," *New York Times*, March 5, 1996, A23; Alexander Yanov, *Weimar Russian*, 216–222; Alessandra Stanley, "Russian Communist Aims for Wide Appeal," *New York Times*, March 15, 1996, 3。

2　Michael Specter, "Russia's Parliament Denounces Soviet Union's Break–Up," *New York Times*, March 16, 1996, 3.

3　Alexander Tsipko, "Why Zyuganov's Party Could Win the December Elections," Nezavisimaya Gazeta, November 9, 1995, 5, repr. In CDPSP, XLVII:45（1995）, 4–5; 另一种观点, see Boris Kagarlitsky, "The Russian Parliamentary Elections," *The New Left Review* 215（January/February 1996）, 117–128, esp.119。

4　Mickiewicz and Reid, "Russian TV's Freedom Fighters," 15。

5　Te Status of Chechnya," *Segodnya*, July 18, 1996, 3, repr. In CDPSP, XLVII: 30（1995）, 13–14.

是找到了大众的共鸣。虽然俄罗斯人继续反对车臣战争，但是俄罗斯人对外国人抱敌意的比率却在上升，从 1989 年的 7% 上升到 1995 年的50%。俄罗斯青年人当中，他们身上残余的前苏联的国际主义原则性最弱，这个比例约为 70%。[1] 对新帝国主义的同情甚至更为广泛。例如，1995 年，72% 的俄罗斯人支持"俄罗斯走独特道路"的主张，70% 的人视苏联的崩溃是遗憾和有害的，还有 81% 欢迎重建俄罗斯的强权地位。[2]

尽管媒体成功地在车臣战争期间揭露了政府政策的真相，但在俄罗斯民主化最初那些年，面对民族主义迷思制造，俄罗斯的观念市场仍然十分脆弱。多元主义的媒体竞争只在努力遏制民族主义煽动方面取得了一定成功，无论是政府还是它的反对者煽动的。

从车臣战争开始的阶段，俄罗斯的民族主义动员相对较弱，但是不能因此归为媒体多元主义的胜利。相反，电视和其他关键媒体越来越集中在少数几只手上。幸好控制媒体的金融和商业卡特尔都理解他们的国际运营和国内地位有可能受到大众民族主义运动的困扰。结果，就像在车臣战争中，这些媒体并无玩弄国际牌的激励。当然，长期来说，如果在一个民主的强权国家，这些自私的商业利益作为温和公共讨论的基础只如芦苇一般脆弱。鉴于一个功能良好的观念市场能够对抗危险的民族主义迷思，新闻记者仅仅按照太平洋银行家的意志来做还是远远不够的：他们必须根据公共讨论的合理规范培养其评估能力、容忍不同观点、

1　根据相同指标，政客们要比普通俄罗斯人更缺乏宽容。see *Izvestiya*, July 4, 1995, 2, repr. in CDPSP, XLVII: 28（1995），15.

2　"Who Are Russians More Dissatisfied With?" *Izvestiya*, October 13, 1995, 6, repr. in CDPSP, XLVII: 41（1995），15.

尊重证据等。

后共产主义民族主义的比较

对于解释为什么一些国家经历了民族冲突而另一些却没有，民主化 *250*
模式贡献巨大。在共产主义崩溃之际，战争只爆发在前南斯拉夫、高加
索（包括俄罗斯的车臣）、塔吉克斯坦和较小规模的摩尔多瓦的德涅斯
特河沿岸地区。而对初期民主化的病理分析则在解释南斯拉夫和高加索
的民族冲突中发挥中心作用。塔吉克的争端主要不是民族主义点燃的，
德涅斯特河沿岸的冲突也很矛盾，所以如本研究目的所示，在短暂讨论
后这些案例会搁置一边。没有发生大规模民族战斗的其他国家，或因它
们很快就巩固了民主，而羽翼丰满的国家（如波兰、匈牙利、和捷克），
或因精英们尚能吸纳大众政治参与的有限压力而无需诉诸极端的民族
主义诉求（如乌克兰）。

非民族主义战争

塔吉克斯坦的战争基本上不是一场民族主义战争，在某种意义上来
说，这是一场要求主权保存和促进一个具有文化或历史独特性的人民
利益的政治运动。这场始于 1992 年内战中的分裂，更多基于地方庇护
集团而非族群或者民族。如马修·伊万格里斯塔（Matthew Evangelista）
简明地概括为"特别复杂的形势，战争的坚定核心是旧苏联官吏，得到
大体上来自库洛省（Kulob）的黑社会的支持，加上塔吉克斯坦的乌兹
别克裔少数族群，针对穆斯林、民主派、民族主义者和长期以来与库洛

地区对立的咖姆(Gharm)及帕米尔地区居民等组成的松散联盟"[1]。确实，大部分这些"穆斯林、民主派和民族主义者"都被简单地贴上意识形态的标签，不经意地掩盖他们作为部族和资源汲取集团的真实性质。[2] 就像本章探讨过的所有冲突，这场塔吉克斯坦战争反映了后共产主义时期无政府状态下竞争性团体之间的对立，而按照我的定义，它基本上不算是一场民族主义冲突。

251　　类似地，从摩尔多瓦冲突的种种表现来看，也是不一般的复杂。在摩尔多瓦的德涅斯特河沿岸共和国，曾经被称作"旧苏联活的博物馆"，1991 年由地方军事长官和"铁锈地带"的工业家们建立，试图领导这个主要是俄罗斯人和乌克兰人构成的地区，脱离讲罗马尼亚语的摩尔多瓦。尽管有其自证的族群色彩，然而，冲突双方的官员们都否认冲突根源有关族群。德涅斯特河沿岸的意识形态并不是民族主义，但是充满了对苏联的怀旧。[3] 在摩尔多瓦其他地区的俄罗斯人，数量上超过德涅斯特河沿岸的俄罗斯人，却不支持这个分裂的共和国。然而，在说罗马尼亚语的摩尔多瓦人当中，确有事实表明他们的政治运动是种族民族主义的，且因摩尔多瓦的民主化初期抬升了与德涅斯特斯拉夫人发生冲突的威胁。即，摩尔多瓦人民阵线成员提出与罗马尼亚统一，新选出的议会进而呼吁德涅斯特人支持罗马尼亚语作为摩尔多瓦唯一的官方语言。由

1　Matthew Evangelista, "Historical Legacies and the Politics of Intervention in the Former Soviet Union," in Brown, *International Dimensions*, 123.

2　Rubin, "Russian Hegemony and State Breakdown in the Periphery," in Rubin and Snyder, *Post-Soviet Political Order*, Chapter 7.

3　Evangelista, "Historical Legacies," in Brown, 113–114. See also Julian Duplain, "Chisinau's and Tiraspol's Faltering Quest for Accord," 10–13, and Dan Ionescu, "Media in the Dniester Moldovan Republic': A Communist Memento," *Transition* (October 10, 1995).

此，复杂的摩尔多瓦案例中有些要素符合先前提到的民主转型与民族冲突风险增加之间的关联。然而，因为德涅斯特军事—工业联合体的非民主精英们支持的是一个很清楚的反民族主义的意识形态，也因为他们在1991年到1992年冲突中最为暴力的酝酿阶段中扮演着关键角色，所以这是否能被分类为民族主义冲突还是有待商榷。[1]

那么，如果将塔吉克斯坦和摩尔多瓦放在一旁，如何解释民族主义冲突发生在一些后共产主义国家而不是另外一些呢？

没有民族冲突的后共产主义转型

在快速巩固的稳定民主政权，如波兰、捷克、匈牙利、波罗的海国家和斯洛文尼亚，暴力性民族冲突几乎不存在。[2] 这些国家属于大众识字和非农业中产阶级相对发展较早的，所以民主参与所需技巧也广为传播。在光谱的另一端，民族主义在特别后发的中亚国家也没有发挥中心作用，那里的大众参与还没有变成政治生活的常规内容。这两个极端之间，是较温和的后发国家，它们在后共产主义转型期间经历了激烈的民族主义。这里的实例中，精英具有运用民族主义修辞以回避充分民主问责的动机和机会。而是否引向暴力冲突更具体地决定于对精英利益造成威胁的性质和共产主义时期的遗产。民族主义暴力

252

1　有关摩尔多瓦政治的精英—大众动力和对德涅斯特人认同进行分类的困难，see Stuart Kaufman, "Spiraling to Ethnic War: Elites, Masses, and Moscow in Moldova's Civil War," *International Security* 21:2（Fall 1996），108–138。

2　Milada Anna Vachudova, "Peaceful Transformation in East Central Europe," in Brown, *International Dimensions*, 70, 76. 这些国家和保加利亚一道，在1995–1996年间都属于"自由之家"对政治自由和公民自由排名第二或更好的国家。see Karatnycky, *Freedom in the World*。

只发生在精英遭到强烈大众反对的地方，发生在民族联邦制沿着族群界限开辟政治活动的地方（苏联和南斯拉夫），还发生在依靠军事维持的多民族帝国的核心国家（苏联和南斯拉夫），或者民主参与紧随着传统的恩庇侍从关系的路线展开（高加索）。在那些条件不具备的地方，精英们采取温和的民族主义形式（通常是族裔的，但有时是公民的）以在人民的外衣下遮掩其半威权主义统治，并且维持一个弱小、不活跃的反对派（罗马尼亚、保加利亚、斯洛伐克和乌克兰），暴力冲突往往无果而终。

253　　在民主快速和全面巩固的国家，民族主义非常温和，有时即使存在表面的挑衅。例如，匈牙利的民主初期看上去相对平静，虽然紧挨着罗马尼亚的特兰西瓦尼亚，而罗马尼亚民族主义者煽动农民使用镰刀攻击匈牙利少数族裔。当匈牙利执政党的民族主义者试图激起好战式的回应，他们的支持度便下降。[1] 波兰、匈牙利和立陶宛的选民，即使对经济衰退不满，也不至于转为威权的民族主义者，充其量是变为市场导向的、社会民主的新共产主义者。

　　光谱的另一端是中亚国家，在后共产主义转型期间，其大众群体并未组织起来担当持续性的政治角色。这些国家，如土库曼斯坦和乌兹别克斯坦，工业化规模、教育素养和支持全国范围大众集体行动所需技巧等均属于极低水平，仍然处在共产主义时代朋党的统治下，不然则分裂为无政府状态下的小集团冲突，如塔吉克斯坦。在民族主义学说出现的国家，如乌兹别克斯坦，民族主义是由上至下发起的套路，不是大众动

1　Patrick O'Neil, "Revolution from Within: Institutional Analysis, Transitions from Authoritarianism, and the Case of Hungary," *World Politics* 48: 4（July 1996）, 579–604.

员的积极意识形态。哈萨克斯坦和吉尔吉斯斯坦并非这一光谱的极端，但是假以时日也正在朝此方向培育中。这些国家在后共产主义转型的中期，都试验过民主代议制的有限形式、一些公民自由、有限的出版多元化，但是随后连这些有限自由都被限制。在哈萨克斯坦，总统纳扎尔巴耶夫（Nursultan Nazarbaev）在议会选举过后独揽大权，媒体评论也加剧了哈萨克人和俄罗斯人之间的嫉恨。[1] 所以，在这些案例中，民族主义运动发展的失败，或因人口缺乏支持这些运动的社会资源，或因强力统治精英阻止了这一发展，或者两者兼有。这表明，民族主义的叫嚣战争和大众联盟的竞争性动员并非是受到民主化威胁的精英的优先策略；反而，只要可行，更有吸引力的选择是公然镇压。

在一些后发国家，民族主义者在后共产主义转型政治中确实扮演着颇 254 有意义的角色，但是相对前南和高加索的暴力性案例要更为温和。例如，这发生在共产主义的衰落并未伴随某种持续性大众运动的国家，以及社会发展水平到不可避免地要求某种程度的大众政治参与的国家。罗马尼亚是这种模式的例证，其中有相当低水平的行政管理组织和教育、大规模农业、缺乏竞争力的工业部门和共产主义政权之前就有的农民民族主义。我会逐一检视这三个温和民族主义：罗马尼亚、斯洛伐克和乌克兰的民族主义。[2]

1　关于媒体因素，see Bhavna Dave, "Cracks Emerge in Kazakhstan's Government Monopoly," *Transition* (October 6, 1995)，73–75。

2　Kitschelt, "A Silent Revolution," 145, 148; Vachudova, "Peaceful Transformations," in Brown, *International Dimensions*, 70.

保加利亚在某些方面也是同样的例子。Juan Linz and Alfred Stepan, *Problems of Democratic Transition and Consolidation* [（Baltimore: Johns Hopkins University Press, 1996），342–343] 提到。相对其表面的社会资本和民主的制度准备，保加利亚"表现超出预期"。然而，在 1996 年之后，经济危机的蔓延，导致政治不稳，把保加利亚拉回了原形，即按基谢尔特（Kitschelt）、瓦楚多娃（Vachudova）和林茨 – 斯蒂潘等人的进路所预言的。

罗马尼亚

罗马尼亚的共产独裁者尼古拉·齐奥塞斯库（Nicolae Ceausescu）被推翻后，扬·伊利埃斯库（Ion Iliescu）的新共产主义政府寻求在一个集合社会主义、民族主义和国家控制的有限选举民主的基础上建立他的合法性。至为重要的是，这些新共产主义精英们力图避免养成一个大众民族主义运动的颠覆性后果，包括国内和国际的。继续强调社会主义议题如社会安全网和保护那些受到无规制市场竞争威胁的经济部门，他们的目标是对大众去政治化，而非动员他们。

尽管受其自身民族主义所限，伊利埃斯库政权有时还会吸纳极端的民族主义政党进入其执政联盟，后者在一些选区还掌握一些牢固位置。利用罗马尼亚媒体低下的专业主义，这些极端民族主义者在寻找愿意发表他们分化的民族主义评论的媒体卖场方面并不困难。[1] 按理说，这不只伤害了少数族群的公民权利，也产生出对通常民主权利都形成约束的气氛。当他故意埋雷分裂民主反对派的反政府示威的时候，以及当政府爪牙表演特兰西瓦尼亚的反匈牙利人屠杀，用公共汽车载运背着镰刀的罗马尼亚打手冲入匈牙利人村庄的时候，这种气氛对伊利埃斯库政府相当有用。民调显示特兰西瓦尼亚族群对立充满了操纵色彩。这些民调表明，特兰西瓦尼亚的罗马尼亚人更欢迎这里的匈牙利人，而不是其他没

1　Thomas Carothers, Assessing *Democracy Assistance: The Case of Romania* （Washington, DC: Carnegie Endowment for International Peace, 1966）, 80–89; 对斯洛伐克的一个平行分析, see Owen Johnson, "Failing Democracy: Journalists, the Mass Media and the Dissolution of Czechoslovakia," paper prepared for the Conference on Czechoslovakia's Dissolution, Charles University, Prague, June 1996。

有匈牙利人地区的罗马尼亚人。[1] 运用这些战术，由前共产党人控制的罗马尼亚政权将其合法性建立在族群而不是公民标准上。

但是，罗马尼亚民主化轨迹的继续推进，则降低了族群紧张。 *255* 1996 年伊利埃斯库政权被更自由主义的、市场导向的康斯坦丁涅斯库（Constantinescu）击败，导向与西方和匈牙利关系的改善，也引出了在公民原则基础上促进良好族群关系的前景。当然，同时间邻国保加利亚的民主化和市场改革的退步也表明，在基本政治技巧稀缺的社会，这种趋势很难不发生逆转。

斯洛伐克

斯洛伐克是前共产主义国家利用民族主义修辞的另一个例子，但是民族主义暴力却付阙如。直到"二战"后共产主义推进工业化之前，斯洛伐克仍为庞大的乡村地区，因此很适合分类为后发国家。如同罗马尼亚和保加利亚，在 1989 年后的首次选举中，自由民主的反对派还很弱小，不足以抵御斯洛伐克的前共产党官员。前共产党人弗拉基米尔·麦恰尔（Vladimir Meciar），在捷克斯洛伐克共产政权倒台后被选为斯洛伐克政府总理，利用民族联邦体制从布拉格的改革派政府那里提升了斯洛伐克的自治权。这不仅受到那些为斯洛伐克寻求民族表达的人们的欢迎，也受到享有重工业补贴利益而希望与布拉格的市场化政策保持一定缓冲的人

---

1 Sandra Pralong, "Romanian Nationalism–Double Problem, Double Talk?" in John Micgiel, *State and Nation Building in East Central Europe: Contemporary Perspectives* (New York: Columbia University, Institute on East Central Europe, 1996), 90, citing an opinion poll by the Institutul de Marketing si Sondaje, quoted in Balkan Report 29, October–November 1994.

们的欢迎。虽然民调表明大部分斯洛伐克人，可能也包括麦恰尔，都想留在松散的"捷克—斯洛伐克"邦联内，捷克总理瓦茨拉夫·克劳斯（Vaclav Klaus）称斯洛伐克是在虚张声势，然后要求斯洛伐克自行独立。

256　　　在短暂失去议会多数、输给一个更自由主义的联盟后，麦恰尔依靠在民族主义自豪感和社会安全网的尊严两个议题上有力的媒体诉求，瞄准老年投票者、北部乡村的斯洛伐克族人、重工业经理们和一些产业工人组成的联盟，重新夺得总理职位。重新掌权后，麦恰尔擅自改划选区以扼制斯洛伐克的匈牙利少数族群在议会的代表席位，然后扩大其新共产主义者的执政党的选举边际。麦恰尔在议会的霸道行径中和了民主反对派对关键委员会的影响，且不论他拥有的议会席位优势。[1]在民主反对派看来，麦恰尔对匈牙利语的压制制造了一种气氛，其他形式的言论也会被遏制。[2]在对匈牙利人分裂危险发出警告后，麦恰尔颁布了严格措施以确保斯洛伐克人统一在他的统治下。国有媒体只剩下为麦恰尔政府欢呼。因此，麦恰尔所寻求的民族主义不是煽动一场好战的大众运动，而是为了巩固保守利益联盟，并且阻击自由主义反对派。

257　　　长期来说，麦恰尔发现这种束缚民族主义迷思制造和政治去动员化的游戏难以为继。他的政权在 1998 年 9 月选举中被选下台，一个得到

1　John Gould and Sona Szomolányi, "Bridging the Chasm in Slovakia," Transition （November 1997）, 70–76; John Gould and Sona Szomolányi, "Elite Fragmentation, Industry and the Prospects for Democracy in Slovakia: Insights from New Elite Theory," in Sona Szomolányi and John Gould, eds., *Slovakia: Problems of Democratic Consolidation and the Struggle for the Rules of the Game* （New York: Columbia International Affairs On-Line at www.ciaonet.org, 1998）.

2　Miroslav Kusý, "The State of Human and Minority Rights in Slovakia," in Sona Szomolányi and John Gould, eds., *Problems of Democratic Consolidation in Slovakia: The Struggle for Rules of the Game* （Bratislava: Slovak Political Science Association, Friderich Ebert Foundation, 1997）.

工会、独立媒体、部分天主教会和非政府组织支持的巨型反对党联盟取得胜利。尽管麦恰尔用尽所有经济和官僚的手段吸引大部分媒体遵循他的路线，他仍然无法彻底阻断反对者的声音，部分因为斯洛伐克社会是一个相对来说由自由公民社会团体和与西方非政府组织保持畅通联络的独立知识分子所共同襄助的社会。[1] 例如，当麦恰尔政府试图采用一本含有美化纳粹时期反犹的斯洛伐克合作政权的历史教科书，自由派批评能够燃起一场国际批评的烈火。讽刺的是，这本新编教科书得到了一个愚蠢的欧盟民主化项目的资金支持。[2]

乌克兰

乌克兰与保加利亚、罗马尼亚和斯洛伐克都具有某些相同特征，因此产生了不同的温和民族主义，却没有太多的民族主义暴力。乌克兰的前共产主义精英们监视着这个国家要求从苏联独立的主张并且主导了首次选举。大众民族主义运动只出现在乌克兰的最西部地区。讲乌克兰语的人民，大部分仍然居于乡村，缺乏有助于大众种族—民族主义运动动员所需的国家技巧或传统。在乌克兰中东部的工业区和城市，乌克兰的族群性与庞大的讲俄罗斯语少数族群的文化鸿沟并不足以充作大众政治的催化剂。[3] 而且，任何基于动员讲乌克兰语的族群同讲俄语的族

1　Timothy Garton Ash, "The Puzzle of Central Europe," *The New York Review of Books*（March 18, 1999）, 18–23; Mary Kaldor and Ivan Vejvoda, "Democratization in East and Central European Countries," *International Affairs* 73:1（January 1997）, 59–82, esp.80.

2　Peter S. Green, "School Text Glorifies Slovakia's Role as a Nazi Puppet," *International Herald Tribune*, August 13, 1997, 5.

3　对这些语言和文化意义的生动讨论，see Laitin, *Identity in Formation*, esp. 144–151。

群进行对抗的政治策略，都冒着把乌克兰的俄罗斯少数族群赶向莫斯科民族主义政客怀抱的风险。

　　如此环境下，列昂尼德·克拉夫丘克（Leonid Kravchuk）总统为首的乌克兰的前共产主义精英们，发现运用一种温和形式的公民—疆界的乌克兰民族主义来巩固他们对国家权力的控制不失为一种可行的权宜方式。于是，不再重弹族群的老调，乌克兰的国家领袖们强调的是主权陷阱，如乌克兰拥有的核武器、克里米亚的黑海舰队以及与俄罗斯某些贸易关系的中断等等。乌克兰语被采纳为国家语言，但是俄罗斯人、匈牙利人和其他少数族群也能接受他们母语的公共教育。

　　即使这种温和程度的民族主义最后也适得其反。将民族主权的象征意义优先置于理性经济政策之前的经济成本就已经损害了这一策略本身。很快，精英和公共舆论都意识到改善与莫斯科关系的需要。在这个转折点，克拉夫丘克在选举中被他的前任列昂尼德·库奇马（Leonid Kuchma）击败，另一个灰色的前共产主义官僚，为了公开演讲而不得不练习他生疏的乌克兰语。特别在乡村地区，新共产主义精英保持着对地方政治组织的有力控制，于是利用他们的连续执政，努力将程序民主和温和的公民民族主义调和到一个合理的高度。[1]

　　吊诡的是，乌克兰民主的稳定，其原因之一却在于缺乏公民社会组织，缺乏政治中的一个活跃角色。只有十分之一的乌克兰人承认对政治有兴趣，只有百分之一的人是某个政党的成员。[2] 虽然大部分乌克兰人

---

[1]　Jane Perlez, "On Ukraine Capitalist Path, Clique Mans Roadblocks," *New York Times*, October 18, 1996, A17.

[2]　José Casanova, "Ethno-linguistic and Religious Pluralism and Democratic Construction in Ukraine," in Rubin and Snyder, *Post-Soviet Political Order*, 81–103.

都参加投票，他们却没有更多参与这个国家政治生活的积极意愿。根据 1997 年 5 月一份乌克兰范围内的调查，民族主义情绪是如此之低，2000 位受调查者中有 44% 的乌克兰公民说他们支持他们的国家主权并入俄罗斯—白俄罗斯联盟。[1] 乌克兰精英因此面临更少的、却常常造成其他民主转型国家动荡的人民压力，结果也较少需要通过好战民族主义学说来动员支持。

公民民族主义对族裔民族主义以及后共产主义转型暴力

在所有后共产主义民主转型国家中，前南斯拉夫和高加索爆发了最 259 为血腥的民族冲突。族群形式的民族主义在这些地区占上风。而在中东欧国家则相反，如波兰、捷克、匈牙利等都经过了最为平滑、最少暴力的后共产主义民主转型。虽然这三个国家中每一个都有其独特的族群特性，它们的宪法也包含了许多公民民主的特点。这意味着，族裔民族主义产生了最激烈的冲突，但是当族群性（ethinicity）被公民性（civic features）所驯服，冲突便能避免。这一模式回应了先前章节的四个历史案例：公民的英国在其与其他民族冲突中是最为审慎的，尽管英国在爱尔兰谋求族群排外政策时也卷入了一场非常麻烦的冲突。

然而，俄罗斯的例子，表明这种模式在何种条件下产生出相对审慎的公民成果。叶利钦提出的俄罗斯民族主义形式更具公民性而非族群，其中承诺有俄联邦所有公民无论其族群都享有平等的公民权利。尽管叶利钦的公民俄罗斯对车臣分离主义者发动了一场大规模战争。这引起一

1　RFE/RL Newsline, No.74, Part II, July 16, 1997.

个问题，即公民民族主义是否只对和俄罗斯不同的、具备较完善政治制度而需要充分巩固民主的国家存在制约效应呢？如果是这样，这会为公民民族主义作为转型国家族群冲突的解毒药的可行性加上非常不利的限制。为强调这一问题，有必要在更广的范围内考察后共产主义国家。

政治学家伊恩·布雷默（Ian Bremmer），从公民—族群维度对后共产主义国家做了系统性排序。[1]他提到，这些国家没有一个包含他所说的英国或美国式的"个人主义公民的"民族主义。然而，他把一些国家划入了"集体主义公民"的类别，意思是这类国家推行一种民族语言和一种民族认同，但在赋予公民权益时并不进行文化歧视。按照他对这些国家的宪法和法律的检视，他得出匈牙利、波兰、斯洛文尼亚、俄罗斯和马其顿等属于此类（他没有列入应该也属此类的乌克兰）。[2]立陶宛介于公民和族群两类之间，捷克共和国位于族群国家中最为公民的。

260 　　在 20 世纪 90 年代中期被分为"同一族群国家"（力求引诱或者强迫少数族裔采纳多数文化的语言和认同的国家）的有罗马尼亚、斯洛文尼亚、爱沙尼亚、拉脱维亚、保加利亚和中亚国家。塞尔维亚算作一个排外性的族裔国家，歧视那些拒绝同化的少数族裔。[布雷默没有讨论高加索三国，但是它们也应列入排外性族裔国家之内（参见表 5.3）。]

这些国家有的符合第二章的理论模式所期望的，也符合第四章的匈牙利和波兰等历史案例，属于相对的公民国家，民主巩固相当迅速，没

1　根据公民和族群对后共国家的民族主义进行分类，以及相关变形，see Ian Bremmer, "Understanding Nationalism in the Post–Communist States," *In Bremmer, ed., Understanding Nationalism （an uncompleted book manuscript）*。

2　关于公民类别对马其顿的适用性，see Steven L. Burg, "Nationalism and Civic Identity: Ethnic Models for Macedonia and Kosovo," in Barnet R. Rubin, *Cases and Strategies for Preventive Action* （New York: Century Foundation Press, 1998）, 23–46。

有经历过任何民族冲突。相反，塞尔维亚和高加索国家是族裔排外的，运用民族主义作为真正民主的替代品，发生过惨烈的族群流血。它们两者间的国家的民族主义是族裔的，但较少排外，也没有卷入暴力冲突。所有这些都与理论预期符合。

然而，一些后共产主义的公民国家并不符合理论期望的模式。在英国，自由主义制度的历史遗产使得公民民族主义成为可能。相反，尽管这些制度的极端缺陷存在于俄罗斯、乌克兰和马其顿，他们国家的精英却不遗余力地促进公民认同。所有这三个例子，国家精英们担心民族主义动员的族裔形式会引发棘手冲突，削弱他们的统治能力。在这种制度化较弱的半民主政治环境下，公民民族主义具有某种分裂人民较少、动员较小的优势。

在某些相同的案例中，哈萨克斯坦的纳扎尔巴耶夫总统也力图在一个包容性的领土基础上而不是排他性的族裔基础上建立民族认同。然而，当哈萨克斯坦最初的议会选举极化了俄罗斯和哈萨克族群之后，纳扎尔巴耶夫为防止族裔动员收紧了公民政治。他随后的政策倾向了有控制地迎合哈萨克族群。[1]

与成功巩固的公民民主相比较，这些制度化较弱的公民国家貌似有着更高民族暴力冲突的风险。俄罗斯已经在车臣进行了一场战争，无法不联想到民族主义。哈萨克斯坦的执政者则对公民民族主义能否担当冲突的壁垒很不自信。马其顿局势的结果充其量是不确定的。当然，很难说这些国家哪一个如果偏离了民族主义的公民形式，会较少依赖战争。俄罗斯的公民制度帮助它至少从车臣战争中学到了教训。而且，尽管在

261

---

1 Laitin, *Identity in Formation*, 98–99, 285–288, 359–360.

爱沙尼亚和拉脱维亚对讲俄语的人存在歧视,在俄罗斯公民社会,民族主义的激烈反应还是被限制了。基于这些证据,如果说即使保证其成功的制度先决条件是缺乏的,民族主义公民形式的促进还是有保证的,这么讲也有些道理。

表 5.3 后共产主义国家的经济发展、民主化和民族主义结果的时机

发展的时机	国家	制度遗产			民主化		民族主义结果		
		民族联邦历史	帝国中心	裙带庇护	开始转型	得到巩固	民族主义类别[1]	民族主义强度[2]	民族主义暴力
较早	捷克	√			√	√	按公民和族裔划界	低	低
	爱沙尼亚	√			√	√	同化族裔	高	低
	匈牙利				√	√	公民	低	低
	拉脱维亚	√			√	√	同化族裔	高	低
	立陶宛	√			√	√	按公民和族裔划界	低	低
	波兰				√	√	公民	低	低
	斯洛文尼亚	√			√	√	公民	低	独立后变低
较迟	亚美尼亚	√		√	√		排外族裔*	高	高
	阿塞拜疆	√		√	√		排外族裔*	各种到高	高
	保加利亚				√		同化族裔	温和到低	低
	克罗地亚	√			√		排外族裔*	高	高
	格鲁吉亚	√		√	√		排外族裔*	高	高
	马其顿	√			√		公民	各种到低	低
	摩尔多瓦	√			√		各种*	各种	一些民族主义暴力
	罗马尼亚				√		同化族裔	各种	很低
	俄罗斯	√	√		√		公民	各种到低	各种,低到高
发展的时机	国家	制度遗产			民主化		民族主义结果		
		民族联邦历史	帝国中心	裙带庇护	开始转型	得到巩固	民族主义类别[1]	民族主义强度[2]	民族主义暴力
	塞尔维亚	√	√		√		排外族裔	高	高
	斯洛伐克	√			√		同化族裔	各种	低
	乌克兰	√			√		公民*	低	低
很迟	哈萨克斯坦	√		√	(√)[3]		公民疆界到同一族裔	低	低

续表

	吉尔吉斯斯坦	√		√	（√）		公民疆界到同一族裔	低	低
	乌兹别克斯坦	√		√			同化族裔	低	低
	塔吉克斯坦	√		√			同化族裔	低	非民族主义内战
	土库曼斯坦	√		√			同化族裔	低	低

1 编码表和初始编码由布雷默准备，见：Ian Bremmer, "Understanding Nationalism in the Post-Communist States".

* 表示的编码则由本书作者完成。克罗地亚因其 1995 年对塞族的"种族清洗"而重新编码。哈萨克斯坦和吉尔吉斯斯坦则反映了 20 世纪 90 年代从公民到族群的变化过程。

2 反映了说服努力和大众动员。该栏意在对本章更细致的讨论做一个粗略概括。"温和"表示在"高"和"低"之间，"各种"表示在某段时期内，时代和其他因素显示其更强烈的民族主义倾向。

3 （√）表明该变量较弱。

第六章
发展中世界的民族主义和民主

族群冲突已经上升为国际议程的最高端，部分是因为为数众多的共产主义国家崩溃后族群冲突的卷土重来。然而，在大部分发展中世界，族群冲突并不是什么新鲜事；相反，它是后殖民时代的地方病。特德·罗伯特·古尔（Ted Robert Gurr）的一次全面调查发现，1945年到1989年间发生了37次持久的族群内战，所有都在发展中世界，还有另外42次短期的族群反叛，除了4次以外也都发生在发展中国家。[1]甚而，其中一些冲突在冷战中可能被意识形态的定义所误导，比如安哥拉内战，拖到现在变成大致按族群界限进行的群体争斗。[2]

这种冲突模式正是前几章逐步推进的理论假说所期望的。发展中世

1　Ted Robert Gurr, *Minorities at Risk*（Washington, DC: US Institute of Peace, 1993），99.

2　有关意识形态和族群冲突的特质，see Chaim Kaufmann, "Intervention in Ethnic and Ideological Civil Wars," *Security Studies* 6:1（Autumn 1996），62–103。

界的人民，其中很多摆脱殖民状态还不到半个世纪，都在为致力于国家建设，以图有效应对军事安全、经济增长和人民的政治参与等挑战。从孱弱的制度基础和专断的殖民边界起步，这些国家建设者发现，动员起围绕在他们身边的统一民族并不容易。国家和民族的等同，在大多数发展中国家里也仍然是一个颇有争议性的问题。结果便是，民族动员的任务——常常是种族意义上的——将一直保留在政治议程中，直到这个问题得到解决。

在今天的发展中世界，国家建设和民族动员的问题与民主化过程紧密交织。鲁珀特·艾默生（Rupert Emerson）1960 年对后殖民主义的经典分析认为，民族主义兴起于"打破社会旧秩序、加速社会动员和民主化进程的在深层运行的社会酝酿和变化"[1]。如艾默生指出的，发展中国家的大众民族主义是一把双刃剑[2]：它能作为将各共同体和社会利益集结为建设一个联合行动的有效政治框架的共同事业的力量，但是若以其他群体为代价，当一个群体的民粹能量被动员起来之时，也就是分裂之时。

这些结果究竟哪一个占上风，取决于哪一个群体领导民族动员并且在何种制度条件下进行。发展中世界的民主化，就像在其他条件下，当精英为快速政治变局所惊吓，以及当政治参与扩张先于有力的公民制度的形成，此时最可能刺激民族冲突。于是，顶着和解的帽子，在南非完善的公民制度背景下，纳尔逊·曼德拉（Nelson Mandela）抑制了族群冲突，反而在制度沙漠和对布隆迪式的血腥报复的恐惧中，引发了族群间杀戮。

---

1 Rupert Emerson, *From Empire to Nation*（Boston: Beacon, 1960），215.

2 Ibid., 213–214, 378.

传统智慧，特别在美国，已经慢慢抓住了发展中国家民主化后果的偶然性本质。在冷战的最初几年，美国自由派通常相信，用罗伯特·帕克南（Robert Packenham）的话说就是，"所有好事都一起来"——即去殖民化、经济发展、识字率提高以及活跃的政治讨论等都会自动地带来自由的、资本主义的民主——而事实上，这些社会过程经常只是增加了对激进的、反自由的政治运动的支持。[1] 同样，在后冷战时期，非政府的全球性倡导组织，仍然相信所有好事都会一起来，他们都宣称在发展中世界促进民主、言论自由和活跃的公民社会等将削弱好战的民族主义和族群冲突。人权观察（Human Right Watch）在 1995 年的报告辩称，在十个当代最热的族群冲突中，善于操纵的政府有意扶植族群对立，作为防止支持下滑或者实行"分而治之"策略的手段。"独裁为玩弄'共同牌'（即族群的）提供了理想条件"，这份报告说，因为"官方对信息的控制使得公共舆论沦为可高度操纵"。[2] 而且，因为"按共同体路线进行的极化其条件在一个孤立公共讨论的社会里是少有如意的"，当旧的人权侵犯案件被积极起诉，当存在"广泛的自由参与志愿性和公共协会"，这份报告主张，此时的对策就是在一个"良好发育的公民社会"内部进行"积极的公民讨论"。[3]

1　Robert A. Packenham, *Liberal America and the Third World*（Princeton: Princeton University Press, 1973）, 123–129.

2　Human Rights Watch, *Playing the "Communal Card"*（New York: Human Rights Watch, April 1995）, viii, xiv, repr. as *Slaughter among Neighbors: The Political Origins of Communal Violence*（New Haven: Yale University Press, 1995）.

3　Human Rights Watch, *Playing the "Communal Card,"* xiv, xvii. 一个更为仔细的 NGO 观点，see Bruce Allyn and Steven Wilkinson, *Guidelines for Journalists Covering Ethnic Conflict*（Cambridge: Conflict Management Working Paper, January 1994）。

事实上，其相反情况才是常见的例子。几乎所有人权观察报告的暴力冲突案例——斯里兰卡、印度、南非、黎巴嫩、以色列、罗马尼亚、前南斯拉夫、俄罗斯、亚美尼亚和阿塞拜疆——都曾经在最近举行过公开竞争的选举，而他们各自的强力反对派都要比政府更加民族主义。[1]确实，大部分这些案例中族群冲突的煽动者，如印度原教旨主义的印度人民党（Bharatiya Janata Party）和亚美尼亚卡拉巴赫委员会，也都是"公民社会"，即不是国家所创建的志愿性草根组织。[2]而且，根据"自由之家"，在卢旺达和布隆迪爆发大规模族群暴力之前不久，公民自由，包括言论自由，都获得了改善。[3]

简言之，在新兴民主化国家无条件地促进公共讨论自由，很可能会在很多情况下让问题恶化。新兴民主化的第三世界国家大多缺乏打破政府和非政府信息垄断的制度，可将新闻记者职业化，以及创造普通的公共论坛，有着不同想法的人们可以相互接触，并且接受消息灵通的观察家的审视。如果缺失这种制度，言论自由的增加就会制造出一个民族主

268

---

1 所以，印度国大党政府被民族主义的人民党超越，及以色列的工党政府被利库德集团、南非的德克勒克政府被不愿妥协的阿非利卡人（布尔人）、罗马尼亚的伊利埃斯库政府被反匈牙利的民族主义政党、斯里兰卡政府被草根的佛教组织、塞尔维亚的米洛舍维奇被舍舍利（Vojislav Seselj）、叙利亚支持的黎巴嫩被不同族群的领袖、俄罗斯的叶利钦总统被日里诺夫斯基、温和的亚美尼亚彼得罗相政府（Levon Ter-Petrossian）被民族主义的达什纳克党（Dashnaks, The Armenian Revolutionary Federation）以及惰性十足的阿塞拜疆穆塔利博夫（Ayaz Mutalibov）政府被种族民粹主义者艾尔席贝（Abulfez Alchibey）所超越。"人权观察"自己的研究倒是经常意识到这一点，但仅仅谴责政府对此压力的抵制过于软弱。*Playing the "Communal Card,"* 28.

2 Freedom House, *Freedom in the World*（New York: Greenwood Press, annual yearbooks for 1991–1994）.

3 R.H. Coase, "The Market for Goods and the Market for Ideas," *American Economic Review* 64:2（May 1974）, 384–391. 科斯认为，观念的不完备市场对规制的需要一点不亚于一个不完备产品市场的需要。关于在族群或者宗教分裂社会的民主化进行中进行言论钳制的好处，see Stephen Holmes, *Passions and Constraints: On the Theory of Liberal Democracy*（Chicago: University of Chicago, 1995）, Chapter 7, esp. 206–213.

义迷思制造者绑架公共讨论的机会。为在发展中世界促进民主和言论自由而设计的政策，虽然初衷良好，但在例如卢旺达和布隆迪这样的例子中，可能给那些需要人道主义救助的特定人群带来灾难性后果。评估国际社会对发展中世界类似政策的后果，对民族主义起因及其增进民主政治参与的关系需要一个更清晰的概念。

*269*这一章，我首先展示发展中国家不同的民主化道路会分别引向四种民族主义（公民的、族裔的、革命的和反革命的）以及引向各自不同类型的民族冲突。然后，讨论几个有更多细节披露的特别案例。比较斯里兰卡和马来西亚能发现初期民主化如何点燃族群的血腥冲突，以及砍断民主有时如何能反转这一冲突趋势。在印度，大众政治参与的兴起和初期民主制度间的竞赛并不是那么不平等，尽管其轨迹很混杂，印度的经验却能帮助展现成功的民主转型可能会加深族群对立的有关条件。卢旺达和布隆迪的案例相当复杂，乍看上去，也许并不支持我的观点，但是深入细究就能发现多元主义的兴起能够引向，而不是加深族群对立。最后，我会解释为什么族群冲突没有发生在发展中世界的另一些为数众多的民主转型国家里。

发展中世界的民主化和民族主义轨迹

在发展中国家大众政治参与扩大的压力会经由先前章节讨论过的三条主要道路的任何一条通向民族冲突："德国"即反革命模式、"塞尔维亚"即种族民族主义模式和"法国"即革命模式。第四种，公民道路，通常是解决方法的一部分而非问题，但是即使公民民族主义也有时与族群意愿相冲突，从而引发冲突。

在反革命模式中，一个权力正在下滑的威权政权，试图发酵民众对外敌的不满情绪来动员民众支持其继续统治。发展中世界的威权可能会在一段时间内成功维持一个军事派系、传统地主精英和集中的产业利益所组成的精英联盟。但是当国家给予这些利益集团越来越多的补贴导致经济政策崩溃，统治集团内部分裂对一些精英派系势必产生寻求大众支持的激励。当自由民主的或基于阶级的革命诉求成为可能，对多数威权精英特别是军事精英来说，很自然地会通过唤起民族外部威胁的民族主义的民粹主义来争取大众。在一个部分自由化或民主化背景下，这一策略也可能被新兴的挑战者所运用，争夺精英与大众的联合。

经典例子莫过阿根廷在 1982 年入侵马尔维纳斯群岛。魏地拉（Videla）将军领导的无情的阿根廷军政府，由于经济政策失败后而支持式微，于 1981 年将权力移交给罗伯托·比奥拉将军（Roberto Viola）领导的更多元主义的政权，后者允许工会和公开组织反对党。比奥拉也放任了出版自由的戏剧性增加。然而，因为自由派新闻记者已经在魏地拉政权时期被清除，随后的公开讨论被支持阿根廷政府声称对马尔维纳斯（福克兰）群岛拥有主权并叫嚣夺岛的民族主义声音所主导。一支由列奥波尔多·加尔铁里（Leopoldo Galtieri）将军领导的强硬路线的派系，在这一动荡政局中同时看到了危险和机会。由于害怕在魏地拉军政府期间对反对派进行的"肮脏战争"而遭到刑事指控，他们寄望于通过征服岛屿的民族主义声望策略以增加军队的支持。[1]

1　Jack Levy and Lily Vakili, "Diversionary Action by Authoritarian Regimes," in Manus Mildarsky, ed., *The Internationalization of Communal Strife* (London: Routledge, 1992), 118–146, esp. 130–131; David Pion-Berlin, "The Fall of Military Rule in Argentina: 1976–1983," *Journal of Interamerican Studies and World Affairs* 27 (October 1985), 382–407. （转下页）

271

在种族民族主义模式内，力图获得大众支持而攫取或加强国家权力的政治冒险家们发现，共同宗教或语言的传统文化网络提供了一个方便的动员支持者的方式。这么一来，民主化变成这些文化集团以选举夺取国家权力以及和在位官僚们展开经济争夺的机会。[1]当大众不再屈从精英权威，不同文化集团精英之间的龌龊交易就会破裂，就像1969年他们在马来西亚所干过的。[2]如果政治变得更加民主，主体文化的精英会动员其同族群的人抢夺原来由少数文化成员占据的职位，比如20世纪50年代的斯里兰卡。在一些案例中，民主化可能威胁到少数族群的势力均衡，如布隆迪的少数族群——图西族，他们武装整齐、组织良好、享有特权却保持着仇恨文化，这有利于主体民族，即此例中的胡图族。这会产生出少数族群压倒一切的激励挑起他们的预防性暴力，以阻止民主改变。基于所有这些原因，在文化多元的社会，国家凝聚力较弱，选举往往变成了一次人口普查而非公民审议的机会。这种情况发生后，民

（接上页）另一个例子是1879年针对秘鲁和玻利维亚的太平洋战争（即所谓争夺硝石的"鸟粪战争"）中智利的挑衅角色，见Edward D. Mansfield and Jack Snyder, "Democratic Transitions, Institutional Strength, and War," *International Organization* 56: 2（Spring 2002）, pp. 297–337。

其他例子，经由大致相同的术语分析过的，包括了1967年阿拉伯战争前夜纳赛尔的冒险战略、1973年萨达特的战争决定、导致1971年印巴战争的布托的政策、1974年土耳其入侵塞浦路斯以及秘鲁和厄瓜多尔的一系列边界摩擦，最近的是1995年。见，例如：Sumit Ganguly, "War and Conflict between India and Pakistan: Revisting the Pacifying Power of Democracy," in Miriam Fendius Elman, ed., *Paths to Peace: Is Democracy the Answer?*（Cambridge: MIT Press, 1997）, 267–300; James Lee Ray, *Democracy and International Conflict*（Columbia: University of South Carolina Press, 1995）, 120–122。

1 Crawford Young, *The Politics of Cultural Pluralism*（Madison: University of Wisconsin Press, 1976）, 158; Mahmoud Mamdani, *Citizen and Subject: Contemporary Africa and the Legacy of Late Colonialism*（Princeton: Princeton University Press, 1996）, 300.

2 Milton Esman, *Ethnic Politics*（Ithaca: Cornell University Press, 1994）, 73; Arend Lijphart, *Democracy in Plural Societies*（New Haven: Yale University Press, 1977）：论及在协和的权力分享计划中精英分歧的必要性。

主化很可能会启动种族民族主义对立。

当大众政治参与的暴力兴起突然间颠覆了威权国家，革命民族主义仍具有制造国际冲突的潜在动因。在经典的法国案例以及更近的多个实例中，革命暴力的民族主义特征常常交织在阶级出发的意识形态话语中，如同尼加拉瓜的"反对战争"（contra war），有时也和宗教原教旨主义修辞相联，如伊朗革命。例如，马克·尤根斯迈尔（Mark Juergensmeyer）认为，今天发展中世界的宗教原教旨主义运动与20世纪五六十年代的世俗民族主义运动是功能相同的：都是努力动员大众支持，为加强国家应对发展问题的极度能力欠缺。其中，暴力不仅常常通过处于革命状态的国内政治潮流来刺激，也因对反革命邻国的害怕反应而产生。例如，20世纪80年代的两伊战争，在伊朗的伊斯兰革命之后接踵而至，始于伊拉克总统萨达姆·侯赛因决定对伊朗发动攻击，而伊朗的军事实力在革命中已经大大被削弱。萨达姆的动机，部分是基于针对宗教民族主义的什叶派，采取预防性行动防范其伊斯兰意识形态，伊朗的什叶派颇有能力号召伊拉克最大的什叶派少数族群起而造反，并吸收伊朗的武装志愿者发起圣战，支援伊拉克少数族群。[1]

最后，即使公民民族主义，如印度的，也会不时引发与少数群体的族群或宗教民族主义的冲突，例如旁遮普的锡克人或克什米尔的穆斯林，他们寻求从世俗的中央政权获得政治自治。但讽刺的是，主张族裔民族主义的主体族群会——至少偶尔会——更愿意让少数族群简单地

---

[1] Mark Juergensmeyer, *The New Cold War? Religious Nationalism Confronts the Secular State* (Berkeley: University of California Press, 1993)；关于这些革命国家介入国际冲突的倾向，see Stephen Walt, *Revolution and War* (Ithaca: Cornell University Press, 1996)。

分裂出去而解决问题。例如在马来西亚联邦，大部分由华人组成的新加坡的和平分裂得到了马来西亚多数马来人的民族认同运动的帮助。[1] 而且，发展中国家的公民民族主义会有时团结国内族群以御外敌。在最近的一个类似例子中，厄立特里亚的人民解放阵线有意营造一种持久的公民认同以团结八个不同的种族—语言群体，其中包括人数规模相当的基督徒和穆斯林，也为从埃塞俄比亚的马克思—列宁主义政权下寻求独立。厄立特里亚的公民民族主义缓和了内部对立，但是也恶化了与埃塞俄比亚的关系。在 1998—1999 年间，厄立特里亚和埃塞俄比亚，两个新兴民主化国家，爆发了边界战争，造成数以千计的伤亡。[2] 所以，尽管公民民族主义可能会调和不同少数族群的政治目标，但是并不保证不发生暴力冲突。

273

　　虽然发展中世界的民主化可能形成所有四种民族主义，族群冲突在当代议程中的地位还是非常特殊。接下来，我会仔细讨论几个族群暴力，先从斯里兰卡和马来西亚开始。通常用于比较的两个主体都是基于相同特征但有着相反的族群纠纷的经验，而这些例子凸显多族群社会中民主化危险的吊诡。

1　Sumit Ganguly, "Ethnic Politics and Political Quiescence in Malaysia and Singapore," in Michael E. Brown and Sumit Ganugly, eds., *Government Policies and Ethnic Relations in Asia and the Pacific* (Cambridge: MIT Press, 1997), 233–272.

2　Arlo Devlin-Brown, "Eritrea Offers Key Lessons in Nation-Building," *Christian Science Monitor*, June 18, 1996, 18; James McKinley, "Eritrea: African Success Story Being Written," *New York Times*, April 30, 1996, A1; James McKinley, "Eritrea-Ethiopia War: Unwanted but Unchecked," *New York Times*, June 12, 1998, A3; "President Says Eritrea Is Ready to Discuss Border," *New York Times*, June 15, 1998, A7; Ruth Iyob, *The Eritrean Struggle for Independence: Domination, Resistance, and Nationalism, 1941-1995* (New York: CambridgeUniversity Press, 1995); Ruth Iyob, "The Eritrean Experiment: A Cautious Pragmatism?" *Journal of Modern African Studies* 35:4 (December 1997), 647–673.

斯里兰卡和马来西亚：相反的双子

斯里兰卡和马来西亚一直是研究族群冲突下学生最爱的一对比较实例。特别是，政治学家多纳德·霍洛维茨（Donald Horowitz）将这两个例子捧为他使用选举规则来产生跨族群联盟激励以解决族群对立之理论的关键支持证据。在这两个国家，英国的宪法委员会都在殖民统治末期建立了族群分享权力和大众民主化的体系。实际上，斯里兰卡 [英国统治期间称锡兰（Ceylon）] 是亚洲第一个享有普选权的国家。

如霍洛维茨评价的，在各国家独立起点既定的情况下（斯里兰卡独立于 1948 年，马来亚独立于 1957 年），人们通常会想当然地认为斯里兰卡更成功地缓和了族群紧张。在马来西亚，华裔和印度裔少数族群都是新近移民，而印度的泰米尔少数民族在斯里兰卡已经与信仰佛教的僧伽罗人共处了几个世纪。相比僧伽罗人仇恨较为温和的、成功的泰米尔人，马来人当然有更多的理由嫉妒华人近乎戏剧般的经济成就。而且，1945年后中国人领导的共产主义革命，让马来人怀疑整个华人社群的忠诚。斯里兰卡的结局似乎更好。[1] 而事实上，结果却是相反的：自 1969 年吉隆坡的选后骚乱死亡约 800 人后，马来西亚的族群暴力几近消失，而斯里兰卡却因为族群暴力而有 3.6 万人被杀、超过 120 万人离乡背井。[2]

如何解释如此令人惊讶的结果差异呢？霍洛维茨声称这是两种选举体制中政治联盟形成的不同激励所导致的。他提到，在马来西亚，一

274

---

[1] Donald Horowitz, "Making Moderation Pay," in Joseph Montville, ed., *Conflict and Peacemaking in Multiethnic Societies* （New York: Lexington, 1991）, 459.

[2] Michael E. Brown, *International Dimensions of Internal Conflict* （Cambridge: MIT Press, 1996）, 6.

个在族群混杂选区赢得两个主要族群选票的中间联盟获胜。在斯里兰卡，泰米尔选区少且更同质化，于是乎很难能够决定最后的统治者。然后，霍洛维茨说，僧伽罗党通常只注意僧伽罗选民的利益。这种描述，表面上固然准确，却没有抓住这两种政治体制的因果差异。

马来西亚的政治联盟能够避免族群冲突，不是因为民主政治在马来西亚运行得更好，而是因为民主本身在1969年后被严厉控制住了。截至1969年，马来西亚的民主向斯里兰卡正在经历的同样危险的极化和族群优先的模式快速挺进。只有当马来西亚政客在1969年骚乱后废弃了英国人所帮助起草的宪法之后，代之以禁止族群关系的公共讨论并假政府之手在必要的时候操纵选举，上述情形才得以逆转。其结果是马来人和华人之间更和平的关系。相反，1978年的斯里兰卡选举改革，是根据霍洛维茨要求给予从对立族群吸引更多选票的僧伽罗和泰米尔政客们以特别席位的理论所设计的，旋即带来激烈的族群冲突。[1]

275根本差异不是关于两个国家的民主类型而是民主程度。马来西亚有较少的暴力，民主也较少。1969年后获得决定性权力之后，政府强化了总体上歧视性的片面妥协政策，在教育和公职岗位上更迎合马来族群，同时也为华人拥有的私营企业创造了适当的经济条件。相反，斯里兰卡政府，不管是社会主义的还是自由放任的，都是僧伽罗选民的受惠者，而后者不断惩罚那些敢于跟泰米尔政客妥协的领导人。当自主的马来西亚政府紧紧控制着反对派政客和报纸的编辑部，斯里兰卡的权力却并不集中。因为斯里兰卡的执政党缺乏有效的草根组织，他们依赖地方精英，比如激进宗派的乡村僧侣，以争取乡村地区的僧伽罗选民。关键

---

1 Horowitz, "Making Moderation Pay," 463.

点不是简单的因为斯里兰卡具有太多民主，而是选举动员都掌握在社会中错误的团体手中——他们的利益与族群认同紧密相联。[1]

斯里兰卡：民主化的危险

在斯里兰卡（见地图），跟马来西亚一样，英国已经培养了一小群受英式教育的都会官僚精英。这些精英更倾向于接受"锡兰人"（Cylonese）的包容性公民认同，一种英国在锡兰所建殖民地的对政府体制的效忠为基础的认同，而非对僧伽罗或泰米尔族群的排他性认同。[2]部分因为基督教传教活动在泰米尔人聚居的贾夫纳地区所取得的成功，泰米尔人在这些精英当中的份额远超出其人口比例。很少有僧伽罗人学习英语，因为强势的佛教法师阻断了英国对传统由寺庙学校所垄断的平民子弟教育的干预。[3]

英国培训的高级本土官员从不深入草根的地方社区，自然不能吸引人民的追随。在 1931 年之前，有着很强草根联系的地方政府委员会，严格限于行政事务，而非政治参与，也大体上被讲英语的精英官僚们所忽视。锡兰的主要代表机构国务委员会是在旧的分权体制下选举出来的，该体制下只有有限普选，并为泰米尔人保留了比例席位。从而，当 1931 年多纳摩委员会（Donoughmore Commission）在英国殖民统治下

277

---

1 Dennis Austin, *Democracy and Violence in India and Sri Lanka* （New York: Council on Foreign Relations, 1995）, esp.66, 83.

2 K.N.O. Dharmadasa, *Language, Religion, and Ethnic Assertiveness: The Growth of Sinhalese Nationalism in Sri Lanka* （Ann Arbor: University of Michigan Press, 1992）, 225–226, 254.

3 S.J. Tambiah, *Sri Lanka: Ethnic Fratricide and the Dismantling of Democracy* （Chicago: University of Chicago Press, 1986）, 65–66, 79, 155.

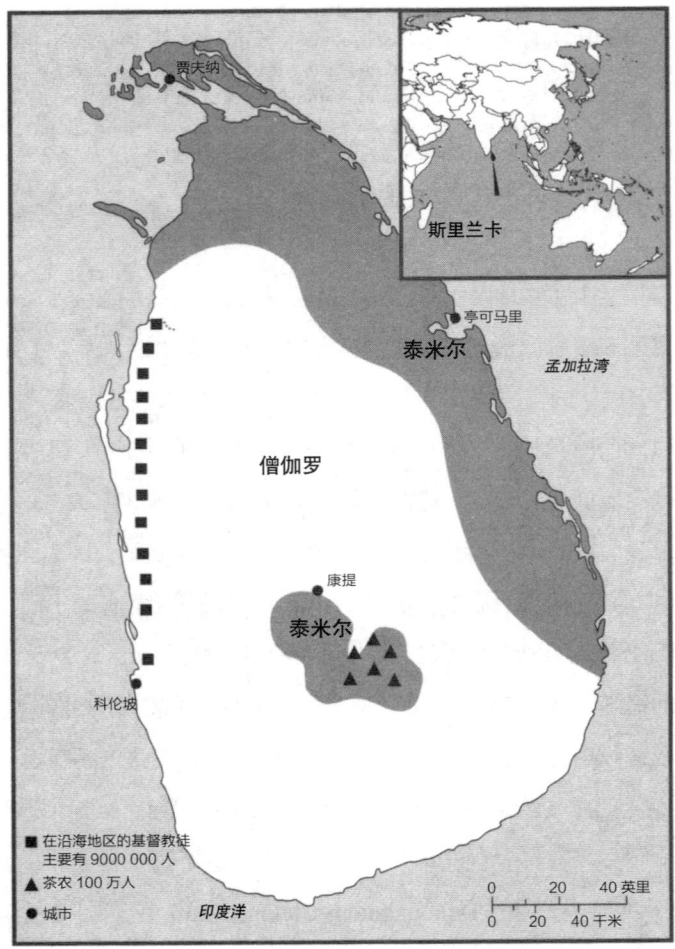

斯里兰卡

引入普选权时，锡兰的都会精英们很不情愿也没有做好准备。[1]

1　Urmila Phadnis, *Religion and Politics in Sri Lanka* （New Delhi: Manohar, 1976）, 159; Chelvadurai Manogaran, *Ethnic Conflict and Reconciliation in Sri Lanka* （Honolulu: University of Hawaii, 1987）, 8;Tambiah, *Sri Lanka*, 108–109; James Manor, "The Failure of Political Integration in Sri Lanka（Ceylon）," *Journal of Commonwealth and Comparative Politics* 17:1 （March 1979）, 23; Dharmadasa, *Language*, 227.

尽管民粹主义持续发酵，旧的都会精英力图主导 1947 年和 1952 年的两次选举，以形成独立后的最初两届政府。然而不久，僧伽罗人的反抗开始集结力量，反对英语知识作为政府雇员的要求条件。僧伽罗的教师和僧侣也要求将泰米尔语排除出官方语言，他们争论说语言平等不知什么时候将会让印度南部庞大的泰米尔人口淹没僧伽罗文化。特别活跃的是在那些较不富裕寺庙里的激进僧侣。他们憎恨西方文化和行政操作的影响，因为他们被剥夺了作为国家和村庄之间的传统纽带角色。[1] 这些僧侣在 20 世纪 40 年代后期曾经以社会主义的话语试验，但到 50 年代中期发现民族主义的民粹主题才是表达他们需要的有效载体。

在普选所产生的竞争激励下，即使一位世俗的、都会的、接受牛津教育的政客比如所罗门·邦达拉奈克（Solomon Bandaranaike）也发现，进军这一人民运动代价高昂。在觉察 1956 年的选举将是夺得权力的一个机会后，佛教政治组织为邦达拉奈克提供支持，挑战执政的统一国民党（United National Party，UNP），只要他同意在主张僧伽罗语为斯里兰卡唯一官方语言的"只有僧哈拉"（Sinhalaonly）的平台上展开选战。这一相互利用的联姻，大大有助于巩固佛教运动从社会主义向种族民族主义的意识形态转换。[2]

僧侣们并不依赖邦达拉奈克，因为他们拥有独特的草根组织网络。殖民的架构，包括行政集权、现代法院、受英式教育的公职人员和现代政党等，都漂浮在传统的乡村组织上面，并未触及村庄头人和地方僧侣的权威。尤其僧侣们拥有不同寻常的能力，能够为支持他们观点的全国

278

1　Tambiah, *Sri Lanka*, 8, 20; Phadnis, *Religion and Politics*, 74.

2　Phadnis, *Religion and Politics,* 183–187; Austin, *Democracy and Violence,* 66; Dharmadasa, *Language,* 296–297, 300; Tambiah, *Sri Lanka,* 69–71.

候选人鼓动投票。通过口口相传，地方僧侣们，在地方政治集会中扮演着中心角色，并直接分发选举传单，他们变成了代表邦达拉奈克的"选票银行"（vote banks）以及"只有僧哈拉"的族群分裂政策。尽管世俗媒体发声指责僧侣们在村庄的政治组织角色，但对草根来说几无影响。此外，僧侣们还开始自创报纸反击主流媒体。[1]

虽然邦达拉奈克在军事化佛教组织的支持下赢得选举胜利，但是一旦掌权他便与泰米尔领袖谈判，即协议将泰米尔语设为泰米尔人占多数的东北省份的行政语言，并且允许地方当局阻止僧伽罗移民进入这些地区。这些让步在首都科伦坡激起了反泰米尔骚乱。邦达拉奈克放弃了向立法机构提交这一协议，宣布进入紧急状态，并以政府令的方式履行这一约定的大部分内容。[2]佛教徒们声称该协议将"导致僧伽罗人总体灭绝"，则强化了他们的抵抗。[3]

279

在 1959 年一位僧人暗杀了邦达拉奈克之后，佛教军事组织变得越来越像一个丧失了道德和政治权威的极端主义政党。[4]但是不管怎样，选举加码，随后稳固成型了。不仅僧侣，甚至迄今为止一直很温和的僧伽罗的统一国民党的尤纽斯·查亚瓦尔德内尔（Junius Jayawardene）都抨击邦达拉奈克与泰米尔人分享权力的协议，以僧伽罗的不妥协诉求战

1　Phadnis, *Religion and Politics*, 73–74, 160, 164–165, 185–186; Manor, "The Failure of Political Integration in Sri Lanka（Ceylon），" 21–22; Dharmadasa, *Language*, 314.

2　W. Howard Wriggins, *Ceylon: Dilemmas of a New Nation*（Princeton: Princeton University Press, 1960），268–270; Phadnis, *Religion and Politics*, 272.

3　Stanley J. Tambiah, *Buddhism Betrayed? Religion, Politics, and Violence in Sri Lanka*（Chicago: University of Chicago Press, 1992），50.

4　Dharmadasa, *Language*, 314; Phadnis, *Religion and Politics*, 275; see also Tambiah, *Sri Lanka*, 58–59.

胜他。[1] 这一模式在此后接连重复，只要当执政党试图与泰米尔少数民族达成协议，反对派就以近乎哗众取宠的攻击破坏这些协议。在准备1965 年选举期间，邦达拉奈克的遗孀，也是时任总理，尝试提出以恢复 1958 年协议的方式吸引泰米尔人的选票。反对此立场的统一国民党，选票超过了邦达拉奈克的政党，尽管缺乏多数，而且颇为讽刺地被迫与泰米尔人签署了一个同样协议以实现统治。[2]

这一精英协商的协议，就像 1977 年的最后一个协议，在萎靡不振的经济、20% 的失业率和不满的僧伽罗年轻人等带动的民粹压力下最终解体了。由于争夺政府职位和农村土地的竞争日益加剧，在首都和市镇的失业年轻人中、在泰米尔人占多数地区的僧伽罗安置点等都爆发了族群骚乱。[3]邦达拉奈克和查亚瓦尔德内尔断断续续的权力分享努力，远比他们的僧伽罗基本选民的关键部分来得温和，一次次地在大众选举白热竞争下沉没了。[4]大众媒体，面对同样的需求激励，也采取了类似的族群加码机会主义策略。例如，在 1964 年，一个媒体委员会指控，由同一家报业托拉斯拥有的泰米尔和僧伽罗语的报纸在他们各自的共同体内编造相互的族群仇恨。[5]

斯里兰卡的例子表明，一旦族群动员和民粹加码模式被建立起来，就很难扭转。即使表面上策略与意图均良好，也在不断地制造着失败。面对一个被族群撕裂的选举，任何执行精英的权力分享协议的努力最后都告无用。1977 年对选举体制的修补，即对跨越族群界限的候选人给

280

1　Tambiah, *Buddhism Betrayed?*, 48–49.

2　Manogaran, *Ethnic Conflict and Reconciliation in Sri Lanka*, 53–55.

3　Tambiah, *Sri Lanka*, 13–15, 34–35, 38, 48–52, 55–56.

4　Austin, *Democracy and Violence*, 70–71; A, Jeyaratnam Wilson, S.J.V. *Chelvanayakam and the Crisis of Sri Lankan Tamil Nationalism, 1947-1977* （Honolulu: University of Hawaii Press, 1994）, 89.

5　John Lent, *Newspapers in Asia* (Hong Kong: Heinemann Asia, 1982), 524.

予额外奖励的办法也未能跳出冲突的螺旋。[1] 那段时间，用街头骚乱来反对他们所不喜欢的政策已经成为人们的习惯，以至于冲突一点就着，无关选举激励。这并不意味着民主本身不与斯里兰卡或其他地方的族群和睦相协调。而是说，民主化过程能够转向一个极其鲁莽的方向，除非一开始就沿着坚定、笔直的轨道。在一个族群分裂的社会中，包容性政党在大众水平很难制度化，同时传统社会的宗教或文化网络才是草根选民动员的关键，这种情况下的普选权是危险的。只有在民主化的火车离开车站之前，铁路已经铺就，斯里兰卡的情况才可能更好些。

马来西亚：威权主义优势

马来亚（参看地图）于1957年从英国治下取得独立，比斯里兰卡晚十年。在很多方面，这两个案例都始于相同的轨迹。跟斯里兰卡的情形相若，由英国居间达成一个民主宪法的协议，分别来自马来人和华人社区的讲英语的都会精英们之间的权力分享约定支撑着这一协议。又跟斯里兰卡一样，在独立之后的头一个十年，当两个主要族群各自的民族主义政党开始从中间的、跨族群联盟争夺选票，大众选举竞争便开始削弱权力分享协议。只有在1969年选后骚乱而搁置自由宪法，造成民主中断后，族群间的和睦才得以恢复。[2]

1　Horowitz, "Making Moderation Pay," 463. 包含最新信息对该冲突发展的回顾, see Amita Shatri, "Government Policy and the Ethnic Crisis in Sri Lanka," in Brown and Ganuly, *Government Policies and Ethnic Relations in Asia and the Pacific*, 129–164。

2　Gordon P. Means, *Malaysia Politics: The Second Generation* （Singapore: Oxford University Press, 1991）, Chapter 1; Muthiah Alagappa, "Contestation and Crisis," in Alagappa, ed., *Political Legitimacy in Southeast Asia* （Stanford: Stanford University Press, 1995）, 63–64.

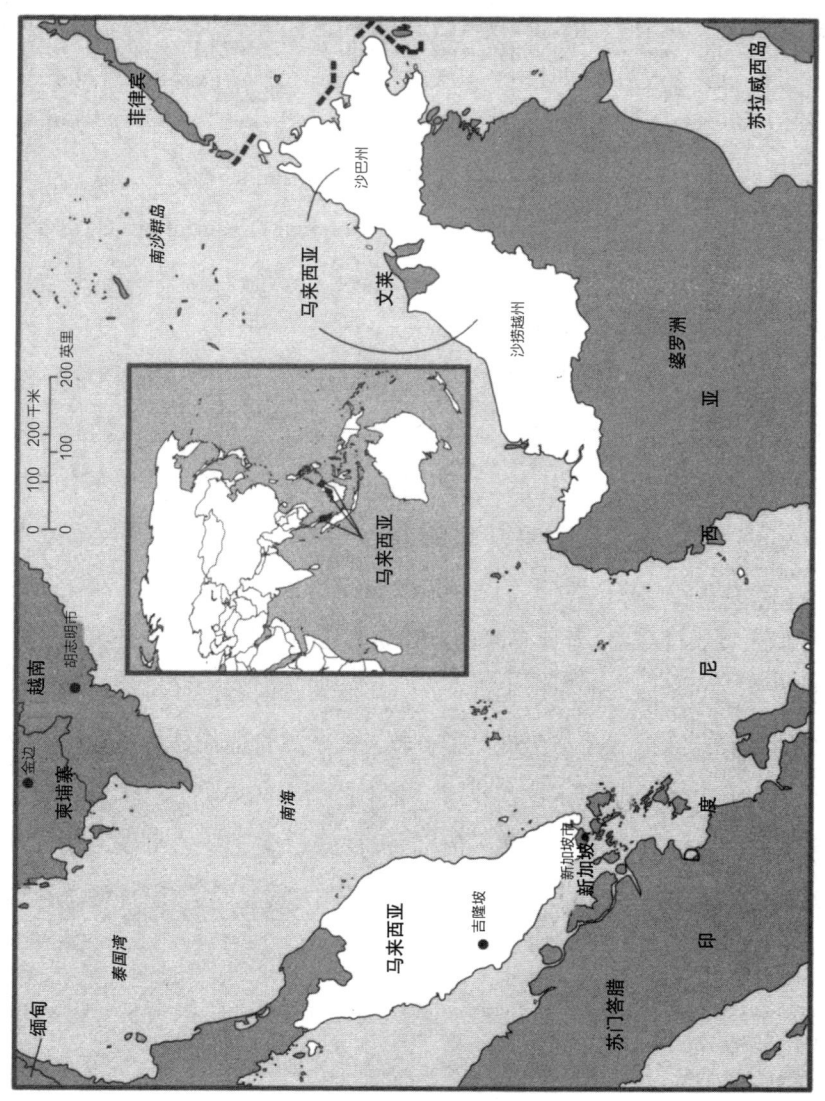

马来西亚

在冷战的最初岁月里，一支主要由华人掌握的马来西亚共产党发起的武装反叛使得所有华人都在政治上变得可疑。结果是，华人商业精英在进行自身的政治组织时相当困难。而且，富裕的华人发现他们的利益常常跟那些马来官僚精英而非华人工人阶级更为一致。结果仍是，主要的华人政党马华公会（Malaysian Chinese Association, MCA），联合了马来人的精英政党巫统（United Malays' National Organization, UMNO），为1952年争夺吉隆坡选举结成了联盟。这一安排被英国强化，后者将族群合作视为最终独立的前提条件。[1]

跨族群联盟协议在独立后的最初两次选举中都很稳固。1959年，联盟在自由和公平的选举中赢得52%的选票，也因为单选区的放大效应而夺得议会104席次中的74席。1964年，联盟受益于印尼军事威胁诱发的团结效应，继续扩大了胜利边际。[2]

到1969年，联盟的分权方案遭遇第二代政治精英的严重挑战，他们更具族群导向，却比马来西亚独立的建国者们更少都会色彩。[3]联盟继续在自我陶醉的平台上进行选战。联盟的政客们针对贫困和教育低下的马来人的经济劣势提供了补救方案，尽管他们是用"发展农业所需"这一术语来界定这些政策，而不是用族群关照这一术语。马来语成为"唯一"的官方语言，但是只要需要，其他语言可以用于官方事务。华人继续从赋予公民权的自由政策中受益。联盟所提的意识形

1　Stanley S. Bedlington, *Malaysia and Singapore: The Building of New States* （Ithaca: Cornell University Press, 1978）, 85–87.

2　Karl von Vorys, *Democracy without Consensus: Communalism and Political Statbility in Malaysia* （Princeton: Princeton University Press, 1975）, 249, 297.

3　Gordon P. Means, *Malaysia Politics*, 2d ed. （London: Hodder and Stoughton, 1976）, 448, citing Stephanic Neuman.

态属于马来西亚的公民—疆域民族主义的一部分，而不是马来人的族裔民族主义。[1]

这一看上去还算合理的方案，却在 1969 年的经济困顿背景下开始式微。马来人和华人都对精英主义的联盟颇有怨怼，联盟的支持者很不成比例地来自两个族群的高收入群体。[2] 到 1969 年，马来人的人均国民收入不到非马来人的一半。马来人只拥有西马少数公司 1.5% 的资产。马来人的反对党相信，这些问题只有通过新的国有产业部门大规模雇佣马来人而得到解决。[3] 他们当然也看到马来人若要完成这一目标所需的政治力量却在退缩，因为联盟的自由主义公民政策正在提升华人民族主义选民的地位。[4]"种族和睦只限于深色皮肤，"马来人的反对党的宣言最后是这么结束的。"90% 的国家财富仍然掌握在非马来人手中。"[5]

同时，华人的经济不满也在上升。英国货币的贬值伤害了华商利益。由于联盟在 1969 年议会选战中被马来反对党严重打击，因而拒绝补偿那些遭受金融危机损失的群体。这无疑等于赐予华人反对派额外的弹药。在一个颇为倒错的族群间的精英共谋下，马来人的民族主义政党和华人的民族主义政党都同意不分散反对派选票，避免在反对派族群占多数的选区相互竞争。联盟最后仅仅获得了 49% 的选票，尽管仍然在议会中保持多数。因而虽然取得了"胜利"，联盟政府自视已经无可挽回

1　von Vorys, *Democracy without Consensus*, 268.

2　Means, *Malaysia Politics*, 2d ed., 426–427.

3　Ibid., 2d ed., 410.

4　Bedlington, *Malaysia and Singapore*, 146.

5　von Vorys, *Democracy without Consensus*, 271.

地滑向族群极化和最终的选举失利。在这次激烈选举过后的族群极化空气中，吉隆坡爆发了马来人和华人之间的骚乱，政府宣布进入紧急状态然后搁置了宪法。[1]

马来西亚政府随即开始寻求中断民主的双管齐下策略，在执行技术官僚们设计的保证经济增长最大化的政策的同时，为马来族群增加教育和雇佣机会。庞大的政府投资被投向马来人占多数的乡村地区，实现这些地区的现代化。根据这一写入 1971 年第二个马来西亚计划的方案，华商可能继续致富，但是民族象征和政府支持的各项正面行动都非常有利于马来人。煽动性的族群诉求从此属于非法的。政治联盟通过密室的讨价还价和庇护交易安排形成，而非公开的争论。[2]用社会科学的行话说，在镇压和对一些失败者提供旁支付的基础上，联盟确立了一个"族群控制的政权"。[3]

这一策略是如此成功，以至于 1973 年即使民族主义反对党，也已经与执政联盟相携手，总共控制了议会 80% 的席位。在这一对言论自由做决然限制并中断民主权利的体制之下，马来西亚享受了 30 年没有族群暴力、异乎寻常的经济增长，连带联盟牢不可破的权力。[4]

1　Bedlington, *Malaysia and Singapore*, 145–148, also 116.

2　Means, *Malaysia Politics*, 2d ed., 439; von Vorys, *Democracy without Consensus*, 394–412; Bedlington, *Malaysia and Singapore*, 116.

3　D. Rumbley, "Political Geography of Control of Minorities," *Tijdschrift voor Econmische in Sociale Geographie* 81:1（1993）; Ian Lustick, "Stability in Deeply Divied Societies: Consociationalism versus Control," *World Politics* 31:3（April 1979）, 325–344.

4　Bedlington, *Malaysia and Singapore*, 152; William Case, "Malaysia: Aspects and Audiences of Legitimacy," in Alagappa, *Political Legitimacy*, 75–76, 79–80, 106; Ganguly, "Ethnic Politics and Political Quiescence in Malaysia and Singapore," in Brown and Gunguly, *Government Policies and Ethnic Relations in Asia and the Pacific*, 233–272.

成功的一个关键因素，是马来西亚国家相对社会的行政权力。马来西亚拥有一个有力中央官僚的悠久传统，这是联盟政客们在第二个马来西亚计划期间可用来威慑或者收买反对派的强大工具。[1] 在 1971 年修改的宪法下，国家掌握的任命权力包括了向合作的反对派政客分配恩惠、向合作的地方分配中央岁入、分包经济发展项目等。政治反对因而更被压缩到只能诉诸公民权或 18.1 万非马来人的法定居住权。[2] 骚乱后的立刻镇压，也因马来人掌握的军事和警察的忠诚和效率而便利不少。[3] 而且，在新体制下，国家不分区地无情镇压所有族群的帮派挑战，包括马来人在内。甚至，由伊班族部落民组成的沙捞越特种兵部队也被派入婆罗洲的马来西亚部分，镇压马来人的反对派。[4]

最后，马来西亚的国家权势屏蔽媒体的种族—民族主义讯息。一条 1971 年宪法修正案使得即使议员讨论族群敏感问题，如马来语的优势、公民权或者宪法规定的马来人在这个国家如同"大地之子"的"特殊地位"等等，都意味着刑事罪。大众媒体的所有者和雇员在 20 世纪 70 年代都被"马来西亚化"了。这种国家威权在媒体的扩张，其合法化部分是因为英国统治下的一项政策，要求报纸每年申请许可证并威胁关闭煽动性报纸。1969 年之后，警察加紧了对反对媒体的监视。甚至临近 1987 年，主要的华文报纸因为抗议马来人主管华文学校的政策而被关闭了一年。结果，戈登·米恩斯（Gordon Means）说，马来西亚的记者

285

1　Milton Esman, *Administration and Development in Malaysia: Institution Building and Reform in a Plural Society*（Ithaca: Cornell University Press, 1972）.

2　Means, *Malaysia Politics*, 2d ed., 400, 404.

3　Bedlington, *Malaysia and Singapore*, 166–167.

4　von Vorys, *Democracy without Consensus*, 348.

已经变得"小心、胆小、经常低三下四"[1]。一定程度的学术自由仍被允许，但是限于枯燥的学术杂志小圈子，对更广泛的读者几乎毫无影响。[2]

在快速发展中的社会经济中以切割民主的策略来控制族群冲突，其长期结局是什么？对马哈蒂尔·宾·默罕默德（Mahathir bin Mohamed）的联盟政权的一个批评是，它对向民主参与的开放形式而转型的准备做得太少。反而，它依赖镇压策略的持续可行性，以及所有选民都受益的快速经济增长。这是一个"悖论"，米恩斯说，后 1969 年的方案，其本身意味着在马来西亚政治中拆除族群议题，特别是借由单方面向马来族群示好，已经事实上导致"法律、制度和公共政策中的族群分裂的持续化"，将"主观性认同"转为更僵硬、排他性的类别划分。作为解毒药，他催促政策转换为以非族群标准为基础，对弱势的马来人展开扶持性行动，比如"橡胶树的小规模场主"或"地产劳动力"等，更接近巫统（联盟的马来伙伴政党）在 60 年代后期的政策。[3] 按照米恩斯的观点，马哈蒂尔已经浪费了镇压所赢得的时间，却未能创造出一个向更持久的多族群民主转型的稳固基础。

其他人争说这样一种策略在民主不断增长的背景下恐怕难以奏效。例如，马哈蒂尔在 20 世纪 80 年代的主要反对派，不是来自华人而是来自伊斯兰团体，他们试图包抄巫统相对温和的族群政治。为了扭转这一威胁，马哈蒂尔向那些国家支持的伊斯兰银行提供无息贷款，并创建伊

1　Means, *Malaysia Politics: The Second Generation*, 137–140; Bedlington, *Malaysia and Singapore*, 150; Jon Vanden Heuvel, *The Unfolding Lotus: East Asia's Changing Media* （New York: Columbia University, Freedom Forum Media Studies Center, 1993）; von Vorys, *Democracy without Consensus*, 429.

2　Means, *Malaysia Politics: The Second Generation*, 140–141.

3　Ibid., 313–314.

斯兰大学。转向一个非族群策略在这种环境下不啻政治自杀。[1]

另一个策略是希望 20 世纪 90 年代早期连续以每年 7% 的增长带来的经济变迁将会改造马来西亚社会，让族群分裂不再相干。例如，自由化的 1991 年新发展政策减弱了政府在经济中的角色，结果，减缓了国家雇佣的族群歧视规则的效应。类似的，经济变迁正在促进各种横切经济、文化、阶级和性别的裂痕，有助于削减分隔马来人—华人的障碍。[2]

287

结论是，斯里兰卡和马来西亚这一对例子表明，民主化冒着恶化族群紧张的风险，特别是当动员大众政治支持的最有效工具仍然是传统族群网络的时候，比如那些斯里兰卡的村庄僧侣。这些例子中，民主的切割可能只是解决方案的一部分，也不是（如人权观察所主张的）主要问题。斯里兰卡和马来西亚的教训便是在民主化过程中发展中国家应当避免什么。印度对那些案例有同样的重要性，它还提供了更为重要的教训，即创造强大的公民和新闻制度作为多族群社会进行民主化的先决条件。

印度：公民制度化和族群动员之间的赛跑

印度，有一个屡屡发生族群暴力的混杂纪录，不时打破族群间和平的一般模式。在印度独立的那个时刻，族群暴力最为激烈。随着英属印度最后被划分为印度和巴基斯坦而产生的印度教徒和穆斯林的冲突中，将近 100 万人死亡、1500 万人被迫迁徙。[3] 在 1947 年到 1980 年间，印

1　Case, "Malaysia: Aspects and Audiences of Legitimacy," in Alagappa, *Political Legitimacy*, 75.

2　Ibid., 79–80, 106.

3　Radha Kumar, "The Troubled History of Partition," *Foreign Affairs* 76:1 （January/February 1997）, 26.

度教徒—穆斯林的骚乱在几个城市一再爆发，但是印度族群和宗教团体之间的总体关系模式却又是温和、稳定的。[1]

第二次族群暴力的高峰发生在 20 世纪八九十年代，伴随着三个分裂主义运动的兴起。1989 年后，在克什米尔山区爆发的印度政府与穆斯林反抗者的战斗，造成超过 1.5 万人被杀，25 万人背井离乡，印度和巴基斯坦两国都声称拥有该地区的主权。自 1981 年与反抗的旁遮普省锡克人战斗之后，有两万人被杀。在阿萨姆省，1979 年后一系列卷入印度阿萨姆人、穆斯林少数族裔、部落民和政府力量的争斗，造成 5000 人死亡。[2] 同时，族裔民族主义在印度占多数的印度教徒中兴起。印度人民党在 1992 年的一次印度教徒暴乱中煽动摧毁具有历史意义的穆斯林清真寺，而到 1998 年已经赢得足够多的选票成为进入印度联盟政府的主要政党。

这一和平与暴力混合的模式形成，深受不断上升的政治参与需要和公民制度之间的相互优势平衡的影响。正如在斯里兰卡和马来西亚，在印度经历英国殖民期间形成的民族精英，是讲英语的、都会的、也是最为世俗的。贾瓦哈拉尔·尼赫鲁（Jawaharlal Nehru），1947 年（印度独立）之后出任总理直到 1964 年去世，在一个被几个宗教社群分裂、讲数百种语言的贫困国家内，为建立一个基于包容的、公民原则的大众民主而奋斗。有鉴于这些困难，印度当之无愧地可以算作是在一个成功管理族群关系的新兴民主国家。当然，最近十年已然积弱的尼赫鲁的国大

1　Ashutosh Varshney, *Ethnic Conflict and Civic Life: Hindus and Muslims in India* （New Haven: Yale University Press, 2002）.

2　Brown, International Dimensions of Internal Conflict, 5.

党为族群政客们敞开了空间，他们寻求如何利用政治觉醒的提升和草根选民的热忱。因此，族裔民族主义和暴力在 20 世纪八九十年代间增加，是由于过往的被动群体融入国家政治生活而产生的参与需求的上升和公民制度能力的衰落两者间的鸿沟。

古老文化及其政治背景下的不安全感

尽管印度教徒和穆斯林之间的文化鸿沟在印度非常古老，但若将现代民族冲突主要归咎于地方性的民众仇恨却是十分错误的。印度的族群共同体经历了数个世纪的和平与冲突的阶段。印度教内所存在的一种融合其他教派的神和文化践习的包容传统要比任何文化对立的传统还要古老。这一印度传统被改造为排他性的还是一个较近的计划，由印度民族主义政客和作家们进行。自民主化以来，冲突水平随时间和地点变化甚大，以至于一个一般意义上的族群仇恨倾向很难予以解释。[1] 更为清晰的则是政治背景各异其路，有时候煽动族群对立的火苗，其他时候又阻缓之。

类似地，如果用族群暴力从担心安全的角度来解释印度独特的文化群体而不强调这些担心正是变动政治环境的表征，那也是错误的。确实，例如 1947 年发生最严重的屠杀，系因英属印度突然被划分为穆斯林的巴基斯坦和印度教为主的印度。数百万生活在族群划分边界

290

1　Susanne Hoeber Rudolph and Lloyd I. Rudolph, "Modern Hate," *The New Republic* 208:12（March 22, 1993）; Varshney, *Ethnic Conflict and Civic Life*; Paul Brass, *Language, Religion and Politics in North India*（Cambridge: Cambridge University Press, 1974）.

的"错误"一边的穆斯林，突然发觉面对印度教群体利用与他们的土地和经济地位进行的竞争是如此容易受到伤害。更深层次的问题却是，政治体制的性质如何产生了这一情形，同时仍然提供抑制族群恐惧和对立的能力。

印度族群关系的变动模式受到大众政治参与需求上升时在公民政治的制度化和族群反趋势之间的赛跑所影响。当印度精英能够在公民形式政治下运用国大党和专业化媒体来容纳温和的大众需求以实现包容，族群和平就占优势。相反，当这些世俗制度被削弱而且大众政治需求上升的时候，印度教徒、穆斯林和其他反精英的教派利用其他建立在文化分裂的政治动员渠道，其结果便是族群暴力激化。

公民和族群政治认同的制度化

英国的遗产含有那些有利公民和族群认同政治化的要素。一方面，对印度超过一个世纪的统治，英国留下了代议制度、国家行政能力、以英语为通用语言的受过良好教育的精英以及一个专业化的法律体系和媒体的基础架构，所有这一切都为一个公民政体的运行提供了原始材料。1919 年对地方统治理事会的改革，其结果之一是国大党进行的草根性选举鼓动，为它成为一个大众政党建立了基础。[1]

另一方面，作为分而治之策略的一部分，英国的所作所为不啻将族群差异政治化。为了在"一战"后接纳大众的政治参与需求，英国

[1] Manor, "Failure of Political Integration," 23. 英国的这一政策并未在其所有殖民地产生同样的结果。例如，在锡兰（斯里兰卡）说英语的本土政客就疏离于地方政治之上。

建立了一个分离选民的体系而且保障各省议会的穆斯林和印度教徒各自的席位数量。[1] 传统的穆斯林精英欢迎这一安排，部分因为他们对其控制穆斯林候选人的能力觉得有信心。由于这些穆斯林精英是英国统治者抗拒印度教徒独立愿望的同盟，英国当然有其利益而要创造一个选举体系以加强相对印度教多数的穆斯林自治。一个统一的、屏蔽族群差异的选举体系则相反，将有利于世俗的国大党尽力吸引那些穆斯林公职人员。

当政治体制开始民主化，这个体制的族群代表有助于沿着族群线培育大众效忠。[2] 在 1937 年，英国开放具实质权力的省级议会的选举。穆斯林选民主要投给地方穆斯林政党或者国大党；只有 3% 的选民选择穆斯林联盟，后者意在英国主权延续的条件下为了穆斯林的政治自治而展开全国性选战。穆斯林联盟的这一弱势表现自然让国大党无意延揽联盟的政客入阁，并且得以拒绝穆斯林自治的要求。[3] 结果，穆斯林联盟开始倡导一个分离的穆斯林主权国家。为了赢得大众支持，联盟发起了一个非常成功的草根组织选战，很快就取代了 1937 年穆斯林所效忠的地方政党。[4]

英国推动穆斯林认同政治化的政策在"二战"期间继续深化。当英国致力于将印度拉入对抗德国的战争，印度政府里的国大党员不经协商集体辞职。议会领袖被监禁，国大党在战争期间也不能运转。穆斯林联

1　Anita Inder Singh, *The Origins of the Partition of India, 1936–1947* (Delhli: Oxford University Press, 1987), 237; Peter Hardy, *The Muslims of British India* (Cambridge: Cambridge University Press, 1972), Chapter 8.

2　H.V. Hodson, *The Great Divide* (London: Hutchison, 1969), 14–15, 48.

3　Anup Chand Kapur, *The Punjap Crisis* (London: Hutchison, 1969), 14–15, 48.

4　Kapur, *Punjab*, 59.

盟，继续把英国看作对抗印度教多数的保护者，便支持英国的战争动员。在享受了议会里没有任何反对性政治组织的清净之后，联盟从战争中崛起了，与穆斯林选民的联系得到了加强。

在战后 1946 年的选举中，通过创造巴基斯坦国这一难以抵御的号召，联盟赢得了穆斯林 76% 的选票。[1] 当联盟在 1947 年呼吁采取"直接行动"上街以迫使议会承认穆斯林自治的时候，它的新选民，按族群分离的代表制度所创造出的忠诚，便回以在加尔各答和其他主要城市的暴乱。英国，一直期待借由"分而退之"的政策而脱身，最终放弃了间杂着各个宗教共同体却陷入因分治造成的混乱血腥的印度。

尽管有此坎坷的开始，在尼赫鲁和国大党其权威的高度，印度管理族群紧张关系的能力仍然给人以深刻印象。在 1952 年间独立后的第一次选举，国大党已经在乡村和邻里社区建立了良好的组织。[2] 传统的地方领袖以庇护方式被招入国大党的结构之中，这很快就成为乡镇唯一的博弈了。国大党采纳了这些地方精英的诉求，但是对族群偏见的表达仍然严加约束。例如，1956 年之后，面对各省希望更多语言同质性的要求，印度以相当灵活的身段熬过了重划联邦边界的时期。在民族联邦主义看来，边界变更如同不可兼容诉求的潘多拉盒子，印度的中央政府却兼具设计合理变通规则的敏锐和加强这些规则的权威。[3] 同样，在 1962 年全国融合大会上，国大党领导人坚持，其地方政客不得利用分裂族群或者

---

1 Singh, *Origins*, 243.

2 Lloyd Rudolph and Susanne Rudolph, *In Pursuit of Lakshmi: The Political Economy of the Indian State* （Chicago: University of Chicago, 1987）, 127.

3 Myron Weiner, *Party Building in a New Nation: The Indian National Congress* （Chicago: University of Chicago Press, 1967）, 50.

种姓问题来争取支持。[1]

国大党中央的控制权威在 20 世纪 60 年代开始下滑，进入了一个新的族群政治时代。这部分反映了在地方国大党组织中，传统乡村领袖和新一代向上流动的农民之间的对立。国大党的老一代大佬们，他们通常致力于在种姓和族群间担当桥梁，越来越被看作不负责任的和自我牟利的。对此发动挑战的抗议运动有时围绕着阶级诉求进行动员，但已有的社会网络让动员沿着族群线进行变得更容易些。[2]在国大党层级的高层，尼赫鲁的女儿，英迪拉·甘地，身陷与党内老男孩网络的争斗中，后者也被称作"辛迪加"。在 60 年代后期和 70 年代，她试图摆脱国大党的草根组织结构，不仅向宗教团体也向日益政治化的低种姓和印度社会的底层阶级等进行直接喊话。[3]

这些策略鼓舞了民众以族群话语来表达政治需求。在英迪拉·甘地同意该邦占优势的锡克人所要求的改变旁遮普邦边界后，锡克人对其他议题的要求进一步增加。他们主张旁遮普更多的财政自治、更有利的水权划分、更多的边界变更和在印度其他地方的锡克人的特殊权利等等。[4]

同时，英迪拉·甘地的策略削弱了印度的集权和世俗制度，以遏制这些日益增长的族群要求。[5]部分基于对锡克危机的反应，她从 1975 年

293

1　Myron Weiner, "India: Two Political Cultures," in Lucian Pye an dSidney Verba, eds., *Political Culture and Political Development*（Princeton: Princeton University Press, 1965）, 231.

2　Stanley Kochanek, *The Congress Party of India*（PrincetonL Princeton University Press, 1968）, 351; Francine Frankel, *India's Political Economy, 1947-1977*（Princeton: Princeton University Press, 1978）, 341; Weiner, "India: Two Political Cultures," in Pye and Verba, Political Culture and Political Development, 210–211; Anthony Smith, *The Ethnic Origins of Nations*（Oxford: Blackwell, 1986）, 146.

3　Rudolph and Rudolph, *Lakshmi*, 128, 134–35; Frankel, *India's Political Economy*, 344–345, 386–390.

4　Kanti Bajpai, "Diversity, Democracy, and Devolution in India," in Brown and Ganguly, *Government Policies and Ethnic Relations in Asia and the Pacific*, 71.

5　Human Rights Watch, *Playing the "Communal Card,"* 21.

6 月开始了 20 个月的紧急状态，将数十位新闻记者投入狱中，并解散了媒体公会——印度自由和公正言论的看护者。在旁遮普特别权力法案之下对新闻记者的逮捕，使得任何有关锡克分离主义冲突的准确报道都变得不可能了。[1]一旦紧急状态中止，德里的国大党领袖们发现他们的地方网络已经萎缩。他们接触地方讯息和选拔优秀候选人、省一级部长的能力已经大大退化。[2]

294

英迪拉·甘地遇刺后，她的儿子和继任者拉吉夫·甘地发现不得不效法他母亲所采取的相同策略。为了避开国大党的核心结构，他转向依靠边缘组织如青年大会，青年大会能够提供如阿杜尔·考利（AtulKohli）所说的对付政治反对派而言颇具短期优势的"好战的大众动员"。[3]同样有腐蚀性的一个计划是在政府职员中为少数族群和先前的劣势种姓保留一半的职位。[4]

印度中央公民制度衰落的结果之一是族群冲突重新燃起。如苏珊娜和劳埃德·鲁道夫（Susanne and Lloyd Rudolph）所解释的："当英迪拉·甘地面对日益动员和要求严格的选民而力图维持权力，印度的制度资产开始被挥霍掉了。"[5]在制度与参与之间的较量中，公民制度是输家。地方政客，特别是克什米尔和旁遮普的，都渐渐诉诸族群动员策略，这有助于他们切入那些随后产生的制度真空。暴力爆发也越来越与选举周期吻合，即那些蛰

1　Kevin Boyle, *Article 19 World 1988* （New York: Times Books, 1988），135–137.

2　Rudolph and Rudolph, *Lakshmi*, 137–138.

3　Atul Kohli, *Democracy and Discontent: India's Growing Crisis of Governability*（Cambridge: Cambridge Univesity Press, 1990），340.

4　Rudolph and Rudolph, "Modern Hate."

5　Rudolph and Rudolph, *Lakshmi*, 132.

伏的文化和地位裂痕政治化的民主过程。[1] 面临这种新环境，国大党再也难以吸引到执政所需的足够选票了。反而，最近的选举政治都被印度教的民族主义的印度人民党所主导，它是 1998 年和 1999 年议会选举的赢家，以及被温和地方政党的联合体所主导，后者赢得 1996 年的选举。

新闻专业主义对族群主义

新闻专业主义提供了另一个讲述同样故事的视角。印度有着高素质新闻专业报道的悠久传统，对族群紧张一直保持着密切关注。然而，高水平的英语媒体却在和煽动性的地方媒体之间进行着一场比拼，后者在故意激化族群紧张中迅速成长。

20 世纪伊始，印度的英语媒体就已经能够运用公共讨论的压力，来约束非选举的英属印度政权的政策。[2] 独立之际，一些高度专业的、主要的都市报纸便形成了报道族群暴乱的一套自愿性媒体准则。按照这一准则，媒体不会采用刺激性的标题，在冲突正酣时避免报道具体的伤亡数字，严格审查消息来源，深挖暴乱起因的准确信息等。沿袭英国传统模式，这些非正式准则经由媒体公会而制度化。公会被赋予相当民事法庭的法定权力，可以调查违反这些准则的情况。[3]

更小的、党派化的报纸，却常常煽动族群紧张。在地方乡镇，出版

1　Austin, *Democracy and Violence*, 3, 6.

2　S.N.Paul, *Public Opinion and British Rule*（New Delhi: Metropolitan, 1979）.

3　R.C.S. Sarkar, *The Press in India*（New Delhi: S. Chand, 1984）, 190–193, 295–296; Moti Lal Bhargava, *Role of Press in the Freedom Movement*（New Delhi: Reliance, 1987）, 336, 341–342; Allyn and Wilkinson, *Guideline for Journalists*, Appendix.

商和记者都高度依赖地方商业精英的支持，在报道族群间关系时倒是很方便屏蔽真相。在这些小报间通常流传着错误的报道，充满死亡数字和族群领袖们未经证实的声明。于是，作为经济变迁和各省识字率提高的结果，节制专业的全国性媒体和煽动性小报之间的裂痕在过去二十年间日益扩大。[1] 例如，社会变迁、迅猛增加的报纸读者、新兴的地方知识分子等在克什米尔重新点燃族群冲突中扮演了中心角色。[2]

296　　　简言之，印度的例子教给了我们一个有着两面性的教训。一方面，公民制度的建立先于大众政治的兴起，能够为民主的族群安宁提供一个基础架构，即使在识字率较低的贫困的多族群国家也能做到。另一方面，印度的阵痛也表明在这样一种情境下，特别是少数族群的议会或官僚中的代表方案产生了按族群界限进行政治组织的激励之后，公民制度是多么脆弱。反精英者总是随时准备运用族群诉求来填补参与需求上升和公民制度弱化之间出现的裂痕。

卢旺达和布隆迪：多元主义和权力分享的危险

20 世纪 90 年代最血腥的族群暴力发生在中非国家卢旺达。超过

1　S.B. Kolpe, "Caste and Communal Violence and the Role of the Press," 342, 349, and Asghar Ali Engineer, "The Causes of Communal Riots," 36–38, both in Asghar Ali Engineer, ed., *Communal Riots in Post-Independence India* (Hyderabad: Sangam, 1984); Hamish McDounald, "Paper Tigers," *Far Eastern Economic Review* (October 5, 1995), 28–30; Zenbo Banu, *Politics of Communalism* (Bombay: Popular Prakashan, 1989), p.21.

2　Sumit Ganguly, *The Crisis in Kashmir: Portents of War, Hopes of Peace* (Cambridge: Cambridge University Press, 1997), and Ganguly, "Explaining the Kshmir Insurgency: Political Mobilization and Institutional Decay," *International Security* 21:2 (Fall 1996), 76–107.

150 万少数民族图西族群成员在 1994 年 4 月被胡图族占多数的政府内部的极端主义派别所组织的敢死队及其他加入种族屠杀的胡图人追捕、杀害。在邻国布隆迪，5 万胡图人和图西人 1993 年和 1994 年在另一场族群冲突中死亡。

这两个例子显示了在缺乏足够的多元政治制度基础的国家内部，促进民主化和分享权力的国际努力是多么危险。胡图族的多数候选人在自由、公平的总统大选中取得胜利之后，颠覆了图西族占多数的军政权，布隆迪的暴力然后接踵而至。同样，卢旺达的种族屠杀也是在为胡图族和图西族之间提供更加政治多元和更多的政府权力分享的国际协议签订之后随即发生。两个国家都经历了暴力前夜独立报纸的繁荣。国际组织和大国都曾施压要求两个独裁国家推行自由化和权力分享。[1]

这些政治变化吓坏了两个政权统治精英中的掌权者，他们不只害怕丧失已经习惯的特权，而且担心新政府会起诉他们过去侵犯人权的罪行。就是这些掌权者利用媒体自由的扩大发起了充满族群仇恨、尖刻言辞的宣传战。在卢旺达，胡图族政府的极端主义者把种族屠杀视作阻断国际协议执行的手段。在布隆迪，仅当新选出的胡图族总统以权力分享的名义试图向军队掺入更多胡图人时，图西族主导的军事当局才诉诸大规模暴力。

国际社会的很多观察家，比如人权观察等非政府组织，把卢旺达和布隆迪看作威权精英的危险例子，他们"打族群牌"是为了挽救他们对

297

1　针对与布隆迪有关国际政策的批评，see Michael S. Lund, Barnett R. Rubin, and Fabienne Hara, "Learning from Burundi's Failed Democratic Transition, 1993–1996; Do International Initiatives Match the Problem?" in Barnett R. Rubin, ed., *Cases and Strategies for Preventive Action* （New York: Century Foundation Press, 1998）, Chapter 3。

社会的操控地位。这些组织声称，如此事例表明了为防止族群暴力而促进民主化、言论自由、公民权利和权力分享，以及把威权的人权侵犯者送进法庭的必要性。[1] 事实上，这些例子恰好展现了相反的一面。它们实则说明了在贫困、族群分裂的国家里，在精英受到民主化威胁、公民制度缺位、人民匮乏让民主运转起来的教育和公民素质的情况下，贸然进行前述改革是如何强化冲突的。

展开这一观点的论证中，我首先讨论两个国家的胡图族—图西族的历史背景；然后说明对民主化的国际压力如何在 1993—1994 年间的布隆迪酝酿出族群暴力；最后，我会叙述对多元主义和权力分享的国际支持如何启动了 1994 年的卢旺达种族屠杀（参看地图）。

历史对立

胡图人，作为一支农业人群，构成卢旺达和布隆迪大约 85% 的人口。图西人，传统上的放牧者，已经在胡图人当中生活了数个世纪。这两个群体，都操同样的语言，有着非常相似的文化传习。典型来说，图西人偏高和偏瘦，而胡图人则比较矮和敦实。然而，在一些区域，特别是卢旺达南部，胡图和图西人通婚密切，其结果除了身份证上的注明，根本难以区分其种族。在 1994 年的种族屠杀中，在路障边的巡逻民兵往往会先看过身份证后才决定杀掉谁。

299　　在比利时殖民政权期间，推行分而治之的策略，把少数的图西族人树为统治阶级。后果便是，图西人有着更好的教育，也更富有。1959

1　Human Rights Watch, *Slaughter among Neighbors*, 13–22.

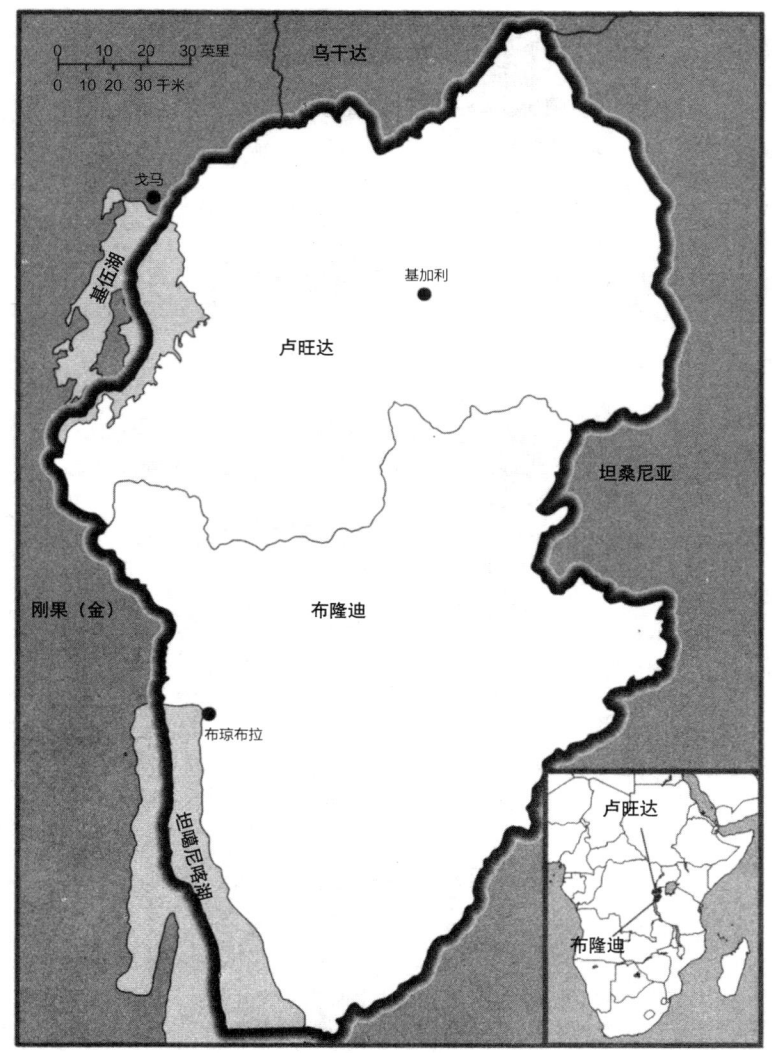

卢旺达和布隆迪

年独立前夜，卢旺达的胡图人起而反抗图西人的压迫，建立了一个胡图
人占多数的政权，对图西人在教育和政府雇员职位等方面实行系统性
歧视。接下来的30年见证了在政府与图西少数族裔之间由袭击、镇压、

报复形成的周期循环，最终发展成在友好邻国乌干达的保护下建立起来的强大军事基地。到 1993 年，图西族的反抗力量已经取得了明显的军事优势，而胡图族政权只是依靠法国的支持才避免了彻底失败。[1]

在布隆迪，则相反，少数的图西人从未丧失权力。他们的军事政权建立在公然镇压的统治基础上。最糟糕的血腥事件发生在 1972 年，当时约十万胡图人被图西人主导的政权杀害。然而，1972 年到 1993 年之间，图西人的镇压在遏止胡图人反抗方面是如此有效，以至于胡图人的暴力仍然相对地非常有限。[2]

因此，胡图人和图西人之间的对立可以追溯到殖民和前殖民关系中的权力与经济，并经两个族群众多成员间的种族划分而加深。然而，这些历史差异已经被精英们煽动成为仇恨，他们通过媒体、也通过难民营里的口口相传，有意编造着关于其他族群的迷思。[3] 这些精英夸大群体间差异，如果有利也会混淆这些差异。例如，1994 年对卢旺达图西族的种族屠杀的领导者，出身于图西族家庭的罗伯特·凯乌加（Robert Kajuga）在 1959 年篡改家庭身份证后转为胡图族身份[4]。

300

这就是说，分而治之的殖民政策和后殖民精英对族群仇恨的操纵为 20 世纪 90 年代布隆迪和卢旺达的族群暴力提供了一个历史背景。而开

---

1 Gérard Prunier, *The Rwanda Crisis: History of a Genocide* （New York: Columbia University Press, 1995）, Chapter 3 and 5.

2 Réné Lemarchand, *Burundi: Ethnocide as Discourse and Practice* （Cambridge: Cambridge University Press, 1994）.

3 Liisa Malki, *Purity and Exile: Violence, Memory and National Cosmology among Hutu Refugees in Tanzania* （Chicago: University of Chicago Press, 1995）.

4 罗伯特·凯乌加是执行种族屠杀的民兵领袖，see Africa Rights （Rakiya Omaar and Alex de Waal）, *Rwanda: Death, Despair and Defiance* （London: Africa Rights, September 1994）, 108。

启暴力的扳机，却是在这两个国家促进民主和权力分享的国际努力。

民主化和布隆迪的族群暴力

"人权观察"也知道，是 1993 年 6 月布隆迪举行的第一次自由、公正的总统选举为杀害 5 万胡图人和图西人创造了机会。来自国际资助者的压力是图西族控制的皮埃尔·布约亚（Pierre Buyoya）的少数族群政府同意举行这次高风险选举的一个主因。1988 年 10 月世界银行官员们的一个任务是强调布隆迪需要"司法过程的透明"以及扭转对那些公开批评政府的人提起公诉的做法。同时，美国议会通过了一项解决方案，从布隆迪军政权的人权侵犯角度对援助政策进行重新的系统评估。[1] 布约亚政府则以一个扩展性的与多数的胡图族进行权力分享和选举的发展计划作为回应。到 1992 年，一位研究布隆迪政治的出色学生勒内·勒马尔尚（Réné Lemarchand）评价说布隆迪"享有了自 1972 年以来比任何时间都更多的表达和结社自由"。[2]

1993 年初，选举前夜，非政府组织纷纷降到布隆迪首都布琼布拉去帮助民主转型。美国的民主研究所也到达这里进行选举监督的培训。一家瑞典智库发起了关于人权和发展的讨论。非洲裔美国人研究所，按照布约亚自己的意志，举办了一个会议讨论民主中的军事角色。[3] 也就是说，这个财政上依赖国际社会的政权给了国际社会所需要的一切。

---

1 Lemarchand, *Burundi*, 129.

2 Ibid., 176.

3 Ibid., 185.

当 85% 的胡图族选民放弃了图西族占大多数的政府而转为支持一个温和的胡图族人梅尔希奥·恩达达耶（Melchoir Ndadaye）时，布约亚看上去似乎很吃惊。图西族军人，担心民选政府的权力分享计划会中立化军队保障图西少数族群安全的角色，于是发动了一场政变以保护他们的武力垄断，开始了一系列血腥报复，将整个国家置于全面内战的边缘。这并不是很难预见的。确实，就在这些事件发生前夜，甚至支持自由化的勒马尔尚已经警告说"全部由图西族组成的军官团会对胡图族人的大规模涌入有所行动，这是任何人都猜得到的"[1]。

除了 1993 年国际社会在布隆迪为促进多元主义和权力分享的努力所引发的大崩溃，国际社会还未能从中得到教训，意识到这些政策是危险的。他们还继续在卢旺达实行相同的策略，最终在第二年催化出更大的人道主义灾难。

权力分享和多元主义导向卢旺达种族屠杀

在卢旺达，如同布隆迪一样，外部援助额占卢旺达政府收入的60%，来自这些国际援助者的压力在开启种族屠杀中扮演了中心角色。卢旺达的威权主义胡图族政权的总统朱韦纳尔·哈比亚利马纳（Juvenal Habyarimana）曾经在 20 世纪 80 年代后期和 90 年代初期到处被严厉压制。卢旺达经济受困于咖啡价格的下跌。从邻国乌干达的基地发起攻击的图西族反抗者则引发更严重的衰退。甚至胡图人当中，政权内部的反对派也呼吁实行更多的政治多元主义。国际援助提供者所施加的影响代

1　Lemarchand, *Burundi*., 187.

表了这些需求。

面对这些压力，哈比亚利马纳让步了，于 1990 年 7 月放弃了政府对媒体的垄断，然后导致了反政府团体出版的"新闻报纸和杂志数量的爆炸性增加"。[1] 学者热拉尔·普吕尼耶（Gérard Prunier）说："几乎一夜之间就诞生了一个生机勃勃的出版业。"然而，这个新兴出版业不止包括温和的声音，也有许多胡图人极端主义组织对图西少数族群发动的辱骂战。[2] 而且，依附政权的胡图族极端主义者继续垄断着广播电台，在一个文盲率 60% 的人口中这可是一个关键资产。

除了这些向政治多元主义的让步，对哈比亚利马纳政权的压力在90 年代初增加了。图西族的军事威胁进一步加剧。胡图族的政治反对派呼吁民主选举。国际支持者催促哈比亚利马纳接受与胡图反对派和图西族反抗武装的权力分享协议。在图西族反抗武装 1993 年对首都发动一次攻击之后，只在法国部队的帮助下才得以招架，哈比亚利马纳别无选择，只有接受国际社会的阿鲁沙协议（Arusha Accord），后者为图西族参与政府以及图西族武装在首都基加利护卫图西族政客打开了绿灯。如果执行，这些协议将会排除哈比亚利马纳政权内煽动针对图西族种族仇恨的极端分子参与胡图族—图西族的新联合政府。

到 1994 年初要求执行阿鲁沙协议的压力增加了，胡图族极端派系似乎被逼到了墙角。作为解决方案的一部分，一个国际委员会提出了一个身居高位的胡图族极端分子清单，他们都曾经参与策划对图西族

---

1 Africa Rights, *Rwanda*, 150.

2 Prunier, The Rwanda Crisis, Chapter 4, "Slouching towards Democray," esp. 131–133, 157: 有关这些进入公共讨论的低劣和极端主义。

的小规模杀戮。"名单上的这些个人被许以特赦,"非洲权利(African Rights)的亚历克斯·德瓦尔(Alexde Waal)说,"但是他们也知道他们的行动都在严密审查之下",因而他们并不信任这些承诺。在这个国际支持权力分享和多元主义的阶段,人权团体非常活跃。"卢旺达具备了非洲最为活跃的人权运动",德瓦尔说。"六个独立的人权组织相互合作,揭露政府和反抗武装的人权侵犯问题"。[1]同时,卢旺达南部温和的胡图人,那里胡图和图西人在种族上几乎难以分辨,开始针对政府帮派和卢旺达北部其社会基础内部的胡图极端分子进行政治动员。[2]

此种情形下,哈比亚利马纳周围的极端主义帮派有各种理由担心民主化和国际社会所呼吁的审判。然而,极端分子仍然握有权力,随时可以推翻阿鲁沙协议的执行。为了阻止权力滑落以及随后的司法问责,这些官员拟定了大规模种族屠杀的计划。"'极端分子'的目标",非洲权利说,"是让所有胡图人参与这场屠杀。这样,每个人都会沾满种族屠杀的鲜血。"[3]为了意识形态领域的种族屠杀准备,极端分子强化了他们所煽动的媒体战,挑起胡图人对前图西精英的恐惧。

303

但是,这个计划有一个缺陷。哈比亚利马纳严重依赖国际援助来支撑他的庇护官僚体系,他知道一场血腥屠杀将切断他的外部资金而踟蹰不前。总统在军事和安全部门的极端主义同盟却没有这些犹疑。从

---

[1]   Alex de Waal, "The Genocidal State," *Times Literary Supplement*, July 1, 1994, 3–4; 以及Africa Rights, *Rwanda*, 30–32。

[2]   Africa Rights, *Rwanda*, 30–34, 44; Bruce D. Jones, "The Arusha Process," in Howard Adelamn and Astri Suhrke, eds., *Early Warning and Conflict Management in Rwanda* (Copenhagen: Dansk Klich, 1996); Alan J. Kuperman, "The Other Lessen of Rwanda: Mediators Sometimes Do More Damage Than Good," *SAIS Review* 16:1 (Winter–Spring 1996), 221–240.

[3]   Africa Rights, *Rwanda*, v.; also 568–596; Prunier, *The Rwanda Crisis*, 170; Jones, "Arusha."

1994 年 1 月到 3 月，他们的一份非正式刊物《唤醒他人》（Kangura）也是在多元主义和权力分享初期卢旺达媒体大繁荣阶段的一个例子，警告哈比亚利马纳不要在图西族毁灭面前退缩，并且精确地预言了随后的总统暗杀。[1]哈比亚利马纳在 1994 年 4 月死亡，显然被他自己的总统卫兵所杀，他刚刚从达累斯萨拉姆会议返回，在那次会议上他对包括联合国和非统组织在内的国际援助者做出了最新妥协。一如德瓦尔明智的评论："哈比亚利马纳是国际和平产业的牺牲品。"[2]

哈比亚利马纳出局后，胡图极端主义派系的民兵开始接受种族屠杀的训练。独立新闻记者是第一波屠杀的特定目标。与此同时，千山自由广播电视台，哈比亚利马纳的妻子稍早建立的一个伪私人电台，散播言论说图西反抗者准备发动起义并且杀死胡图人，其后所有胡图人都应该加入民兵阻止屠杀的战斗。民兵威胁将处死那些不愿意参加种族屠杀的胡图人，所以很难判断屠杀在多大程度上是电台宣传自己发动的。[3]无论如何，一些观察家认为仇恨广播在最初的民兵扫荡后的第二阶段屠杀中扮演了颇为关键的角色。"人权观察"驻华盛顿的主任霍利·布克哈特（Holly Burkhalter）争辩说，干扰仇恨电台"这个行动，现在看来，可能最大限度地拯救了卢旺达的生命"。然而，当电台发射机从图西族军队推进路线撤到法国军队控制的安全区时，他们仍然在继续广播。[4]

1　Africa Rights, *Rwanda*, 66–68.

2　de Waal, "The Genocidal State," 4; also Jones, "Arusha." 关于哈比亚利玛纳之死，see Prunier, *The Rwanda Crisis*, 213–229。

3　Africa Rights, *Rwanda*, vi, 35, 37–38, 63–64, 69–72, 150; Human Rights Watch, *Slaughter among Neighbors*, 21, 23–24.

4　Holly Burkhalter, "The Question of Genocide," *World Policy Journal* 11:4（Winter 1994–1995），44–54, esp. 51, 53.

冲突后的教训

304   种族屠杀之后，非政府组织如人权观察和非洲权利，以及很多独立学者，得出教训，即国际社会仍然必须鼓励卢旺达和布隆迪民主化，以培养一个独立的媒体业，并将种族屠杀的策划者付诸审判"以阻遏进一步的屠杀"。[1] 然而，细细检视后会清楚发现，这些组织对卢旺达种族屠杀起因的自我分析与他们的处方相矛盾。种族屠杀之后，非政府组织继续主张那些已经分析表明是开启屠杀的措施：增加政治多元主义、对罪行的审判前景和促进反政府媒体等。[2]

而这些案例的真正教训是民主权利、公民社会、不妥协的司法和言论自由等理想必须做到能够以实用主义的形式适应顽固的现实。卢旺达和布隆迪的例子承载着本书所示的基本理论：民主化很可能在那些经济发展低下的国家、在缺乏公民技巧和代议制发展低下及新闻专业主义制度的人口中、在精英感到被民主化变化所威胁的国家，触发民族主义冲突。这些阻碍，特别是与分而治之和迷思制造的殖民遗产相结合，把"民主化"的布隆迪和卢旺达变成世界上最坏类型的族群冲突的基本候选。

305   除此之外，在很多中非国家的国际项目都努力培育属于城市专业阶层的一个民主"公民社会"的发展。只是，这个社会部分常常发现自己

---

1   Human Rights Watch, *Slaughter among Neighbors*, 28, 31; Africa Rights, *Rwanda* ,720; Reporters sans Frontières, *Rwanda: L'impasse? La liberté de las presse après le genocide, 4 juillet 1994–1928 août 1995*（Paris: Reporters sans Frontières, 1995）, 48–50; Alison Des Forges, "The Rwanda Crisis," paper prepared for a conference on Sources of Conflict in Rwanda （Washington, DC: U.S. Department of State, October 17, 1994）.

2   比较 Africa Rights, *Rwanda*, 32–34, 720, 与 Des Forges, "Rwandan Crisis," 1, 9。

的利益依赖于掠食型国家控制下的竞争，而非促进农村人口的整体权利。[1] 这个公民社会一发声，往往就站在了问题的错误一边。

一些非政府组织已经意识到了这种严峻的现实。例如，法国的记者组织——"记者无国界"，警告说"卢旺达的错误，在于以媒体自由化为名义实行的'自由放任'的统治，不能再重复了"。在重整卢旺达和布隆迪的私营媒体业，并且将受到种族屠杀牵连的新闻记者付诸审判的同时，法国的这个非政府组织特别提到十三家新闻报纸在卢旺达所起的作用是构成观点而非新闻。"记者无国界"，对一些它所支持的记者抱着现实主义的怀疑态度，以附加条件的援助为筹码要求那些记者断然拒绝种族仇恨的演说。在布隆迪，"记者无国界"提到了一个活生生的悖论，在媒体自由的新法律下工作的许多记者都在呼吁实行种族独裁，这样就可以禁绝任何非官方的观点表达。而观念市场中看不见的那支手在这种条件下是如此不可靠，"记者无国界"只能更依赖两支看得见的手——在扎伊尔向卢旺达和布隆迪发送广播的两个国际电台。[2]

在那些多族群国家，如同卢旺达和布隆迪发生的民主的前提条件的丧失，在言论自由和自由选举能够解决族群冲突之前，长期的经济发展和制度建设才是必需的，而不是作为问题的一部分。

1　Robert Fatton, Jr., "Africa in the Age of Democratization: The Civic Limitations of Civil Society," *African Studies Review* 38:2（September 1995）, 67–100.

2　Reporters sans Frontières, *Rwanda*, 6, 41–42; 52–53; Reporters sans Frontières, *Burundi, le Venin de la Haine:Étude sur les média extremistes*, 2d ed., （Paris: Reporters sans Frontières, July 1995）, 63, 68–69; quotation on 69.

减缓发展中世界民族冲突的条件

尽管作为"弱国家"的发展中国家面对着潜在危险，仍然很不寻常的是，它们多数并没有助长民族战争或者罹患族群冲突。很多发展中国家都在进行没有民族冲突上升的民主化。为什么在发展中世界中没有更多的民族或族群冲突？如同前章所分析的若干设定，在大众的政治参与需求仍然较弱、精英们对民主政权的前景保持乐观或者民主化过程顺利向充分巩固的阶段过渡等情境之下，这些冲突便不见踪影。

在发展中世界，一些弱国家所统治的社会还没有为大众政治充分动员。这些国家通常缺乏从社会税收汲取的可靠能力，以提供社会服务、消除腐败、管理经济发展和军事安全的任务，更不用说为在政治中发出建设性的大众声音提供有效的制度整合。因此，也许有人会期待大众民族主义运动的出现能够加强国家能力。然而，在很多这些社会，那些导致国家孱弱的条件，也同样导致难以维系一个大众运动，不论是民族主义的还是其他任何运动。

在其中的一些社会，识字率和组织技巧都很低，传播手段很落后，跃跃欲试的集体行动的动员者缺乏在全国范围展开行动的资源。不少中亚和非洲的国家都属此类。这些国家的软弱会引发无政府主义冲突，就像在塔吉克斯坦和索马里，尽管都围绕着地方和部族的线程组织团体，而非主要依靠族群共同体，也就是要求以更复杂的形式组织社会资本的更为强化的"想象共同体"。

弱能力的对应面是弱的动机。有的国家如沙特阿拉伯，从石油出口中就获得大笔收益，对建立一个强大的人民国家——具备充分的合法性，可依赖重度直接征税而汲取资源——可谓意兴阑珊。在一些非洲国家同样如此，它们的预算主要依靠外国援助的支持。这些国家的政治冒险家们也缺乏动机搞民族主义动员。[1]

在那些地方精英如地主、宗教组织或小型商业的血缘网络还保持相当地位的社会，且强大到足以抵制国家的资源汲取或者大众运动，民族主义也比较弱。这一模式在中东、非洲和发展中世界的其他部分的弱国家相当盛行。[2]族群或部落会像松散的游说团体那样组织起来，从这种"软"国家套取利益，但是他们缺乏动机或能力组织一个民族主义的国家建设的运动，以加强或者代替国家。这些例子中，族群、部落、裙带和其他庇护网络获得的丰厚收益延续了国家的贫弱，也阻止其在一个理性的经济中进行有效投资。[3]威权国家自会维持足够的强制力量以镇压反对者，包括种族和其他大众运动的动员者，但是也缺乏足够的基础设施建设能力来解决发展任务。

如此，便解释了为什么很多低效的第三世界国家未能发展出强大的民族主义。但是发展中世界的新兴民主化国家却非此类。后者的政治参与是在扩大之中。尽管有相当比例，也最终没有形成好战的民族主义或者族群冲突。确实，塞缪尔·亨廷顿有关最近民主化浪潮的书强调了20世纪80年代和90年代初期民主化转型期间伴随的低水平暴力颇为显著。当了解尼加拉瓜和南非的血腥只是转型过程的一部分，亨廷顿否

---

1 Kiren Chaudhry, *The Price of Wealth: Economies and Institutions in the Middle East* （Ethaca: Cornell University Press, 1997）.

2 Joe Migdal, *Strong Societies and Weak States: State-Society relations and State Capabilities in the Third World* （Princeton: Princeton University Press, 1988）.

3 Goran Hyden, "Problems and Prospects of State Coherence," in Donald Rothchild and Victor Orolunsola, eds., *State Versus Ethnic Claims: African Policy Dilemmas* （Boulder, CO: Westview, 1983）, 67–85; Goran Hyden, *No Shortcuts to Progress* （London: Heinemann, 1983）, 19.

认那些发生在危地马拉、萨尔瓦多、菲律宾和秘鲁的内部暴力主要滋生于民主化。[1] 甚而，他提到，很多其他例子都是和平的。何故？

308

　　本书早先章节所提出的概念以及诸多欧洲民主化的历史案例都指向两个答案。第一个焦点是被民主化吓坏的旧精英的利益，另一个则是旧政权的制度遗产。

　　最近的民主化浪潮相对而言较为和平的一个原因是旧精英从权力高处跌下时都得到了缓冲。亨廷顿计算过，20 世纪 80 年代的民主化大约一半是威权政权自己发动的。这些案例中的另一个大比例是他所称呼的"协商过的错位"（negotiated transplacements），新的民主精英给予让位的威权精英们可信的保证，即在一个新环境下他们将找到可容忍的生活。特别是拉丁美洲的军队，常常被赋予高度的组织自治，并得到保证，将不会为他们当政时就承认犯下的刑事罪行受到严厉惩罚。[2] 例如，在智利，军队仍然如国中之国一般，服从于前独裁者奥古斯托·皮诺切特（Augusto Pinochet）。只有少数军官因为他们镇压反对派时的谋杀罪行而受到检控，对他们的处罚是监禁在如乡村俱乐部一般的豪华设施内。[3] 与之类似，在新民主的南非，真相委员会为那些同意验证他们承认在隔离主义政权下犯下的政治罪行的政府官员提供赦免。[4] 相反，若那些沾血的精英没有得到可靠的退出保障，比如卢旺达和布隆迪，民主化有时就会开启族群冲突。

1　Samuel Huntington, *The Third Wave* （Norman: University of Oklahoma Press, 1991）, 192.

2　Ibid., 116, 211–215.

3　Carlos Acuña and Catalina Smulovitz, "Adjusting the Armed Forces to Democracy," in Elizabeth and Eric Hershberg, eds., *Constructing Democracy: Human Rights, Citizenship, and Society in Latin America*（Boulder, CO: Westview, 1996）, 13–38.

4　Tina Rosenberg, "Recovering from Apartheid," *The New Yorker*（November 18, 1996）, 86–95.

第二，如果一些成功的公民民主的制度条件在转型前已经到位，民主化便较不易引发民族主义或族群暴力。在拉丁美洲，特别是 20 世纪 80 年代经历转型的国家（包括阿根廷、巴西和智利）都有在更早期民主制度下的丰富经验。大部分都已经建立了不错的政党体制和专业化的新闻记者，准备随时起飞。在很多例子中，这些民主制度在与现政权谈判的自由化阶段被重新激活。很多拉美转型的这类特质与波兰和匈牙利的转型相同。[1] 同样，南非平稳转型的一个因素是已有的英语反对媒体，以兰德《每日电讯》(the R and *Daily Mail*) 及其后续为例证，几十年以来一直比它的读者都更自由主义。[2] 当 90 年代的政治开放允许英语媒体自由报道后，电视特别是纸媒已经满是专业骨干了，得以迅速转向国际规范。[3] 总之，这些例子，都具英国公民民族主义模式的某些特征，政治代表和言论自由等制度在大众民主时代到来之前即已为精英们所建立。

309

这和政治学家亚历山大·科兹赫米亚金（Alexander Kozhemiakin）的发现——如果随后成功巩固则民主化较少引向战争——相一致。不过，战争自己也会干扰民主巩固，这一因果方向便多少有些可疑。但即使如此，科兹赫米亚金意义上和平民主转型的成功例子，哥斯达黎加（1949）、委内瑞拉（1959）、葡萄牙（1974）、西班牙（1975）等，与失败的冲突依赖型民主化例子比较也相当令人震撼，后者如法国（1848—1851）、德国（1919—1933）、意大利（1919—1922）、土耳其（1950—

310

---

1 Juan Linz and Alfred Stepan, *Problems of Democratic Transition and Consolidation*, 55–65, 255–343.

2 Elaine Potter, *The Press as Opposition: The Political Role of South African Newspapers* (Totowa, NJ: Rowman and Littlefield, 1975) .

3 关于转型 , see Timothy Sisk, *Democratization in South Africa* (Princeton: Princeton University Press, 1995) 。

1960,1973—1980），和苏丹（1986—1989）。这一发现当然会被 20 世纪 80 年代后成功的民主巩固所加强，但是按科兹赫米亚金的标准，要求至少 20 年不中断的民主，从而可能成功地巩固。[1]当权势精英们与民主结盟，且当制度在转型之初即已完备，都会有益于巩固。这些也是导致对引发所谓好战民族主义和战争的病理分析失灵的原因。所以，成功的转型更和平一点儿也不令人惊奇。

简言之，如果精英们能够在兴起的政治参与效应之外得到缓冲，或者沿公民方向开辟参与通道的制度业已建立，民主化便不至于导致好战的民族主义或者族群冲突。然而，这些条件在发展中世界实在太稀缺了。

结论

发展中国家最近的民族冲突经验，如同历史上的欧洲以及当代共产主义国家的类似经验。民主化增大了发展中世界民族主义和族群冲突的风险，但是这一倾向的强度和结果在不同环境下也并不相同。

在民主化的初始阶段而非向民主充分巩固的转型期，民族主义和族群冲突更可能发生。而且，当精英们受到民主变迁的高度威胁（就像布隆迪、前南斯拉夫和历史上的德国），要比精英们得到保证在新秩序中留有一个满意的地位（比如历史上的英国、大部分南美和东欧国家）更麻烦。在公民制度获得足够发展之前，扩大大众的参与，更可能出现不受控制的冲突，如同布隆迪和南非这两个相反例子所示。同样，族群冲

---

1 Alexander Kozhemiakin, *Expanding the Zone of Peace? Democratization and International Security*（New York: St. Martin's, 1998），Chapter 5. 林茨和斯蒂潘（Linz and Stepan）则提供了民主巩固的另一条标准，无关时间进程，而是依赖于政治行为和制度的特质。

突更可能发生在民众需求兴起，然后中央国家的公民制度坍塌之际，就像印度在 20 世纪 80 年代末和 90 年代期间。最后，可以确定，更可能的族群冲突，还在于动员大众团体参与政治的通道被族群性地排斥了，无论这一通道是否由国家所规定，比如英国在印度搞的族群分开投票系统，或者斯里兰卡独立后佛教僧侣不得投票。

结论一章将讨论如果作为处方，这些发现将具何种意义。 *311*

第七章
民主化时代如何避免民族冲突

　　过去十年，对那些期望民主化将有助于加强世界和平的人们来说，是一个充满了承诺和失望的时代。紧跟着苏联帝国的垮台和拉美及其他地方的民主转型，"自由之家"发现，在 1991 年评估的 183 个国家和地区中，有 91 个民主国家和地区与 35 个以某种形式正在进行民主转型的国家和地区，相比 1972 年的 44 个民主国家和地区与 1980 年的 56 个国家和地区大大增加了。但是仅仅两年后的 1993 年，"自由之家"哀叹道："世界范围内都出现自由的倒退，而暴力、镇压和国家控制却在日益增加的国家里上升了。"[1]当和平与民主在拉美和东北欧逐渐获得巩固的同时，大众选举政治却在巴尔干和高加索地区刺激着民族主义和族群冲

1　James Lee Ray, *Democracy and International Conflict*（Columbia: University of South Caroline Press, 1995）, 49. See also Thomas Carothers, "Democracy without Illusions," *Foreign Affairs* 76:1（January/February 1997）, 85–99.

突，在其他地区也有着不同的后果。

那些对如此混杂结果感到困惑的自由主义者，必须直面三个谜题。 *314* 第一，为什么自由主义者渴望达成的目标常常产生出不自由的、暴力的副产品？为什么专制国家和帝国的崩溃，它们身后国家的民主化、言论自由的扩展和指令经济的市场化等，通常并未带来和平而是民族主义冲突？民族主义的历史表明，当缺乏民众支持的专制国家不堪军事和经济竞争而崩溃之际，政治精英会争相为新国家动员支持，确保转型任务更为成功。民族主义也证实，它是一个成功吸引民众支持国家建设的意识形态。从 18 世纪始，民族主义的兴起就大体上契合人民大众在政治中日益增大的角色。

第二，侵略型的民族主义如何维持这一魅力学说，尽管经常被证明对其支持者和追随者来说代价高昂且适得其反？在 20 世纪民族主义的灾难性的纪录轨迹下，为什么它还没有信誉破产？为什么塞尔维亚人、胡图人和僧伽罗人都如此沉迷其中？本书所审视的历史表明，民族主义仍具魅力，部分因为为他们狭隘的目的，而寻求利用民族的集体行动的精英集团发现民族主义作为意识形态来用相当顺手，可以人民的名义统治却无需真的赋予人民充分的民主权利。这些精英也许不仅包括政府官员和其他旧政权的优势集团，也包括地方或族群的少数精英。当大众政治参与增加，而民主制度还很脆弱，这些精英们有动机也有机会编造夸大民族主义动员需要的迷思，对抗有威胁的反对者并将其成本最小化。一旦这一进程形成势头，身陷其中的精英可能就难以控制大众的热情。结果之一，即使民族主义的推动者也会蒙受不期而至的代价。这种风险，即便可期，对那些几乎看不到其他选择的窘困精英来说，看上去也颇值一试。

第三，民主化为什么有时能引发民族主义冲突，但其他时候却付诸阙如？从人口分布到权力均势等一整套因素都会发生影响。民主化有时向人民提供了有关其他民族恩怨的庇护港湾，但是这类历史对立在很多避免民族冲突的案例中也同样存在。更经常的，是民主化本身的过程塑造着民族意识和民族对立的模式设定。这一过程如何展开，端赖（1）民主化国家的社会经济发展的水平和模式，（2）国内政治制度的强度和特性，及（3）主导民族建设的集团利益。若权势集团发觉民主化特具威胁，乃因他们对新秩序下的生机几乎不抱希望，他们的民族主义动员激励故而相当强。若民主代表和言论自由制度还很脆弱，这些集团就有充分的机会劫持公共讨论，趋向好战的民族主义。相反，如果存在一支大规模中产阶级掌握着先进的公民技巧，如果精英利益可调适，如果民主的制度基础在政治参与扩大前业已完备，那么就有很大的可能，即民族主义会采取更审慎的公民形式，而非更鲁莽的族群的、革命的或反革命的形式。简言之，通向一个快乐的民主化意味着三条律令：富裕和现代化、具调适力的精英以及着手民主化过程前就已建立起自由主义制度的深厚网络。

结论一章的主要目的是评估我对民主化过程中民族主义冲突起因的分析后所开的处方。在有益条件缺失的情况下，如果民主化进展顺利的话，就需要培养这些条件。这一章的第一节将详述民主转型前建立一个支持性的制度框架的重要性。第二节评估避免民族主义特别是族群冲突的普通处方，并且发现其中一些处方可能反而会增加冲突的机率。第三节则论说国际环境能够对新兴民主国家的民族主义进程发挥实质性影响，包括好的和坏的。一些国际影响取决于国际社会强权有意识的控制。结论一节将回到问题，即未来是否能够保持全球民主和平的愿景，或者继续酝酿着种族民主相互交战的冲撞。

为民主转型编织一个深厚的安全网

316

一些自由派认为很快就能建立起一个稳定、爱好和平的民主：刚把威权主义政权赶下台，他们就声称，人民就有机会建立起一个合作的社会秩序。[1]另外一些自由派则争论说，在自由选举和言论自由能够充当一个稳固、生机、和平的社会基础之前，还有一个长长的条件清单需要完成。他们强调一定程度的财富、有知识的公民的发展、权势精英的支持以及建立一整套保障法治和公民权利的制度等的重要性。[2]最近的研究强烈支持后一种论点。为了最小化民主转型引发民族冲突的风险，一个关于转型前提条件的厚实安全网必须牢固树立起来。如果这些条件不存在，那么推后鼓励民主化将是明智的，直到这些条件具备。但是必须确保有多少以及何种条件呢？它们以何种顺序出现是否要紧呢？

为民主转型国家设计如何抵御民族主义危险的策略时，强调需要317"深厚"的社会支持网络的自由主义概念是一个好的指引方向。[3]而"浅

---

1 在哈耶克和从约翰·洛克到罗尔斯以来所发展的自由社会契约理论之外，也要注意到安德鲁·肖特（Andrew Schotter）和其他人的努力，通过博弈论和理性选择理论的其他形式，表明社会秩序和自由社会制度能够借由理性个人间的讨价还价整合而成。人权共同体内的绝对言论自由主义者，包括人权观察，便部分采取了这一立场。

2 指出不同前提条件的，如：Adam Przeworski and Fernando Limongi, "Modernization: Theories and Facts," *World Politics* 49:2（January 1997）, 155–183; Robert Putnam, Making Democracy Work（Princeton: Princeton University Press, 1993）, Dietrich Rueschemeyer, Evelyne Huber Stephens, and John D. Stephens, *Capitalist Development and Democracy*（Chicago: University of Chicago Press, 1992）, and Juan Linz and Alfred Stepan, *Problems of Democratic Transition and Consolidation*（Baltimore: Johns Hopkins University Press, 1996）。

3 对此差异，see Ira Katznelson, *Liberalism's Crooked Circle*（Princeton: Princeton University Press, 1996）。卡兹内尔森所说的深厚自由主义从族群和传统宗教来源引入了文化意涵，而我则更关注其中的公民文化和制度成分。

薄"的自由主义理解坚持认为一个自由、民主、爱好和平、自由市场的社会包含着大好机会，可由个人算计的自我利益行动而自发生成，只要邪恶的政府别挡道。这一前景之滑稽，无人真正地相信，还赤裸裸地说，或许会成功的。例如，即使对民主化国家实行经济休克疗法的支持者也理解，在自由放任促进经济效率的奇迹之前，国家必须保证财产权和稳定的通货。每个人都知道民主国家内的公共舆论有时相当好战。几乎没有人会真的以为一次自由和公正的选举就足以确保一个国家的民主。[1]即使是支持绝对言论自由的人，也会为那些放任仇恨言论的危险烦恼不已。[2]无论如何，在美国社会的许多地方，仍然保持着一种思考偏见，认为"所有好事会一起来"以及政治与经济自由总是更优先。[3]我们可以在不同的群体中发现都存在这一偏见，比如新古典经济学家、非政府组织的活动分子、对外政策专家和写作关于民主和平的学者们。

　　"深厚"版本的自由主义，则极力倡导必须有自由制度、价值观、利益集团的讨价还价或者社会关系等构成的坚实背景，才能开辟通向自由方向的大众政治参与。一些思想家和活动家都指出了这种或那种的背景因素要比其他更重要。例如，塞缪尔·亨廷顿强调在一个强大国家权力框架下开拓公民参与的必要性，以达成灵活的、规则化的和解。[4]相反，罗伯特·帕特南（Robert Putnam），就像很多现在的非政府组织活动团体，强调通过参与非政治性志愿团体以建立绵密社会关系网络的必要，才能

1　Linz and Stepan, *Problems of Democratic Transition and Consolidation*, Chapters 1 and 2.

2　Human Rights Watch, "'Hate Speech' and Freedom of Expression," *Free Expression Project* 4:3（March 1992）.

3　Robert Packenham, *Liberal America and the Third World*（Princeton: Princeton University Press, 1973）; Freedom House, *Freedom in the World*.

4　Samuel Huntington, *Political Order in Changing Societies*（New Haven: Yale University Press , 1968）.

建立起让民主和解能够运转所需的某种信任。[1]很多致力于国际民主和平的作家都强调强大自由主义规范的角色，作为战争的解毒剂，而不只是民主程序本身。[2]专注拉美民主化的学生们，则会强调自由化威权国家和社会利益集团之间富有建设性的政治谈判的重要性。[3]从这一立场出发，在缺乏一个由规范、制度和利益构成的厚实的支撑性背景下，将民主最小化地归结为自由选举和言论自由都离确保一个持久的自由主义结果相去甚远，更不用说和平的结局。

本书的发现表明，只有深厚嵌入的自由政体才可能与民主化过程中好战、鲁莽的民族主义形式保持良好绝缘。此观点有一个经典论述支持，存在于卡尔·波兰尼（Karl Polanyi）有关法西斯民族主义的兴起和两场世界大战起因的分析——《大转型》当中。[4]波兰尼对政治和经济制度欠缺背景下政治参与上升的后果非常感兴趣，准确地说，就是为数不少的新兴民主化国家所面对的困境。波兰尼发现，在19世纪薄弱的自由经济制度，包括金本位下无序运作造就的国际经济的去政治化规则，和逐渐包容先进资本主义国家劳工大众的选举特权的扩张之间，存在一个矛盾。忍受从自由放任到市场调整之苦的大众团体，他们要求厚重的制度化保护以对付世界经济势力。在一些国家，比如德国，民族主义政

318

---

1 Putnam, *Making Democracy Work*.

2 Bruce Russett, *Grasping the Democratic Peace* （Princeton: Princeton University Press, 1993）; John Owen, "How Liberalism Produces Democratic Peace," in Michael Brown, ed., *Debating the Democratic Peace* （Cambridge: MIT Press, 1996）, 116–156.

3 Linz and Stepan, *Problems of Democratic Transition and Consolidation*, Chapter 6; Guillermo O'Donnell and Philippe Schmitter, *Transitions from Authoritarian Rule* （Baltimore: Johns Hopkins University Press, 1986）.

4 Karl Polanyi, *The Great Transformation* （Boston: Beacon, 1957; orig., ed., 1944）.

客们，通过承诺各种如高关税和帝国征服等反自由主义计划，以保护民族免受痛苦的经济调整，成功地敛取了大众支持。然而，其他地方已经建成更为深厚的嵌入型自由主义，包括运用凯恩斯主义的反周期经济政策、福利国家和国家管理的劳资间谈判等以减缓市场调整的痛苦。美国的新政以及欧洲的"合作主义"民主所采取的相同策略，都是 20 世纪 30 年代开始的实例。[1] 当自由主义掌握了如何发展出一个规制制度和支持性联盟的深厚背景，侵略性的大众民族主义便得以避免。"二战"之后，这种更为深厚的嵌入型制度背景，通过布雷顿森林经济体系，如国际货币基金组织（IMF）和关贸总协定（GATT），以及安全机构如北约组织（NATO），扩展成国际维度。[2]

319 　　我们今天的时代，在制度化尚弱的情境下，民主化常常落入民族主义的煽动者和肆无忌惮的民粹主义者手中。从冷战结束开始的这一阶段，与波兰尼研究的时代有两个共同之处。第一个是在国内处于民主制度孱弱的背景下。两个未充分民主化的强权，波兰尼时代的灾难——德国和日本，现在已经进入和平自由国家的共同体。今天，俄罗斯和中国的未来仍然问题重重，就像很多更小国家的新兴民主化一样。第二个共同点是在民主责任单位、民族国家和日益增长的经济、社会和政治势力的全球化给相互依赖的世界人民带来的影响之间的不匹配。波兰尼表明了人民如何支持那些承诺说保护他们免受 20 世纪初国际市场调整的民族主义者。在金本位和缺乏规制的国际经济周期时代，人们只能依靠

1　Peter Katzanstein, *Small States in World Markets* （Ithaca: Cornell University Press, 1985）; Peter Gourevitch, *Politics in Hard Times* （Ithaca: Cornell University Press, 1986）.

2　John Ruggie, "International Regimes, Transactions, and Change: Embedded Liberalism in the Postwar Economic Order," *International Organization* 36 （Spring 1982）, 379–415.

唯一能够发出他们声音的机构避难，也就是他们的民族国家。现在，一个更为全面的全球化阶段，国际的政府间组织前所未有地规制着国际市场，以软化市场调整的影响。当然，民主规范和国际市场治理之间的不匹配，较波兰尼时代一点也没有减少。民主社会的人们成功选出他们的民族政府，但是国际组织如欧盟、国际货币基金组织、联合国等却无需承担选举责任。这种超国家机构的"民主赤字"（democratic deficit）是人们之所以仍尽力在民族国家的层面上来解决问题的原因之一。[1]

交互增强性制度的重要性

一个和平的民主转型所需的国际支持和其他有益的先决条件应当是分别并且相互加强。没有哪个单独的因素能够提供什么神奇成分足以隔绝民主转型中的民族主义危险。非常高的人均收入和一个较大的中产阶级的结合，也许会接近民主转型的一个充分动因，但并不确定。以当时标准衡量，魏玛德国已经是一个经济上相当先进的国家。公民社会中志愿组织的厚实网络自身也不足以隔绝反自由的好战民族主义：志愿的非国家团体通常就是最为喧嚣的民族主义者，跟威廉德国时期一样。类似地，一个强国家，甚至具备一个高度发达的代议制，也会被反自由的利益所俘获，就像在魏玛德国。相反，在制度崩溃背景下，即使有着高度流动性利益的政客，也会转向好战民族主义的极端形式，比如法国大革命。

320

1　Michael Mann, "Nation-States in Europe and Other Continents: Diversifying, Developing, Not Dying," 130, 以及 Stanley Hoffmann, "Thoughts on the French Nation Today," 73–75, both in *Daedalus* 122:3（Summer 1993）：J.H.H. Weiler, "The Transformation of Europe," *Yale Law Journal* 100 （June 1991）, 2466–2474。

最后，让国家领袖宣称支持民族主义的公民形式，自己也无法确保一个好的结果，如果制度支撑薄弱的话。鲍里斯·叶利钦，始终主张俄罗斯公民权利的公民概念，即使被指控对车臣分离主义发动野蛮战争。

简言之，制度、公民、联盟和意识形态的广泛支持对于可靠地隔绝进攻性民族主义结果来说是必需的。在这种相互支撑的一揽子条件内，缺少任何一根支柱都会产生其他要素难以成功导向自由主义结果的风险。因为民主化国家通常都缺乏一个或更多的这些支持，于是它们很不成比例地变为战争依赖者，而在文化多元主义社会，则有着很高比例的族群冲突风险。

保证正确顺序

321   这些支持条件出现的顺序是至关重要的。因为一个民族的民族主义特质显著受着它自己民主化模式的影响，以至于正确的顺序不仅关乎避免短期冲突，而且关乎如何以积极的方式塑造持久性的认同。这本书的很多案例都表明，如果制度性冲突可以避免，公民制度的发展应当在举行普选之前就已经步入正轨了。类似地，如果一个强大的中产阶级在出版自由扩张以及公民社会团体组织起来之前就已经兴起，就更好了；否则，这些进步很容易被操弄民族主义议程的精英所绑架。确实，最有利的顺序是从一个具备流动性利益的强力精英的兴起开始，他们不为政治过程中社会圈子更广泛的包容所恐惧。如果这一要素缺乏，感到威胁的精英们会有意扭曲表面上的民主发展，诸如蓬勃的出版自由和兴盛的公民社会组织，而朝向一个民族主义方向。

    这些促进和平的民主转型条件的洞见，对当下几个关于管理族群对立和其他形式的民族冲突的争论颇有意义。下一节评价从这些争论所推论的几个观点，批评一些广为接受的解决方案，并提出替代方案。再下一小节则提出问题，即为和平转型而以外部援助来补充缺失条件的想法是否现实。

避免民族主义冲突的策略

四种民族主义类型的每一种，族裔的、公民的、反革命的和革命的，其问题各异，因而也要求量身定制各自专门的逆转民族冲突的措施。然而，为每一种民族主义推荐的策略都不过是单一主题的变种，也就是首先以任何方式来遏制民族主义冲突在短期之内都是必须的权宜之计，然后，从长期来说，则需逐渐置于公民制度的深厚网络之中，以化解好战民族主义动员的动机。这一策略包括了，在可能的范围内，既要延迟高水平的大众政治参与直到稍晚阶段，也要在一个国际制度、规范和实践的可靠支撑网络内实现新兴公民国家融合。

虽然这是一个建立社会和平与秩序的自由主义的、公民的进路，上 *322* 述具体的前提条件仍然与很多自由主义传统智慧发生直接对撞。我的进路是怀疑文化集团间权力分享的安排、持可疑的联邦主义、选择性地推荐民主化、警惕扩大言论自由的建议和无条件地容忍一个强国家对公民社会的掌控。支持这些观点基于如下假设：只有在一个深厚的制度与规范的支持性结构牢牢建立起来之后，自由主义政治制度中的"所有好事才会一起来"。

我首先讨论管理族裔民族主义的药方，然后转向民族主义的反革命和革命形式中出现的问题。

管理族裔民族主义

今天的媒体头条充满了那些居住在同一国家却持相反政治目标的文化集团进行族群冲突管理的各种困难。尽管一些非常知名的社会科学家都已经找到解决这类问题的复杂办法，而每种最常用的对策所包含的缺陷跟其益处几乎一样多。因此对这些解决办法相对优点的争论，不仅在学术期刊例如《美国政治科学评论》也在实用导向的杂志如政策制定者阅读的《外交事务》上引发战火。[1] 我所建议的时序性和调适性策略与最常在转型国家中最小化族群冲突的推荐政策相悖。

多数的霸权控制

有一种策略，仅仅因为不合自由派的口味而常常被排除在族群冲突的解决方案清单之外，就是霸权。在很多多族群社会里，都是一个族群垄断着国家并借此支配着其他群体。一些情况下，这是由公开镇压来完成；另一些情况，则对少数族群采取分而治之的诡计。镇压有时能够有效地防止族群冲突，如果支配族群拥有排除理性抵抗的压倒性优势。例如，这在苏联帝国曾经数十年间很有效。然而，统计研究表明政治镇压和经济剥削会带来更大的族群冲突风险。[2] 镇压本身并不是一个可靠的族群冲突管理策略。

只有当被那些剥夺了权力的族群所容忍，而且仍然认为当二等公民

323

1　Aredn Lijphart, "The Puzzle of Indian Democracy: A Consociational Interpretation," *American Political Science Review* 90:2（June 1996）, 258–268; Radha Kumar, "The Troubled History of Partition," *Foreign Affairs* 76:1（January/Febraury 1997）, 26.

2　Ted Robert Gurr, *Minorities at Risk*（Washington, DC: US Institute of Peace, 1993）, Chapters 2–5.

比为当头等阶级而造反要更好时，支配才更可靠。如果他们得到的利益比支配族群少，却比次优选择更多，那么少数族群也会合作。例如，爱沙尼亚的俄罗斯人，比较俄罗斯的俄罗斯人的境遇之后，往往会得出缺乏爱沙尼亚的公民权并不是那么可怕。以色列的阿拉伯人也能够容忍不同形式的经济和政治歧视，只为以色列所提供的经济机会。同样，马来西亚的华人能接受在进入高等教育和政府职位方面存在的严重歧视，因为华人商业在马来人政权所打造的资本主义环境中一直保持繁荣。亚美尼亚人，虽然在奥斯曼和俄罗斯帝国都只享有二等阶级地位，但是当他们的族群共同体面对宿敌得到庇护或者给予规范内部事务的权利，也常常忠心耿耿。

这种霸权，在其有形利益被族群服从的意识形态理由强化后，运行最为良好。有时这会由基于中立法律标准所虚构的不平等地位来进行。例如，排除大多数俄罗斯人的爱沙尼亚公民权，并非基于族裔本身，而是基于一个人的祖先是否具有两次大战期间的爱沙尼亚国的公民权（大多数俄罗斯人到来之前）以及对官方语言的掌握程度，而官方语言正好是爱沙尼亚语。目前为止，这种族群排外的表面上的公民主义理由，长期而论可能会产生一个更为包容的结果，对讲俄语的爱沙尼亚人来说是能够与之共处，因而也许算一个可接受的意识形态。[1] 另一种情形下，作为以色列正常公民的（即不是那些在被占领的加沙和西岸的）阿拉伯人也会投票支持，尽管他们被剥夺了很多通过犹太非政府组织分配的国

1　Toivo Raun, "Ethnic Relations and Conflict in the Baltic States," in W. Raymond Duncan and G. Paul Holman, Jr., *Ethnic Nationalism and Reginal Conflict* (Boulder, CO: Westview, 1994), 155–182; David Laitin, "National Revival and Competive Assimilation in Estonia," *Post-Soviet Affairs* 12:1 (January–March 1996), 25–39.

家的或者作为军事服役结果的社会和经济利益。这一体系中，歧视在一定程度上受制于或者伪装成有必要维持所谓合理—合法的平等表象。结果之一，受惠于该体系的阿拉伯人只有一个机会，接受这些自我限制以及决定是否默认。[1]

324　　尽管这些霸权或者"族群控制政权"也许会很有效地缓和族群冲突，但终究包含一些主要缺陷。[2] 对少数族群的平等公民权利的系统剥夺产生了一个意识形态气氛，其中，多数族群的民主权利近乎相当彻底了。[3] 如果集体性要比个人更算数的话，这个阴险理论就可能是，也经常是，同样用来削弱多数族群当中的个人权利的。例如，在亚美尼亚，从驱逐阿塞拜疆人到废除亚美尼亚族群的民主和新闻自由只有很小的一步。[4] 族群霸权，更像权宜之计，不如那些有关公民不平等的永久载体那样容易引起反感。例如，如果爱沙尼亚向其名义上的公民主义原则逐渐注入真实内容，长期而论，其自由民主将会变好。不幸的是，几乎没有哪个支配族群有足够的先见之明愿意通过渐进的公民改革消除他们自己的霸权地位。南非白人是往这个方向走的，部分因为世界经济制裁的压力所致。马来西亚和以色列，最近数十年的倒退和进步几乎一样多。

325　　为防范这种滑坡，准民主的族群控制政权应当置于温和但绝非严厉

1　其背景，see Sammy Smooha, "Minority Status in an Ethnic Democracy: The Status of the Arab Minority in Israel," *Ethnic and Racial Studies* （July 1990）。

2　Ian Lustick, "Stability in Deeply Divided Societies: Consociationalism Versus Control," *World Politics* 31:3 （April 1979）, 352–344; Keneth McRae, "Theories of Power–Sharing and Conflict Management," in Joseph Montiville, ed., *Conflict and Peacemaking in Multiethnic Societies* （New YorkL Lexington, 1991）, 93–106.

3　Liah Greenfeld, *Nationalism* （Cambridge: Harvard University Press, 1992）.

4　Michael Specter, "Drift to Dictatorship Clouds Armenia's Happiness," *New York Times*, January 3,1997, 1,12.

的国际社会压力下得到喘息，逐渐让他们自身宪法名义上的公民条款发挥效力。如果改革确实朝着正确的方向前进，即使很慢，对族群霸权则要展现国际容忍。同时，国际社会应当支持其制度基础架构的发展，这些都是弱势少数民族所需要的，当他们最终被允许在该国公民生活中扮演真正角色。举例来说，这意味着，培训少数族群新闻记者以接管主流媒体中的实权位置，为混合族群的观众服务。当然，这不是说要强行启动族群的反对派媒体为被排斥的少数族群发声。那样只会夸大观念市场的碎片化，让种族民族主义更容易编造不受质疑的迷思。

族群分区

另一个不太吸引人却很重要，有时也是必需的策略是族群分区（ethnic partition）。人们不必信奉有关古老仇恨的最原始理论，相信一旦大众认同被按照文化分裂所定义的界限动员起来，就会很难消弭根植于那些冲突记忆中的恐惧和仇恨。如果混居的文化群体曾经兵戎相见，他们随后在一个国家的共处就会十分令人担心，结果他们在未来也许会再度开战。任何一个导火素——帝国秩序守护者的撤退、民主化、经济变迁、强权人口均势的转移——都会触动扳机。因是之故，一批学者提出，在那些高度动员、充满民族主义敌意的特定事例中，族群分区是最佳解决方案。[1]

这一策略的诸多目标中，最明显不过的是在例如前南斯拉夫地区形成的单一族群国家，卢旺达、布隆迪和跨高加索地区也需要安置庞大却

326

1　Chaim Kaufmann, "Possible and Impossible Solutions to Ethnic Civil Wars," *International Security* 20:4（Spring 1996），136–175; 其他引用文献 see Daniel Byman and Stephen Van Evera, "Hypotheses on the Causes of Contemporary Deadly Conflict," *Security Studies* 7:3（Spring 1998），49–50.

并不情愿的人民。很多族群冲突的历史都表明隔离不太可能发生，除了通过最卑劣的战争手段，如果不是借由和平时期的国际监督和预防行动的话。今天在大部分东欧国家取得族群和平的一个原因是，两次世界大战通过今天塞族人称之为种族清洗的手段造成大量的"未混居人民"[1]。甚至连如此文明的捷克人也在 1945 年战争结束时驱逐了超过一百万德意志人。在现阶段，驱逐已经造成许多族群冲突。苏联崩溃期间，数十万的亚美尼亚人和阿塞拜疆人被武力从各自国家相互追赶。[2] 在前南斯拉夫的战斗和恫吓也造成更多地区的同质化，结果让分区变得更可疑。从波斯尼亚事实上分区为塞族和穆斯林—克族区的角度，国际社会坚持的维持代顿协议为促进政治融合而设计的权力虚构，看上去几乎就是倒错的，故意不让各方接受无法避免的均衡。在未来出现的类似案例中，联合国难民高级专员也许会乐意达成一个预防性方案，向那些少数族群中身处险地且愿意回到祖国置业的惊恐个人提供低息房贷。

然而，反对这一策略的人争论说，分区鲜有解决冲突的，部分源于人口总是某种程度混居的，其结果之一是不管是否有分区，地方性冲突会继续，例如爱尔兰、巴勒斯坦和克什米尔。更重要的是，分区——以及分区的预期——也许本身就是冲突的起因。因为移民动荡和不安全的结果，更多的人死于印巴分治后的暴力冲突而不是之前。确实，分割前英属印度的计划如同一个自我实现的预言，产生了有关少数宗教群体地位的不必要的恐慌和不确定性，尤其是那些发现他们自己正好处在分治

1　Rogers Brubaker, *Nationalism Reframed*（Cambridge: Cambridge University Press, 1996）, Chapter 6.

2　Barbara Anderson and Brian Silver, "Population Redistribution and Ethnic Balance in Transcaucasia," in Ronald Suny, ed., *Transaucasia: Nationalism and Social Change*, 2d ed. （Ann Arbor: University of Michigan Press, 1996）, 490–491.

线错误一侧的人群。[1]因是之故，既不能把预防性分区看作不可思议的，也不应当看成大范围案例都适用的优先策略。

联邦主义

另一个相关策略是联邦主义。与将按族群划分区为若干分离的主权国家不同，这一策略是它们划分为一个国家内部分自治的领土单位，其边界被设计为与民族语言的集中分布相一致。这一方法尽管其纪录恐怖，但仍然受到自由主义的问题解决者的青睐，部分因为这看上去倾向民族自决，而非龌龊纷扰的分区做法。事实上，民族联邦主义常常是族群分区的一个具体配方，尽管常常很无必要。伴随着共产主义的倒塌，唯一分裂的国家就是三个民族联邦体制——南斯拉夫、苏联和捷克斯洛伐克——前两个都发生了暴力冲突。可以说，在这些国家中的每一个，民族联邦主义都倾向于提升和政治化族群意识，产生出一个具有自我意识的知识分子群体和一个族群影子国家的组织结构。[2]当大众政治参与得以扩展，这些民族联邦的结构就沿着族群路径开辟通道。[3]基于此，民族联邦至多是个最后的稻草，冒着点燃而不是安抚族群政治化的风险。

民族联邦主义的一个非常罕见的成功例子是印度，印度曾经在1956年后很不情愿地接受了重组部分省份边界的要求，以更贴近语言的区划。尼赫鲁和国大党都是坚定的世俗主义者，彼时正处权力高峰。

1　Radha Kumar, "The Troubled History of Parition," *Foreign Affairs* 76:1（January/February 1997）.

2　Brubaker, *Nationalism Reframed*, Chapter 2.

3　这一进程甚至也在魁北克上演。see Karen Ballentine, Columbia University dissertation in progress。

结果，中央政府对民族联邦进程保持着紧密控制。针对这一进程，他们规定不会向任何分裂集团让步，要求按宗教划分边界的要求被无情拒绝，大规模民众支持要求改变而不得不示威，重组必须得到所有语言群体的请求。[1]大部分观察家将这些有限的边界调整归结为安抚合理怨恨，而无需向集中、世俗、族群中立（ethnic-blind）的国家基本原则妥协。随后导致印度加剧政治社区动员的问题，系由国大党体制中心崩溃引发，而不是民族联邦主义本身所致。

同化

相反的策略是少数族群同化为多数族群的文化认同。这对文化相同的文化群体是可能的，如俄罗斯人和乌克兰人，或者对那些尚未有文字意识或者政治组织尚未超越部族阶段之前的少数族群文化是可能的。[2]但对大多数已经身处持续性族群冲突的群体，向宿敌的族群认同进行文化认同的窗口已经关闭了。

权力分享与跨族群联盟

已经刺激学界最多讨论的两个预防族群冲突的相反策略是：（1）族群之间的权力分享和（2）培养融合、跨族群联盟的制度工程。[3]由阿伦

---

1   Paul Brass, *The Politics of India since Independence* (Cambridge: Cambridge University Press, 1990), 169, 172–173.

2   Karl Deutsch, *Nationalism and Social Communication* (Cambridge: MIT Press, 1966), Chapter 6; Lars-Erik Cederman, *Emergent Actors in World Politics: How States and Nations Develop and Dissolve* (Princeton: Princeton University Press, 1997), 157–161.

3   Timothy Sisk, *Power Sharing and International Mediation in Ethnic Conflicts* (Washington, DC: US Institute of Peace, 1996), Chapter 3.

特·李普哈特（Arend Lijphart）提出的权力分享进路，假定在一个深度分化的社会中族群的政治化是既定的，并为族群间精英主导的契约提供一个指引，以保证他们的和平生活与相互安全。[1] 相反，多纳德·霍洛维茨（Donald Horowitz）的融合进路力求以制度性安排的手段将族群认同去政治化，以在跨越裂痕的基础上实现联合的激励。[2] 我的发现支持了很多学者对精英管理的权力分享方法所持的怀疑。而像霍洛维茨的融合进路，对新兴民主化国家来说更有希望一些，尽管需要将其嵌入到更大背景的支持制度之中，而不只是霍洛维茨他自己所强调的宪法和选举方案。

权力分享。李普哈特列出了权力分享的核心特征：作为国家行政权力可以实施的联合控制，族群规范其内部事务的实质性自治，重要事项上少数族群拥有的否决权，以及议会代表、官员任命和国家财政利益的比例制。[3] 支撑如此安排的是各参与族群领袖间的讨价还价体系，以及那些领袖所代表的各族群普通成员间的差异。李普哈特列举了九项因素可导向权力分享：

1. 缺乏单一多数族群；

2. 族群间的经济不平等；

3. 各族群间的力量均势；

1　Arend Lijphart, *Democracy in Plural Societies* (New Haven: Yale University Press, 1977); Lijphart, "The Power–Sharing Approach," in Montville, *Conflict and Peacmaking in Multiethnic Societies*, 491–510.

2　Horowitz, "Making Moderation Pay," in Montville, *Conflict and Peacmaking in Multiethnic Societies*, 451–476.

3　Lijphart, "The Power–Sharing Approach," 494–495. 以及 Eric Nordlinger, *Conflict Regulation in Divided Societies* (Cambirdge: Center for International Affairs, Hvarvard Studies in International Relations, 1972) , 21–33。

4. 族群数目较少；

5. 较少人口的国家；

6. 对所有族群来说存在的共同外部威胁；

7. 降低族群排他性的整体效忠；

8. 妥协的传统；

9. 族群居住地的地理集中度。

然而，他补充说，在深度分化的社会，权力分享总是最优的方法，即使缺乏上述因素。[1]

330　　在民主转型社会的背景下，权力分享进路是特别不确定的。权力分享，如李普哈特所认为的，依赖于大众团体与代表他们族群部分的温和精英们判断的分化。尽管，在民主化国家这一分化很难被视作理所当然的。叫嚣更多政治发言权的大众团体会使用任何方便的主张，特别是传统精英们尽力鼓吹的民族利益对外部人过于宽容的主张。此种背景下，族群内那些玩弄权力的精英常常有激励而不再温和。制度化的权力分享在定义所有政治都是族群政治时加剧了这一点。当大众团体进入政治过程，任何人想要参与都必须通过族群管道。而按该定义，动员支持意味着制造宗派诉求。精英们对跨族群的政治活动还是有所保留，他们会因对反对族群精英的宽容而承受来自底层的过分压力。

经验记录对权力分享也不是很有利。[2] 李普哈特指出，在族群分化社会中，比利时和马来西亚堪为教科书一样的有关权力分享的成功案例。

1　Lijphart, "The Power-Sharing Approach," 497–498; 并注意有关条件清单，see Joseph Rothschild, *Ethnopolitics* (New York: Columbia University Press, 1981), 162–164。

2　Paul Brass, *Ethnicity and Nationalism* (London: Sage, 1991), Chapter 9; Ian Lustick, "Lijphart, Lakatos, and Consociationalism," *World Politics* 50:1 (October 1997), 88–117.

先不管比利时的例子，那是处在和平民主大陆中央的一个富裕国家，马来西亚就很难说符合李普哈特的方案。马来西亚根本不是一个所谓"协和民主"，只是一个马来霸权（与华裔商人进行选票交易）以镇压民主和言论自由而崛起的成功例子。李普哈特还把印度算作一个成功的权力分享例子。[1] 确实，穆斯林有限的法律自制（self-regulation）和语言的民族联邦主义属于印度政治体制的权力分享元素。然而，国大党体系在其全盛时期的主要原则是世俗主义，居于宗教或社群线代表的反面。国大党成功地遏制了族群和宗教冲突，正是因为它拥抱了所有文化群体，以至于任何社群都无法通过与其他社群的竞争进行动员。最后，李普哈特曾经声称黎巴嫩也是权力分享的优秀范例，但是 20 世纪 70 年代爆发血腥内战以来，他现在更强调黎巴嫩协和（民主）安排的缺陷了。[2] 事实上，黎巴嫩，包括南斯拉夫，都突出了这种权力分享进路的危险：它锁定了族群的政治定义，而当兴起的大众参与的前景对精英的温和主义造成打击之后，或者人口变迁改变了族群的力量均衡后，就会引向灾难。[3]

跨族群联盟。霍洛维茨的融合方法所追求的恰是相反策略：力求创造奖赏跨族群联盟的制度，将族裔问题去政治化。大体上，他建议可通过鼓励宪法和选举供给进行鼓励。例如，他建议在联邦体制下，边界不必与族群定居模式相符合，而应当穿过其中或者分为更小的单位。他注意到尼日利亚与族群线相对应的三省体制，爆发了 1967 年的血腥族群

1 Arend Lijphart, "The Puzzle of Indian Democracy," *American Political Science Review* 90:2 （June 1996）, 258–268.

2 Lijphart, "The Power–Sharing Approach," 507–508; Lijphart, *Democracy in Plural Societies*, 147–157.

3 Ivo Banac, *The National Question in Yugoslavia* （Ithaca: Cornell Univerity Press, 1984）, 414. 注意李普哈特意义上的成功的协和式权力分享的具体条件在南斯拉夫并不存在。

冲突。事后，新政权施行了一个十二省方案，成功地将地方认同和广域族群类别下的次级裂痕都政治化了。[1] 出于同样原因，霍洛维茨推荐的选举规则要求胜选候选人必须从不同族群选民中得到最低限度的若干选票。这可以要求比任何其他单一族群都大的超级多数族群来完成，或者要求获胜的候选人必须取得一定"第二选项"的选票。这一方案曾经在 1978 年的斯里兰卡付诸实施，但是那时，霍洛维茨说，政治是如此极化以至于仅仅依靠选举规则无助于导向温和。

除此，并没有太多的直接经验证据可支持霍洛维茨的观点。他也主张马来西亚个案并用来检验其理论，并不比李普哈特更令人信服。[2] 因为重新上台的军事独裁政权与冲突后族群政治的稳定存在着莫大关联这一事实，而非聪明的选举规则，尼日利亚的个案价值被消解了许多。南非，是霍洛维茨的详尽方案的对象，既没有采纳霍洛维茨也没有采纳李普哈特的方案，却成功地实现民主化，而且从任何角度说都保持了相对和平。[3]

332 霍洛维茨是在正确的道路上，只是他的制度性方案过于机械，并且不足以嵌入到一个更为宽泛的支持背景中。跨族群的制度需要更多的维度，而不仅是选举和宪法规则。例如，观念市场的细分边界必须由媒体制度来抹除，后者充当的是一个国家所有共同体进行展示、对观念进行严格评估的一个公共论坛。也就是，在霍洛维茨的"投票汇集"（vote

---

1　Horowitz, "Ethnic Conflict Management for Policymakers," in Montville, *Conflict and Peacmaking in Multiethnic Societies*, 122–123.

2　见本书第 6 章。

3　Donald Horowitz, *A Democratic South Africa? Constituional Engineering in a Divided Society*（Berkeley: University of California Press, 1991）.

pooling）之外，多族群社会还需要"观念汇集"（idea pooling）。在行政领域，融合制度也是必要的。与李普哈特呼吁的国家官僚内部的族群代表相反，真正需要的是族群中立和高度专业化的法庭、警察和武装力量，他们平等地对待所有个体执行国家政策，而无论何种族裔。[1]

创造这样一种族群—中立制度的厚实网络的承诺，可以当作不是基于族群共生而是个体的公民权利和责任的公民民族主义的基础。与族群同化策略不同，促进公民民族主义不需要改变扎根于传统文化的公民认同，只是将其去政治化。

作为实践事务，有多种路径可创造公民认同。以瑞士为例，其跨族群合作反抗外部威胁的悠久历史产生了支撑集体行动的强大的公民主义迷思。在一个由多个文化组成的移民社会，比如美国，基于平等个人权利对国家制度的效忠可作为共同认同的坚强基础。在很多国家，公民民族主义却是基于对一个核心族群认同进行扩展后的重新定义。[2]例如，英国的公民民族主义从对英格兰爱国主义的重新定义生发出来，强调个人自由和反抗外敌的共同斗争，其中苏格兰人和威尔士人也许算是完全参与者。法国的民族认同，虽然部分地基于法国巴黎大区为族群的核心认同，但是从法国大革命的经验得到扩展，吸收了人的平等和权利等公民主义原则。结果之一，外来移民能够更容易地融入法国公民生活而成为法国人，与外来者变成德国人相比较，他们的认同观念更族群化和排外。[3]

1　霍洛维茨自己推荐的南非军事力量的族群构成非常复杂，因为要同时考虑到专业性和代表性。见 see Horowitz, *A Democratic South Africa?*, 227–231。

2　Anothny D. Smith, *The Ethnic Origins of Nations*（Oxford: Blackwell, 1986）.

3　Rogers Brubaker, *Citizenship and Nationhood in France and Germany*（Cambridge: Harvard University Press, 1992）.

333

　　而有一些现代国家，只要采纳这些路径的，都矗立在生发公民主义民族认同的风口浪尖。[1] 大部分都会制造一个更为排外的核心族群认同，而另一些可能会培养一种对多族群领土国家的全新效忠。例如，俄罗斯和乌克兰都已经形成了一个核心族群，但是有别于确定核心族群语言作为国家事务的官方语言，他们无意在政治体制上强加族群印记。最高政府官员的措辞强调对国家的包容性忠诚，而非对某个族群的排他性效忠。假以时日，爱沙尼亚也可能扩展其自我定义的核心族群以接纳更多的公民主义特质。哈萨克斯坦的公民认同，却较少可能从其核心族群认同逐渐扩展生成，因为两个核心族群认同，俄罗斯和哈萨克，都属于区域集中、数量均等、文化特异性太强而难以轻易同化。任何一个成功的公民认同都需要双文化的，并且以对行政卓越的国家保持忠诚为基础。从这一点出发，充分的民主参与只能待到哈萨克斯坦可能展现其国家能力，然后产生出热情的大众追随。

　　尽管公民主义的解决原则具备如此优势，一些告诫还是有用的。在一些例子中，比如斯洛伐克民族主义的前总理弗拉基米尔·麦恰尔政权中，所谓个人权利保护是团体权利得到最佳保障，只是他的多数族群霸权政策的一个修辞面具。在鼓吹对少数族群的个人权利保护的同时，麦恰尔事实上根本不能实现斯洛伐克的匈牙利少数民族的个人或者团体的权利。他禁止匈牙利语的街道路牌，重新划分选区以减少斯洛伐克南部聚居的匈牙利少数民族的政治影响力，将商业投资转移到北方的斯洛伐克族，并且运用国家力量吓阻反对派的新闻记者。即使在这些例子中，最佳策略也不是促进少数族群的权利以抵御类似的侵犯，而是坚持多数族群政

1　Ian Bremmer, "Understanding Nationalism"（Hover, 1995）.

权应当以有效的、不偏不倚的方式施行它所承认的公民主义原则。

然而，促进公民认同至上，在族群裂痕动员已经极端化的情势下并
不具有短期的可能性。公民民族主义在今天的波斯尼亚早就没有成功希
望了，无论代顿协议的推动者是多么珍视这一理想。无论如何，只要可能，
短期的选择应当是避免造成公民主义的结果在长期变得更为困难。权力
分享和民族联邦主义，因系于族群认同，在这个意义上步入了错误的方向。
温和、平衡的族群控制政权，能够遏制多数也包括少数的族群政治动员，
才是长期来说更佳的策略，只要它与逐渐培养公民主义制度相结合。

在观念市场上与民族主义迷思战斗

最后，另一个策略是强调族群冲突的智力解决。[1]例如，有人说，
族群冲突的根源是从虚假的历史迷思中产生的，由民族主义者所编造的
对立民族的种种背信弃义。[2]从这一立场来看，那些僵化的花招如权力
分享或选举联盟都难以奏效，除非等到这些迷思的破灭，而且可能一旦
破灭就不再需要这些了。按此观点，教科书而不是选举法，应当置于改
革的最优先考量。

本书的发现也支持，针对虚假迷思的智力斗争确实是遏止族群冲突
的一个关键手段。然而，这类战斗只有在一个良好建构的观念市场内才
有效果。信奉言论自由和真相会自发呈现的自由主义方案每次都将失
败，除非它们处在一个厚实的规范和制度的支撑网络之中。所以，公民

1　Rothschild, *Ethnopolitics*, 80–84.

2　Stephen Van Evera, "Hypotheses on Nationalism and War," *International Security* 18:4（Spring 1994）, 26–33.

认同、揭穿迷思、霍洛维茨的选举激励、专业的官僚和高素质的新闻专业主义都必须同时发展。没有什么能够孤立于其他要素，单独发挥作用，而整体打包式的发展则需要时间。

335　　　只有在观念市场的供给、需求和制度规范等都处于有利条件下，民主化和言论自由才能够与族群和睦以及节制民族主义情感相协调。如果这些条件不存在，它们必须在放开言论和政治参与之前就创造出来，至少同时配套。

　　在供给一方，国际社会的影响最起码有助于打破信息垄断，特别是在只有很弱的新闻专业主义传统和弱小公民社会的国家。例如，在柬埔寨，联合国相对成功的媒体和信息项目是按照联合国总部的"绕开派系宣传"，直接散布选举信息的要求而设计的。[1] 然而，由于柬埔寨政治的大背景仍然不太欢迎公民民主，这些媒体项目并没有取得持续性效果。

　　所以，打破政治和讨论的垄断权力必须满足相关标准，降低精英们民族主义迷思的动机或者消除他们制造麻烦的能力。如卢旺达的例子表明的，国际社会向精英施加全面压力并且起诉过往罪行是非常鲁莽的，除非已经具备决心和能力将藏在幕后的精英的可能抵制施以无害化处理。没有这一决心的话，受民主化及审查制度终结的潜在威胁的精英也应当得到在新兴开放社会软着陆的保障。很多拉美和东欧国家在控制有限度起诉方面做得很好。相反，没有有效行动的美好的道德宣言才是最糟糕的可能政策。

336　　　在需求一方，族群细分的市场应当被促进公民—领土的民族认同概

1　Michael W. Doyle, *UN Peacekeeping in Cambodia: UNTAC's Civil Mandate* （Boulder, CO: Lynne Rinner, 1995）, 54–55. 其他案例, see Dan Lindley, "Collective Security Organizations and Internal Conflict," in Michael E. Brown, ed., *The International Dimensions of Internal Conflict* （Cambridge: MIT Press, 1996）, 562–567。

念所抵消。包容性的民族认同可由一个版面上刊登不同观点从而促进族群融合的媒体培养而成。太过经常的是，对新兴民主国家反对派媒体的国际援助往往忽略了这些媒体较低的新闻专业素质，而仅仅把创造一个多元主义的声音作为其基本目标。例如，在罗马尼亚，美国国际开发署补贴反对政府的媒体，而它们连准确报道的最低要求都达不到。[1] 反之，援助应当给予那些展现不同观念的论坛，而非一条单线，这样有助于培育有效的交流和事实的精确性。又如，在 1945 年后的德国，美国占领军许可证控制下的报纸表现出各报的社论团队一个很显著特性，即成员横跨不同的政治倾向。[2] 为了破除族群排他性共同体的智力边界，国际社会应当鼓励以融合性的公共论坛进行这种观念汇集。[3]

因此，非政府组织和其他援助者应该重新考虑向少数族群提供他们"自己"的媒体计划。[4] 取而代之的是，支持应当流向那些努力吸引政治差别受众和族群差别受众，邀请表达不同观点以及对新闻报道持严格客观标准的媒体。这可以通过扩大现有非政府组织项目的方式完成，如维也纳国际媒体研究所[5] 对新兴民主国家的记者培训项目，以及向合格的新闻机构提供设备、补贴报纸印刷或者其他后勤支援。特别应当注重改善地区和地方性媒体。在一个个案例中——先后从魏玛、印度、斯

1　Thomas Carothers, *Assesing Democratic Assistance: The Case of Romania*（Washington, DC: Carnegie Endowment for International Peace,1996）, 80–89.

2　Richard L. Merritt, *Democracy Imposed: U.S. Occupation Policy and the German Public, 1945-1949*（New Haven: Yale University Press, 1996）, 291–315, esp.296. 强调了这一策略的有效性。

3　关于一个共同媒体作为融合民族意识的前提条件，see Benedict Anderson, *Imagined Communities*（London: Verso, 1983）。

4　Stephen Harold Riggins, *Ethnic Minority Media*（Newbury Park, CA: Sage, 1992）.

5　Larry Diamond, *Promoting Democracy in the 1990s*（New York: Carnegie Corporation, Report on the Carnegie Commission on Preventing Deadly Conflict, December 1995）, 24–25.

里兰卡到俄罗斯——民族主义迷思制造的关键载体都是面对面的网络和发行狭窄、很不专业的期刊。为提供有别于此的有效替代，媒体项目可致力于将地方记者吸纳到全国性媒体协会的活动中，为草根记者提供职业中期培训休假，提供财务补贴打造高素质的独立和并不昂贵的地方媒体。

337 观念汇集也可以发生在正式的新闻机构之外，即公民面对面的互动。一项对印度城市族群间骚乱高低比率的比较研究表明，族群间志愿组织（如扶轮社、电影协会和工会等）以及其他非正式交流渠道等扮演着至关重要的角色，驳斥导致冲突螺旋上升的民族主义迷思。这些渠道存在，族群间有关强奸或者亵渎寺庙的谣言就被扼杀在萌芽状态了；否则，就可能发生报复的循环。[1] 所以，有别于一个碎片化的分区社会——人们在其中只能和他们自己交流，而一个为了讨论和信息分享的融合论坛，不管是借助媒体还是志愿组织所建立，都应当得到促进。

主要的工作也应当用于促进若干有效规范的制度化，包括精英讨论、新闻专业化和完全开放大众政治参与之前的独立评估实体。只要可能，市场不完备应当由去中心化的制度所抵消，而不应依赖集中的规制指导；应当促进有关公平争论的规范，而不是限制言论内容。当然，一些情形下，在多族群社会，当这些制度正在建立之中，对言论的某种限制是必要的，即便此种想法对西方自由派来说很不舒服。而且，设计如

1　Ashutosh Varshney, "Postmodernism and Ethnic Conflict: A Passage to India," *Comparative Politics*（October 1997）.

同样的发现 see Sherrill Stroschein, "The Components of Coexistence: Hungarian Minorities and Interethnic Relations in Romania, Slovakia, and Ukraine," in John Micgiel, ed., *State and Nation Building in East Central Europe*（New York: Columbia University, Institute on East Central Europe, 1996）, 153–176.

何限制民主和言论自由面临相当的政治困难，也不合乎那些想要全面镇压自由的精英们的心意。例如，当选举极化引发了 1969 年的族群骚乱，马来西亚政府随即禁止了有关族群议题的任何公共讨论，并且推行族群共存的政体以确保马来人的政治优势和华人商业共同体的经济繁荣。在历经四分之一世纪的严格媒体管制之后，仍然维持着令人不安的族群和平，但是这一插曲，本来可以用来预备一个更为持久的、民主方案的制度基础，却已经被挥霍了。[1]

无论斯里兰卡的草率民主化所放任的族群纠纷，还是马来西亚的镇压性族群停火，都无法令人满意。更好的解决方案的一个要素是让国际援助者为精英提供发展自由争论制度的激励，即使在容忍保留对表达自由的一些暂时限制的时候，包括了对族群仇恨言论的限制。另一个要素是提供直接援助，帮助那些媒体的专业化，它们都在为达成负责任和准确的讨论而尽力创造一个融合论坛。但是，当这些补救都不可得的时候，那些既看重不受约束的言论自由、也看重和平的人，必须评估它们的两难，而不是幻觉。

管理反革命和革命民族主义

尽管解决族群冲突在今天的政策议程中具有优先性，但其他版本的民族主义也许会在未来展现出更为重要的政策挑战。例如，在关注中国民族主义的未来威胁时，国际社会主要担心的并不是汉族和藏人之间的

338

1　Gordon P. Means, *Malaysian Politics: The Second Generation*（Singapore: Oxford University Press, 1991），esp.137–138, 313–314, 418–422, 439; Karl von Vorys, *Democracy without Consensus: Communalism and Political Stability in Malaysia*（Princeton: Princeton University Press, 1975），394–412.

紧张，而是一个阴郁的、威廉风格的民族主义中国。[1]

339　　为了抑制反革命的民族主义，本书的发现可推出三点建议。第一，为那些感到受民主变化潜在威胁的权势精英提供黄金降落伞。面对向下流动前景的精英，特别是那些控制坦克和大众媒体的，需要得到保证，他们将能在新秩序中得到一个灵活的、较不险要的小环境。他们在民主化过程中会变得更弱但仍然快乐。

　　其次，如贸易和投资增加有助于创造商业财富并且建设起一个强大的中产阶级，但是可能需要相当长的时间才能创造出公民民主的前提条件。短期而论，扩大开放贸易和国际金融流动，或者利于自由民主的政治运动，或者民粹的保护主义，全赖关键利益的精准配置。一旦一个自由主义的、自由贸易的民主化联盟成型，如魏玛德国经验得出的，这一纽带必须得到良好的制度化，并且在市场波动和政治压迫的风云变幻之间得到缓冲。否则，摇摆选民就可能会放弃这一民主联盟，然后坐实民族主义的反弹。最能将新兴民主国家融合到世界经济的也就是这一纽带的稳固和可预见性。在下一节会继续深入讨论有关贸易的影响这一点。

340　　第三，没有理由期望一个国家会突如其来地实现民主化。很少有坚实的制度化的自由主义要素能够在一国快速就位。一个生机勃勃但仍然

1　John Garver, *Will China Be Another Germany?* （Carlisle Barracks, PA" U.S. Army War College National Strategy Institute, 1996）; David Shambaugh, "Containment or Engagement of China? Calculating Beijing's Responses," *International Security* 21:2 （Fall 1996）, 185–186; Erica Strecker Downs and Phillip Saunders, "Legitimacy and the Limits of Nationalism," *International Security* 23:3 （Winter 1998–1999）, 114–146; Patrick E. Tyler, *"Rebels' New Cause: A Book for Yankee Bashing,"* New York Times, September 4, 1996, A4; Patrick E. Tyler, "Shifting Gears, Beijing Reins in Anti-Japanese Campaign," *New York Times*, September 19, 1996, A7; Allen Whiting, "Chinese Nationalism and Foreign Policy after Deng," *China Quarterly* （Summer 1995）; Fareed Zakaria, "Speak Softly, Carry a Veiled Treat," *New York Times Magazine* （Febraury 18, 1996）, section 6, pp.36–37.

相对较小的、已进入国际贸易的商业阶层，并不能决定他们自己，而且无论何种情形，这一商业阶层只有在制度设定的背景下才能够以自由主义的风格行动，并导向成功。否则，在一个大部分仍是农民、有着分散和民族主义军队的威权主义国家掀起的社会变化风暴面前，民粹的民族主义会是它最可能的策略。如同在威廉德国，希望在政治生活中扮演更大角色的知识分子和中产阶级，会发现威权精英们更乐意容忍民族主义的愤怒表达而不是呼吁自由主义民主。精英们仍然能够设定大众参与政治的条款，向大众政治的突然转型可能会引致危险和不可预测的方向。结果，国家应当被鼓励不要骤然民主化，需要逐渐实行法治，并在专业化媒体上展开更多客观讨论。

对革命民族主义则要求一个不同的进路。一旦大众热情围绕民族主义主题被动员起来，通过贸易等手段微调联盟的激励就不太可能有太多的影响了。反而，如瓦尔特（Stephen Walt）从他对革命与战争的广泛研究中得出的结论，需要的是一个耐心的遏制策略。[1] 约束革命政权扩张的军事和经济措施应当仔细避免出现攻击性威胁，否则只能加深革命的偏执狂心态。俄罗斯对北约扩张的疑虑，被北约轰炸塞尔维亚所进一步强化，这表明即使在相对温和的潜在反对者眼中，要让防御性防备区别于进攻性准备有多么困难。规则之一是遏制不应当在革命民族主义国家的门口开始。在俄罗斯的例子中也是如此，族裔民族主义也会插手，敦促保护或者接纳"邻近海外"（near abroad）的俄罗斯人。

这一讨论假设政客们的有意选择能够影响民族主义冲突的可能性，以及国际社会能够影响政客和公众所面对的激励。但这是真的吗？即使

341

1　Stephen Walt, *Revolution and War*（Ithaca: Cornell University Press, 1996），342–344.

在对民主转型期间促进或者减缓民族冲突的因素的理解有了提高的基础上，国际社会设计出的明智策略，是否能够实质性地影响其结果呢？来自国际的激励多大程度上能够影响民族主义冲突的轨迹呢？

对民主化和民族主义动员的国际影响

研究民主转型的学生，大部分都擅长国内政治的比较研究，已经有意从国家的内部特质中寻找民主化起因。塞缪尔·亨廷顿所列的 27 条所谓民主化及其起因，在学术文献中基本难觅踪影，包括 4 项国际因素，其中 3 个与民主国家的殖民化或者军事占领有关。相反，亨廷顿自己的研究列举了 5 项因素解释 1974 年以来的民主化浪潮，都是国际性的：在全球水平上威权国家的合法性问题；全球经济增长；天主教会的解放政策；苏联和西方强权的政策变化；对处于浪潮前沿民主发起者的模仿。[1]

国际环境的影响不仅在于民主转型的可能性，也在于民主化引向民族主义和战争的可能性。例如，新兴民主国家只有当它们被专制恶邻包围的时候才会更好战。而若邻国都已经是民主的了，民主转型就良性多了。[2]

在国际关系领域的标准理论，指向三个关键的国际因素，它们影响一个国家民主化的机会以及民主化是否引发民族主义冲突的机会：国际贸易、军备竞赛和国际的观念传播。在这一节，我讨论了这些国际因素

342

---

1 Samuel Huntington, *The Third Wave* （Norman: University of Oklahoma Press, 1991）, 37; Ray, *Democracy and International Conflict*, 50–51. See also Linz and Stepan, *Problems of Democratic Transition and Consolidation*, 72–76.

2 John R. Oneal and Bruce Russett, "Exploring the Liberal Peace: Independence, Democracy, and Conflict, 1950–1985," originally presented at April 1996 International Studies Association meeting.

对在本书论证中扮演中心角色的三个内部变量的影响：群体和联盟的利益，制度在开辟政治竞争中的角色和观念对最后政治斗争的影响。每个随后将要讨论的理论都包含着模糊的政策方案；为了达到期望结果，人们必须以该理论对具体的因变量施加某种影响。然而，很多这些暗示都很微妙且有两刃效果；这些方案的应用要求有关个案具体指标的足够敏感性。

贸易的效应

有一类理论检验贸易对国内政治联盟的效应。这些理论所持的共同点是国际贸易的变动成本与收益影响国家内部政治聚合的权力资源和联盟动机。有时候这些变动会提供民族主义动员的激励；而另一些时候，会鼓舞公民民主的进展。

成熟民主倾向于自由贸易。确实，公民的民族主义国家如英国和美国都曾经是全球开放贸易体系的领袖。所以，这很容易轻率地得出结论，即促进与一个新兴民主国家的自由贸易将益于扩大机会、发展出某种合作形式的公民民族主义。增加贸易可能会加强巩固民主所需的商业中产阶级。润滑的贸易纽带也许可作为一种潜在来源，给予自由主义的国际社会一个杠杆，用于改善这个国家的公民权利。

这些论点，虽然不完全错误，但都太过简单。成熟民主是自由贸易的，而统计数据却表明一般来说，新民主倾向于变得更加贸易保护主义。[1]尽管一些群体从增加贸易中获利，另外一些却可能遭受损失。如果普通

---

1 Edward D. Manfield, "Democratization and Commercial Liberalization," 1996 年美国政治学会年会论文。

选民短期内要遭受更大的外部竞争，反对自由贸易便可能壮大。民族主义政客就会赢得对贸易保护主义计划的支持或者甚至通过帝国扩张主义控制外部市场。这对新兴民主来说特别危险，尤其当精英们能够利用他们的媒体垄断或者他们设置议程的权力，来决定什么信息和选择是选民应该考虑的。所以，增加贸易可称为一把双刃剑，重要的是仔细审视其条件是促进还是削弱侵略性的民族主义。

基于标准的新自由主义经济学的比较优势理论，罗纳德·罗戈夫斯基（Ronald Rogowski）已经发展出一套非常优雅的论点，有关贸易风险变动的影响，对进攻型民族主义的研究有着特别意涵。[1] 罗戈夫斯基从相对稀缺性决定这三要素价格的老生常谈开始，在生产三要素（土地、劳动和资本）中分析联盟的激励。当地富余要素的所有者将从自由贸易中得利。例如，如果劳动在内部市场相对富余，贸易增加会导致相对便宜的食物和资本投资流入该国。结果之一，劳动者会吃得更好，也能找到报酬更高的工作。那么，当劳动作为富余要素，工人就愿意自由贸易。相反，当地稀缺要素的所有者会从保护主义受益。如果土地和资本都稀缺，所有者便有动力排斥外国的农场主和资本家的廉价竞争，后者势必压低他们的利润。

这一逻辑对民主化国家政治联盟的形成是有意义的。例如，如果劳动和资本相对土地而言是富余的，拥有资本的精英就会有动力与工人联盟，形成一个民主化联盟对抗拥护保护主义的稀缺土地所有者。然而，如果劳动相对稀缺，其偏好便是保护主义，民主化就得设法对付自由贸易。有时候，劳动也许是富余且倾向自由贸易的，但是土地和资本都处

1　Ronald Rogowski, *Commerce and Coalitions*（Princeton: Princeton University Press, 1989）.

于稀缺中，那么就会产生保护主义和反民主，比如在德国的"钢铁黑麦联姻"。[1] 如我在德国一章所叙述的，这种精英联盟会运用民族主义意识形态来促进保护主义并且扭曲民主参与的需求。

国际环境的变化也会影响这些激励的方向和强度。例如普鲁士种植黑麦的贵族在 19 世纪 60 年代期间还是自由贸易主义者，但只维持到美国内战结束十年后北美谷物涌入欧洲市场。结果，普鲁士的黑麦种植者替换了他们的联盟伙伴，变得更强烈地愿意通过政治来解决自由市场所不能解决的问题。[2]

然而，罗戈夫斯基承认，他的理论是用来预测联盟，而非结果。他说，结果依赖一系列其他因素，包括先前所说的制度的影响。例如，担任德国高官的普鲁士地主阶级成员赋予这一阶级在推进其联盟利益的决定性优势。[3] 结果还可能取决于哪一种观念在联盟形成过程中更有说服力。德国的工业家、地主和主导该联盟的政府官僚们，都对自由、民主的自由贸易支持者构成优势，部分是因为他们能够将保护主义和帝国的经济利益都套上一个有力的民族主义意识形态。而这一意识形态的成功又先后依赖德意志帝国和魏玛共和期间观念市场的制度性结构。[4] 从而，贸易的激励的变化所包含的政策意涵不仅赖于集体利益的逻辑，也取决于塑造和汇聚这些利益的制度和观念的背景。[5]

国际贸易的崩溃特别可能引发民族主义的复燃。彼得·古热维奇

1　Ronald Rogowski, *Commerce and Coalitions*（Princeton: Princeton University Press, 1989）, 33.

2　Ibid., 39–40.

3　Peter Gourevitch, *Politics in Hard Times*.

4　见本书第 3 章。

5　Kathryn Sikkink, *Ideas and Institutions: Developmentalism in Brazil and Argentina*（Ithaca: Cornell University Press, 1991）.

（Peter Gourevitch）的《困难年代的政治》（*Politics in the Hard Time*），展现了所谓19世纪70年代和20世纪30年代的大萧条如何伤害了像德国和日本这样的国家的出口部门和城市工人的相对自由主义和民主的联盟。[1] 面临的不止是出口市场的崩溃，也包括社会福利所需的外部融资面临干涸或者在国外市场的竞争加剧，强力社会集团——无论工业卡特尔或者土地贵族——便从支持自由贸易和民主选举转向在一个军方主导的帝国市场内部增加保护性关税的政策。

345

然而，国际市场变迁引发的艰难时代并不总是能够产生出侵略型的民族主义。古热维奇提到，经济衰退的影响因国而异。例如，在英国，伦敦市的金融家与工人的自由贸易联盟希望维持"廉价面包"，断然地拒绝了约瑟夫·张伯伦在1905年竞选中提出的关税保护和帝国扩张建议。对这一结果施加影响的不仅是集团利益，也包括相对先进的民主制度赋予了工人阶级在政策批准的回应时能够发出声音。

更惊人的是杰弗里·弗里登（Jeffry Frieden）的发现，经济困难时代在20世纪80年代的若干拉美国家实际上促进了民主化。[2] 当利率戏剧性的上升引爆了债务危机，高度依赖廉价资金的威权政权突然间丧失了信用。而那些国家的金融界，如同其他动产所有者，都曾在景气时代支持过独裁；现在，因国家支持对重工业的房地产予以巨额补贴，他们不得不承受其成本而很受伤。在这样一些国家，流动资本在寻求与人民的民主化联盟，以此颠覆独裁的权力基石。这意味着，所有好事情并不必然地一起出现：即

---

1   Gourevitch, *Politics in Hard Times,* Chapters 3 and 4.

2   Jeffry Frieden, *Debt, Devlopment, and Democracy* （Princeton: Princeton University Press, 1991）.

使经济危机也能推动民主，只要危机能够切断反民主的联盟。[1]

346

这些理论都与当代议程中的若干政策选择直接相关。欧盟削减针对东欧农产品的贸易关税能有助于巩固东欧的民主化吗？或者是加强反民主的联盟？大幅增加与中国的国际贸易会加强中国的民主还是相反？从历史先例可以看到，国际贸易对这些结果的影响可能是颇为戏剧性的，但也可能都没用。预测政治后果要求对群体的经济激励、制度道路所塑造的联盟动力以及意识形态的激励效应等其间的互动有着细致入微的理解。

军事竞争的效应

在创造民主化的制度背景方面，军事安全的重要性一点儿不比贸易来得少。统计研究表明，卷入战争的短期典型效应是限制民主权利。[2]长期而论，战争动员却可能促进民主化，尤其是如果军事组织方法通常要求一支忠诚的、主动的国民军。[3]当民主化在一种战争形成的气氛中发展起来，就像法国大革命或者"一战"前的塞尔维亚，大众政治文化

1 对经济绩效和民主化关系的统计发现，see Adam Przeworski and Fernando Limongi, "Modernization: Theories and Facts," *World Politics* 49:2（January 1997），155–183，以及 Stephan Haggard and Robert Kaufman, *The Political Economy of Democratic Transitions*（Princeton: Princeton University Press, 1995）。

2 Ted Robert Gurr, "War, Revolution, and the Growth of the Coercive State," *Comparative Political Studies* 21:1（April 1988），45–65; Arthur Stein and Bruce Russett, "The Consequences of International Conflicts," in Ted Robert Gurr, ed., *Handbook of International Conflict*（New York: Free Press, 1980），399–422.

3 Stanislav Andreski, *Military Organization and Society*（Berkeley: University of California Press, 1991）; Charles Tilly, *Coercion, Capital, and European States, AD 990-1990*（Cambridge: Basil Blackwell, 1990），Chapter 4; Olive Anderson, *A Liberal State at War*（New York: St. Martin's, 1967）.

有时就会被打上好战民族主义气质的烙印。同样，北约在 1999 年春科索沃冲突期间对塞尔维亚的轰炸，起到了强化甚至包括米洛舍维奇政权反对派在内的民族主义感情的作用。类似地，当参军成为大众进入更为宽广的国家生活的一个主要方式，民主的民族主义也可能呈现出军事化的面貌。[1]

反之，一个诱导性的国际环境会将新兴民主国家的和平特质予以制度化。例如，在"二战"后的德国和日本，美国占领有效灌输了和平主义的制度、法律和策略文化。自然，也有一些美国人抱怨德国和日本没有承担冷战期间相应的军事支出，却搭了美国安保的便车。[2]

"一战"后的同样努力就没那么有效。一个有益的国际安全环境，包括《华盛顿海军条约》和保证德法边境的洛迦诺计划，其初衷都是为了在 20 世纪 20 年代的德国和日本促进自由、民主、自由贸易的联盟。[3] 这些安排无论在国内还是国际检查方面的制度化都不是太好，当然，这些条约也未能持续。

相反，20 世纪 40 年代末开创的布雷顿森林体系和北约体制具有很强的制度化基础。尽管马歇尔计划下提供的资金可能少于 20 年代道威斯计划和杨格计划下向德国提供的贷款额度，不同的制度背景却让马歇尔计划更有效。与道威斯和杨格计划将资金分散在安抚劳动者的各项城市服务相比，马歇尔计划要求西欧国家合作，以打破贸易壁垒并建立起

1　Barry Rosen, "Nationalism, the Mass Army and Military Power," *International Security* 18:2 （Fall 1993）, 80–124; Eugen Weber, *Peasants into Frenchmen* （Stanford: Stanford University Press, 1976）; Mark Von Hagen, *Soldier in the Proleterian Dictatorship* （Ithaca: Cornell University Press, 1990）.

2　Thomas U.Berger, "Norms, Identity, and National Security in Germany and Japan," in Peter Katzenstein, ed., *The Culture of National Security* （New York: Columbia University Press, 1996）, 317–356.

3　Jack Snyder, *Myths of Empire* （Ithaca: Cornell University Press, 1991）, Chapters 3 and 4.

讲求效率的产业政策。[1] 类似地，在"二战"后，西方军事联盟更好地制度化了，结果更有效地屏蔽了各个孤立西欧国家的民族主义竞争。

所以，如果充满风险的转型其模式适合一个良性的国际框架，民主化国家就会较少存在冲突依赖（conflict-prone）。那些欢迎北约和欧盟东扩、吸收中东欧的新兴民主国家的人，他们的观点也有一部分基于此。[2] 他们声称，以民主和对人权的尊重作为成员资格，会产生出直接降低冲突风险的行为激励。[3] 他们也称，西方组织的成员资格也将会把那些实践与国内制度形成相锁定，确保文官对军事的控制和对族群歧视的司法检查。理论上，若以本书观点来看，这还是有意义的。[4] 现实中，这些激励可能太弱，以至于在不成熟的民主下难以消除相反的压力。例如，北约的成员国资格没有让土耳其的民主更稳定，也没能扭转土耳其对库尔德少数族群的镇压。进而，北约和欧盟成员国资格只触及了一些简单案例——波兰、捷克和匈牙利——和平的民主已经被确立，几乎不需要支撑。最后，北约东扩的反对者担心这会造成俄罗斯民粹民族主义回潮，尽管这一担心已经被证明多少有些夸大。

如果缺乏将新兴民主国家直接融入西方的制度，一个更为间接的策

348

1　J. Bradford De Long and Barry Eichengreen, "The Marshall Plan: History's Most Sucessful Structural Adjustment Program," University of California at Berkeley, Department of Economics Working Paper No.91-184. 更一般性地 , see Robert Keohane and Lisa Martin, "The Promise of Institutionalist Theory," *International Security* 20:1 （Summer 1995）, 46–50。

2　Richard Kugler, *Enlarging NATO* （Santa Monica: RAND, 1996）.

3　基于相同理由的更广泛的探讨, see Ted Hopf, "Managing Soviet Disintergration: A Demand for Behavioral Regimes," *International Security* 17:1 （Summer 1992）, 44–75。

4　具体展开 , see Jack Snyder, "Averting Anarchy in the New Europe," *International Security* 14:4 （Spring 1990）, 5–41; Snyder, "International Leverage," *World Politics* 42:1 （October 1989）, 1–30。

略则有赖于影响这些民主转型国家的联盟政治。[1] 在某种情况下，一个侵略性民族主义的联盟和一个更温和的联盟可能都是相当可疑的结果，两者各自的政治支持的来源可能都很可疑。到底是哪一个联盟取得成功，也许取决于在两个方向摇摆的选民的选择。这些摇摆群体会被与其他国家合作的利益前景所影响。如果新兴民主国家的领袖以让摇摆选民受惠的方式与外国合作，就可能锁定温和联盟，为联盟自身的延续创造条件。

例如，很多观察家都很担心乌克兰民族主义者与俄罗斯帝国主义者对立双方之间发生的螺旋式冲突。在 20 世纪 90 年代早期，乌克兰的民族主义者试图运用俄罗斯对乌克兰主权的侵犯威胁来动员大众支持，进行国家建设。同时，一些俄罗斯政客也图谋使用民族主义和帝国主义的议题挫败民主的市场改革。有那么一段时间，双方阵营的鹰派看上去也许能够以玩弄分裂话题，制造出一个自我满足的冲突预言，例如乌克兰境内苏联部署的核武器、黑海舰队的命运和克里米亚半岛的争议地位。[2] 而冲突并未发生，部分是因为西方帮助支持建立了一个合作联盟，反制这一负面的螺旋。俄罗斯总统叶利钦和乌克兰总统库奇马（Leonid Kuchma）暧昧地达成交换，俄罗斯以克里米亚问题的节制换取乌克兰放弃核武器。有条件的西方援助对这件交易也颇有助益，化解了鹰派的诉求。结果，乌克兰中部温和的乌克兰民族主义的摇摆选民与东部讲俄语的选民一起，不成比例地投票支持库奇马的与俄罗斯合作政策，而不是加入

1　Robert Putnam, "Diplomacy and Domestic Politics: The Logic of Two-Level Games," *International Organization 42* (Summer 1988), 427–460; Etel Solingen, *Emerging Regional Orders: Politics, Economics and Security at Century's End* (Princeton: Princeton University Press, 1998).

2　帕特南（Putnam）会称这种自我放大的政治动力为 "负混响"（negative reverberation）。关于南斯拉夫解体作为负混响的二阶博弈, see Stuart Kaufman, "The Irresistible Force and the Imperceptible Object: The Yugoslav Breakup and Western Policy," *Security Studies* 4:2 (Winter 1994–1995), 281–329。

乌克兰西部更极端的种族民族主义者。[1] 既然新兴民主化可以往民族主义或者自由国际主义方向进化，而那些摇摆选民也许会证明他们对倒向哪一边具有决定性，那么努力影响他们往哪个方向去的目标激励趋势就有其意义。

观念的跨国效应

国际环境对民族主义观念的影响不只是间接的，比如通过影响制度和联盟激励，而且还可能由培育观念的国际气氛而直接施加。最近，政治学者们研究跨国的流行观念如何影响思考，特别是在处于意识形态动荡中的新兴民主国家。这些国家一般会效仿成功例子，亨廷顿说，这是为什么民主化总是发生在一个互相拷贝的浪潮中的原因之一。[2] 而且，民主化榜样国家的专家也会被引导，去设计好比智利或俄罗斯曾经采取过的激进经济改革政策，以及去设计诸如匈牙利的过分复杂的比例代表制选举方案。然而，即使他们的意向是好的，拷贝这些先进民主国家的做法也会有反效果。来自先进民主国家的专家会把他们的完善的市场经济和"观念市场"等制度视作理所当然，就会在开出自由放任的药方时犯错——比如"更多的言论

350

1　帕特南还会称这为"协同议题链接"（synergistic issue linkage）。同样的例子，1993 年经由美国和国际社会的调停签订巴以合约后，在 1993 年约旦议会选举中，伊斯兰原教旨主义者经受了支持率戏剧性的下跌。see Youssef M. Ibrahim, "Jordanian Vote Endorses Peace Effort," *New York Times*, November 10, 1993, A8。

2　Huntington, *Third Wave*; also Timur Kuran, "Now Out of Never," *World Politics* 44:1（October 1991），7–48, and Renée DeNevers, *Comrades No More: the Seeds of Change in Eastern Europe*（Cambridge: MIT Press, 2003）.

　　关于 1919 年和 1930 年代的拷贝行为 , see Joseph Rithschild, *East Central Europe between the Two World Wars*（Seattle: University of Wahington Press, 1974），21。

自由总是更好"——这些药方在制度化低下的环境中其实运转不良。

在安全领域，通过跨国专家的渠道传播观念也是有益的，比如对西欧的防御战略概念，是戈尔巴乔夫的新思想家从他们所接触的非政府的军控专家那里捡获的。但是坏的观念也能扩散。例如，在"一战"之前，一个流传各国的"进攻迷信"在欧洲居然成了职业军官们的共识，他们认为进攻比防御更容易，所以先发起进攻的一方好处多多，结果，安全就是恐惧。这一信条有助于刺激民粹民族主义运动，也一定程度上被另一个信条所鼓舞，即政府没有尽力保护民族免受强邻发动突然袭击的威胁。[1] 今天，看上去很少有人担心一个跨国的军事主义或者种族民族主义迷信。毕竟，把欧洲变成 1914 年间整个大陆都弥漫着对进攻的军事迷信的条件已经过时了。[2] 也没有任何证据表明卢旺达的种族民族主义是拷贝了塞尔维亚或者纳戈尔诺—卡拉巴赫的种族民族主义。

351

只是，其他类型的跨国意识形态运动也会影响种族民族主义的历程。帕林·巴克（Pauline Baker）提到国际人权运动就经常与国际冲突的解决专家有分歧。[3] 巴克说，前者通常是人权的绝对主义者，希望惩罚人权侵犯者并且削弱威权政权的，而冲突解决的团体愿意与任何人打交道，甚至米洛舍维奇，只要他能达成一个可行的和平协议。国际人权和冲突解决团体的可疑战术都在卢旺达和布隆迪的血腥屠杀中扮演了加剧恶化的角色。因此，对新兴民主国家的冲突倾向，国际知识界的氛

1　Stephen Van Evera, "The Cult of the Offensive and the Origins of the First World War," *International Security* 9:1（Summer 1984）, 58–107.

2　Stephen Van Evera, "Primed for Peace," *International Security* 15:3（Winter 1990/91）, 7–57.

3　Pauline Baker, "Conflict Resolution versus Democtatic Governance: Divergent Paths to Peace?" in Chester A. Crocker and Fen Hampson with Pamela Aall, *Managing Global Chaos*（Washington, DC: US Institute of Peace, 1996）, 563–572.

围有时会有潜在的意外效果。

总之，以为美国或者更大范围的成熟民主的国际共同体具有智慧、愿望或者金钱，而且能满足全球数十个国家的民主化所需的微观管理，这是错误的。当然，相信强权的经济、军事和意识形态等立场对这些国家正在形成中的民族主义的塑造，或好或坏，都不会发生实质性影响，这也将犯同样的错误。发达民主国家首先要理解他们的政策对政治联盟的复杂影响，特别要考虑到精英利益和政治制度的地方背景。有了这些知识之后，才可能在抑制民族冲突诱因的道路的边际进行政策调整。

种族民主：一种对民主和平的威胁

如我所说，国家朝向民主的最初步骤刺激了民族主义的发展，也提 352 高了国际间战争和内部族群冲突的风险。理论上，这一观点并未质疑所谓成熟民主不会相互发生战争的命题。目前为止，民族冲突都是转型之疾，未来仍会如此。但是如果今天有些族群排外的新兴民主政权成功地将多数统治制度化，仍然拒绝那些不可忽视的少数族群的基本权利，将会怎样？如果这些被排斥的族群从海外民主选举的兄弟民族那里取得军事支持，那么在两个已经制度化的成熟民主之间爆发战争就不是不可能的。

稳固民主和平的一个支撑是所有自由国家共享的公民认同。如果两个民族的民主认同反过来建立在相互敌意的族群基础上，民主与和平的一个关键连接就被切断了。这类族群认同通常兴起于转型过程，然后在新的种族民主为多数族群而制度化其选举过程、政党和法治中予以锁定。如果是这样的话，这一危险更能帮助扭转在民主化初期发生的族群划分的制度化。

可是，民主的人民团结在一个独特的文化或者族群核心周围的可能性并没有什么新鲜的。威尔逊主义学说不甚清晰地假设语言和族群都是定义哪些群体有权自决的自然标准。德国和以色列的民主，更不用说美国南部和其他许多国家，都艰难地与族群偏爱共生存。但是今天，种族民主的支持者似乎更公开、更活跃。越来越多的自封的民主运动——例如亚美尼亚的卡拉巴赫委员会、阿塞拜疆的人民阵线、塞尔维亚的福克·德拉斯科维奇（Vuk Draskovic）和其他民主反对派等，甚至爱沙尼亚温和的种族民主主义者——都吁求只限于族群多数的公民权利。在这些种族民主的多数统治下的少数族群，在最好的情况下也不得不失去政治表达的声音，最坏的情况下则丧失生命和家园。对 1999 年春天科索沃发生的驱逐阿尔巴尼亚人，塞尔维亚的民主反对派没有表达过任何悔恨。而处于对多数专制的恐惧，越来越多的少数族群寻求以保证群体权利的方式自卫；更不满足于只是追求个人权利的保护。在这一选择过程中，他们模糊寻求各群体权力间的一个平衡，只与适合无政府主义竞争条件下的自我救济距离一小步，而不是依靠法治。

353   任何偏离公民民主并且趋向族群民主的运动，都将会削弱民主的和平，因为这类运动将关闭维持民主与和平间关系的机制。由于以下两个原因，成熟的公民民主国家从来不会在相互之间开战。第一，是民主程序，当其完成制度化，授予权力给普通选民，他们将为一个不必要的、未经深思熟虑的战争最终付出代价。第二，公民民主国家共享着所有社会成员均有公民权利的包容性理想，以此为相互间的共同基础，战争在他们看来是不正当的、近乎不可思议的。第一个条件在种族民主内也许并不可靠，因为剥夺少数族群的权利只不过是滑向其他规避民主过程的第一步。第二个条件，肯定不会在两个种族民主之间施行，他们各自的

对立文化排除了建立一个共同认同的任何借口。再多的种族民主也不会让亚美尼亚和阿塞拜疆变得相互间更和平。

在多族群社会民主化的初期，族群的大众动员是一个相对真正民主而言颇有诱惑力的替代。若支撑民主过程的深厚的制度纽带仍付之阙如，那么对寻求大众支持的精英来说，深厚的文化纽带可作为次优选择。但是这一情形下，如果民主化的目标之一是促进和平，次优仍不够好。在很多社会，这些传统的建构需要时间。而对两条捷径——族群民主或休克民主——之中任意一条的信仰都是错位的。民主不是即时性的，如果它在瓶子里，谁都可以得到。但为耐心和坚持，等待终究是值得的。

附录 1945–1999 年的部分族群战争*

国家	年份	交战群体	死亡规模	迁徙人口规模	截至 1999 年的状态
阿富汗	1978–1999	不同阶级、族群（普什图、塔吉克、乌兹别克）、宗教力量、苏联	1 200 000	5 200 000	塔利班伊斯兰武装对地方反对派取得胜利
安哥拉	1975–	政府（姆本杜人）与 UNITA（安盟）	300 000	2 000 000	持续进行
阿塞拜疆	1988–1997	政府与卡拉巴赫亚美尼亚人	55 000	1700 000	停火
孟加拉	1975–1989	政府与吉大港山区人民	24 000	50 000	有限自治
波斯尼亚	1992–1995	塞尔维亚人、克罗地亚人、穆斯林	140 000–240 000	2 500 000	邦联体内的自治
缅甸	1948–	政府与克伦族（及其他部落）	130 000	1 333 000	政府对克伦族即将获胜

国家	年份	冲突各方	人数	人数	结果
布隆迪	1972	图西族政府与胡图族	100 000		胡图族被镇压
布隆迪	1993—1994	图西族军队与胡图族总统的支持者	50 000—100 000	700 000	图西族重新得得优势
乍得	1980—1987	政府与北方穆斯林部落	7 000		反抗被击败
克罗地亚	1991,1995	克族政府与塞浦路斯、塞族分裂主义者	10 000—25 000	320 000	克族政府胜利，许多塞族人流亡
塞浦路斯	1963—1964	希腊裔塞浦路斯人与土耳其裔塞浦路斯人、土耳其			希腊裔控制政权
塞浦路斯	1974	希腊裔塞浦路斯人与土耳其裔塞浦路斯人	300 000		土耳其干涉塞浦路斯被分区
埃塞俄比亚	1967—1991	政府与厄立特里亚、索马里、奥罗莫、阿法尔分离主义者、提格雷叛乱	700 000	超过 800 000	索马里、阿法尔和奥罗莫联邦自治；厄立特里亚独立；提格雷叛乱胜利
格鲁吉亚	1991—1993, 1998	政府与阿布哈兹、南奥塞梯	17 500	475 000	地区自治

危地马拉	1965–	政府与马雅人、左翼分子	150 000	200 000	冲突消退
印度	1946–1948	印度教徒与穆斯林	800 000 或更多	1 500 000	分区；巴基斯坦创立
印度	1952–	政府与那加、特里普拉、其他阿萨姆部落	10 000–16 000	50 000	1972 年一些群体自治；持续进行
印度	1965	政府与克什米尔人、巴基斯坦	20 000		战争调解
印度	1989–	政府与克什米尔人、巴基斯坦	15 000	250 000	持续进行
印度	1978–1993	政府与锡克族	20 000	30 000	军事镇压；在旁遮普的锡克族被限制权力
印度尼西亚	1963–1996	政府与伊里安查亚（巴布亚人）	10 000–30 000		镇压；偶发抵抗
印度尼西亚	1975–1999	政府与帝汶人	1999 年前为 200 000，加上 1999 年的增加伤亡		部署国际维和部队

国家	年份	冲突方			结果
印度尼西亚	1977–1999	政府与亚齐人	15 000	6 000	1997 年被镇压，冲突再起
伊朗	1979–1994	政府与库尔德人	40 000	200 000	镇压
伊拉克	1980–1992	政府与库尔德人、北约	215 000	526 000	国际支持的自治
伊拉克	1991	政府与什叶派	35 000	1 500 000	镇压
以色列	1948–1993	政府与巴勒斯坦人	1968 年起为 1 700	3 000 000 （1968 年后为 965000）	部分自治
肯尼亚	1992	政府、卡伦金部落与卢奥、基库尤和其他部落	1 500	45 000–300 000	消退
黎巴嫩	1975–1990	基督徒、穆斯林、巴勒斯坦人	120 000		权力分享；事实上分区
摩尔多瓦	1992	政府与俄罗斯军队、德涅斯特分离主义分子**	1 000	105 000	1997 年地方自治

摩洛哥	1973–1995	政府与撒哈拉人	2 000		镇压；推迟公投
尼日利亚	1967–1970	政府与伊博人	2 000 000		失败
尼日利亚	1980–1984	政府、基督徒与穆斯林	11 000		镇压
巴基斯坦	1971	政府与孟加拉人、印度	1 000		孟加拉独立
巴基斯坦	1973–1977	政府与俾路支人	9 000		失败；1980年部分自治
菲律宾	1972–1987	政府与摩洛人	50 000	900 000	1990年有限自治
俄罗斯	1994–1996	政府与车臣人	35 000	400 000	自治；1999年10月冲突重起

卢旺达	1963–1964	胡图族政府与图西族	10 000		图西族被镇压
卢旺达	1990–1994	胡图族政府与图西族	500 000~800 000	2 000 000	政府倒台
塞尔维亚	1998–1999	政府与科索沃阿尔巴尼亚人、北约	10 000	800 000	1999 年自治
西班牙	1959–1980	政府与巴斯克人	1 000		1980 年自治
斯里兰卡	1983	政府与泰米尔人	36 000	1 200 000	持续进行
苏丹	1963–1971	政府与北方穆斯林、南方泛神论人民	50 000		自治；权力分享
苏丹	1983–	政府与北方穆斯林、南方泛神论人民	1 200 000	4 500 000	持续进行
土耳其	1984–	政府与库尔德人	13 000~50 000	估计范围很广	持续进行

英国	1969-1994	英国政府，北爱尔兰新教徒和天主教徒	3 000	和平协议；权力分享
苏联	1945-1952	政府与立陶宛人	40 000	镇压；1991 年独立
苏联	1944—50 年代	政府与乌克兰人	150 000	镇压；1991 年独立

* 声称超过 1000 人死亡的冲突，其中一个主要的敌意基础是群体认同或文化（包括宗教），且其中的政治目标是由族群术语所阐明的。有时被列入族群战争的冲突——但这里被略去——包括阿比里亚（军阀，不是族群民族主义者），秘鲁（当地的"光辉之路"是以阶级为意识形态），索马里（主要是同一种族的冲突），20 世纪 80 年代的南非（血腥镇压，但非战争，见本书第 6 章）。其他可能的相关案例有 1962—1963 年的阿尔及利亚（大体上是柏柏尔人与阿拉伯人之同对立），1960—1965 年的刚果（加丹加分离运动中有族群元素，20 世纪 50 年代印度尼西亚的几次地区和宗教叛乱，以及 1966 年和 1980 年的乌干达（政府与巴干达和其他部落间对立）。

这张表格数据的主要来源是：Roy Licklider, "The Consequences of Negotiated Settlements in Civil Wars, 1945-1993," *American Political Science Review* 89:3 (September 1995), 681-90, revised at http://www.rci.rutgers.edu/~lick-lide/; Michael E. Brown, ed., *The International Dimensions of Internal Conflict in World Politics* (Cambridge: MIT Press, 1996), 4-7; Chaim Kaufmann, "Possible and Impossible Solutions to Ethnic Civil Wars," *International Security* 20:4 (Spring 1996), 160; Ted Robert Gurr and Barbara Harff, *Ethnic Conflict in World Politics* (Boulder, CO: Westview, 1994), 160-66; Gurr, "Peoples against States: Ethnopolitical Conflict and the Changing World System," *International Studies Quarterly* 38:3(September 1994), 369-75; Gurr, *Peoples versus States* (forthcoming)[1], Table 23; see also Gurr's Minorities at Risk database at: http://www.bsos.umd.edu/cidcm/mar.

因为这些不同数据来源的分类规则各异，他们列举的冲突很少有重复的。里克利德（LICKLIDER）的清单里包含了若干被我略掉的"认同"战争，因为它们不符合我的标准。表格中若死亡规模或近从人口规模等指标栏为空白，表明引用的这些来源缺乏可靠估计。

*** 见第 6 章，有关讨论冲突中的族群和非族群方面。

---

1 本书出版时，Peoples versus States（Washington, DC: US Institute of Peace, 2000）还未出版。——编者注

索 引

以下按原词的英文字母顺序排列，页码为原书页码，即本书页边码。

人名索引

以下按原词的英文字母顺序排列，页码为原书页码，即本书页边码。